"十四五"时期国家重点出版物出版专项规划项目
智能汽车关键技术丛书

智能汽车仿真与测试评价

朱　冰　张培兴　孙宇航　著

机械工业出版社

智能汽车是未来汽车科技的战略制高点,科学完善的测试评价体系是智能汽车技术发展和产业落地的基础和前提。面向传统汽车的"人-车"二元独立的测试方法已不能满足高等级智能汽车的测试需求,当前亟需新思路、新方法、新手段来解决智能汽车"人-车-环境"一体化的验证难题。本书对智能汽车仿真与测试评价技术进行了系统介绍,主要内容包括智能汽车仿真与测试评价概述、智能汽车一体化建模与仿真、智能汽车多物理系统在环仿真测试、基于本体论的智能汽车测试逻辑场景构建、基元驱动的智能汽车测试逻辑场景生成、智能汽车测试具体场景生成、智能汽车逻辑场景层级评价 7 章。

本书可以作为高等院校车辆工程专业或其他相关专业本科生及研究生课程的专业教材,也可供从事智能汽车相关行业的工程技术人员使用和参考。

图书在版编目（CIP）数据

智能汽车仿真与测试评价 / 朱冰,张培兴,孙宇航著. -- 北京：机械工业出版社,2024.6. --（智能汽车关键技术丛书）. -- ISBN 978-7-111-75958-4

Ⅰ. U463.67

中国国家版本馆 CIP 数据核字第 2024Z4P635 号

机械工业出版社（北京市百万庄大街 22 号　邮政编码 100037）
策划编辑：孙　鹏　　　　　　责任编辑：孙　鹏
责任校对：樊钟英　李　杉　　封面设计：鞠　杨
责任印制：邓　敏
中煤（北京）印务有限公司印刷
2024 年 12 月第 1 版第 1 次印刷
169mm×239mm · 21.5 印张 · 371 千字
标准书号：ISBN 978-7-111-75958-4
定价：150.00 元

电话服务　　　　　　　　　　　网络服务
客服电话：010-88361066　　　　机 工 官 网：www.cmpbook.com
　　　　　010-88379833　　　　机 工 官 博：weibo.com/cmp1952
　　　　　010-68326294　　　　金 书 网：www.golden-book.com
封底无防伪标均为盗版　　　机工教育服务网：www.cmpedu.com

序

当今世界正经历百年未有之大变局，新一轮科技革命和产业变革方兴未艾，智能汽车已成为全球汽车产业发展的战略方向。作为新质生产力的发展典范，智能汽车高度融合高精度传感、大数据、云计算等先进技术，将传统汽车从单纯的交通运输工具逐渐转变为智能移动空间和应用终端，颠覆性地创新并改变着汽车产业格局。

科学完善的测试评价体系对提高智能汽车研发效率、健全技术标准和法律法规、推进产业落地至关重要，但智能汽车测试评价对象已从传统的"人-车"二元独立系统变为"人-车-环境"强耦合系统，传统汽车的测试评价方法已经无法满足需求，相关理论和技术体系已成为公认的世界性难题。我国《智能汽车创新发展战略》中将"完善测试评价技术"作为主要战略任务之一，并明确提出要"重点研发虚拟仿真、软硬件结合仿真、实车道路测试等技术和验证工具"。

吉林大学朱冰教授团队长期从事智能汽车测试评价领域研究，在国家自然科学基金、国家重点研发计划等项目的持续支持下，系统开展了智能汽车仿真测试评价研究，在数字-物理融合测试工具链、测试场景加速生成、多场景多维度一体化评价等方面取得了一系列创新成果，先后荣获吉林省科技进步奖一等奖、中国汽车工程学会科技进步奖一等奖，为推动我国智能汽车测试评价技术发展做出了重要贡献。

《智能汽车仿真与测试评价》是朱冰教授团队对其最新研究成果的系统总结与梳理，该书系统性地阐述了智能汽车仿真测试建模方法、多物理系统在环测试方法、测试场景生成方法和逻辑场景层级评价方法，每一部分内容均结合了该领域最新的研究进展与实践成果。该书入选"十四五"时期国家重点出版物出版专项规划项目，知识体系和应用领域涉及智能电动车辆、计算机软硬件、电子信息、人工智能等在内的诸多新兴学科。该书的出版对于构建智能汽车测试评价体系，加速智能汽车产品落地，推动我国智能汽车产业健康、高速、可持续发展具有重要意义。

衷心希望该书成为连接智能汽车仿真测试评价前沿理论研究和工程应用的桥梁纽带，期待更多的智能汽车领域科技工作者通过了解和掌握该领域的研究前沿和应用现状，激发更大的科技创造力。

中国工程院院士 李骏

2024 年 11 月于清华园

前　言

当前，新一轮科技革命和产业变革深入发展，智能汽车高度融合了车辆工程、现代传感、信息通信、自动控制、人工智能和大数据等技术，是汽车新技术集成的载体及未来汽车科技的战略制高点，已成为全球汽车产业的发展方向。

测试评价是智能汽车功能开发、技术应用和商业推广不可或缺的重要环节，但智能汽车测试评价对象已从传统的"人－车"二元独立系统变为"人－车－环境"强耦合系统，测试场景难以穷尽，评价维度纷繁复杂，传统汽车测试工具链及测试评价方法已经无法满足智能汽车测试评价需求，当前亟需新思路、新方法、新手段来解决智能汽车性能验证难题，相关理论和技术体系已成为公认的世界性难题。

本书作者团队长期从事智能汽车测试评价领域研究，在国家自然科学基金、国家重点研发计划等项目的持续支持下，突破了智能汽车一体化仿真建模与多物理系统在环测试、测试场景加速生成、多场景多维度一体化评价等科学难题，创新建立了智能汽车仿真加速测试评价体系。研究成果已广泛应用于国内主要汽车检测机构和主机厂，对汽车行业的技术进步和产业结构升级产生了重要作用。

本书是对团队多年研究成果的系统总结和梳理，全书共分为七章，分别介绍了智能汽车仿真与测试评价概述、智能汽车一体化建模与仿真、智能汽车多物理系统在环仿真测试、基于本体论的智能汽车测试逻辑场景构建、基元驱动的智能汽车测试逻辑场景生成、智能汽车测试具体场景生成和智能汽车逻辑场景层级评价。为了帮助读者更好地理解智能汽车仿真测试评价关键技术，本书还结合团队的科研经历介绍了一些实际案例。

本书由吉林大学朱冰教授及其所指导的博士生张培兴、孙宇航合著。在本书写作过程中，还得到了吉林大学赵健教授、吴坚教授、韩嘉懿博士、陈志成博士、李雅欣博士、宋东鉴博士、范天昕博士、黄殷梓博士、贾士政博士等的帮助，在此一并向他们表示感谢。

本书得到了国家自然科学基金区域联合基金项目"冰雪环境自动驾驶汽车在环仿真测试评价方法"（U22A20247），国家重点研发计划课题"智能汽车复杂场景数字－物理融合模拟测试技术研究"（2022YFB2503402）、"自动驾驶电动汽车硬件在环测试环境构建与模拟测试技术研究"（2018YFB0105103）的部分资助，特此致谢。

由于作者的水平能力有限，加之经验不足，书中难免有疏漏之处，恳请各位同行和广大读者批评指正。

作者

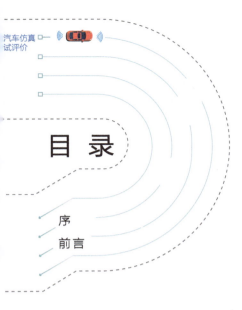

目录

序
前言

第 1 章 智能汽车仿真与测试评价概述

1.1 智能汽车测试评价技术挑战 / 001
1.2 智能汽车仿真技术概述 / 003
1.3 智能汽车测试方法概述 / 006
    1.3.1 测试方法发展历程 / 006
    1.3.2 场景相关术语及定义 / 008
1.4 智能汽车评价方法概述 / 010

第 2 章 智能汽车一体化建模与仿真

2.1 激光雷达模型 / 013
    2.1.1 激光雷达几何建模方法 / 014
    2.1.2 激光雷达物理建模方法 / 016
2.2 毫米波雷达模型 / 025
    2.2.1 毫米波雷达几何模型 / 025
    2.2.2 毫米波雷达功率衰减模型 / 028
2.3 摄像头模型 / 030
    2.3.1 光照模型 / 030
    2.3.2 传播介质建模 / 032
    2.3.3 图像模拟方法 / 033
2.4 超声波传感器模型 / 034
    2.4.1 超声波传感器工作机理 / 035
    2.4.2 超声波传感器建模 / 037
    2.4.3 超声波传感器模型验证 / 043

2.5	集成式制动系统模型	/047
	2.5.1　集成式制动系统工作原理	/047
	2.5.2　集成式制动系统建模	/051
	2.5.3　集成式制动系统模型验证	/056
2.6	冗余转向系统模型	/056
	2.6.1　转向系统的动力学模型	/056
	2.6.2　双绕组电机模型	/058
2.7	基于生物耦合的一体化建模理论	/060

第 3 章　智能汽车多物理系统在环仿真测试

3.1	感知系统在环仿真测试	/063
	3.1.1　毫米波雷达在环仿真测试	/063
	3.1.2　摄像头在环仿真测试	/075
	3.1.3　V2X 在环仿真测试	/083
	3.1.4　超声波传感器在环仿真测试	/091
3.2	控制执行系统在环仿真测试	/098
	3.2.1　制动系统在环测试	/098
	3.2.2　转向系统在环测试	/106
3.3	驾驶人在环仿真测试	/115
	3.3.1　切换型人机共驾系统驾驶人在环测试	/115
	3.3.2　共享型人机共驾系统驾驶人在环测试	/132
3.4	车辆在环仿真测试	/137
	3.4.1　转鼓平台车辆在环仿真测试	/137
	3.4.2　封闭场地车辆在环仿真测试	/138

第 4 章　基于本体论的智能汽车测试逻辑场景构建

4.1	场景本体构建	/147
4.2	基于自然驾驶数据的逻辑场景提取	/150
	4.2.1　基于自然驾驶数据的场景提取流程	/150
	4.2.2　道路属性提取	/153
	4.2.3　车辆属性提取	/156
	4.2.4　基于 HighD 数据集的场景生成实例	/162

4.3 基于对抗学习的逻辑场景自动生成 / 165
- 4.3.1 基于生成对抗网络的道路属性生成 / 166
- 4.3.2 基于多智能体深度确定性策略梯度的车辆属性生成 / 170
- 4.3.3 道路属性及车辆属性生成实例 / 176

第 5 章 基元驱动的智能汽车测试逻辑场景生成

5.1 场景基元提取与聚类 / 185
- 5.1.1 场景抽象量化表征 / 185
- 5.1.2 场景基元提取 / 187
- 5.1.3 场景基元聚类 / 204

5.2 场景基元衍生 / 212
- 5.2.1 场景基元衍生架构 / 213
- 5.2.2 衍生模型具体组成 / 218
- 5.2.3 场景基元衍生结果 / 223

5.3 场景基元组合拼接 / 227
- 5.3.1 场景基元拼接 / 227
- 5.3.2 典型危险测试场景重构模型 / 230
- 5.3.3 危险逻辑场景生成示例 / 234

第 6 章 智能汽车测试具体场景生成

6.1 基于组合测试的具体场景生成 / 247
- 6.1.1 组合测试模型 / 248
- 6.1.2 改进离散粒子群算法测试用例集生成 / 249
- 6.1.3 基于先验知识的组合测试场景生成 / 255

6.2 危险具体场景串行加速测试 / 261
- 6.2.1 全局加速搜索 / 261
- 6.2.2 局部加速搜索 / 271
- 6.2.3 串行加速测试方法验证 / 275

6.3 危险具体场景并行强化生成 / 279
- 6.3.1 并行强化生成算法 / 280
- 6.3.2 基于 Ackley 函数的并行搜索方法验证 / 286
- 6.3.3 并行强化生成测试结果 / 289

第 7 章 智能汽车逻辑场景层级评价

7.1 逻辑场景层级安全性评价 / 295
    7.1.1 基于危险具体场景参数聚类特征的安全性评价 / 295
    7.1.2 基于自然驾驶数据的安全性评价 / 300
    7.1.3 基于碰撞损失的安全性评价 / 303

7.2 逻辑场景层级多维度评价 / 304
    7.2.1 逻辑场景分区评价流程 / 305
    7.2.2 拟人性指标 / 306
    7.2.3 多维度性能评价 / 310

7.3 多逻辑场景性能综合评价 / 311
    7.3.1 逻辑场景自身特征权重 / 312
    7.3.2 逻辑场景仿真测试过程属性权重 / 313

7.4 评价方法应用实例 / 319
    7.4.1 场景参数空间 / 319
    7.4.2 单逻辑场景性能评价结果与分析 / 321
    7.4.3 多逻辑场景性能评价结果与分析 / 330

参考文献 / 333

第1章
智能汽车仿真与测试评价概述

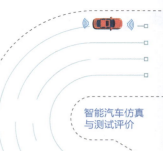

智能汽车仿真与测试评价

当今世界正经历百年未有之大变局,新一轮科技革命和产业变革方兴未艾,智能汽车已成为全球汽车产业发展的战略方向。智能汽车技术高度融合了现代传感、信息通信、自动控制、计算机、人工智能和车辆工程等技术,是未来汽车新技术集成的载体,代表着未来汽车科技的战略制高点。将智能汽车推向市场的过程中,完善的测试评价规程是保证其行驶安全性的必要条件,然而随着智能汽车自动化等级的提高,汽车系统复杂性进一步增加,多变的天气、复杂的交通环境、多样的驾驶任务和动态的行驶状态等都对智能汽车测试评价提出了新的挑战。特别是智能汽车的测试评价对象已经从传统汽车的人-车二元独立系统变为人-车-环境强耦合系统,传统的道路测试和场地测试已经无法满足智能汽车的测试需求。仿真测试场景配置灵活、测试效率高、测试重复性强、测试过程安全、测试成本低,可实现自动测试和加速测试,已成为智能汽车测试评价不可或缺的重要环节。

1.1 智能汽车测试评价技术挑战

随着智能汽车自动化等级的提高,验证智能汽车的安全性已成为智能汽车量产的主要障碍,测试评价技术在智能汽车的开发过程中显得愈发重要。2020年,我国发布的《智能汽车创新发展战略》明确提出将"完善测试评价技术"作为构建协同开放的智能汽车技术创新体系的核心内容,2021年,我国发布《交通运输部关于促进道路交通自动驾驶技术发展和应用的指导意见》,提出"建成一批国家级自动驾驶测试基地和先导应用示范工程"。

面向传统汽车或低等级智能汽车的单一功能、单一节点的道路测试或场地测试在面向先进智能汽车测试时已显示出经济性、时效性方面的不足,兰德公司的相关报告指出,需要进行 160 亿 km 的道路测试才能验证智能汽车的安全性,配置一支 1000 辆智能汽车测试车队需要花费 50 年的时间才能够完成足够的里程测试。除此之外，场地测试存在着场景简单、不够真实、搭建过程需要投入大量人力物力等问题，道路测试存在着测试过程不安全、不同地区环境和驾驶人驾驶风格不同、法律法规不完善等问题。为了弥补传统方法的不足，基于仿真的测试评价方法正逐步成为智能汽车测试的趋势。但新方法的引入总是伴随着许多新的问题，智能汽车仿真测试评价技术仍面临着众多技术难题。

（1）测试精度难以保证　智能汽车仿真测试过程要求仿真模型或在环平台能精确表征车辆或环境物理系统的特征属性，这既要求模型能够准确模拟测试过程涉及的人－车－环境系统要素的动态演化过程且在当前算力条件下能够完成实时运算，也要求在环测试平台硬件能够实现虚拟要素的准确映射和虚实实时并发交互。

（2）测试场景难以穷尽　智能汽车行驶环境复杂多变难以穷尽，因此需要在消耗有限算力资源的前提下实现行驶环境及测试场景之间的有效映射，既要保证生成的场景类型（逻辑场景）足够丰富，又要求通过尽可能少的测试用例（具体场景）快速发现参数空间中被测算法的性能边界。在逻辑场景生成过程中，低概率的"边角场景"虽在自然驾驶的过程中难以遇见，但其一旦发生便极有可能对车辆安全造成重大危害；同时由于逻辑场景参数空间覆盖大量安全用例参数组合，测试过程需实现测试效率与覆盖度之间的平衡，通过有限测试数据自适应推断被测系统性能边界。

（3）测试流程难以统一　智能汽车仿真测试手段包括软件在环、硬件在环、驾驶人在环和车辆在环测试，如何将各类测试手段有机结合，至今仍未得到明确的统一。不同企业和机构结合自身的实际情况，针对某一种或某几种手段进行强化测试，然而这些测试结果组成了测试评价体系中的一个个离散"点"，不能表明被测系统在整个测试环境中的整体表现，如何通过统一的流程将这些离散"点"连接形成"线"是接下来一段时间内各类机构的重点研究内容。一些学者参考 ISO 26262《道路车辆功能安全》的 V 型开发流程，提出了面向测试的 V 型测试流程，但这种流程体系只是将各个测试手段进行简单的连接，如何从一种手段过渡到另一种手段、各个测试手段之间如何优势互补、测试内容如何分配，至今仍未确立。目前一些正在起草的法规正着力于解决这方面的问题，2022 年 10 月，由我国牵头制定的首个自动驾驶测试场景领域国际标准 ISO 34501—2022《道路车辆 自动驾驶系统测试场景 词汇》发布，该标准主要规范了自动驾驶系统、动态驾驶任务、设计运行范围及条件等概念，明确了场景、动静态环境和实体要素之间的关系，并形成了包括功能场景、抽象场景、逻辑场景和具体场景在内的场景层次描述规则,一定程度上满足了行业在开展自动驾驶测试评价相关工作时采用标准化语言描述测试场景的需求。我国正在立项的《自动驾驶功能仿真测试》标准也针对不同测试手段之间的差异进行了一定的定义。然而测试流程方面并没有明确规程,在不断完善的过程中还可能出现由技术的改进而导致的流程方面较大的差异。

(4) 评价维度难以俱全　智能汽车性能评价体系的构建需综合考虑评价维度、行驶场景等多尺度约束,且需要密切贴合基于场景的主流测试过程手段以形成测试评价闭环。在维度尺度方面,现有指标以针对传统汽车的安全性为主体,且以具体场景层级为对象,难以形成逻辑场景层级的智能汽车多维度评价体系;同时智能汽车的综合性能不仅要考虑其在同类不同参数场景中的综合性能,还需要考虑车辆在多个不同类型场景中的结果表现,评价体系需要考虑将多场景测试结果映射至道路连续行驶过程形成多场景归一化指标。

1.2　智能汽车仿真技术概述

智能汽车仿真测试使用一部分模型代替真实的汽车物理系统,基于计算机仿真平台或虚实结合系统进行测试,其已被行业公认为解决智能汽车测试评价难题的重要途径。智能汽车仿真测试技术如图1-1所示。

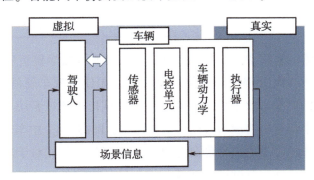

图1-1　智能汽车仿真测试技术

相较于传统的道路测试与场地测试,智能汽车仿真测试技术具有如下优势:

1) 仿真测试可以提供丰富多样的静态环境、复杂的动态交互对象,可以快速构建满足智能汽车测试要求的仿真场景,测试效率高、测试过程安全,不受天气、场景搭建等外在因素的影响,在开发阶段和测试阶段都可以快速验证算法性能。

2）仿真测试可以快速生成对被测智能汽车具有挑战性的边缘场景和危险边界场景，为自动驾驶模型快速提供大量有价值数据，解决测试过程中的长尾效应。

3）仿真测试有助于智能汽车开发数据闭环体系的构建，以往智能汽车路测发生故障时，需要测试人员记录相关信息，并反馈给开发人员进行修正。随着智能汽车的规模化，智能汽车将测试数据主动上传到云端，结合仿真测试技术，可以快速生成用于模型训练的高价值用例，并结合空中激活（OTA）技术将更新后的模型下放，促进数据闭环体系构建。

智能汽车仿真测试技术主要分为仿真测试平台和仿真测试模型两部分。仿真测试平台大致可以分为软件在环测试、硬件在环测试、驾驶人在环测试和车辆在环测试。测试平台对比见表1-1。

表1-1 测试平台对比

测试技术	测试场景	测试对象	特点
软件在环测试	虚拟	虚拟	效率高
硬件在环测试	虚拟	真实	单硬件测试
驾驶人在环测试	虚拟	真实	人机交互测试
车辆在环测试	虚拟	真实	车辆动力学准确
场地测试	真实	真实	场景搭建耗时久
道路测试	真实	真实	随机性强，难以复现

软件在环测试过程中测试场景和测试对象均通过数学模型建立，即图1-1中车辆部分的所有组分都处于虚拟环境之中，无任何汽车硬件系统参与测试，测试真实度最低但测试效率最高；硬件在环测试指被测试系统中的传感器、控制器和执行器中部分由物理系统嵌入仿真回路，即图1-1中车辆模块中的部分组件位于虚拟环境之中而其他部分为真实物理组件，其相对于软件在环测试真实度更高，可以更好地测试硬件系统与控制软件之间的联合效果；驾驶人在环测试指将驾驶人嵌入到测试系统之中，系统中转向盘、加速踏板、制动踏板、人机交互模块为真实物理硬件，周围环境使用虚拟屏幕或头戴式虚拟现实（VR）设备进行模拟，主要用于智能汽车测试过程中的人机交互模块检测；车辆在环测试指将完整的车辆系统嵌入仿真回路之中，即图1-1中车辆部分所有组分都是真实物理状态，其通过传感器信息注入的方式实现驾驶场景的复现，虽然所有硬件系统都是真实的物理硬件，但传感器接收到的信息则是通过一定

的技术手段处理过的虚拟信息,这部分信息可能是实车采集到的道路环境信息,也可能是数字仿真所生成的信息,在所有虚拟测试技术中,车辆在环仿真真实度最高,但是测试成本也最为高昂。

仿真测试模型主要包括车辆动力学模型、传感器模型、静态环境模型和交通流模型等。

(1) 车辆动力学模型 汽车是一个复杂的多刚体系统,其运动过程中所受载荷复杂多变,在虚拟环境体现真实的车辆运动状态是整个仿真测试的重要组成部分,当前常用的车辆动力学模型包括二自由度车辆动力学模型、三自由度车辆动力学模型、七自由度车辆动力学模型和十四自由度车辆动力学模型。

(2) 传感器模型 传感器模型主要分为激光雷达模型、毫米波雷达模型、摄像头模型、超声波传感器模型等,这些模型都可以分为几何模型和物理模型。几何模型即理想模型,只模拟理想传感器的功能,不考虑实际传感器探测目标的具体机理,是当前仿真软件中最常使用的模型种类;物理模型以几何模型为基础,通过模拟传感器信号的实际处理流程,使模型更接近于真实情况,这类传感器建模过程复杂,需要根据传感器的不同型号进行标定,需求的计算量较大。

(3) 静态环境模型 静态环境模型提供必要的道路信息和周围静态障碍物信息,是测试场景构建的基础,除此之外,气象要素也包含在这类模型之中,主要包括驾驶环境温度、光照条件、天气情况等信息。

(4) 交通流模型 交通流模型包含宏观交通流环境和微观交通流环境两方面内容。宏观交通流环境表示一段道路内在一定时间内的整体交通情况,平均交通量、路段平均车速、平均密度是表示宏观交通流的3个基本参数;微观交通流环境表示被测车辆周围的车辆运动状态,包括周围车辆的位置及操作状态,比如换道模型、跟驰模型。

仿真测试过程中可使用的各类测试软件主要包括场景构建软件、交通流软件、算法运行软件、车辆动力学模型软件、自动化测试软件等。已有很多主流的场景构建软件,包括 PreScan、PanoSim、VTD、Carla、Apollo 等,交通流软件包括 SUMO、VISSIM,算法运行软件包括 MATLAB、Python、Microsoft C、LabVIEW 等,车辆动力学模型软件包括 CarSim、AMESim、Adams 等,自动化测试软件包括 TestWeaver、ECUTest、TestStand。测试过程中单一的软件难以完成测试中的各项工作,当前测试一般为各类软件之间相互联合,利用各个软件的优势,取长补短,建立多软件联合仿真平台以进行测试。

1.3 智能汽车测试方法概述

1.3.1 测试方法发展历程

在智能汽车发展初期，其功能多以单一节点实现，例如自动紧急制动、自适应巡航、车道偏离预警等。由于功能单一，汽车工程师们依据车辆开发环节及系统失效数据设计了低等级自动驾驶功能的测试场景类型并对其测试结果进行评价，学术上称其为基于功能的测试方法或矩阵测试方法。早期的自动驾驶功能标准法规是该方法的典型代表，例如欧盟新车安全评鉴协会提出的自动紧急制动功能测试用例，国际标准化组织设计的车道保持辅助、自适应巡航、换道辅助等自动驾驶功能测试用例。由于对测试输入、测试条件和测试通过进行了明确规定，因此基于功能的测试方法可重复性强、测试效率高。然而将其应用于功能相对复杂和综合的高等级智能汽车验证时存在一定的不足，首先体现在该方法只能对某项功能进行测试评价，无法验证多项功能的综合表现；其次由于对测试通过条件具有明确的要求，因此系统自主决策的能力难以体现。

基于里程的测试方法亦是发现智能汽车系统缺陷的重要手段，其主要评估指标平均接管里程（Miles Per Intervention，MPI）是智能汽车测试过程中核心的性能衡量指标之一，该指标为根据全年测试总里程和接管数计算出的每两次人工接管之间的平均行驶里程。基于里程的测试方法可分为真实情况下的开放道路测试及仿真环境下的随机交通测试。对于开放道路测试而言，各国纷纷开展了智能汽车道路测试年度情况调查，统计车企当年的事故情况及人工接管情况。美国加利福尼亚州（简称加州）交通管理局作为首个无人驾驶牌照颁发机构，自2015年起每年均会公布在加州参与道路测试的智能汽车的行驶情况，包括车队数量、车辆细节、测试总里程、接管总数及原因等。其2023年发布的最新数据显示，参与测试的智能汽车共行驶510万mile（1mile=1609.344m），MPI最好成绩可达9.59万mile。对于仿真情况下的随机交通测试而言，其主要方式为建立真实交通环境的等价模型，例如Waymo建立的美国凤凰城交通环境模型，智能汽车可在其中每天行驶800万mile，测试速度远超实际道路测试。然而，基于里程的测试方法目前存在以下关键难题：①测试效率，由于自然驾驶环境中大部分情况下为安全情况，智能汽车可能需要行驶数十万千米才能遭遇一次因系统缺陷引发的事故，这导致基于里程的测试效率极低；②安全性问题，开放道路测试在真实环境中进行，其引发事故时可能会对乘员或其他交通参与者造成生命或财产损失;③测试结果客观性问题,由于智能汽车道路行驶环境的随机性,相同里程数所对应的道路测试内容并不等价,不同车辆遭遇的场景类型和产生接管的原因可能截然不同,这导致部分企业对 MPI 的客观性产生了质疑。

随着智能汽车功能日益复杂,基于场景的测试理论被提出并逐渐发展为智能汽车测试领域较为通用的理论。其基本理念在于将车辆行驶过程可能遇到的行驶片段抽象转化为"场景",基于"场景"测试车辆的性能并将测试结果映射至真实行驶环境进行评价。相较于基于功能的测试方法,基于场景的测试方法在不违背给定目标或任务的情况下,被测车辆可以自主选择采取任意方式处理当前状况,具有很高的自由度;相比基于里程的测试评价方法,由于场景经过了抽取,可以避免重复性场景和大量安全场景导致的低效率问题,同时使用相同的场景进行测试,可以保证测试结果的客观公正性。

典型的基于场景的仿真测试评价流程如图 1-2 所示,主要包括数据来源及处理、测试逻辑场景库构建、测试具体场景生成及测试执行、性能评价四部分。

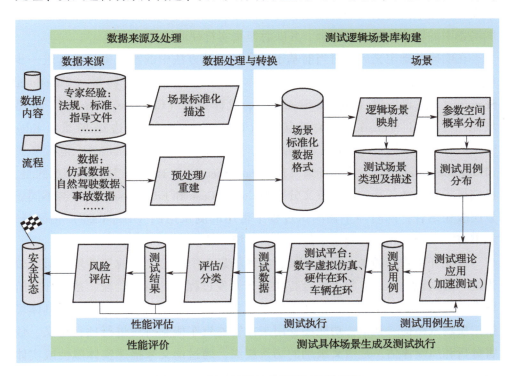

图 1-2 基于场景的仿真测试评价流程

1.3.2 场景相关术语及定义

对基于场景的测试评价方法进行分析之前，首先需要明确"场景"（Scenario）的定义及内涵。场景最先应用于软件系统的开发测试，用来描述系统的使用方式以及构想更多可行的系统，场景是一个示例，描述系统的使用要求和使用环境。ISO 21448《道路车辆 预期功能安全》在 2019 年对"场景"一词进行了官方定义并在 2022 年进行更新："场景是具有特定目标和参数的交通环境瞬时状态序列中不同片段之间的时序关系描述，受交通参与者及事件影响，交通环境瞬时状态包括道路环境状态、动态交通参与者属性状态、本车属性状态及它们彼此之间的交互关系"。2022 年发布的 ISO 34501 也对场景进行了定义："被测智能汽车执行某个动态驾驶任务的过程中，其与周围静、动态参与物在该时间序列内的状态变化及交互关系的集合"。基于上述场景定义，可将"基于场景的测试评价方法"理解为：将车辆连续的驾驶过程进行分割，获取非重复的独立场景片段，以场景为基础单位对智能汽车进行测试，并基于测试结果对其在不同场景中的性能进行评价，按照真实环境中的场景分布规律将不同场景中的评价结果进行耦合，并映射至真实行驶环境。

在明确基础定义后，对当前基于场景的测试方法中的相关概念进行进一步说明，以便后续技术内容的展开，本书着重介绍功能场景（Functional Scenario）、逻辑场景（Logical Scenario）、具体场景（Concrete Scenario）、典型场景（Typical Scenario）、关键场景（Critical Scenario）、边缘场景（Edge Scenario）、极端场景（Corner Scenario）、安全场景（Safe Scenario）、危险场景（Hazardous Scenario）、边界场景（Boundary Scenario）10 个概念。需注意的是，极端场景和边缘场景的原始英文分别为 Corner Case 和 Edge Case，为了与不同场景层级相结合，同时与车辆测试过程中常用的测试用例（Test Case）相区分，本书将极端场景和边缘场景中的"Case"统一替换为"Scenario"。

首先介绍功能场景、逻辑场景、具体场景 3 个概念，当前三者均已形成较为统一的共识。Menzel 等人结合智能汽车开发过程中的概念阶段、系统开发阶段和测试阶段，在场景测试框架下提出了对应的功能场景、逻辑场景、具体场景三层场景结构。其中，功能场景用来在智能汽车概念阶段进行项目定义、危害分析和风险评估，是语义级别的场景层级，通过语义来描述实体属性或实体与实体之间的关系；逻辑场景是基于参数空间变量的形式对功能场景的进一步描述，其通过参数空间描述实体属性或不同实体之间的交互关系，参数空间可通过数据拟合或理论分析等方式确定；具体场景使用具体参数描述实体属性或实体间的交互关系，通过在逻辑场景参数空间中采样获取，是直接参与测试的场景层级，与"测试用例"概念一致。ISO 21448、ISO 34501 中也进行了上述相似的定义描述。以跟车场景为例，不同场景层级下的跟车场景如图 1-3 所示。

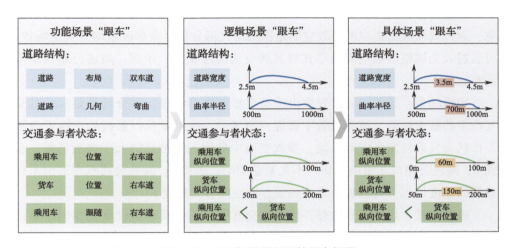

图 1-3 不同场景层级下的跟车场景

在剩余的概念中，典型场景、关键场景、边缘场景、极端场景针对逻辑场景层级进行描述，安全场景、危险场景、边界场景针对具体场景层级进行描述。本书综合分析当前学者关于场景子概念的定义，考虑三层场景结构及名词自身含义，建立了如图 1-4 所示的场景子概念覆盖范围。

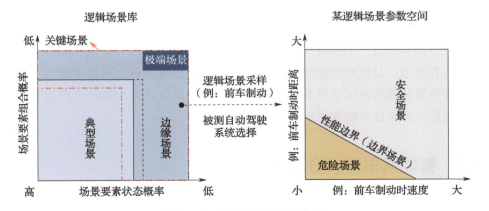

图 1-4 场景子概念覆盖范围

图 1-4 中左侧图中黑色虚线框代表部分典型场景可转化为关键场景。需要注意的是，典型场景、关键场景、边缘场景、极端场景均为从场景自身属性出发，根据其要素特征进行定义的场景类别，而安全场景、危险场景、边界场景则与被测智能汽车强相关，其为根据测试结果定义的场景类别，同一具体场景参数在面向不同智能汽车测试时场景类别可能不同。各场景概念的具体定义如下。

典型场景：道路行驶过程中出现频率最高，场景要素及其交互关系较为常见，通过驾驶数据提取的参数空间范围内绝大部分甚至全部区域均为安全场景，可通过人为调整参数空间的形式将其转变为边缘场景。示例：高速公路双车道前车切入。

边缘场景：道路行驶过程中出现概率低于典型场景，部分场景要素及其交互产生的概率较低，该类场景中智能汽车感知、决策或执行系统处于接近极限工作状态且容易发生失效风险，参数空间中危险场景的比例大于典型场景。示例 1：高速公路双车道前车切入不久紧急制动；示例 2：高速公路双车道前车以较低的速度切入（通过修改典型场景参数空间方式转变）。

极端场景：场景要素状态、行为或交互关系不违反客观世界规律但道路行驶过程中发生概率极低，会对智能汽车感知、决策或执行系统产生难以预知的干扰，进而影响车辆行驶安全性。示例：拖车上的车辆脱离并朝本车行驶。

关键场景：对智能汽车某一系统功能或性能具有显著影响，可能影响车辆行驶安全性，其包含边缘场景、极端场景及部分具有较高危险性的典型场景。关键场景为图 1-4 中左侧红色点画线包围区域。

安全场景：被测智能汽车在该具体场景完成驾驶任务的过程中不会产生失效或碰撞风险。

危险场景：是被测智能汽车在该具体场景完成驾驶任务的过程中可能因性能不足、操作限制产生失效或碰撞风险。

边界场景：是被测智能汽车在逻辑场景参数空间中安全场景集合和危险场景集合边界位置的具体场景参数集合，边界场景自身或其与参数空间边界构成被测智能汽车在该逻辑场景中的失效空间。

1.4 智能汽车评价方法概述

随着智能汽车技术的发展，驾驶主体由驾驶人逐步演变为自动驾驶系统，这种角色的转换使得车辆性能评价角度相比传统汽车发生巨大转变。面向智能汽车的评价方法逐步分化为两大类：基于功能的评价和基于场景的评价。基于功能的评价方法主要用于智能汽车发展早期，此时智能汽车的自动驾驶功能多以单一功能出现，不同功能之间可相互解耦，逐个测试；随着智能汽车系统复杂程度的增加，多个功能之间逐渐开始相互结合共同完成设计运行区域内的自动驾驶，各个功能紧密配合，一个功能的缺失可能导致整体策略的改变，已无法通过逐个测试的方法验证系统的安全性和可靠性，基于场景的评价是这一阶段智能汽车的主要评价方法。

当前面向智能汽车功能的标准法规即通过性评价的典型案例，通过预先设定被测功能需要完成的测试情况，根据测试过程中的各项指标与设定指标进行对比，判断被测系统是否通过该测试。以自动紧急制动（AEB）功能测试为例，如果被测系统可以自动进行紧急制动操作，避免与前车的碰撞，并且其与前车的最小距离保持在一定范围内，则可以认为该算法通过了该项测试。在这类通过性评价的基础上，一些比赛将这类基础场景进行结合，形成了一些较复杂的场景，用这类复杂场景的整体通过性来评价被测系统的整体功能，一旦有某个功能出现薄弱环节，则被测系统无法完成整个复杂场景，但这类复杂场景仍是一些基础场景的简单组合，各个功能之间可以相互解耦。

功能安全评价方法主要评价指标为汽车安全完整性等级（Automotive Safety Integration Level，ASIL），它是 ISO 26262 针对汽车电子/电器功能安全设计提出的安全性评价方法，根据暴露度、严重度和可控性将被测系统的安全等级分为 A、B、C、D 四个等级。其他指标主要包括舒适性、经济性等，这类指标与传统汽车的评价方法基本一致。

在智能汽车基于场景的评价过程中，部分学者参考无人系统自主级别（Autonomy Levels for Unmanned Systems，ALFUS）框架，将智能汽车的评价维度分为环境复杂度、任务复杂度和人工干预度三大类。环境复杂度主要指运行环境的复杂程度，通过分析场景中天气、特殊区域、道路情况、人流情况等不同子要素对智能汽车不同系统层级的影响，并累计所有子要素影响结果，最终判断场景的整体复杂度；任务复杂度包括任务的难易程度、需要完成的任务数量，例如将一个任务分解为几个子任务，并将其进行空间 – 时序排列，通过判断不同子任务在空间序列、时间序列中的排列情况来判断整体任务的复杂程度；人工干预度指人工进行的决策和操作所占的比例，平均人工干预次数是当前较为公认的人工干预度评价指标，通过分析被测车辆在一年时间内的整体运行状况，计算每百英里行驶过程中人工接管的次数。一些学者面向智能性还提出了学习进化性的概念，即被测算法在场景中的泛化能力，是否能通过学习相似场景 A 中的测试内容，完成测试场景 B 中的挑战，但这种概念还处于理论范畴，未能进行更深层次的扩展。

综上，本书将针对智能汽车仿真与测试评价过程中的重点难点，着重关注智能汽车一体化建模与仿真、智能汽车多物理系统在环仿真测试、基于本体论的智能汽车测试逻辑场景构建、基元驱动的智能汽车测试逻辑场景生成、智能汽车测试具体场景生成、智能汽车逻辑场景层级评价 6 部分，后续将针对这些内容具体展开。

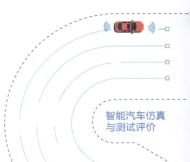

第 2 章
智能汽车一体化建模与仿真

高置信度模型是智能汽车仿真测试结果有效性的重要保障，由于行驶环境建模已经得到了较为完善的发展，本章重点将环境感知系统和主动执行系统作为对象进行建模。其中环境感知系统是智能汽车区别于传统汽车的全新子系统，通过雷达、摄像头、定位装置及 V2X 等感知传感器采集周围环境信息，为智能汽车周边环境和自车控制行为之间建立联系，并通过决策控制模块进行自车的控制行为；主动执行系统相比传统汽车增加了控制执行部分，需对其控制精度、控制效率等进行分析。因此，本章主要建模内容包括激光雷达模型、毫米波雷达模型、摄像头模型、超声波传感器模型、集成式制动系统模型和冗余转向系统模型，并基于生物耦合理论提出了智能汽车一体化建模概念，以期结合环境模型、车辆动力学模型，建立高集成、高耦合的仿真一体化模型。

2.1 激光雷达模型

激光雷达是指以激光为载波、以光电探测器为接收器件、以光学望远镜为天线的光雷达，在智能汽车技术领域，使用车载激光雷达探测驾驶环境中物体的位置、速度等特征量。根据激光雷达工作特征，激光雷达模型需要完成：

1) 激光雷达功能模拟，发出及接收激光信号。
2) 建模环境影响，描述环境中激光传输的介质对探测的影响。
3) 建模目标激光反射特征，描述目标的形状及其反射特性。

为了兼顾仿真测试过程中的测试效率及模拟精度，使用几何 – 物理混合建模的方式描述激光雷达的探测过程，前者（几何）的主要作用是基于虚拟驾驶环境中的目标全局位置、主车全局位置、目标车的形状、激光雷达视野来进行目标相对位置理想输出的求解，后者（物理）在完成激光雷达模型基本功能的基础上，添加不同天气带来的功率衰减及噪声影响。

2.1.1 激光雷达几何建模方法

1. 面向目标及点云模拟的几何建模

激光雷达几何模型包含目标模型、激光雷达光锥模型和环境模型，面向目标及点云模拟的几何建模原理如图2-1所示。目标模型主要将虚拟目标几何参数化，描述其形状特征并定义关键点，目标可以根据计算需求使用包围盒或更复杂的多面体包络来描述；激光雷达光锥模型主要将雷达包络或单束探测光束几何参数化，定义激光雷达的探测范围，使用直线、棱锥、圆锥和纺锤体来抽象；环境模型主要描述主车与目标车之间的位置及其相对关系。对于目标模拟和点云模拟，使用类似的方法，通过模型参数设定来实现不同的模拟功能。

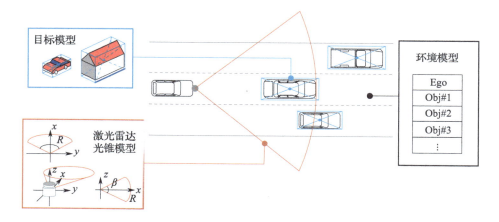

图2-1 面向目标及点云模拟的几何建模原理

几何模型的求解分为4个步骤：

1) 场景裁剪：根据激光雷达的光锥模型和目标模型快速筛选环境中与光锥相交的物体作为潜在目标。

2) 可见判断：根据目标模型的关键点排除不能被激光雷达扫描的潜在目标。

3) 遮挡判断：根据潜在目标在环境中的位置以及目标的关键点，排除被遮挡的潜在目标。

4) 位置计算：计算余下的潜在目标在激光雷达坐标下的位置信息。

在对目标检测过程进行模拟时，激光雷达光锥模型采用雷达包络形状参数进行配置,形成锥体;在进行点云模拟的过程中,由于实际激光雷达光锥的张角很小,出于对计算效率的考虑,激光雷达光锥可以简化为直线形式。

2. 激光雷达几何模型验证

对几何模型分别进行目标模拟和点云模拟的仿真验证。

(1) 目标模拟的验证　在仿真环境的主车上安装虚拟的激光雷达传感器,参数设置为:探测范围为200m,水平视场角与分辨率为85°/0.125°,垂直视场角与分辨率为2.4°(±1.2°)/0.8°,雷达线数为4线。在距离主车正前方45m处配置静止交通车,目标模拟仿真试验场景如图2-2所示,主车以20km/h的速度接近前车。用虚拟雷达探测出的目标车车尾位置与两车在全局坐标下的位置差作对比,在图2-3中展示。两车真实质心距离和实测与车尾的距离之间的偏移来自于车辆质心和车辆目标模型中车尾包络的位置差。

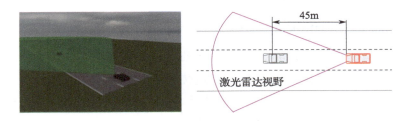

图2-2　目标模拟仿真试验场景

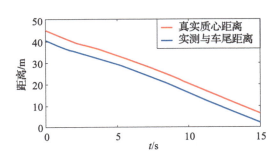

图2-3　两车相对距离的模拟与实测结果对比曲线

(2) 点云模拟的验证　在仿真环境添加多个静止车辆障碍物验证点云模拟结果。在主车上安装单线激光雷达,探测范围为200m,水平视场角与分辨率为85°/0.125°,点云模拟工况及结果鸟瞰如图2-4所示。由于试验中采用的目标模型为包围盒的形式,故点云中显示出了明显的L形轮廓和直线轮廓。

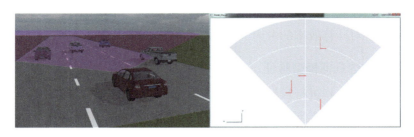

图2-4 点云模拟工况及结果鸟瞰

2.1.2 激光雷达物理建模方法

不同天气带来的功率衰减及雨雪等天气下由雨雪粒子产生的噪点将很大程度影响激光雷达模型与真实激光雷达工作时的相似程度,因此还需在激光雷达几何建模的基础上增加功率衰减模型和噪点模型。

1. 不同天气下的功率衰减模型

功率衰减建模主要模拟雨、雪、雾和霾等不同环境条件下激光雷达的探测极限距离。在距离探测方面,激光雷达传感器主要利用飞行时间(Time-of-Flight)原理,飞行时间指的是激光束从激光发射器发射出去直至被目标反射回接收器期间经历的时间差,飞行时间的定义如图2-5所示。在激光器驱动的作用下,脉冲式激光器发射一个很短的激光脉冲,触发激光接收器的时间测量机制。一旦激光器发出的激光从物体反射回来进入接收器,时间测量过程就停止了。该过程测量得到的时间即飞行时间,经过时间数字转换器(Time-to-Digital Converter,TDC)将时间信息量化,继而计算得到距离信息。

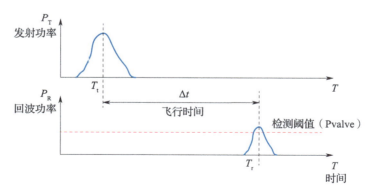

图2-5 飞行时间的定义

经过上述计算，时间差 Δt 与激光信号传输的距离成比例关系，被探测到的点与雷达之间的距离 R 就可以表示为

$$R = \frac{c\Delta t}{2} \tag{2-1}$$

式中，c 为传输介质中的光速。

传感器的距离分辨率取决于激光雷达传感器的激光发射器和接收器的带宽。

激光雷达的探测能力可以通过激光雷达作用距离方程从能量的角度来描述。激光雷达方程可表示为

$$P_R = \frac{P_T G_T}{4\pi R^2} \frac{\sigma}{4\pi R^2} \frac{\pi D^2}{4} \eta_{Atm} \eta_{Sys} \tag{2-2}$$

式中，P_R 为回波功率（W）；P_T 为发射功率（W）；G_T 为发射天线增益；σ 为目标散射截面；D 为接收孔径（m）；R 为激光雷达达到目标的距离（m）；η_{Atm} 为单程大气传输系数；η_{Sys} 为激光雷达的光学系统的传输系数。

式（2-2）中，大气传输系数 η_{Atm} 的定义为

$$\eta_{Atm} = \exp(-2\gamma R) \tag{2-3}$$

式中，γ 为距离发射端 R（km 或 m）处的大气衰减系数（km^{-1} 或 m^{-1}）。

大气衰减系数 $\gamma(\lambda)$ 是波长的函数，由环境中的两部分带来，一部分是大气分子，另一部分是大气气溶胶，即

$$\gamma(\lambda) = \gamma_{molecules}(\lambda) + \gamma_{aerosol}(\lambda) \tag{2-4}$$

大气分子衰减系数主要和激光波长有关，气溶胶衰减系数除了与波长有关，还和天气情况相关。为了方便建模，选取波长为车载激光雷达市场上常见的 905nm。

当波长大于 $0.8\mu m$ 时，国际电信联盟无线电通信组建议忽略不计大气分子的瑞利散射对信号的损耗，故对于波长为 905nm 的激光，大气气体分子引起的散射和吸收损耗可以不考虑。因此，大气引起的激光衰减原因简化为大气气溶胶引起的衰减，即

$$\gamma(\lambda) \approx \gamma_{aerosol}(\lambda) \tag{2-5}$$

大气气溶胶衰减系数（单位为 km^{-1}）可表示为

$$\gamma_{aerosol}(\lambda) = \sigma_\alpha(\lambda) + k_\alpha(\lambda) \tag{2-6}$$

式中，$k_\alpha(\lambda)$ 和 $\sigma_\alpha(\lambda)$ 分别为气溶胶的吸收和散射系数。

很多时候吸收系数和散射系数的作用被合并为衰减系数。在物理模型中按照天气来对衰减过程进行建模，大气衰减系数（单位为 km^{-1}）可以表示为

$$\gamma(\lambda) = \gamma_{\text{haze}}(\lambda) + \gamma_{\text{fog}}(\lambda) + \gamma_{\text{rain}}(\lambda) + \gamma_{\text{snow}}(\lambda) \quad (2-7)$$

(1) 霾衰减系数的确定 对霾在激光雷达衰减系数的求取有两种方式：一种是基于米散射的理论，另一种是基于经验公式。基于米散射理论求取霾的衰减系数，虽然结果更加精确，但是需要提前获知特征浓度、尺度分布和复折射率，加上霾本身不是球形，对霾的特征测量本身具有一定的复杂性，因此本书采取 Kim 公式来估算霾衰减系数（γ_{haze}，单位为 km^{-1}）：

$$\gamma_{\text{haze}} = \frac{3.912}{V}\left(\frac{0.55}{\lambda}\right)^a \quad (2-8)$$

式中，V 为大气能见度（km）；λ 为波长（μm）；a 为波长修正因子；a 的取值如下：

$$a = \begin{cases} 1.6 & (V > 80\text{km}) \\ 1.3 & (6\text{km} < V < 80\text{km}) \\ 0.6V + 0.34 & (1\text{km} < V < 6\text{km}) \\ V - 0.5 & (0.5\text{km} < V < 1\text{km}) \\ 0 & (V < 0.5\text{km}) \end{cases} \quad (2-9)$$

此类的经验公式并没有涉及霾粒子本身的大小、分布等特性，而是表示出了大气的能见度与衰减之间的关系，使用起来非常方便。上述的计算方式的提出并不针对 905nm 辐射，对于波长 $\lambda < 1\mu\text{m}$ 的辐射衰减计算误差较小，但波长增大时，误差较大。

(2) 雾衰减系数的确定 根据形成雾的地域和形成雾的机理，把雾分成平流雾和辐射雾。一般将海雾处理为平流雾，而将内陆雾处理为辐射雾。雾衰减系数（γ_{fog}，单位为 km^{-1}）对应的经验公式如下：

$$\gamma_{\text{fog}} = \frac{A}{V} \quad (2-10)$$

式中，A 为经验常数；V 为能见度。查表可知，$0.9\mu\text{m}$ 波长对应 A 值为 3.3。

(3) 雨衰减系数的确定 在可见光到远红外光区约 $10\mu\text{m}$ 的波长范围内，雨滴引起的激光衰减与波长之间的关系并不大。在工程应用中通常用降雨率来估算雨衰减系数。很多模型基于米散射模型计算，但是雨滴的半径在 $50\mu\text{m} \sim 5\text{mm}$ 之间，远大于激光波长。区分散射类型所采取的尺度参数：

$$\alpha = \frac{2\pi r}{\lambda} \quad (2-11)$$

式中，α 为尺度参数，在 $0.1 \sim 50$ 的范围内输入米散射；r 为粒子半径；λ 为波长。

在此种状况下,尺度参数范围为 347~34713,并不符合米散射的数值,已经属于几何散射范畴。可以采用如下经验公式来估计雨的消光系数:

$$S_{\text{rain}} = 0.29 + \frac{R}{2.53} - \frac{R^2}{20.3} \quad (2-12)$$

式中,R 为降雨速度($\text{mm} \cdot \text{h}^{-1}$);$S_{\text{rain}}$ 为激光在雨中的综合消光系数($\text{dB} \cdot \text{km}^{-1}$),和雨衰减系数 $\gamma_{\text{rain}}(\text{km}^{-1})$ 的关系为

$$S_{\text{rain}} = -10\lg(\gamma_{\text{rain}}) \quad (2-13)$$

(4)雪衰减系数的确定 影响雪天气带来的衰减的因素有:水密度 ρ_w、降雪速度 v_t、降雪量 L_{snow} 和系统常数 C_3,这几个系数以如下方式决定雪的消光系数:

$$S_{\text{snow}} = 0.3619 \frac{\rho_w L_{\text{snow}}}{C_3 v_t} \quad (2-14)$$

雪可以根据水含量分为干雪和湿雪。干雪和湿雪对应的密度 ρ_w 分别为 $0.05\text{g} \cdot \text{cm}^{-3}$ 和 $0.2\text{g} \cdot \text{cm}^{-3}$,对应的系统常数 C_3 分别取 $0.017\text{g} \cdot \text{cm}^{-2}$ 和 $0.072\text{g} \cdot \text{cm}^{-2}$,对应的降雪速度 v_t 分别为 $1\text{m} \cdot \text{s}^{-1}$ 和 $2\text{m} \cdot \text{s}^{-1}$。

同样,雪的消光系数是以分贝(单位为 $\text{dB} \cdot \text{km}^{-1}$)定义的,与雪衰减系数的转换公式为

$$S_{\text{snow}} = -10\lg(\gamma_{\text{snow}}) \quad (2-15)$$

以上 4 种天气的功率衰减曲线如图 2-6 所示。

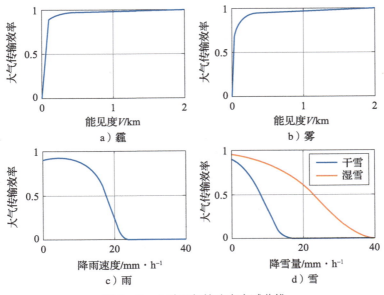

图 2-6 4 种天气的功率衰减曲线

使用 SICK 雷达 HR 版本的参数进行对应的激光雷达作用距离方程的求解，得到 SICK 雷达最大可探测距离与物体反射率之间的关系如图 2-7 所示。图 2-8 所示为 SICK 雷达（HR 版本和 SR 版本）厂家提供的实测衰减曲线，可见所提出的求解方法具有很高的精度。相应地，可以求出 Velodyne 和 IBEO 雷达所对应的衰减曲线，三款典型激光雷达的衰减曲线如图 2-9 所示。

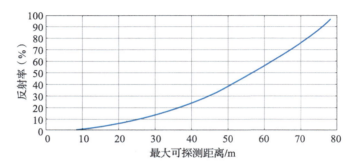

图 2-7　SICK 雷达最大可探测距离与物体反射率之间的关系

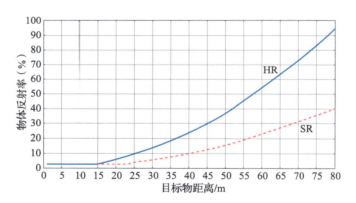

图 2-8　SICK 雷达厂家提供的实测衰减曲线

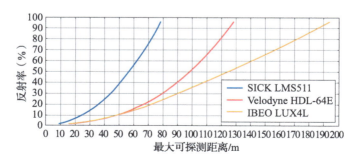

图 2-9　三款典型激光雷达的衰减曲线

2. 噪点建模方法

当进行噪点建模时,首先对噪点产生机理进行建模,结合激光雷达作用距离方程、粒子尺度分布函数,使用蒙特卡洛方法计算出有粒子返回的概率,并使用真实试验数据对模拟进行参数标定。雨天为最常见的异常天气情况,后面以雨噪点的建模为示例。

雨噪点的产生过程是:雨天情况下,激光雷达光束扫到了若干雨点,这些雨粒子由于自身尺度和在光束中的位置,其中的一个或多个粒子产生的返回功率足够被激光雷达探测到,产生噪点,如图2-10所示。

图2-10 由雨点导致的探测噪点

假设雨粒子出现在激光雷达光束内为事件 A,任一粒子能够产生被探测的条件为事件 B,模拟过程在距离雷达中心 L_{sim}(单位为 m)为半径的圆柱感兴趣范围内进行。A 与 B 事件相互独立,则任意粒子成为噪点的概率为 $P(AB) = P(A)P(B)$。

(1) 出现事件 A 发生概率求解 对于事件 A,若雨粒子在大气中均匀分布,则 $P(A)$ 符合几何分布,与激光雷达包络范围体积 V_{env}、感兴趣区域体积 V_{ROI} 有关。假设激光雷达光锥形状是圆台,其在雷达发射透镜上形成的光斑为圆台顶端,在感兴趣区域边缘处的光斑为圆台底端,激光雷达波束几何形状如图2-11所示。

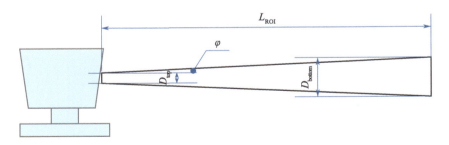

图2-11 激光雷达波束几何形状

雷达波束的发散角表示为 φ(单位为 rad),对于 HDL-64E 为 0.002rad,一帧数据中的光束数为 $N_{beam} = 1.3 \times 10^5$ 个,光束圆台顶部半径为 r_{top},根据经验值取 0.005m,底部半径为 $r_{bottom} = r_{top} + L_{sim} \tan(\varphi/2) = 0.2051$m。取感兴趣区域

的 $L_{sim} = 5m$，高度 $H_{sim} = 4m$，可求得 A 事件的概率为

$$P(A) = \frac{V_{env}}{V_{ROI}} = \frac{V_{beam} N_{beam}}{V_{ROI}} \tag{2-16}$$

式中，

$$V_{beam} = \frac{\pi L_{sim} (r_{top}^2 + r_{bottom}^2 + r_{top} r_{bottom})}{3} \tag{2-17}$$

$$V_{ROI} = \pi H_{sim} L_{sim}^2 \tag{2-18}$$

计算得到 $P(A)$ 数值为 6.67×10^{-4}。

（2）探测事件 B 发生概率求解　该部分难以通过计算获得解析解，通常使用蒙特卡洛方法进行模拟。先对单个粒子成为噪点的原理，即作为粒子目标返回的过程进行模拟，接着模拟出粒子位置分布和尺度分布的随机性，进而求解粒子返回的概率。使用蒙特卡洛方法对事件 B 的概率进行计算。总采样粒子点数为 N_{sample}，经计算能够返回的粒子个数为 N_{return}，单个粒子能够返回的概率为

$$P_{return} = a_{adj} \frac{N_{return}}{N_{sample}} \tag{2-19}$$

模型抽象过程中，对参数的取值并不准确，因此在计算事件 B 的概率时添加调整系数 a_{adj}。由定义可知：

$$P_{(B)} = P_{return} \tag{2-20}$$

（3）粒子能够返回的条件　在此问题中，雨粒子尺度小于雷达光束，应视作点目标。粒子的平面反光系数表示为 ρ_{pt}，散射截面为

$$\sigma = 4\rho_{pt} dA \tag{2-21}$$

式中，dA 为被照射的粒子面积。

假设粒子为直径为 D_{drop} 的球体，取 dA 为球体表面积的一半，则：

$$dA = \frac{\pi D_{drop}^2}{2} \tag{2-22}$$

将以上参数代入雷达作用距离方程，得到：

$$R_{max}^4 = B \eta_{atm} \rho_{pt} D_{drop}^2 \tag{2-23}$$

式中，B 为常数，与前面 A 的关系为

$$B = \frac{A}{2\varphi} \tag{2-24}$$

故噪点能够产生的条件为

$$D_{drop} \geq \frac{R^2}{\sqrt{B \eta_{atm} \rho_{pt}}} \tag{2-25}$$

建立坐标系时,使得雷达安装位置为$(x_0,y_0,z_0)=(L_{\text{sim}},L_{\text{sim}},H_{\text{sim}})$,任意一个粒子的坐标为$(x_{\text{drop}},y_{\text{drop}},z_{\text{drop}})$。粒子与雷达中心的距离为

$$R=\sqrt{(x_{\text{drop}}^2-x_0^2)+(y_{\text{drop}}^2-y_0^2)+(z_{\text{drop}}^2-z_0^2)} \quad (2-26)$$

(4)粒子随机位置的模拟 粒子应在感兴趣区域内,并且处于雷达最小探测距离$R_{\min}$外。这种分布形式没有解析形式,故使用拒绝抽样法抽样出$(x_{\text{drop}},y_{\text{drop}},z_{\text{drop}})$,对粒子在更大范围内均匀采样,去除不符合的粒子,留下符合条件的粒子。模拟10万个粒子的位置分布,如图2-12所示。

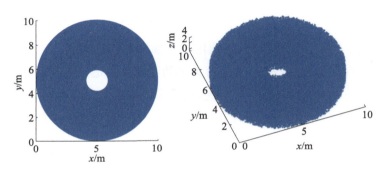

图2-12 粒子的位置均匀分布模拟

(5)粒子尺度的模拟 相关文献指出,雨粒子的尺度分布满足类似Gamma分布的形式,单位体积内雨粒子个数$N(D_{\text{drop}})$(单位为$\text{m}^{-3}\cdot\text{mm}^{-1}$)由$\alpha$系数、$\gamma$系数、单位体积内粒子数$N_{\text{unit}}$和数量最大的粒子半径$r_c$决定:

$$N(D_{\text{drop}})=\frac{\gamma N_{\text{unit}} b^{\frac{\alpha+1}{\gamma}}}{\Gamma\left(\frac{\alpha+1}{\gamma}\right)}\left(\frac{D_{\text{drop}}}{2}\right)^{\alpha}\exp\left[-b\left(\frac{D_{\text{drop}}}{2}\right)^{\gamma}\right] \quad (2-27)$$

式中,$\Gamma(\cdot)$为Gamma函数,且

$$b=\frac{\alpha}{\gamma r_c^{\gamma}} \quad (2-28)$$

根据表2-1中参数,模拟中雨和小雨时的粒子尺度分布,雨粒子分布曲线如图2-13所示。

表2-1 雨粒子尺度分布参数

天气	$N_{\text{unit}}/\text{m}^{-3}$	α	γ	r_c/mm
中雨	1000	1	0.5	0.05
小雨	1000	2	0.5	0.07

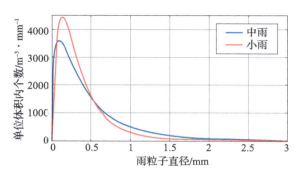

图 2-13 雨粒子分布曲线

模拟雨粒子的尺度分布时，仍使用拒绝抽样法进行抽样，使用正态分布进行辅助。将 $N(D_{drop})$ 记做 $p(x)$，$q(x)$ 为辅助函数，满足标准正态分布，选取 M 使 $p(x)$ 一直处于 $Mq(x)$ 的下方。经过试验，对小雨 M 值取为 9.16×10^3，中雨的 M 值取为 1.13×10^4。随机取样 $x^{(i)} \sim q(x)$，$u \sim U(0,1)$，对满足下式的取样进行接受，否则拒绝：

$$u < \frac{p(x^{(i)})}{Mq(x^{(i)})} \tag{2-29}$$

雨粒子直径模拟结果如图 2-14 所示。

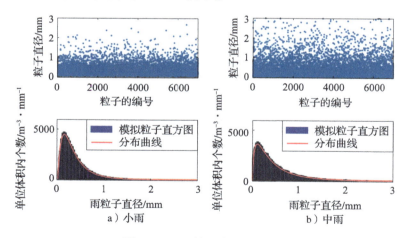

a）小雨　　　　　　　　b）中雨

图 2-14 雨粒子直径模拟结果

根据感兴趣区域的体积，估计区域内大约有 $N_{total} = 3.14 \times 10^5$ 个雨粒子。模拟过程总共采样 $N_{sample} = 1 \times 10^7$ 个粒子，计算得到 $P_{return} = 0.258$。

（6）基于真实数据的模型参数标定　在中雨天气中，采集激光雷达实车数据，对其结果进行离线分析，人工统计在 100 帧，即 10s 的数据中，激光雷达探测结果中,中雨粒子的数量均值为 24.03 个。感兴趣区域内返回噪点的期望值理论上与试验统计结果一致。期望值的计算方法如下:

$$E(AB) = E(A)E(B) = P(A)N_{beam}P(B)N_{total}$$
$$= P(A)a_{adj}\frac{N_{return}}{N_{sample}}N_{beam}N_{total} \qquad (2-30)$$

由于 N_{return} 具有随机性,在每次模拟时结果都存在差异,故 a_{adj} 只能通过试凑法求解,最终可得 $a_{adj} = 0.0011$。

(7)噪点模拟结果 由于一帧数据中最多产生 $N_{beam} = 1.3 \times 10^5$ 个测量值,故对 N_{beam} 个点进行采样,模拟整个噪点返回过程。在大小为 $L_{sim} = 5m$、高度 $H_{sim} = 4m$ 的感兴趣区域内进行中雨天气噪点模拟,结果如图 2-15 所示。除了使用机理模拟方式模拟噪点,更简便的方法是统计噪点产生的概率,以随机数的方式在空间生成噪点。后者的缺点是生成的噪点的位置和粒子尺寸之间的关系并不一定符合真实情况。通过这种机理模拟的方式生成的噪点粒子能够正确反映粒子大小、粒子位置对噪点产生起到的共同作用,并且产生结果能够具有一定的随机性。

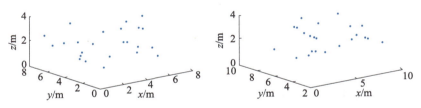

图 2-15 两次雨粒子噪点模拟结果

2.2 毫米波雷达模型

由于毫米波雷达工作原理与激光雷达类似,因此其建模过程与激光雷达建模过程也保持一致,分为几何建模及物理建模两部分。

2.2.1 毫米波雷达几何模型

几何模型的主要作用包括:
1)判断目标是否在毫米波雷达探测范围内。
2)计算雷达探测范围内的目标与雷达之间的理论距离和理论径向速度。
3)计算雷达探测范围内目标被雷达探测到的比率。

几何模型是一种理论模型,在几何模型中,目标车辆被视为二维平面上的包围盒 $ABCD$,雷达发射电磁波的过程被视为扇形散射。

如图 2-16a 所示,首先进行速度分析,将目标车辆的相对速度 v 转化为雷达探测目标的径向速度 v_{radar}:

$$v_{\text{radar}} = v\cos(\alpha - \beta) \qquad (2-31)$$

式中,α 为目标车辆几何中心的方位角,沿 X 轴顺时针方向为正;β 为目标车辆的速度方向角,沿 X' 轴顺时针方向为正。

其次进行相对距离和方位角求解。如果虚拟目标车辆包围盒的 4 个顶点 A、B、C、D 全部在雷达的探测范围内,如图 2-16a 所示,采用线段 OO' 连接雷达和包围盒的几何中心,将线段 OO' 与包围盒边界的交点 M 作为参考点,则雷达几何模型输出的相对距离为从参考点 M 到雷达的距离 OM,输出的方位角为参考点 M 在雷达坐标系的角度,沿着 X 轴顺时针方向为正。最后计算目标车辆被雷达探测到的比率 m,其定义为以雷达为顶点,目标车辆包围盒在雷达探测范围内暴露的角度范围与目标车辆包围盒与雷达顶点构成的角度范围的比值,在此种情况下 $m=1$。

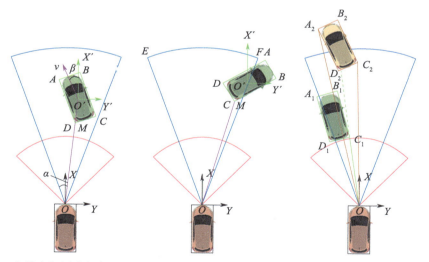

a)雷达完全探测目标　　b)雷达部分探测目标　　c)远距离目标车辆被部分遮挡

图 2-16　雷达几何模型示意图

如果虚拟目标车辆包围盒的 4 个顶点 A、B、C、D 部分在雷达探测范围内,如图 2-16b 所示,则选择雷达探测范围内,距离雷达最近的顶点 C 作为参考点 M,相对距离和方位角的计算方法与上面相同,目标车辆被雷达探测到的比率

m 在图 2-16b 中表示为

$$m = \frac{\angle DOF}{\angle DOB} \tag{2-32}$$

如果虚拟目标车辆包围盒的 4 个顶点 A、B、C、D 全部都不在雷达的探测范围内，则认为此时目标车辆不在雷达的探测范围内，无法被毫米波雷达探测到。

考虑到多虚拟目标车辆的回波模拟，如图 2-16c 所示，以雷达为顶点，如果两个虚拟目标车辆包围盒占用的角度范围存在重叠，则距离雷达较远的虚拟目标车辆被部分遮挡。对于距离雷达较远的虚拟目标车辆，在其未被遮挡的包围盒顶点中，选择距离雷达最近的顶点 C_2 作为参考点 M，采用与上面相同的方法对其相对距离、径向速度和比率 m 进行更新。如果两个虚拟目标车辆包围盒占用的角度范围一个被另一个完全包围，为了简化计算，认为距离雷达较远的虚拟目标车辆被完全遮挡，不能被雷达探测到。

为了验证毫米波雷达几何模型的性能，设计了多个交通车处于不同位置的测试场景，几何模型的输入和输出见表 2-2，交通车位置示意图和几何模型输出结果如图 2-17 所示。可以看出，目标车 3、9、12 超出了雷达探测范围，不能被探测到，目标车 4 被目标车 2 完全遮挡，同样不能被探测到，目标车 7、10 分别被目标车 6、8 部分遮挡，仍然可以被探测到，雷达几何模型发挥了期望的性能。

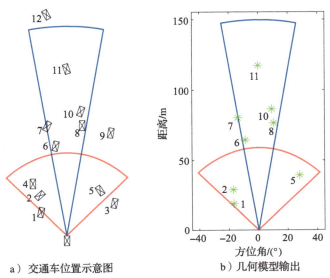

a) 交通车位置示意图　　b) 几何模型输出

图 2-17　交通车位置示意图和几何模型输出结果

表 2-2　几何模型的输入和输出

序号	输入					输出			
	距离/m	相对速度/(m/s)	方位角/(°)	速度角/(°)	车身角/(°)	距离/m	径向速度/(m/s)	方位角/(°)	比率 m
1	25	5	-47	15	15	25.43	2.35	-41.36	0.32
2	35	5	-30	45	45	34.07	1.29	-30.00	1.00
3	40	5	55	20	15	—	—	—	—
4	45	5	-27.5	0	0	—	—	—	—
5	50	5	35	-30	-30	49.01	2.11	35.00	1.00
6	68	5	-8	10	10	65.53	4.76	-8.00	1.00
7	80	5	-10	20	20	81.61	4.33	-10.00	0.27
8	80	5	8	0	0	77.63	4.95	8.00	1.00
9	80	5	18	10	10	—	—	—	—
10	90	5	7	20	20	87.59	4.87	6.08	0.60
11	120	5	0	-20	-20	117.50	4.70	0.00	1.00
12	165	5	-4	-10	-25	—	—	—	—

2.2.2　毫米波雷达功率衰减模型

毫米波雷达物理建模方法主要为功率衰减模型构建，其用于计算虚拟目标车辆在不同视场角下的雷达截面积（RCS）值以及恶劣天气对毫米波信号的衰减。

采用 Altair 公司的 FEKO 软件计算普通乘用车在不同的视场角下的 RCS 值。首先需要通过 Dassault 公司的 CATIA 软件对普通乘用车的三维结构进行建模，然后将模型导入到 FEKO 软件中进行网格划分和 RCS 值计算。将车身材料近似为完美导体，采用大面元物理光学法作为求解方法，雷达波频段设置为 77GHz，采用不同位置的平面波表示视场角的变化，因为汽车通常是几何对称的，所以 FEKO 软件只计算 180°范围内的 RCS 值，0°表示视场角在车尾，平面波旋转 180°，每间隔 1°进行一次 RCS 值计算，一共需要计算 181 个结果，结果如图 2-18 所示。理论 RCS 值表示在当前视场角下目标车辆整体的反射强度，通过将理论 RCS 值 σ_t 与前面的目标汽车被雷达探测到的比率 m 相乘，估算得到目标车辆实际的 RCS 值 σ：

$$\sigma \approx \sigma_t m \qquad (2-33)$$

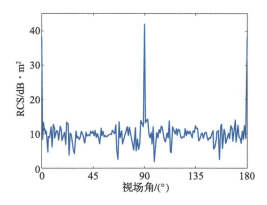

图 2-18　通过 FEKO 软件计算不同视场角下目标车辆的 RCS 值结果

对于毫米波信号在环境中的衰减，在常规天气下，77GHz 毫米波的传播损失相对于雷达的探测距离非常小，可以忽略不计，所以，主要研究毫米波信号在雨雪天气下的电磁信号衰减。

由大雨天气导致的电磁信号单程衰减可以表示为

$$A_r = K_A f^\alpha r \qquad (2-34)$$

式中，A_r 为单位距离下电磁波信号的单程降雨衰减（dB/km）；r 为降雨速率（mm/h）；f 为电磁波频率（GHz）；K_A 和 α 为经验系数，在 77GHz 毫米波下取值为 $K_A = 0.0002$，$\alpha = 2.25$。

单位距离下 77GHz 毫米波的单程降雨衰减与降雨速度的关系如图 2-19a 所示，可以看出降雨对毫米波信号的传播有较大影响，降雨速度越大，毫米波信号衰减越严重。

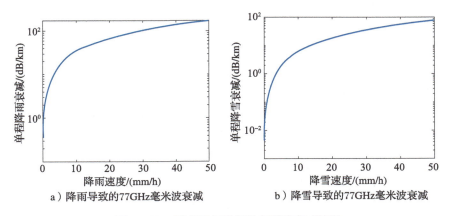

a）降雨导致的 77GHz 毫米波衰减　　b）降雪导致的 77GHz 毫米波衰减

图 2-19　恶劣天气引起的电磁波衰减结果

由大雪天气导致的77GHz毫米波信号单程衰减可以表示为

$$A_s = \frac{0.00349r^{1.6}}{\lambda^2} + \frac{0.00224r}{\lambda} \quad (2-35)$$

式中，A_s 为单位距离下77GHz毫米波信号的单程降雪衰减（dB/km）；r 为降雪速度，计算方法将其等效为降雨速度（mm/h）；λ 为77GHz毫米波信号的波长（cm）。

图2-19b表示单位距离下77GHz毫米波的单程降雪衰减，可以看出降雪同样对毫米波信号的传播造成了较大的影响，降雪速度越大，毫米波信号衰减越严重。

2.3 摄像头模型

摄像头传感器与其他雷达等主动传感器不同，摄像头属于被动传感器，自身不会产生能量效应并通过相关的衰减模型进行距离估算，而是完全通过场景中目标物体的光学图像对物体的特征进行描述，因此摄像头模型的构建需要从场景中的光源建模出发，分别对目标物体、传播介质以及摄像头物理结构进行建模，进而描述出不同场景中场景要素对于摄像头传感器的影响，为后续搜索关键测试场景、关键测试场景生成以及场景评价建立基础。

2.3.1 光照模型

光照，即光线照射，可通过光照强度、光照方向两方面来量化描述。光照强度描述了单位面积上所接受的可见光的能量，单位为勒克斯（Lux）。光照方向描述了光源和物体（即摄像头位置）之间的相对关系。

光照能够影响车载摄像头的成像过程，降低图像质量。摄像头的成像原理（图2-20）为：外界环境反射的光线聚集到摄像头的CCD/CMOS传感器上，再将捕捉到的光信号转化为电信号，然后A/D转换器将模拟信号转换为数字信号，最后以数据的形式进行存储。

摄像头成像过程中光敏元件上的电荷量是由其受到的光照强度决定的。传感器上接收到的光照强度 E_p 可表示为

$$E_p = \pi L_s T \left(\frac{D}{f}\right)^2 / [4(1+m)^2] \quad (2-36)$$

式中，L_s 为目标亮度；T 为光学镜头透光率；m 为成像系统放大倍率；D 为通光孔径；f 为焦距。其中 T、m、D、f 均为摄像头参数。

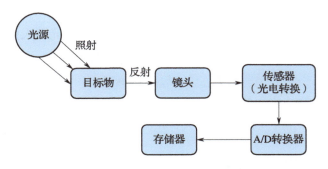

图 2-20 摄像头的成像原理

目标亮度的大小与光照方向、季节、云层和天气等因素均有一定的关联。光照的变化使得目标的颜色等发生变化，接着产生阴影和反光，进而影响到基于视觉的目标物识别等功能。

现实世界的光照是十分复杂的，并且受到诸多因素的影响，例如天空会由于光照强度不同在一天之中不同时刻呈现出不同的颜色，因此对光照的模拟逼真程度能够极大地影响虚拟场景的真实感。光照模拟是建立一种合适的数学模型，以计算物体表面上任一点反射的光线亮度大小和色彩组成，使得物体产生真实感。考虑场景中各物体表面间的光照相互影响特点，将光照模型分为局部光照模型和全局光照模型两类。

局部光照模型单纯考虑光源对场景元素的直接照射，忽略了各物体间的相互影响；全局光照模型既考虑了光源的直接照射，同时也考虑了各物体间的光线交换，能够描述出光线到光源的整个过程。

局部光照模型忽略了间接光的各种现象，降低了真实感，但是模型的计算量低，能够达到很高的帧率，使研究者能快速应用于性能有限的机器上。局部光照模型简化了环境光照（Ambient Lighting）、漫反射光照（Diffuse Lighting）和镜面光照（Specular Lighting）三个分量的组成，得到的光照模型可以描述不同光照信息对于物体表面的入射反射程度。

$$L = L_{ambient} + L_{diffuse} + L_{specular} \qquad (2-37)$$

其中，环境光源没有空间或方向上的特征，在物体表面上反射的光照强度可看作常量。漫反射与观察方向无关，只与光源的强度和入射光线与物体表面法向之间的夹角信息有关，根据 Lambert 定律：当方向照射到理想反射体（物体表面向各个方向等强度反射光）上时，漫反射的光照与入射光照、入射方向与物体表面的法向夹角余弦值成正比。漫反射光照 $L_{diffuse}$ 可以表示为

$$L_{\text{diffuse}} = K_d L_{\text{incident}} \cos\theta \qquad (2-38)$$

式中，L_{incident} 为入射光照；K_d 为反射平面的反射率；θ 为光源入射方向与物体表面的法向夹角。根据 Phong 模型，镜面光照 L_{specular} 可表示为

$$L_{\text{specular}} = L_{\text{reflection}} \cos^n\theta \qquad (2-39)$$

式中，$L_{\text{reflection}}$ 为物体表面的入射光照；n 为一个与目标表面光滑程度相关的参数值，目标表面越光滑，该参数值越大，相应的光照强度更高。

2.3.2 传播介质建模

常见的传播介质包括雨、雪、雾、霾等，本节分别对常见的传播介质进行建模。雨的形成是由于水蒸气在高空中遇冷凝聚成小水滴，这些小雨滴不断增大直至空气无法托住而下落。雨水中主要含有 SO_4^{2-}、Cl^-、Ca^{2+}、NH_4^+ 等离子成分，对于不同 pH 值的雨水而言，离子的浓度又有所不同。对雨的描述主要依据降雨量、雨粒半径两个指标，其具体分类见表 2-3 和表 2-4。

表 2-3　依据降雨量的分类

降雨量/(mm/24h)	<10	10~25	25~50	50~100	100~250	>250
定性描述	小雨	中雨	大雨	暴雨	大暴雨	特大暴雨

表 2-4　依据雨粒半径的分类

雨粒半径/mm	<0.5	0.5~1	1~2	2~5	>5
定性描述	毛毛雨	小雨	中雨	瓢泼大雨	暴雨

雨粒半径的大小影响了雨的下降速度。雨速以收尾速度来表示，当雨水受自身重力的作用和空气阻力的影响时，其在一段时间的加速后自身重力会与空气阻力平衡，达到匀速下落状态。其中对于毛毛雨而言，雨滴的收尾速度一般为 2m/s；对于暴雨而言，雨滴的收尾速度一般为 9m/s。收尾速度越大，对目标物遮挡效果越严重，传感器的检测距离也会变得更短。

雪的形成与雨相类似，只是雨滴变成了冰晶。对雪的描述选取降雪量作为量化指标，其具体分类见表 2-5。

表 2-5　依据降雪量的分类

降雪量/(cm/12h)	<1	1~3	3~6	6~12	12~24	>24
定性描述	小雪	中雪	大雪	暴雪	大暴雪	特大暴雪

雾和霾的区别在于相对湿度和 PM2.5 的含量，霾中有大量的悬浮颗粒，包括汽车尾气、化工废气等，而雾的主要成分是小水滴。根据 2010 年中国气象局

颁布的相关气象行业标准，当能见度低于10km、相对湿度低于80%、PM2.5的含量大于75μg/m³时为霾；相对湿度介于80%~95%之间、PM2.5的含量大于75μg/m³时为雾霾混合天气；相对湿度大于95%时为雾。对于雾/霾的描述主要是通过能见度指标，其计算公式如下：

$$L = \frac{2.62 r_e}{w} \quad (2-40)$$

式中，L为能见度；w为含水量；r_e为有效平均半径，计算公式如下：

$$r_e = \frac{\int_0^\infty r^3 n(r) \mathrm{d}r}{\int_0^\infty r^2 n(r) \mathrm{d}r} \quad (2-41)$$

式中，r为雾粒半径；$n(r)$为雾粒分布函数。

视觉能见度指人眼能够将目标物从背景中识别出来的最大距离，根据能见度范围，对雾/霾的分类见表2-6。

表2-6 雾/霾的分类

能见度/m	1000~10000	500~1000	200~500	50~200	<50
定性描述	薄雾	雾	大雾	浓雾	强浓雾

天气条件对传感感知系统的影响主要体现在视觉和雷达两个方面。

阴雨天气下光照强度下降，雪和雨水的反射也会导致镜面反射，影响摄像头的成像效果。同样雾霾也会影响光照强度，使得目标物与背景亮度的对比减弱，造成图像模糊。大气中的雨雪粒子类似于噪声，会对目标物造成遮挡，基于视觉的智能驾驶汽车在检测目标物时，大气中的雨粒会对其造成混淆，并且伴随着雨粒密度的增加，其识别率会逐渐降低。基于视觉感知的智能驾驶系统依赖于道路标记来进行决策规划，而雨雪可能会导致诸如车道线等标记变得模糊、难以辨识，甚至完全消失，这会造成视觉传感信息缺失和误导。

2.3.3 图像模拟方法

天气的模拟主要是利用粒子系统和Unity3D渲染引擎相结合模拟雨雪粒子效果。粒子系统是基于计算机图形学理论模拟特定模糊现象的技术，如雨、雪、云、雾等，这些自然现象采用其他传统渲染技术难以实现具有真实感的物理运动规律。Unity3D是一种用于游戏开发、建筑可视化、实时三维动画等类型互动内容的多平台的开发工具，可以通过Unity Shader工具绘制雨滴、雪花效果。

粒子系统利用大量微小且相似的基本粒子图元作为基本元素，用来模拟和描述不规则的模糊物体。粒子系统中的每个粒子在虚拟场景中都要经历产生、运动、消亡 3 个生命历程。在这个过程中，粒子的生命周期、形状大小都会随着时间发生变化。粒子的其他属性（如速度、空间位置等）会在一定范围内发生随机变化。粒子系统的基本组成如图 2-21 所示。

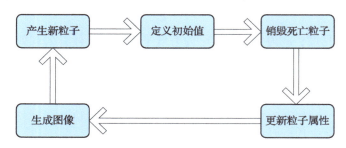

图 2-21 粒子系统的基本组成

1）在粒子系统中产生新的粒子。
2）定义新粒子的原始属性。
3）对超过生命周期的粒子进行销毁。
4）判断粒子是否超过了生命周期，若没有，则继续进行属性更新。
5）渲染存活的粒子直至销毁。

为提高虚拟场景的真实感，创建粒子模型需要考虑许多环境因素。以雪花粒子模型为例，在对雪花粒子进行模拟时，需要具体考虑到粒子重力、风向和风速等的影响，以及雪花的形状和密度。此外，在同一视角对远近处的雪花密度的感觉也不一样，近处的雪花密度在视觉上相对较小，如图 2-22 所示。

图 2-22 雪天模拟效果

2.4 超声波传感器模型

超声波传感器是早期阶段车辆的主要外界感知硬件，由于其能够探测车身周围障碍物的特性，所以被广泛运用于倒车雷达和盲区检测。作为车载传感器，

40kHz 和 58kHz 是最广泛使用的频段。超声波传感器与毫米波雷达和激光雷达不同的地方在于它发出的是声波,因此能够检测一些透明的障碍和具有高反射特性的表面的障碍物,这些障碍物对于基于电磁波检测原理的毫米波雷达和激光雷达来说都具有很高的检测难度。超声波传感器工作过程如图 2-23 所示。

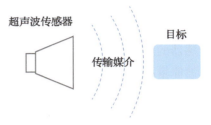

图 2-23 超声波传感器工作过程

2.4.1 超声波传感器工作机理

超声波传感器进行环境感知时发射的超声波波形可由式(2-42)的经高斯包络调制的正弦曲线表示。

$$w(t) = \exp\left(\frac{-t^2}{2\sigma^2}\right) \sin(2\pi ft) \tag{2-42}$$

式中,t 为脉冲持续时间;σ 为高斯包络的标准差;f 为传感器的谐振频率。

在超声波传感器发射的超声波遇到障碍物时,会被障碍物反射形成超声波回波,超声波回波的波形 $r(t)$ 可由式(2-43)表示。

$$r(t) = w(t)p(t) \tag{2-43}$$

式中,$w(t)$ 为超声波传感器发射脉冲波形;$p(t)$ 为目标物脉冲响应。

超声波传感器探头的形状近似为圆柱体,超声波传感器的轴线为此等效圆柱体的轴线,以超声波传感器为圆心,将目标物依次放在与超声波传感器距离相同的圆弧上,定义目标物在传感器轴线左侧时夹角为负,目标物在传感器轴线右侧时夹角为正,设置目标物与超声波传感器的连线与超声波传感器轴线的夹角分别成 0°、±10°、±20°、±30° 和 ±40°,则根据式(2-43)得出的超声波传感器回波波形如图 2-24 所示。

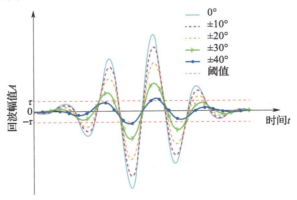

图 2-24 超声波传感器回波波形

由上述可见，目标物与超声波传感器的相对方位会影响回波波形。同时超声波传播的距离越远，空气吸收造成的能量损失越大，因此目标物与超声波传感器的相对距离也会影响回波波形。当回波幅值 A 小于超声波传感器设置的回波能量接收阈值 τ 时，回波会被当作噪声过滤掉，反之会被超声波传感器识别，并根据超声波发出时刻与回波接收时刻的时间差飞行时间（Time of Fly，TOF），利用式（2-44）求得目标物距离 s_s：

$$s_s = v_s \frac{t_s}{2} \qquad (2-44)$$

式中，t_s 为超声波传感器计时器测量的 TOF 值；v_s 为超声波传感器内部设置的声速值。v_s 的计算公式一般为

$$v_s = 331.33967 + 0.606516c \qquad (2-45)$$

式中，c 为空气的温度（℃）。

当前超声波传感器模型多针对室内等环境条件稳定的场景建立，并未考虑大气条件对于超声波传感器感知结果的影响，因此基于反射理论建立的模型在大气条件变化较大的室外环境中有较大误差，而基于试验数据建立的超声波传感器模型需要大量的试验数据作为支撑，建模难度较大，且当模型应用的环境中大气条件与采集数据时的大气条件不同时，难以保证模型的有效性；此外，由于室内场景面积较小，超声波传感器往往可以全面覆盖室内面积，因此在现有的超声波传感器模型中也往往忽略对超声波传感器检测范围的研究，仅研究目标物在超声波传感器检测范围内的反射规律。

本书考虑空气温度、湿度、大气压力这三项大气条件对超声波传感器的影响，将大气条件纳入建模体系。同时车辆行驶场景面积覆盖范围较大，而超声波传感器的检测范围有限，需要判断目标物是否处于传感器检测范围内。此外，超声波传感器距离检测值和距离真值之间存在一定误差，因此需要分析两者误差存在的原因，并在超声波传感器模型应用于仿真环境中时可以将距离真值去理想化修正为超声波传感器实际距离检测值。

综上，建立的超声波传感器模型应当满足两点需求：模型生成的目标物检测范围与真实传感器检测目标物范围一致，超声波传感器发出超声波脉冲的特性、接收回波的能量阈值以及超声波能量在传播过程中的损失都会影响超声波传感器的检测范围；当目标物处于检测范围内时，模型计算得到的目标物距离值应当尽可能接近真实传感器探测距离值，因此在将模型用于仿真测试时，需要将仿真环境中得到的理想距离真值去理想化修正为真实超声波

传感器探测距离值。

建立的超声波传感器模型架构如图 2-25 所示，其可以分为检测范围模型和检测距离模型两部分，模型输入为大气条件，检测范围模型根据大气条件计算超声波传播过程中的能量损失，并结合超声波传感器自身特性进一步计算出超声波传感器的检测范围；检测距离模型则首先获取仿真环境中的目标物距离真值，并根据检测范围模型判断目标物是否可被检测到，当可以被检测时，计算在给定大气条件中的真实声速值，对理想的目标物距离真值进行修正。

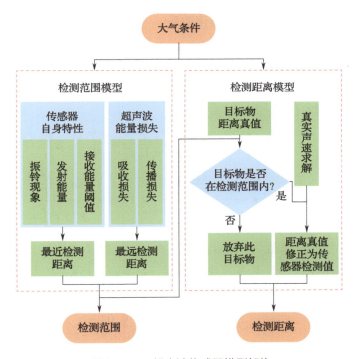

图 2-25 超声波传感器模型架构

2.4.2 超声波传感器建模

1. 检测范围模型

超声波在传播过程中会有多种不可逆的能量损失，根据超声波传感器的工作原理可知，这些能量损失导致超声波传感器的检测范围是有限的，这些能量损失可分为吸收损失和传播损失两种类型，这两种能量损失类型又各自包含两类细分的能量损失类型，见表 2-7。

表 2-7 超声波能量损失类型

吸收损失	空气吸收损失
	目标物吸收损失
传播损失	球面扩散损失
	目标物反射损失

在超声波传感器发出的超声波能量不变以及回波能量接收阈值不变的前提下,表 2-7 中的能量损失决定了超声波传感器的检测范围。下面分析这些衰减因素与超声波传感器检测范围的量化关系。

(1) 吸收损失

1) 空气吸收损失。超声波频率 f、空气热力学温度 T、空气湿度 h 以及空气压力 p_s 是影响超声波能量空气吸收损失的 4 个主要因素,超声波能量吸收损失的空气吸收系数计算公式如下所示:

$$\alpha = \frac{p_s}{p_{s0}} F^2 \left[1.84 \times 10^{-11} \times \left(\frac{T}{T_0}\right)^{\frac{1}{2}} + \left(\frac{T}{T_0}\right)^{-\frac{2}{5}} \beta \right] \quad (2-46)$$

$$\beta = 0.01278 \times \frac{\exp\frac{-2239.1}{T}}{F_{r,O} + \frac{F^2}{F_{r,O}}} + 0.1068 \times \frac{\exp\frac{-3352}{T}}{F_{r,N} + \frac{F^2}{F_{r,N}}} \quad (2-47)$$

式中,α 为空气吸收系数(Np/m);$F = f/p_s$;p_{s0} 为参考大气压力,$p_{s0} = 1\text{atm}$(1atm = 101.325kPa);T_0 为基准空气温度,$T_0 = 273.15\text{K}$;β 为临时变量;$F_{r,O}$ 为氧气的弛豫频率;$F_{r,N}$ 为氮气的弛豫频率。$F_{r,O}$ 和 $F_{r,N}$ 的计算公式如下:

$$F_{r,O} = 24 + 4.40 \times 10^4 \times h \frac{0.02 + h}{0.0391 + h} \quad (2-48)$$

$$F_{r,N} = \left(\frac{T_0}{T}\right)^{\frac{1}{2}} \left(9 + 280h \exp\left\{-4.17 \times \left[\left(\frac{T_0}{T}\right)^{\frac{1}{3}} - 1\right]\right\}\right) \quad (2-49)$$

式中,h 为空气的绝对湿度。因为空气的绝对湿度难以直接获取,本书采用相对湿度 h_r 来表示 h,计算公式如下:

$$h = h_r \frac{\frac{p_{sat}}{p_{s0}}}{\frac{p_s}{p_{s0}}} = h_r \frac{p_{sat}}{p_s} \quad (2-50)$$

式中,p_{sat} 为饱和蒸汽压力,ISO 9613-1—1993《声学 户外声传播衰减 第一部分:大气声吸收的计算》中通过下式计算 p_{sat}:

$$\lg \frac{p_{sat}}{p_{s0}} = -6.8346 \left(\frac{T_{01}}{T}\right)^{1.261} + 4.6151 \qquad (2-51)$$

式中，$T_{01} = 273.15K$，为三相点温度。

2）目标物吸收损失。在超声波传播到目标障碍物后，不同物理属性的目标障碍物会对超声波能量有不同程度的吸收。设超声波垂直入射到目标障碍物的强度为 I_i，目标障碍物反射的超声波强度为 I_r，利用波动方程与声学的边界条件可以得到 I_i 和 I_r 的关系为

$$R_I = \frac{I_r}{I_i} = \left(\frac{z_2 - z_1}{z_2 + z_1}\right)^2 = \left(\frac{\rho_2 v_2 - \rho_1 v_1}{\rho_2 v_2 + \rho_1 v_1}\right)^2 \qquad (2-52)$$

式中，R_I 为声强反射系数；z_1 为空气的声阻抗；z_2 为目标反射物的声阻抗；ρ_1 为空气的密度；ρ_2 为目标反射物介质的密度；v_1 为声波在空气中的传播速度；v_2 为声波在目标反射物介质中的传播速度。

车身外轮廓结构一般为金属或塑料材料，这些车身外轮廓材料的密度远高于空气的密度，同时这些车身外轮廓材料中超声波的传播速度也远高于空气，以钢板为例，钢板的密度为 $7.9g/cm^3$，声音在钢板中的传播速度为 $5900m/s$，近似取声音在空气中的传播速度为 $340m/s$，取空气的密度为 $0.0013g/cm^3$，可以求出 $R_I = 99.998\% \approx 1$，所以可以认为在这种情况下，超声波能量并未发生目标物吸收损失。

（2）传播损失　假设与超声波传感器相距为 z 的一点 P 和传感器的连线与传感器轴线夹角为 θ，则点 P 处的超声波振幅 A_p 为

$$A_p = \frac{A_0}{z} \exp\left(-\frac{2\theta^2}{\theta_0^2}\right) \qquad (2-53)$$

式中，A_0 为超声波发射脉冲的振幅；θ_0 为超声波传感器的波束角。θ_0 通过下式计算：

$$\theta_0 = \arcsin \frac{0.61\lambda}{q} \qquad (2-54)$$

式中，λ 为超声波波长；q 为超声波传感器探头的半径。

由式（2-53）可知，超声波的振幅与超声波的传播距离成反比，即超声波的传播距离越大，超声波波束的波前面积越大，则单位波前面积上分布的超声波能量越小，此即超声波能量球面扩散的原因。

由于车身材质几乎不吸收声能，且车身表面的粗糙度远小于超声波波长，故而超声波在车辆包围盒平面上的反射可以看作是镜面反射。超声波脉冲的反

射示意图如图 2-26 所示。

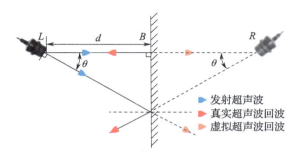

图 2-26 超声波脉冲的反射示意图

设超声波传感器处于点 L 处，目标物平面位于传感器右侧，B 点为超声波传感器在平面上的投影点，LB 线段长度为 d，LB 线段与超声波传感器轴线的夹角为 θ，当超声波传感器可以接收到目标物反射回来的回波时，超声波的传播路径为从点 L 出发，沿 LB 线段传播，经平面上点 B 的反射沿原路径返回，被 L 处的超声波传感器接收。根据镜面反射原理，传播路径等效于从发射器 L 出发，到达点 L 关于点 B 的对称点 R 处。因此整个超声波传播过程可以分为 LB 段和 BR 段两段。利用式（2-53）可以求出超声波脉冲到达 B 点时的强度为

$$A_B = \frac{1}{d}A_0 \exp\left(-\frac{2\theta^2}{\theta_0^{\ 2}}\right) \tag{2-55}$$

本书使用的超声波传感器为收发一体的超声波传感器，这种超声波传感器的接收模式与发射模式相同，由声场互易原理可知，从 B 点到 R 点的超声波强度计算同样可以采用式（2-53），又因为镜面反射中，线段 BR 与接收器的轴线夹角也为 θ，因此接收器接收到的超声波强度为

$$A_R = \frac{1}{2}A_B \exp\left(-\frac{2\theta^2}{\theta_0^{\ 2}}\right) = \frac{1}{2d}A_0 \exp\left(-\frac{4\theta^2}{\theta_0^{\ 2}}\right) \tag{2-56}$$

（3）检测范围计算　超声波传感器的检测范围由超声波能量的吸收损失和传播损失两者共同决定，本书将两种超声波能量损失统一表征为超声波幅值的衰减。对于一款超声波传感器而言，超声波传感器发射波的幅值 A_0 与超声波回波接收能量阈值 τ 都是定值，可知两者之间存在比例关系，设发射幅值 $A_0 = 1$，则结合式（2-46）、式（2-56）可得回波幅值 A_{echo} 为

$$A_{\text{echo}} = A_0 \frac{1}{2d}\exp(-2d\alpha)\exp\left(-\frac{4\theta^2}{\theta_0^{\ 2}}\right) = A_0 \frac{1}{2d}\exp\left[-\left(2d\alpha + \frac{4\theta^2}{\theta_0^{\ 2}}\right)\right]$$

$$\tag{2-57}$$

当 A_{echo} 等于回波接收能量阈值 τ 时，即说明目标物处于超声波传感器的最大检测范围边界上。因此，首先进行模型标定，进行一组超声波传感器测距试验，得到任意一个角度的目标物最远检测距离，代入式（2-57），即可求出超声波传感器的回波幅值，进而求出超声波能量接收阈值 τ，之后便可计算超声波传感器各个方位上目标物的最远检测距离，即得到了超声波传感器的最大探测范围。同时，超声波传感器因为振铃现象而存在一定的检测盲区，即存在一个检测范围下限值 d_m，通常为 20cm 左右。

2. 检测距离模型

目标物与超声波传感器之间的距离真值 s_r 与超声波在空气中的真实传播速度 v_r 之间的关系式如下：

$$s_r = v_r \frac{t_r}{2} \quad (2-58)$$

式中，t_r 为真实超声波脉冲的 TOF 值。

若忽略超声波传感器计时器误差，可以认为 t_s 与 t_r 相等。由式（2-44）、式（2-58）可得超声波传感器的实际探测结果值 s_s：

$$s_s = \frac{s_r v_s}{v_r} \quad (2-59)$$

式中，v_s 由式（2-45）计算。在虚拟仿真中，由于虚拟场景由真实场景抽象出的场景要素组成，因此虚拟场景中的目标物距离真值 s_{mr} 等于 s_r，而 s_{mr} 可以从虚拟场景中获取，因此可得超声波传感器检测距离模型计算出的目标物距离值 s_{ms}：

$$s_{ms} = \frac{s_{mr} v_s}{v_r} \quad (2-60)$$

（1）检测距离真值　距离真值 s_{mr} 的计算流程如图 2-27 所示。

首先通过坐标变换将目标车辆纳入传感器坐标系中，x 轴即传感器的轴线，然后提取车辆包围盒的 8 个顶点 $A \sim H$ 的坐标，将车辆包围盒

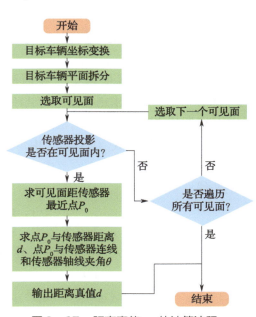

图 2-27　距离真值 s_{mr} 的计算流程

拆分成 6 个矩形平面，如图 2-28 所示。

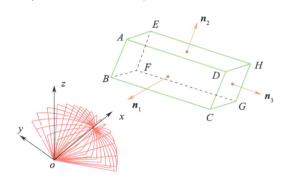

图 2-28　目标可见面判断

以矩形面 $ABCD$ 为例，取此平面指向包围盒外部的法向量为 $\boldsymbol{n}_1$，则

$$\boldsymbol{n}_1 = \frac{(B-A) \times (C-B)}{\| (B-A) \times (C-B) \|} \tag{2-61}$$

取沿 x 轴的单位向量 $\boldsymbol{x}_n = (1, 0, 0)$，可知只有 $\boldsymbol{x}_n \boldsymbol{n}_1 > 0$ 时，此面才有可能被传感器探测到，则称此面为可见面，如果 $\boldsymbol{x}_n \cdot \boldsymbol{n}_1 < 0$，则意味着这个表面会被其他表面遮挡，为不可见面。若该矩形面被判断为可见面，进而需要判断超声波传感器在该矩形面所在平面内的投影点是否在该矩形区域内，若不在，则根据超声波的镜面反射原理可知，超声波传感器检测不到该矩形面，反之，则求此面上与超声波传感器距离最近的点的坐标 P_0，而后求出 P_0 与超声波传感器的距离 d 以及 P_0 与超声波传感器的连线和超声波传感器轴线的夹角 θ，d 即目标距离真值 s_{mr}。

（2）检测距离真值修正　在前面得到了目标物距离真值 s_{mr} 后，由式（2-60）可知，只需求出在给定测试环境中的超声波真实声速 v_r，即可求出超声波传感器的实际目标物距离检测结果 s_{ms}，因此需要探索环境因素对超声波传播速度的影响规律。式（2-45）中声速为天气温度的线性函数，然而此公式只是为了简化计算，实际上空气中的声速 v_r 是温度、压力、湿度和二氧化碳浓度的非线性函数：

$$v_r = g(c, p_s, x_w, x_c) \tag{2-62}$$

式中，c 为摄氏温度；p_s 为空气压力；x_w 为水蒸气摩尔分数；x_c 为二氧化碳摩尔分数。Cramer O 等人提出了一种计算空气介质中超声波声速的精确公式：

$$\begin{aligned} v_r = & a_0 + a_1 c + a_2 c^2 + (a_3 + a_4 c + a_5 c^2) x_w + \\ & (a_6 + a_7 c + a_8 c^2) p_s + (a_9 + a_{10} c + a_{11} c^2) x_c + \\ & a_{12} x_w^2 + a_{13} p_s^2 + a_{14} x_c^2 + a_{15} x_w p_s x_c \end{aligned} \tag{2-63}$$

式中的各项系数为 $a_0 = 331.5024$；$a_1 = 0.603055$；$a_2 = -0.000528$；$a_3 = 51.471935$；$a_4 = 0.1495874$；$a_5 = -0.000782$；$a_6 = -1.82 \times 10^{-7}$；$a_7 = 3.73 \times 10^{-8}$；$a_8 = -2.93 \times 10^{-10}$；$a_9 = -85.20931$；$a_{10} = -0.228525$；$a_{11} = 5.91 \times 10^{-5}$；$a_{12} = -2.835149$；$a_{13} = -2.15 \times 10^{-13}$；$a_{14} = 29.179762$；$a_{15} = 0.000486$。

由于式（2-63）中表征空气湿度的水蒸气摩尔分数难以直接获取，而空气湿度更常用的表征参数为相对湿度，因此需要根据相对湿度 h_r 计算水蒸气摩尔分数 x_w，公式如下：

$$x_w = h_r k \frac{p_{sv}}{p_s} \quad (2-64)$$

$$k = 1.00062 + 3.14 \times 10^{-8} p_s + 5.6 \times 10^{-7} c^2 \quad (2-65)$$

$$P_{sv} = \exp\begin{pmatrix} 1.2811805 \times 10^{-5} T^2 - 1.9509874 \times 10^{-2} T + \\ 34.04926034 - 6.3536311 \times 10^{-3}/T \end{pmatrix} \quad (2-66)$$

式中，k 为增强因子；P_{sv} 为空气中水蒸气的饱和蒸汽压。

由于空气中二氧化碳的浓度变化较小，可取二氧化碳浓度为定值 $x_c = 0.000314$，则大气压力、相对湿度、温度对声速的影响如图 2-29 所示。

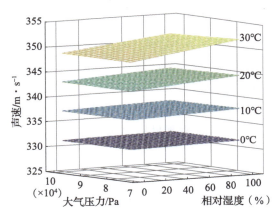

图 2-29 大气压力、相对湿度、温度对声速的影响

2.4.3 超声波传感器模型验证

本小节对建立的超声波检测范围模型和检测距离模型进行验证，将超声波传感器安装在车辆上，超声波传感器离地高度为 50cm，超声波传感器轴线平行于地面，通过调整车辆的朝向来改变超声波传感器的指向。

1. 检测范围模型验证

选择泊车场景中最常出现的墙壁、车辆等障碍物作为检测目标进行检测范围模型的验证,同时考虑到仿真环境下车辆等效为平面组成的长方体包围盒,因此最终选择平整墙面作为检测范围模型验证中的检测目标。分别在表2-8的两种不同的大气条件下进行了超声波传感器检测范围测试试验。

表2-8 检测范围模型验证试验条件

试验序号	温度/℃	相对湿度(%)	大气压力/Pa
1	20	60	99000
2	13	32	99600

将超声波传感器轴线与平面垂线的夹角 θ_i($i=1$,…,23)分别设置为 $-55°$,$-50°$…$0°$…$50°$,$55°$(经试验,当$|\theta_i|>55°$时,超声波传感器检测不到平面,故设置 θ_i 的取值范围为 [$-55°$,$55°$]),依次测量超声波传感器能探测到的最远距离 d_i($i=1$,…,23),由于目标检测物为垂直于地面的平面,因此可以将测量结果以试验点的形式绘制在图2-30、图2-31所示的霍夫空间中。在试验1中,分别以 θ 为 $-35°$、$0°$、$35°$时的测量结果为例,作为参考点代入式(2-57)中进行模型标定,求出超声波传感器的回波阈值,进而可以根据本书建立的检测范围模型得到对应的3条超声波传感器检测范围曲线,分别如图2-30a~c所示。由于本书所用的超声波传感器的检测盲区为0~22cm,因此设置超声波传感器的最近检测距离为0.22m。同理,在试验2中分别以 θ 为 $-25°$、$0°$、$25°$时的测量结果为例生成超声波传感器检测范围曲线,如图2-31a~c所示。

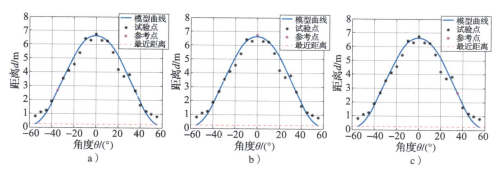

图2-30 检测范围模型试验1验证结果

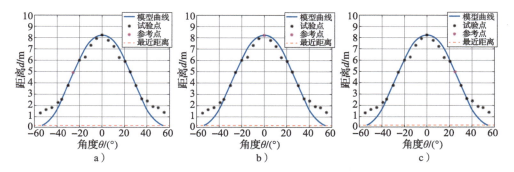

图 2-31 检测范围模型试验 2 验证结果

由图 2-30、图 2-31 可知，超声波传感器的检测范围模型可以比较精确地得到超声波传感器的检测范围曲线。但当 |θ| 较大时，试验点在模型预测曲线上方，这是由超声波传感器旁瓣造成的，由于超声波传感器在进行泊车环境感知的过程中检测大角度目标物的概率较小，且目前针对超声波传感器旁瓣的基础物理研究尚不成熟，因此本书并未单独考虑旁瓣对超声波传感器检测范围的影响。计算 [-40°, 40°] 范围内超声波传感器模型预测的检测范围值和试验点对应的检测范围值的平均绝对百分比误差 MAPE：

$$\text{MAPE} = \frac{1}{n}\sum_{i=1}^{n}\frac{|y'_i - y_i|}{y_i}, i = 1, 2, 3, \cdots, n \qquad (2-67)$$

式中，n 为试验点个数；y_i 为第 i 个试验点对应的检测范围值；y'_i 为第 i 个试验点对应的模型预测检测范围值。

由式（2-67）可得，检测范围试验 1 中的平均绝对百分比误差分别为 6.52%、7.71%、6.63%，检测范围试验 2 中平均绝对百分比误差分别为 6.79%、6.76%、7.24%。在传统的超声波传感器建模理论中，由于未考虑大气条件对于超声波传感器环境感知的影响，因此利用基于超声波反射机理建立的传统超声波传感器模型进行超声波传感器检测范围预测时误差较大，本书建立的超声波传感器检测范围模型能够较大程度地提高超声波传感器检测范围预测的精度。

2. 检测距离模型验证

检测距离模型验证场景如图 2-32 所示，其中目标物③为木质长方体盒，目标物③的长、宽、高分别为 1.2m、0.5m、1m，在试验过程中超声波传感器轴线穿过目标物③的 AB 面中心且垂直于 AB 面，且 AB 面覆有铁皮以模仿车身材质。

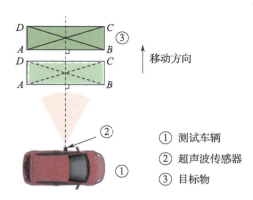

图 2-32 检测距离模型验证场景

在表 2-9 的两种大气条件下分别进行检测距离模型的验证,目标物③向远离超声波传感器的方向移动,每隔 50cm 进行一次超声波传感器测距,目标物最远距离为 5m,同时以单线激光传感器的探测距离为目标物距离真值。测量结果如图 2-33、图 2-34 所示。

表 2-9 检测距离模型验证试验条件

试验序号	温度/℃	相对湿度（%）	大气压力/Pa
1	1	37	101800
2	9	43	101400

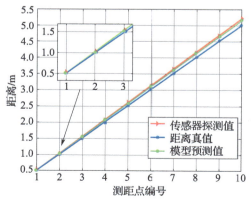

图 2-33 检测距离模型试验 1 验证结果

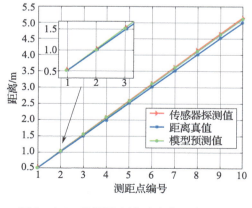

图 2-34 检测距离模型试验 2 验证结果

由图 2-33 和图 2-34 可知,本书提出的检测距离模型预测值能较好地贴合真实超声波传感器的探测值。试验 1 中距离真值与传感器探测值的 MAPE 值以及模型预测值和传感器探测值的 MAPE 值分别为 3.54%、0.54%；试验 2 中距离真值与传感器探测值的 MAPE 值以及模型预测值和传感器探测值的 MAPE 值分别为 1.67%、0.77%。统计结果表明检测距离模型可以更加有效地预测不同大气条件下真实超声波传感器的检测距离，证明了本书提出模型的有效性。

2.5 集成式制动系统模型

2.5.1 集成式制动系统工作原理

集成式制动系统构型可实现踏板力和制动力的完全解耦，增强了系统的可控性，能够实现多种制动模式，同时具有失效备份功能。本节对该系统的具体工作原理、各单元的工作过程进行分析。

系统未上电时，所有电磁阀均处于断电状态，控制阀、轮缸出液阀、踏板感觉模拟器阀关闭，主缸阀、轮缸进液阀开启，该状态称为系统的初始状态。处于该状态时，伺服缸与轮缸间的液压回路被切断，而制动主缸与轮缸连通，因此，若驾驶人推动制动踏板，制动液将由双腔制动主缸进入轮缸，并在轮缸内建立制动压力。

制动系统正常上电工作时，可接收控制器输入的制动需求信号。制动需求信号的来源分为两种：驾驶人的制动意图和外部制动请求，分别对应基础助力和主动制动工作模式。当集成式制动系统进入基础助力或主动制动模式时，控制器首先关闭主缸阀，隔离驾驶人操纵单元与伺服缸单元，消除制动主缸对压力控制的影响；其次打开控制阀，伺服缸单元与液压调节单元间回路连通；最后控制器根据目标制动压力信号决策出电机控制信号，电机驱动器将控制信号转化为驱动永磁同步电机旋转的电流，旋转运动经传动机构转化为直线运动，推动伺服缸活塞前进，压缩制动液，建立制动压力。制动功能完成后，控制器控制电机反向转动，活塞回退，直到活塞位移回归零位，系统下电，等待获取下次制动指令。

根据系统功能需求和上述分析，系统共有 3 种工作模式：

（1）基础助力模式 驾驶人通过操纵制动踏板控制车辆制动，该操作反映了驾驶人对制动强度、制动持续时间的需求。由于集成式制动系统的制动踏板与伺服缸完全解耦，两者没有机械或液压连接，因此对制动踏板的操作仅表现为踏板位移或主缸压力传感器的信号变化，驾驶人制动意图辨识模块负责对传感器信号进行处理,得到驾驶人的期望制动压力。此外,制动过程中踏板感觉模拟器阀通电开启,踏板推杆在作用于制动主缸的同时作用于踏板感觉模拟器,模拟器为驾驶人提供合理的脚感反馈,该模式下的液压回路如图 2 – 35 所示,图中红色部分为产生制动压力的回路与制动液的流向。

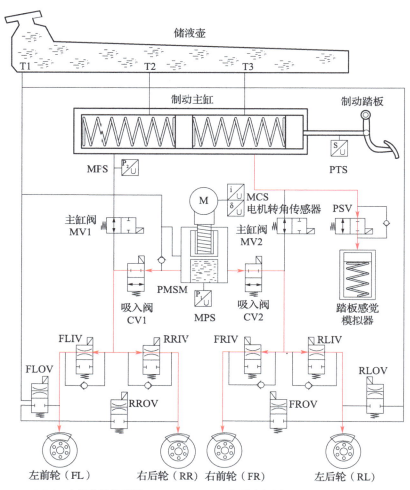

图 2 – 35 基础助力模式下的液压回路

（2）主动制动模式 作为智能汽车的底层执行机构,集成式制动系统能够接收上层控制器发送的外部制动请求,以实现自动紧急制动（Autonomous

Emergency Braking，AEB）、自适应巡航（ACC）等上层功能模块的控制目标。该工作模式下的液压回路如图2-36所示。该模式下的制动需求通过上层控制器给出，不涉及驾驶人的操作，因此踏板感觉模拟器不工作，模拟器阀处于断电关闭状态。

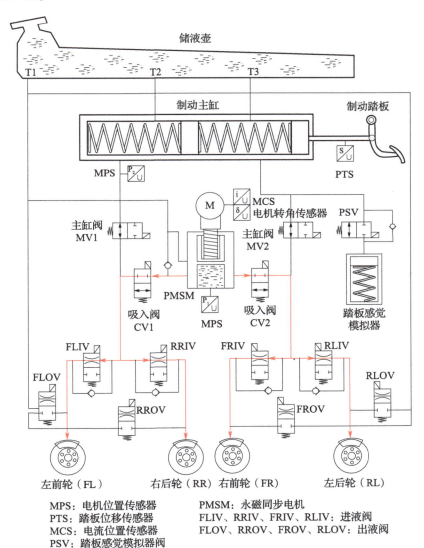

图2-36 主动制动模式下的液压回路

（3）失效备份模式 根据制动系统相关法规和标准规定，制动系统需要有相应的失效备份机制，即当发生故障时，系统依旧能够产生基本的制动力进行紧急制动，以保证车辆行驶的安全性。当集成式制动系统发生电气故障时，虽然电控系统无法正常工作，系统下电回到初始状态，但根据上述分析，该状态下驾驶人通过操纵制动踏板仍能产生一定的制动力，使得系统在硬件上具备了失效备份机制。该模式下的液压回路如图2-37所示。该状态下制动力完全由驾驶人的肢体推动力产生，电机不参与制动压力的建立过程。

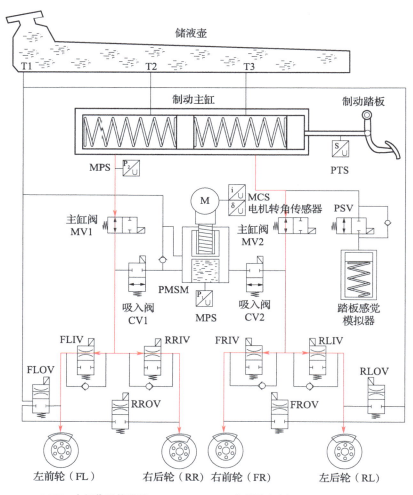

图2-37 失效备份模式下的液压回路

集成式制动系统在3种工作模式下的特性见表2-10。

表2-10 集成式制动系统在3种工作模式下的特性

特性工作模式	动力源	踏板感觉模拟器状态	主缸阀状态	控制阀状态
基础助力	PMSM	工作	关闭	开启
主动制动	PMSM	不工作	关闭	开启
失效备份	驾驶人肢体力	不工作	开启	关闭

注：PMSM 表示永磁同步电机。

此外，若外部制动请求来自车辆稳定性控制等功能模块，制动请求不仅包括目标伺服缸压力，也含有目标轮缸压力，此时在上述工作原理的基础上，液压调节单元根据需求独立调节各个轮缸的压力。根据构型分析可知，当伺服缸压力高于轮缸时，打开轮缸进液阀，制动液将流入轮缸，使轮缸增压，由于伺服缸作为系统制动压力源，因此轮缸压力上限等于伺服缸压力；当轮缸出液阀开启时，制动液将流入储液壶，而轮缸减压。集成式制动系统通过控制进液阀和出液阀，可实现轮缸压力调节功能，而当轮缸执行减压动作，出液阀工作时，制动液由轮缸向储液壶流动，将导致液压回路内制动液减少，影响制动系统的正常工作，因此系统需要具备补液控制功能，为液压回路补充流失的制动液。

2.5.2 集成式制动系统建模

根据上面对制动系统构型与工作原理的分析，本节对集成式制动系统进行建模。选取基础助力和主动制动模式液压相关主要功能部件，即永磁同步电机、传动机构、伺服缸、制动轮缸和线性轮缸电磁阀作为研究对象建模。首先分别建立各个子系统的模型，然后根据部件间的物理关系进行集成，集成式制动系统模型原理如图2-38所示。

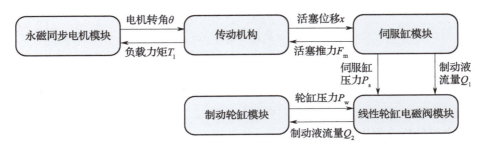

图2-38 集成式制动系统模型原理

1. 永磁同步电机建模

与传统的电励磁同步电机相比，永磁同步电机具有结构简单、运行可靠、体积小、质量轻、损耗小、工作效率高及电机的形状和尺寸灵活多样等显著优点，符合集成式制动系统对电机的需求。为更好地设计集成式制动系统压力控制算法，需要建立合适的永磁同步电机数学模型。本节认为三相 PMSM 为理想电机，在建模分析前，确定如下前提：

1）忽略电机铁心的磁饱和。

2）不考虑电机中的涡流损耗和磁滞损耗。

3）电机中的电流为对称的三相正弦波电流，任意两相间角度均相差120°。

自然坐标系下，PMSM 的三相电压方程为

$$\boldsymbol{u}_{3s} = \boldsymbol{R}_{3s}\boldsymbol{i}_{3s} + \frac{\mathrm{d}}{\mathrm{d}t}\boldsymbol{\psi}_{3s} \tag{2-68}$$

式中，$\boldsymbol{i}_{3s} = \begin{bmatrix} i_A \\ i_B \\ i_C \end{bmatrix}$、$\boldsymbol{R}_{3s} = \frac{2}{3}\begin{bmatrix} R & 0 & 0 \\ 0 & R & 0 \\ 0 & 0 & R \end{bmatrix}$、$\boldsymbol{\psi}_{3s} = \begin{bmatrix} \psi_A \\ \psi_B \\ \psi_C \end{bmatrix}$、$\boldsymbol{u}_{3s} = \begin{bmatrix} u_A \\ u_B \\ u_C \end{bmatrix}$ 分别为三相绕组的电流、电阻、磁链和电压。

采用这种方法得到的数学模型是一个形式复杂、强耦合的多变量系统，需要进行简化与解耦，工程上广泛采用矢量控制策略进行永磁同步电机的控制，该策略运用 Clarke 和 Park 坐标变换的方法对模型进行降阶和解耦。经过变换后，ABC 三相自然坐标系下的 PMSM 模型被简化为 $d-q$ 两相同步旋转坐标系下的模型，d 轴和 q 轴分别被称为直轴和交轴。

PMSM 在动态两相平面直角坐标系下的定子电压方程为

$$\begin{cases} u_q = R_s i_q + L_q i_q + \omega_e \psi_d \\ u_d = R_s i_d + L_d i_d - \omega_e \psi_q \end{cases} \tag{2-69}$$

定子磁链方程为

$$\begin{cases} \psi_d = L_d i_q + \psi_f \\ \psi_q = L_q i_q \end{cases} \tag{2-70}$$

电磁转矩方程为

$$T_e = 1.5 P_n \psi_f i_q \tag{2-71}$$

电机运动方程为

$$T_e = J_e \frac{\mathrm{d}\omega_r}{\mathrm{d}t} + T_f + T_l \qquad (2-72)$$

式中，u_d 和 u_q 分别为电机的直轴电压和交轴电压；i_d 和 i_q 分别为电机的直轴电流和交轴电流；R_s 为定子绕组直流电阻；L_d 和 L_q 分别为电机的直轴电感和交轴电感；ψ_d 和 ψ_q 分别为电机的直轴磁链分量和交轴磁链分量；ψ_f 为转子磁链；P_n 为电机磁极对数；ω_r 为电机转子转动的角速度；ω_e 为电机的电角速度；J_e 为电机的等效转动惯量；T_e、T_l 和 T_f 分别为系统的电磁转矩、电机负载转矩和摩擦转矩。

2. 伺服缸建模

在进行伺服缸建模前，首先结合理论分析与工程实际，对液压系统进行如下理想化设定：

1）假定制动液密度、含气量、溶解度和容腔的泄漏系数等均为常数，并忽略环境温度、湿度等变化影响。

2）将轮缸与进、出液阀相连管路的容积看作轮缸腔体容积的一部分，且不考虑油管和刚体的弹性变形。

3）认为系统管路内壁光滑、无管路沿程压力损失和局部压力损失。

集成式制动系统在主动制动或基础助力工作模式下，以伺服缸为系统的压力源，伺服缸为单腔结构，由腔体、活塞及输入推杆组成，结构简化模型如图 2-39 所示。根据上述的伺服缸工作原理，确定模型的输入为活塞位移 x，输出为伺服缸压力 P_s、流量 Q_{s1}、Q_{s2} 以及活塞推杆上的作用力 F_m，

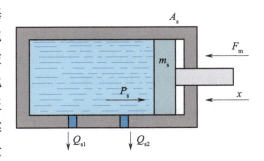

图 2-39 伺服缸结构简化模型

其中经双管路流出的流量 Q_{s1} 与 Q_{s2} 之和等于电磁阀模块流入的流量 Q_1。

制动过程中，伺服缸活塞由电机通过传动机构推动，压缩制动液，从而产生制动压力。根据牛顿运动定律和流体力学原理，得到该过程中伺服缸的动力学方程：

$$m_s \ddot{x} = F_m - P_s A_s - f(x, \dot{x}, P_s) \qquad (2-73)$$

$$F_m = i_s T_e \qquad (2-74)$$

式中，m_s 为活塞质量；x 为活塞位移；F_m 为活塞推杆上的作用力；P_s 为伺服缸

压力，也是电机负载 T_l 的主要来源；A_s 为活塞表面积；$f(x, \dot{x}, P_s)$ 为摩擦力及其他未建模扰动项；i_s 为传动机构传动比。

根据液体体积弹性模量公式得

$$\beta = V_s \frac{dP_s}{dV_s} \qquad (2-75)$$

式中，V_s 为伺服缸容腔体积；β 为液体的体积弹性模量，该参数越大，液体压缩越困难，反之越容易。

根据伺服缸体积的变化规律，可得到伺服缸内压力变化速率的表达式：

$$\dot{P}_s = \beta \frac{A_s \dot{x} - (Q_{s1} + Q_{s2})}{V_s - A_s x} \qquad (2-76)$$

此外，对实际液体而言，β 不是一个固定的量，根据实际液压曲线分析，β 在液体体积变化的过程中会有大幅度的变化。在工程中，常用等效体积弹性模量 β_e 来代替 β：

$$\begin{cases} \beta_e = \beta \dfrac{1}{A\left(\dfrac{1}{P_s}\right)^2 + B\left(\dfrac{1}{P_s}\right) + C} \\ A = -\alpha P_0 \beta \\ B = -10 \delta_0 P_0 \beta \alpha^2 + 10 \delta_0 P_0 \beta \alpha + \beta \alpha \\ C = 1 - \alpha \end{cases} \qquad (2-77)$$

式中，β 为理论的制动液体积弹性模量；α 为液体的含气量；δ_0 为标准大气压下制动液的溶解度；P_0 为标准大气压。

3. 制动轮缸建模

与伺服缸类似，制动轮缸模型也可以看作由活塞与容腔组成的子模块，并等效为弹簧阻尼系统，如图 2-40 所示。Q_w 为流入的制动液流量，所有轮缸流入的流量即电磁阀模块流出的流量 Q_2；x_w 为轮缸活塞的位移；A_w 为轮缸活塞的表面积；V_w 为轮缸容腔的体积，V_w 同时包含与轮缸与进、出液阀之间管路的体积；P_w 为轮缸压力。

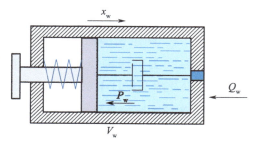

图 2-40 制动轮缸结构模型

根据轮缸的物理模型和式（2-75）可得

$$\begin{cases} \dot{P}_w = \beta_e \dfrac{\dot{V}_w}{V_w} \\ \dot{V}_w = Q_w - A_w \dot{x}_w \end{cases} \qquad (2-78)$$

为简化制动轮缸的模型，可认为轮缸回位弹簧的系数很大，且制动系统开始工作时摩擦片与制动盘已经接触，因此忽略容腔体积的变化，即假设 $\dot{x}_w = 0$，可得

$$\dot{P}_w = \beta_e \dfrac{Q_w}{V_w} \qquad (2-79)$$

除前轮缸和后轮缸的体积不同外，各轮缸的模型与参数均一致，系统 4 个轮缸的液体流量分别为 Q_{wFR}（右前）、Q_{wFL}（左前）、Q_{wRR}（右后）、Q_{wRL}（左后）。

4．电磁阀建模

系统的液压回路中的电磁阀包括开关阀和线性阀两种类型。开关阀是仅有开启、关闭两种工作状态的阀，虽然实际工作中开关动作仍受电流、压力等因素的影响，存在开闭延迟，但对系统的影响较小。开关阀仅起到改变制动管路结构的作用，在伺服缸工作时，开关阀的状态固定，因此选择线性的轮缸进液阀作为主要的建模对象，根据薄壁孔节流公式进行计算，电磁阀两端的流量可以表示为

$$Q_v = C_d A_v \sqrt{\dfrac{2|P_1 - P_2|}{\rho}} \mathrm{Sgn}(P_1 - P_2) \qquad (2-80)$$

式中，Q_v 为电磁阀的液体流量，4 个轮缸进液阀流量可表示为 Q_{vFR}（右前）、Q_{vFL}（左前）、Q_{vRL}（右后）、Q_{vRR}（左后），分别等于对应轮缸液体的流量；P_1 和 P_2 分别为电磁阀进油口和出油口的压力，分别对应伺服缸压力 P_s 和轮缸压力 P_w；C_d 为流量系数；A_v 为电磁阀阀口有效面积；ρ 为制动液液体密度。

式（2-80）中，流量系数一般由试验确定，具体数值受液流状态影响会出现一定变化，为简化电磁阀模型，取 C_d 为常量。此外，阀口有效面积 A_v 的变化需要通过研究电磁阀阀芯运动方程获得，分析过程较为复杂，因此本书通过一阶惯性系统来简化模拟电磁阀工作时开度的变化过程：

$$A_v = A_{\max} x_v \qquad (2-81)$$

$$x_v(s) = \dfrac{1}{\tau s + 1} S_v \ （0 \text{ 或 } 1） \qquad (2-82)$$

式中，$A_{\max}$ 为电磁阀的最大通孔面积；x_v 为电磁阀的阀口开度；$x_v(s)$ 为电磁阀

开度变化的传递函数；S_v 为输入的电磁阀的控制信号（0 为开启，1 为关闭）。

2.5.3 集成式制动系统模型验证

系统模型对系统的优化和控制策略设计有着重要作用，为验证模型的有效性，采集台架试验中系统的数据，与仿真结果曲线进行了对比，如图 2-41 所示。

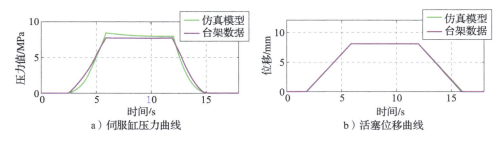

图 2-41 仿真模型与台架数据对比验证

首先，在搭建的试验平台上控制集成式制动系统进行主动制动，然后，向仿真系统输入相同的活塞位移，得到仿真结果曲线，两者进行对比，试验值与仿真值基本一致，系统压力值稳定后误差不超过 ±0.6MPa 且逐渐降低，验证了系统仿真模型的有效性。

2.6 冗余转向系统模型

本书以齿条平行式电动助力转向系统（Rack Parallel – EPS，RP-EPS）为例，介绍冗余转向系统建模过程。电机输出轴通过"带轮 – 滚珠丝杠"机构与齿条相连，转矩传感器安装在小齿轮轴上。忽略转向轴双十字轴万向节的传递误差，将转向管柱视作一刚度很大的扭杆，简化后的转向系统模型如图 2-42 所示。

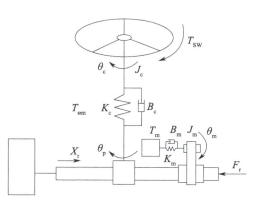

图 2-42 简化后的转向系统模型

2.6.1 转向系统的动力学模型

简化后，该转向系统转向盘及转向管柱部分和转向齿条部分的动力学方程如下：

$$J_c\ddot{\theta}_c + B_c\dot{\theta}_c + T_{fc}\mathrm{sign}\dot{\theta}_c + T_{sen} = T_{SW} \quad (2-83)$$

$$T_{sen} = K_c(\theta_c - \theta_p) \quad (2-84)$$

$$M_r\ddot{X}_r + B_r\dot{X}_r + F_{fr}\mathrm{sign}\dot{X}_r + F_r = \frac{T_{sen}}{r_p} + F_{as} \quad (2-85)$$

式中，J_c 为转向盘及转向管柱的等效转动惯量；θ_c 为转向盘转角；B_c 为转向盘及转向管柱等效阻尼系数；T_{fc} 为转向盘及转向管柱的等效摩擦力矩；T_{sen} 为转矩传感器值；T_{SW} 为驾驶人输入的手力矩；K_c 为扭杆刚度系数；θ_p 为转向小齿轮转角；M_r 为齿条与轮胎的等效质量；X_r 为齿条位移；B_r 为齿条与减速机构的等效阻尼系数；F_{fr} 为齿条端的摩擦力；F_r 为等效到齿条端的转向阻力，可从 CarSim 车辆动力学模型中获得；r_p 为小齿轮半径；F_{as} 为 EPS 电机提供的施加到齿条上的等效力。

在自动转向时，无驾驶人手力输入，转矩传感器测量值接近于 0，完全由转向电机提供转向力，且转向管柱扭杆变形很小，可认为转向盘转角与小齿轮转角近似相等，则有

$$\theta_c \approx \theta_p = X_r r_p \quad (2-86)$$

将上述机械转向系统等效到转向小齿轮上，则有

$$(J_c + M_r r_p^2)\ddot{\theta}_c + (B_c + B_r r_p^2)\dot{\theta}_c + (T_{fc} + F_{fr}r_p)\mathrm{sign}\dot{\theta}_c + F_r r_p = F_{as}r_p \quad (2-87)$$

即

$$J_{eq}\ddot{\theta}_c + B_{eq}\dot{\theta}_c + T_{feq}\mathrm{sign}\dot{\theta}_c + F_r r_p = F_{as}r_p \quad (2-88)$$

式中，J_{eq} 为等效到小齿轮上的转动惯量；B_{eq} 为等效到小齿轮上的阻尼系数；T_{feq} 为等效到小齿轮上的摩擦力矩。

如前所述，转向电机输出轴的减速机构为"带轮-滚珠丝杠"机构，忽略减速机构的传动损耗，可得电机及其减速机构的动力学方程如下：

$$J_m\ddot{\theta}_m + B_m\dot{\theta}_m + T_{fm}\mathrm{sign}\dot{\theta}_m + K_m\left(\frac{2\pi G}{Ph}X_r - \theta_m\right) + T_m = T_e \quad (2-89)$$

$$F_{as} = \frac{2\pi\varepsilon T_{as}}{Ph} = \frac{2\pi\varepsilon G T_m}{Ph} \quad (2-90)$$

式中，J_m 为电机及减速机构等效转动惯量；θ_m 为电机机械转角；B_m 为电机及减速机构等效阻尼系数；T_{fm} 为电机及减速机构等效摩擦力矩；K_m 为丝杠的刚度系数；T_m 为电机负载转矩；T_e 为电机电磁转矩；F_{as} 为电机提供的施加到齿

条上的等效力；T_{as} 为电机轴等效转矩；ε 为滚珠丝杠机构的力传动效率；Ph 为丝杠导程；G 为带轮减速比。

电机输出轴刚度较大，忽略电机输出轴的变形，则有：

$$\theta_m = \frac{2\pi G X_r}{\text{Ph}} \qquad (2-91)$$

由此可将式（2-88）化为

$$J_{eq}\ddot{\theta}_c + B_{eq}\dot{\theta}_c + T_{feq}\text{sign}\dot{\theta}_c + F_r r_p = \frac{2\pi \varepsilon G r_p T_m}{\text{Ph}} \qquad (2-92)$$

2.6.2 双绕组电机模型

本书所采用的转向电机为六相表贴式永磁同步电机，两套绕组中性点互相隔离，各套绕组均采用Y形连接，且两套绕组同相位。为简化建模，假设该 PMSM 为理想电机，并满足理想化条件：①定子电流和永磁体磁链为理想的正弦分布；②忽略定子铁心磁饱和及涡流、磁滞损耗；③忽略绕组间的互漏感；④忽略转子阻尼。

在自然坐标系下，可以得到转向电机的电压及磁链方程为

$$\begin{bmatrix} u_a \\ u_b \\ u_c \\ u_u \\ u_v \\ u_w \end{bmatrix} = \begin{bmatrix} R & 0 & 0 & 0 & 0 & 0 \\ 0 & R & 0 & 0 & 0 & 0 \\ 0 & 0 & R & 0 & 0 & 0 \\ 0 & 0 & 0 & R & 0 & 0 \\ 0 & 0 & 0 & 0 & R & 0 \\ 0 & 0 & 0 & 0 & 0 & R \end{bmatrix} \begin{bmatrix} i_a \\ i_b \\ i_c \\ i_u \\ i_v \\ i_w \end{bmatrix} + \frac{d\boldsymbol{\psi}}{dt} \qquad (2-93)$$

$$\boldsymbol{\psi} = \begin{bmatrix} L_{aa} & M_{ab} & M_{ac} & M_{au} & M_{av} & M_{aw} \\ M_{cb} & L_{bb} & M_{bc} & M_{bu} & M_{bv} & M_{bw} \\ M_{cc} & M_{bc} & L_{cc} & M_{cu} & M_{cv} & M_{cw} \\ M_{au} & M_{bu} & M_{cu} & L_{uu} & M_{uv} & M_{uw} \\ M_{cv} & M_{bv} & M_{cv} & M_{uv} & L_{vv} & M_{vw} \\ M_{aw} & M_{bw} & M_{cw} & M_{uw} & M_{vw} & L_{ww} \end{bmatrix} \begin{bmatrix} i_a \\ i_b \\ i_c \\ i_u \\ i_v \\ i_w \end{bmatrix} + \boldsymbol{\lambda}\psi_f \qquad (2-94)$$

式中，u_k、i_k 分别为 k 相电压和电流 [$k = (a、b、c、u、v、w)$]；R 为电阻；L_{kj}、M_{kj} 为绕组自感及同一套绕组内的相间互感和不同套绕组间的互感 [$j = (a、b、c、u、v、w)$]；λ 为磁链系数，$\boldsymbol{\lambda} =$

$\begin{bmatrix} \sin\theta_e & \sin\left(\theta_e - \dfrac{2\pi}{3}\right) & \sin\left(\theta_e - \dfrac{4\pi}{3}\right) & \sin\theta_e & \sin\left(\theta_e - \dfrac{2\pi}{3}\right) & \sin\left(\theta_e - \dfrac{4\pi}{3}\right) \end{bmatrix}^T$；$\psi_f$ 为永磁体磁链基波幅值。

从式（2-83）和式（2-84）可以看出，自然坐标系下六相电机的模型较为复杂且耦合性强，不利于建模分析，可以通过选择合适的坐标变换矩阵对电机模型进行简化。对六相永磁同步电机常用的坐标变换方法可分为基于矢量空间解耦（VSD）坐标变换和基于双 $d-q$ 坐标变换。前者将电机看作一个整体，把对电流控制分解到 3 个彼此正交的子空间中，后者则几乎可以等效为两个独立的三相电机的矢量控制。考虑到每时每刻仅有一套三相绕组接入工作，更贴近于将双绕组 PMSM 视作两个独立的电机，因此本书采用双 $d-q$ 坐标变换的方法实现电机的建模。

由于本书所采用的电机两套独立的绕组之间相位相同，所以在基于幅值不变的条件下，本书采用的六相电机的 Clarke 和 Park 变换矩阵分别见式（2-95）和式（2-96）。

$$T_{\frac{3s}{2s}} = T_{\frac{3s}{2s'}} = \frac{2}{3} \begin{bmatrix} 1 & -\dfrac{1}{2} & -\dfrac{1}{2} \\ 0 & \dfrac{\sqrt{3}}{2} & -\dfrac{\sqrt{3}}{2} \\ \dfrac{\sqrt{2}}{2} & \dfrac{\sqrt{2}}{2} & \dfrac{\sqrt{2}}{2} \end{bmatrix} \quad (2-95)$$

$$T_{\frac{2s}{2r}} = T_{\frac{2s}{2r'}} = \begin{bmatrix} \cos\theta_e & \sin\theta_e \\ -\sin\theta_e & \cos\theta_e \end{bmatrix} \quad (2-96)$$

式中，$T_{\frac{3s}{2s}}$、$T_{\frac{3s}{2s'}}$ 分别为第一、二套绕组从自然坐标系到静止坐标系的 Clarke 变换矩阵；$T_{\frac{2s}{2r}}$、$T_{\frac{2s}{2r'}}$ 分别为第一、二套绕组从静止坐标系到同步旋转坐标系的 Park 变换矩阵。

忽略零序分量的影响，可以得到该电机在双 $d-q$ 坐标系下的电压及磁链方程见式（2-97）和式（2-98）。可以看出，双绕组 PMSM 的电感矩阵不是单纯两个 PMSM 的叠加，还存在两套绕组间的互感，即受到 L_{dd} 和 L_{qq} 的影响，但由于本书两套绕组不同时接入工作，即一套绕组工作时，另外一套绕组的目标电流为 0，因此备份绕组实际电流较小，两套绕组间的互感对电流造成的影响也较小。

$$\begin{bmatrix} u_d \\ u_q \\ u_{d'} \\ u_{q'} \end{bmatrix} = \begin{bmatrix} R & 0 & 0 & 0 \\ 0 & R & 0 & 0 \\ 0 & 0 & R & 0 \\ 0 & 0 & 0 & R \end{bmatrix} \begin{bmatrix} i_d \\ i_q \\ i_{d'} \\ i_{q'} \end{bmatrix} + \begin{bmatrix} \dot{\psi}_d \\ \dot{\psi}_q \\ \dot{\psi}_{d'} \\ \dot{\psi}_{q'} \end{bmatrix} + \omega_e \begin{bmatrix} 0 & -1 & 0 & 0 \\ 1 & 0 & 0 & 0 \\ 0 & 0 & 0 & -1 \\ 0 & 0 & 1 & 0 \end{bmatrix} \begin{bmatrix} \psi_d \\ \psi_q \\ \psi_{d'} \\ \psi_{q'} \end{bmatrix}$$

(2-97)

$$\begin{bmatrix} \psi_d \\ \psi_q \\ \psi_{d'} \\ \psi_{q'} \end{bmatrix} = \begin{bmatrix} L_d & 0 & L_{dd} & 0 \\ 0 & L_q & 0 & L_{qq} \\ L_{dd} & 0 & L_d & 0 \\ 0 & L_{qq} & 0 & L_q \end{bmatrix} \begin{bmatrix} i_d \\ i_q \\ i_{d'} \\ i_{q'} \end{bmatrix} + \begin{bmatrix} 1 \\ 0 \\ 1 \\ 0 \end{bmatrix} \psi_f \qquad (2-98)$$

式中，u_d、u_q、$u_{d'}$、$u_{q'}$ 为定子电压在 d、q 轴的分量；i_d、i_q、$i_{d'}$、$i_{q'}$ 为定子电流在 d、q 轴的分量；ψ_d、ψ_q、$\psi_{d'}$、$\psi_{q'}$ 为电机磁链在 d、q 轴的分量；ω_e 为电机的电角速度；忽略凸极效应对电感造成的影响，$L_d = L_q = L_{dd} + L_{sl}$，$L_{dd} = L_{qq} = 1.5 L_{sr}$，$L_{sl}$ 为定子线圈漏感，L_{sr} 为气隙磁通导致的平均电感。

此时，电机的电磁转矩方程为

$$T_e = 1.5 P_n (i_q \psi_d - i_d \psi_q + i_{q'} \psi_{d'} - i_{d'} \psi_{q'}) \qquad (2-99)$$

式中，P_n 为电机的磁极对数。

2.7 基于生物耦合的一体化建模理论

智能汽车人-车-环境-感知系统一体化建模是智能汽车在环仿真测试的基础，现有建模方法功能相对独立，集成度和耦合度低，难以满足复杂气象条件、恶劣行驶工况动态测试的需求。本书预期探索道路环境模型、复杂气象模型、感知传感器模型、车辆动力学模型与智能汽车子系统的动态交互机制与表征方法，研究复杂气象环境多交通参与者显、隐式时序关联性及其空间耦合关系，建立人-车-环境-感知系统模型一体化表征方法。

人-车-环境-感知多元耦合系统的影响因素复杂多变，各耦元交互影响，具有典型的多场、多态、高阶、非线性、时变、不连续和动态耦合等特征，这些问题涉及车辆工程、人因工程、交通工程、控制工程、通信工程、计算机科学等众多学科门类，采用传统方法进行研究具有很大难度，现代仿生学的发展为这些多学科交叉问题的解决提供了一条新的途径。

著名仿生专家任露泉院士提出了"生物耦合"的概念：将影响生物功能的各种因素定义为生物耦元，而两个或两个以上耦元通过合适的耦联方式联合起来成为一个具有一种或一种以上生物功能的物性实体或系统为生物耦合。构成生物耦合中的耦元是异相、异场、异类的,不同的耦联方式存在于性质不同的耦元之间,这些耦联方式可以是线性的,也可以是非线性的;可以是永固的,也可以是临时的;可以是静态的,也可以是动态的;可以是紧密的,也可以是松散的。显然,通过生物耦合理论对人–车–环境–感知多元耦合系统进行分析可以有效解决传统方法难以全面解决的多种难题。任露泉院士在《耦合仿生学》和《仿生学导论》两部著作中,系统地论述了生物耦合的耦合原理、生成机制、分析方法,以及建模原理,这些成果为探索解决人–车–环境–感知多元耦合系统一体化建模难题提供了全新方法。

(1) 人–车–环境–感知系统要素抽象表征　根据生物耦合理论对人–车–环境–感知系统多源异构数据进行解析,抽象提取系统物性耦元、非物性耦元以及静态耦元和动态耦元,研究驾驶人驾驶行为耦元(状态、习性、技能)、车辆运动状态耦元(速度、加速度、横摆角速度、质心侧偏角等)、智能汽车智能控制耦元(感知、规划、决策、执行等)、车辆基础性能耦元(经济性、动力性、制动性、操纵性、舒适性等)、气象环境耦元(温度、光照、风雪等)、道路环境耦元(道路标识、交通标识、路面物理特性等)、交通环境耦元[行人、交通车(包含机动车、非机动车)等]和传感器耦元(摄像头、毫米波雷达、激光雷达、V2X、超声波传感器等)的耦元特性和表征方法,如图2–43所示。

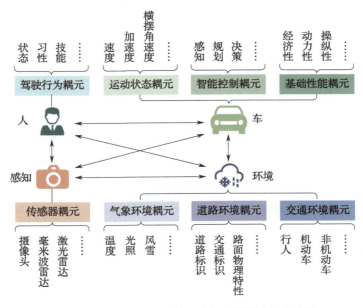

图2–43　人–车–环境–感知系统要素抽象表征

（2）智能汽车人-车-环境-感知一体化交互模拟研究　人-车-环境-感知系统一体化模型是智能汽车在环仿真测试的基础，针对现有模型功能相对独立、集成度和耦合度低、难以满足复杂气象条件、恶劣行驶工况动态测试的难题，探索环境模型、复杂气象模型、感知传感器模型、车辆动力学模型与智能汽车子系统的动态交互机制与表征方法；研究多交通参与者显、隐式时序关联性及其空间耦合关系；采用数据-机理混合建模方法建立人-车-环境-感知系统一体化动态交互模型。分析复杂气象环境单车系统扰动传播、混合交通动态交互，建立人-车-环境-感知一体化流形嵌入多层交互模型，如图2-44所示。

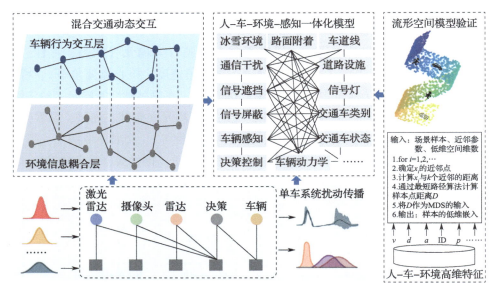

图2-44　人-车-环境-感知一体化交互建模技术方案

（3）混合交通动态交互模型　将智能汽车与周围交通参与者（交通车、行人）的动态交互分为环境信息耦合网和车辆行为交互网，建立混合交通多网协同模型，从不同层面表达复杂气象环境智能汽车与交通参与者在显式状态和隐式行为的交互特征；采用稀疏变换建立环境信息耦合网，利用网络结构偏差抑制场景干扰信息，捕捉场景信息时间序列交互特征，实现不同类型交通参与者对周围环境的抽象认知，以及在行为意图上交互耦合建模；结合神经网络的复杂模式提取能力和交通车/行人行为特征机理表达，建立混合交通动态交互模型，表达各交通参与者的信息筛选、行为响应耦合关系。

第3章
智能汽车多物理系统在环仿真测试

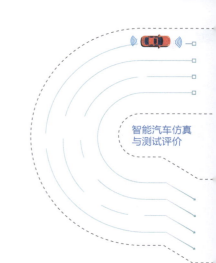

智能汽车仿真与测试评价

硬件在环仿真测试是指将被测车辆传感器、控制器或执行器中部分真实的硬件实体嵌入仿真测试环境中,对系统性能进行测试的方法。智能汽车硬件在环测试主要包括环境感知系统在环测试、决策规划系统在环测试、控制执行系统在环测试、驾驶人在环测试、车辆在环测试等,考虑到决策规划系统测试在传统车辆发动机控制系统中已经进行了较为完善的发展,本书主要介绍除决策规划系统在环测试外的其他测试技术。

3.1 感知系统在环仿真测试

智能汽车常见的感知系统在环测试平台包括毫米波雷达在环、摄像头在环、V2X在环、超声波传感器在环,后面主要针对这4部分内容进行展开。

3.1.1 毫米波雷达在环仿真测试

1. 毫米波回波模拟方法

智能汽车毫米波雷达回波模拟是实现毫米波雷达在环测试的核心。智能汽车毫米波雷达常采用的信号调制类型为线性调频连续波(Linear Frequency Modulation Continuous Wave,LFMCW),其工作原理如图3-1所示。

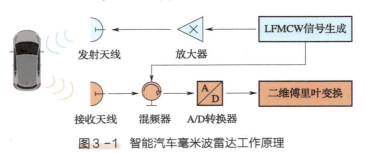

图3-1 智能汽车毫米波雷达工作原理

首先，射频信号生成器生成 LFMCW 信号，经过放大器对信号进行放大后，由发射天线将毫米波发射到环境中，当毫米波碰到车辆目标后，会产生毫米波回波，接收天线负责接收回波信号；然后，回波信号在混频器中与 LFMCW 生成信号进行混频，生成差频信号，经过放大和 A/D 转换后，对信号进行离散二维傅里叶变换；最后，从傅里叶变换结果中提取目标的速度和距离信息。回波模拟主要内容包括虚拟目标距离和径向速度模拟、虚拟目标雷达截面积（Radar Cross Section，RCS）模拟、虚拟目标方位角模拟三部分。

（1）虚拟目标距离和径向速度模拟　LFMCW 雷达的核心信号处理过程为：接收天线接收到的回波信号与发射信号进行混频，输出差频信号，其相位可以表示为

$$P_{mn}(t) = 2\pi \left[\frac{2f_0 v}{C} + \frac{2k R_n}{C} \right](t-nT) + \frac{4\pi f_0 R_n}{C} \tag{3-1}$$

式中，f_0 为调频信号的中心频率；T 为调频周期；k 为调频斜率；C 为光在真空中的传播速度；v 为目标的径向速度，其中目标远离雷达为正；R_n 为目标在第 n 个调频周期与雷达之间的距离：

$$R_n = R_0 + nTv, \quad n = 1, 2\cdots \tag{3-2}$$

式中，R_0 为 $t=0$ 时，目标与雷达之间的初始距离。

从式（3-1）中可以看出，差频信号的频率包含目标的相对距离和径向速度信息，但是无法将相对距离信息和径向速度信息区分开。在相邻的两个重复周期之间，差频信号的频率变化很小，而初始相位变换很大，将初始相位对 nT 进行求导，可以得到：

$$\frac{1}{2\pi} \frac{\mathrm{d}\left(\dfrac{4\pi f_0 R_n}{C}\right)}{\mathrm{d}(nT)} = \frac{2 f_0 v}{C} \tag{3-3}$$

所以，根据式（3-3）可以求出目标的径向速度，从而实现式（3-1）目标距离与径向速度的解耦。

基于上述对 LFMCW 雷达信号处理流程的分析可以发现，雷达实质上利用回波信号与发射信号混频后的差频信号频率和初始相位变化频率检测目标的距离和径向速度，而差频信号的这些特征本质上是由雷达回波延时和多普勒频移导致的，所以，如图 3-2 所示，根据毫米波信号的飞行时间，对毫米波雷达发射信号进行一个合适的延时 τ，根据多普勒频移原理，对毫米波雷达发射信号进行频率调整 f_d，然后，将修改的射频信号发送回毫米波雷达，理论上可以模

拟虚拟目标的距离和径向速度信息。

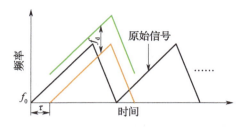

图 3-2 虚拟目标距离和径向速度信息模拟方法示意图

(2) 虚拟目标 RCS 模拟 根据雷达的功率方程，毫米波雷达接收到的回波信号功率 P_r 表示为

$$P_r = \frac{P_t G^2 \lambda^2 \sigma}{(4\pi)^3 R^4} \quad (3-4)$$

式中，P_t 为雷达发射功率；R 为雷达与目标之间的径向距离；G 为天线增益；λ 为毫米波雷达的波长；σ 为 RCS 的值，RCS 表征目标在雷达接收方向上反射雷达信号的能力，当目标被发射电磁波照射时，目标会根据自身的散射特性对电磁波进行反射，雷达接收到反射信号的能量与目标的大小、方向、物理性质、材质等因素有关。

根据式 (3-4)，RCS 值可通过回波信号的功率 P_r、雷达发射功率 P_t、雷达与目标的径向距离 R、天线增益 G、毫米波波长 λ 进行求解，其中，P_t、G、λ 是雷达自身的属性，不可修改，R 是目标自身的属性，不可修改。所以，通过修改回波信号的功率 P_r，可以实现对目标 RCS 的模拟。

(3) 虚拟目标方位角模拟 LFMCW 雷达一般利用多个天线接收回波信号之间的相位差进行目标方位角测量。如图 3-3 所示，假设在雷达的 θ 方向上有目标，并且到达毫米波雷达的目标反射电磁波近似为平面波。当两个天线的间距为 d 时，两个天线接收到的信号由于存在波程差 ΔR 而产生相位差 φ：

$$\varphi = \frac{2\pi}{\lambda}\Delta R = \frac{2\pi}{\lambda}d\sin\theta \quad (3-5)$$

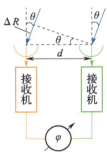

图 3-3 雷达探测目标方位原理示意图

通过相位计进行比相，测出其相位差 φ，进而就可以确定目标的方位角 θ。实际的雷达往往采用多天线测角，间距小的两个天线可解决方位角模糊问题，间距大的两个天线用于实现高精度方位角测量。根

据式(3-5),毫米波雷达根据回波信号的入射角度计算目标的方位角信息,所以,通过改变虚拟目标回波信号的入射方向,就可以实现虚拟目标的方位角模拟。

(4) 仿真验证 根据上述虚拟目标回波模拟原理,结合毫米波雷达信号处理流程,进行仿真验证,实现虚拟目标的距离、径向速度模拟。

毫米波雷达模型参数设置为:雷达接收机的噪声 $F=3$ dB,雷达信号处理系统整体噪声为 $L=6$ dB,雷达调频信号的中心频率 $f_0=77$ GHz,信号带宽 $B=1$ GHz。系统采样频率 $ADC_f=40$ MHz,连续采样 256 个调频周期,每个周期采样 1024 个点。环境中在不同的位置存在三个雷达截面积 $\sigma=10$ dB·m^2 的目标,且存在降雨量 $r=10$ mm/h 引起的信号衰减。毫米波回波模拟模型输入与雷达模型输出结果见表 3-1,差频信号经过离散二维傅里叶变换得到的结果如图 3-4 所示。从表 3-1 和图 3-4 中可以看出,上述方法可以实现虚拟目标的毫米波回波模拟,图 3-4 中三个峰正是由虚拟目标产生的,且距离越远,峰值越小。

表 3-1 毫米波回波模拟模型输入与雷达模型输出结果

输入距离/m	输入速度/(m/s)	输出距离/m	输出速度/(m/s)
15.00	8.00	15.00	8.02
27.00	-26.00	26.85	-26.16
40.00	15.00	40.05	15.16

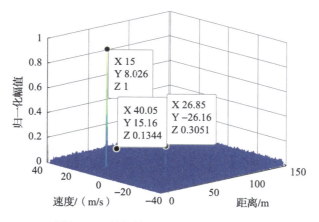

图 3-4 差频信号二维傅里叶变换结果

2. 毫米波雷达在环平台构建与验证

毫米波雷达在环平台构建过程主要内容如下：

1）基于毫米波飞行时间，对毫米波发射信号进行延时可以模拟虚拟目标距离信息。

2）基于多普勒频移原理，对毫米波发射信号进行频率调整可以模拟虚拟目标径向速度信息。

3）基于毫米波雷达功率方程，对毫米波回波信号进行功率调整可以模拟虚拟目标的 RCS 信息。

4）基于毫米波雷达多天线测角原理，调整毫米波回波信号的入射方向可以模拟虚拟目标的方位角信息。

根据上述虚拟目标毫米波回波模拟原理，搭建毫米波雷达在环测试平台，并设计多种工况的试验对测试平台的精确度和功能进行验证。

（1）硬件系统搭建　如图 3-5 所示，毫米波雷达在环测试平台包含三个部分：雷达信号生成器、毫米波雷达吸波暗室系统和快速控制原型。

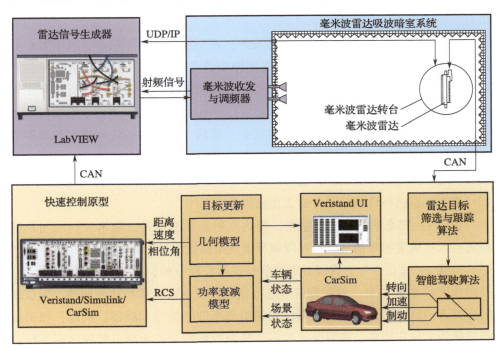

图 3-5　毫米波雷达在环测试平台硬件架构与工作流程

毫米波雷达回波模拟系统包括雷达信号生成器和毫米波收发与调频器两个设备。雷达信号生成器用于生成虚拟目标的毫米波回波信号，其由数据处理板卡、矢量信号收发器板卡、信号可变延时板卡和 CAN 通信板卡组成，通过雷达信号生成器可以实现对雷达发射信号的可变延时、多普勒频移和功率调整，由于硬件现场可编程门阵列（FPGA）的数据处理时间限制和电信号在导线中传播时间的限制，雷达信号生成器对雷达发射信号的延时存在一个最小值，也就是说，雷达信号生成器无法模拟距离在 4.2m 以内的虚拟目标。毫米波收发与调频器一方面采集毫米波雷达的发射信号，并将发射信号降频到雷达信号生成器能进行数据处理的频率范围内，送入雷达信号生成器；另一方面将雷达信号生成器生成的包含虚拟目标信息的射频信号升频到与毫米波雷达匹配的频率范围，并发送回毫米波雷达。

毫米波吸波暗室系统包括毫米波吸波暗室、毫米波雷达和毫米波雷达转台。毫米波吸波暗室用于吸收毫米波雷达发射的电磁波信号，防止其碰到障碍物产生回波，对试验结果造成影响。雷达转台通过用户数据报协议（UDP）由 LabVIEW 软件控制，使毫米波雷达旋转特定的角度，模拟虚拟目标的方位角信息。

快速控制原型用于实时运行仿真场景，并更新虚拟目标状态，其由数据处理板卡和 CAN 通信板卡组成。快速控制原型首先通过 CAN 接口接收毫米波雷达的输出数据，其次，雷达目标筛选与跟踪算法和智能驾驶算法负责计算主车的转向、加速、制动等控制信息，然后，CarSim 软件的汽车动力学模型对控制信号产生响应，更新车辆状态和环境状态，最后，通过雷达几何模型和功率衰减模型，计算虚拟车辆目标的距离、径向速度、方位角和 RCS 信息，通过 CAN 总线发送给雷达信号生成器，进行虚拟目标毫米波回波模拟。

毫米波雷达在环测试平台的工作流程为：

步骤 1：在毫米波吸波暗室中，雷达发射毫米波信号，毫米波收发与调频器通过天线采集射频信号，经过降频后发送给雷达信号生成器。

步骤 2：雷达信号生成器对射频信号进行波形分析，根据虚拟目标的距离、径向速度和 RCS 信息，对射频信号进行延时、多普勒频移和功率调整，生成新的含有虚拟目标信息的回波信号，发送给毫米波收发与调频器。同时，根据虚拟目标的方位角信息，控制毫米波雷达转台旋转特定的角度，实现虚拟目标的方位角模拟。

步骤 3：毫米波收发与调频器将回波信号升频到与毫米波雷达匹配的频率，

然后通过天线将回波信号发送回毫米波雷达,实现对虚拟目标的模拟。

步骤4:毫米波雷达成功探测到虚拟目标,并解析虚拟目标的信息,通过CAN总线发送给快速控制原型。

步骤5:快速控制原型运行雷达目标筛选与跟踪算法,实现对探测目标的筛选与跟踪,然后,通过智能驾驶算法实现对自车的转向、加速、制动等控制。

步骤6:CarSim车辆动力学模型根据控制信号对车辆状态和场景状态进行更新,然后,毫米波雷达几何模型和功率衰减模型更新虚拟目标的距离、径向速度、方位角和RCS信息,通过CAN总线发送回雷达信号生成器,实现毫米波雷达在环测试平台的闭环仿真测试。

毫米波雷达在环测试平台实物图如图3-6所示。

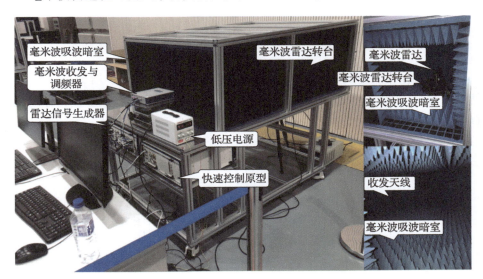

图3-6 毫米波雷达在环测试平台实物图

(2)平台精确性验证 为了验证毫米波雷达在环测试平台的精确度和置信度,本节基于毫米波雷达在环测试平台进行了一系列试验,包括在阶跃距离、阶跃径向速度、阶跃RCS值工况下的虚拟目标模拟,以及在真实交通场景下雷达探测目标与测试平台模拟虚拟目标的对比。

1)阶跃距离、阶跃径向速度、阶跃RCS值工况下虚拟目标模拟试验。虚拟目标距离模拟从5m开始,每个步长增加3m,测试结果如图3-7所示,其中,红色实线表示在毫米波雷达在环测试平台中,真实雷达探测到的虚拟目标信息,蓝色虚线表示理想虚拟目标信息,即毫米波雷达在环测试平台的虚拟目标信息输入，图3-8和图3-9中曲线的含义类似，不再赘述。从图3-7中可以看出，毫米波雷达在环测试平台能够快速、高精确度地模拟虚拟目标的不同距离信息。在近距离下的虚拟目标距离模拟误差小于0.1m，平均虚拟目标距离模拟误差为0.27m。

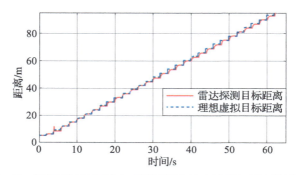

图3-7　基于毫米波雷达在环测试平台的虚拟目标距离模拟结果

虚拟目标径向速度模拟从-22m/s到22m/s，每个时间步增加2m/s，测试结果如图3-8所示，可以看出，毫米波雷达在环测试平台模拟虚拟目标速度信息具有较高精确度，误差小于0.1m/s。

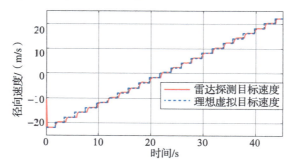

图3-8　基于毫米波雷达在环测试平台的虚拟目标径向速度模拟结果

因为毫米波雷达在环测试平台所用的Delphi雷达探测目标RCS值的输出范围为0~30dB·m^2，分辨率为1dB·m^2，所以，虚拟目标RCS值模拟从0dB·m^{2}到30dB·m^2，每个步长增加2dB·m^2，测试结果如图3-9所示。由图3-9可以看出，当虚拟目标的RCS值较小时，雷达回波很微弱，受雷达内部电子元器件白噪声的影响，此时信噪比（Signal to Noise Ratio，SNR）较小，雷达不能稳定探测到目标，输出的RCS值存在较大波动；当虚拟目标的RCS值较大时，毫米波雷达在环测试平台输入的虚拟目标RCS值和雷达探测到目标的RCS值有较好的一致性。

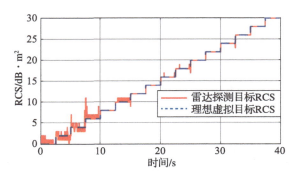

图3-9 基于毫米波雷达在环测试平台的虚拟目标 RCS 值模拟结果

2) 毫米波雷达在环测试平台模拟虚拟目标与实车雷达探测真实目标对比测试。如图 3-10 所示,试验车在真实道路上行驶,试验车同时装备 RT3002&RT-Range 组合导航定位系统和毫米波雷达以探测交通车位置,然后将 RT 组合导航定位系统输出数据作为真实值输入毫米波雷达在环测试平台,进行虚拟车辆目标模拟,最后,将毫米波雷达在环测试平台中雷达探测到的虚拟交通车信息与在真实道路下试验车的毫米波雷达探测到的真实交通车信息进行对比,对比测试结果如图 3-11 所示。其中,RT3002&RT-Range 是一种高精度、低延时组合导航定位系统,可以对车辆的位置、速度、加速度、航向角、俯仰角、翻滚角等信息进行实时测量,同时也可以精确测量不同车辆之间的相对位置和运动关系。

图3-10 毫米波雷达在环测试平台置信度验证对比测试流程

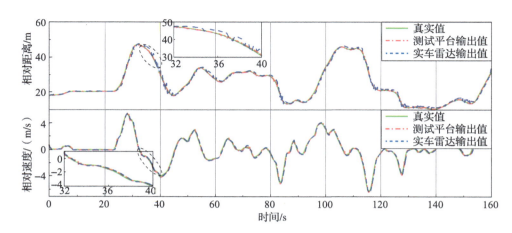

图3-11 测试平台虚拟交通车与雷达探测真实交通车对比测试结果

从图3-11中可以看出,毫米波雷达在环测试平台模拟虚拟交通车的距离和速度信息与实车道路行驶时毫米波雷达探测真实交通车的距离和速度信息高度一致。在对比试验中,将RT3002&RT-Range输出数据作为主车和交通车之间的真实相对位置关系,对结果进行统计分析,见表3-2,在实车道路行驶时,毫米波雷达探测真实交通车的平均距离误差为0.98m,方差为3.21m,平均速度误差为0.21m/s,方差为0.17m/s;当毫米波雷达在环测试平台模拟虚拟交通车时,毫米波雷达探测虚拟交通车的平均距离误差为0.28m,方差为0.08m,平均速度误差为0.14m/s,方差为0.02m/s。因为汽车在实际道路行驶时,毫米波雷达的工作状态往往会受到自车的振动、路面、其他交通车、交通标识和天气因素等影响,毫米波雷达探测目标交通车的精确度和稳定性降低。而毫米波雷达在环测试平台是在试验室环境下模拟虚拟交通车,而且搭建了吸波暗箱,外界环境的干扰很小,毫米波雷达工作更稳定,所以毫米波雷达在环测试平台模拟虚拟目标的误差和方差都较小,波动也更小。综上,毫米波雷达在环测试平台可以真实地、稳定地模拟虚拟交通车的速度和距离信息。

表3-2 测试平台模拟虚拟交通车与雷达探测真实交通车结果对比统计

统计项	测试平台模拟虚拟交通车		雷达探测真实交通车	
	距离/m	速度/(m/s)	距离/m	速度/(m/s)
误差平均值	0.28	0.14	0.98	0.21
误差方差	0.08	0.02	3.21	0.17

(3) 平台功能验证　基于毫米波雷达在环测试平台，对某智能汽车 AEB 算法进行测试。首先，在相同的测试场景下，进行毫米波雷达在环测试与虚拟仿真测试的对比；其次，基于毫米波雷达在环测试平台在恶劣的天气环境下对 AEB 功能进行测试；最后，根据欧盟新车安全评鉴协会（Euro – NCAP）标准，选择城市工况下的车对车测试场景，对被测汽车 AEB 算法进行毫米波雷达在环自动测试。

1）毫米波雷达在环测试与虚拟仿真测试对比。采用 CarSim/Simulink 虚拟仿真测试环境对 AEB 算法进行测试。测试场景为：良好天气，交通车在主车前方静止，主车以 50km/h 匀速运动，测试结果如图 3 – 12 所示，其中，毫米波雷达模型探测到两车之间的相对速度为负数，表示主车接近前方交通车，为了便于阅读，本节将相对速度取相反数转化为正值，后续图片均进行了相同的处理。从图 3 – 12 中可以看出，在虚拟仿真测试中，主车最终停在距离前车 1.58m 处，未发生碰撞事故。

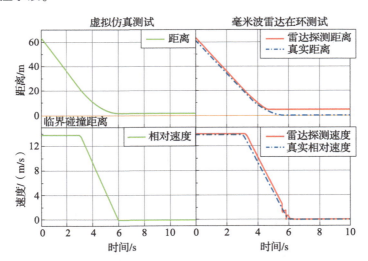

图 3 – 12　虚拟仿真测试与毫米波雷达在环测试结果对比

在相同的测试场景下，采用毫米波雷达在环测试平台对相同的 AEB 算法进行测试。由于前面试验得到毫米波雷达在环测试平台不能模拟距离小于 4.2m 的目标，所以为了保持测试平台模拟虚拟目标的稳定性，当虚拟目标的距离小于 5m 时，测试平台保持模拟虚拟目标的距离为 5m。经过测试，当两车之间的相对速度大于 10km/h 时，AEB 系统触发时两车的相对距离大于 5m，此处理不会影响试验结果。在相同的测试场景下进行 5 次硬件在环测试，结果每次试验主车与交通车均发生了碰撞。其中的某次试验结果如图 3 – 12 所示，蓝线表示毫米波雷达在环测试平台输入的数据，即主车与交通车之间的相对距离和相对速度真值，可以从中判断两车是否发生碰撞。从图3-12中可以看出，最终两车之间的相对距离为-0.647m，表示两车发生了碰撞事故。继续进行分析可以发现，毫米波雷达在环测试平台中毫米波雷达探测目标的距离和相对速度与主车与交通车之间的距离和相对速度真值相比存在延时。因为毫米波雷达在环测试平台采用了真实的雷达硬件，反映了毫米波雷达发射电磁波信号、接收回波、数据处理等过程产生的目标探测延时，这是虚拟仿真测试中难以进行建模的，所以毫米波雷达在环测试平台更能真实地反映出雷达传感器的工作状态和性能，可以发现虚拟仿真测试无法发现的危险测试场景。

2) 暴雨场景下被测 AEB 功能的毫米波雷达在环测试。设置场景的降水率为 10mm/h，雷达探测交通车的方位角为 1°，其他场景参数与上述相同，基于毫米波雷达在环测试平台的 AEB 算法测试结果如图 3-13 所示。由图 3-13 可以看出，毫米波雷达并没有识别到虚拟车辆目标，而是将一些杂波信号视为目标，并且雷达探测结果非常不稳定，极易引起 AEB 系统的误触发，例如，在图 3-13 中的 0.41s，雷达探测到一个距离为 30.2m、相对速度为 -39.77m/s 的虚假目标，导致 AEB 算法的距离触发阈值很大，主车与交通车的相对距离小于 AEB 算法的距离触发阈值，引起了主车错误的制动行为，这会给驾乘人员带来非常不好的驾乘体验，严重时甚至会引发驾驶风险，因此，在设计 AEB 算法时要设计合适的毫米波雷达目标筛选、滤波及跟踪算法。

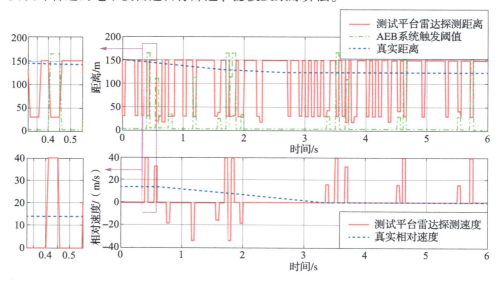

图 3-13　基于毫米波雷达在环测试平台的 AEB 算法测试结果

3）基于 Euro-NCAP 测试标准的智能汽车 AEB 功能毫米波雷达在环测试。欧洲 AEB 功能的 Euro-NCAP 测试标准是对各种碰撞事故的分析与抽象。选取 Euro-NCAP 测试标准中城市工况的部分车对车场景，即 CCRS（Car-to-Car Rear Stationary），对优化后的 AEB 功能进行毫米波雷达在环测试，部分测试结果如图 3-14 所示，其图例与图 3-12 相同。采用毫米波雷达在环测试平台，可以快速、高效、可重复地完成对多个测试场景的自动测试，并且测试结果具有较高的真实性。相比于实车测试，毫米波雷达在环测试具有更高的测试效率，可以节省大量的测试时间和测试成本，同时具有更高的安全性。

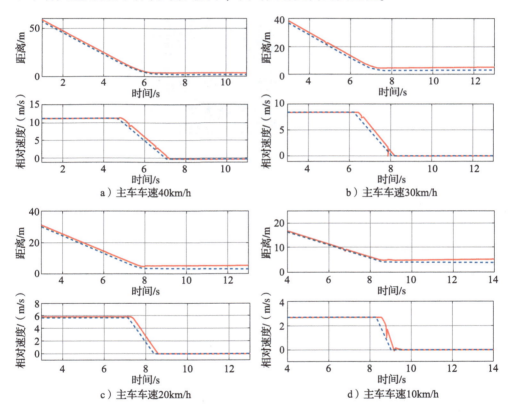

图 3-14 Euro-NCAP 的 CCRS 测试场景下部分毫米波雷达在环测试结果

3.1.2 摄像头在环仿真测试

现有的摄像头在环测试平台方案可以根据场景注入方式的不同分为两类，如图 3-15 所示。第一类是通过视频注入的方式将场景数据以数字信号形式直接传输至图像处理芯片，这种方法去除了摄像头模组获取图像，将光信号转化为电信号的影响，但这种方法需要在测试前获取摄像头的编解码规则，因此难以对产品级摄像头进行黑盒测试。第二类是通过投影将场景展示给摄像头硬件，一种实现途径是将场景投影到幕布上，这种方法需要高分辨率的幕布，否则虚拟场景可能会丧失局部纹理，因此需要昂贵的测试成本；另一种实现途径是将场景传输至显示器上，通过标定等手段计算摄像头与显示器的相对位置，从而使摄像头拍摄到仿真度高的图像，这种方案又称为投屏式摄像头在环测试，这种方法拥有体积小、可兼容性强的优点，同时解决了视频注入方式无法进行黑盒测试和投影幕布成本过高的问题。

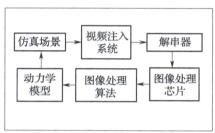  

a）视频注入式　　　　　　　　　b）场景投影式

图 3-15　典型摄像头在环测试平台方案

投屏式摄像头在环测试方案及设备布置如图 3-16 所示，在测试过程中，工控机中运行虚拟仿真测试场景，通过 HDMI 将车载摄像头视角的图像展示在显示器上，摄像头通过光电信号的采集与转换获取原始图像，在经过灰度化、边缘检测，以及深度学习算法等处理后获取车道线、目标物体等信息，并将这部分信息通过 CAN 总线发送检测结果给控制算法。结合车辆动力学模型，判断此时车辆状态与所处环境状态，给予车辆决策控制信号，如期望转向盘转角、制动轮缸压力等。场景模型也会因为车辆动作进行实时更新，至此完成闭环测试。

视频注入式摄像头在环测试方案如图 3-17 所示，不同于投屏式的特征在于该方法直接将场景数据注入被测硬件，该过程忽略了实际摄像头捕捉图像信息的过程，更利于在图像获取过程增加干扰噪声，例如读取噪声、图像模糊等。场景图像信息通过 HDMI 将场景信息传输给视频注入设备，注入设备通过 GMSL 将图像数据直接注入被测摄像头数据处理单元，处理单元将车辆控制命令输出通过 CAN 总线传输给实时处理器平台，计算好车辆的位姿后将场景进行实时状态更新。

第3章　智能汽车多物理系统在环仿真测试

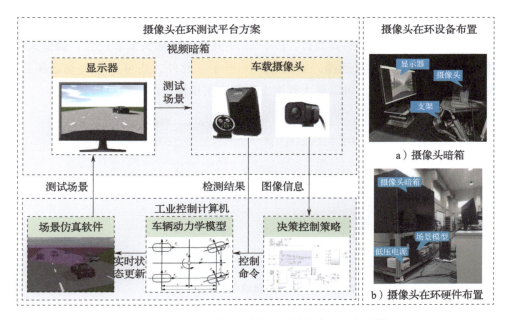

图3-16　投屏式摄像头在环测试方案及设备布置

图3-17　视频注入式摄像头在环测试方案

投屏式摄像头在环测试平台无须破坏摄像头内部结构,是第三方检测的主要手段,本书后续围绕投屏式摄像头在环测试平台进行展开。

1. 投屏式摄像头在环测试平台软硬件系统

(1) 软件系统　为了保证摄像头在环试验测试场景的真实性与测试过程的

077

可靠性，选取了 MATLAB/Simulink 与汽车仿真测试软件 PreScan 进行联合仿真。

对于车载摄像头传感器而言，PreScan 中开放了摄像头安装位置、摄像头帧率及视场角等多种参数选择，如图 3-18 所示。此外，还可以加入动态模糊、粉尘遮挡等视觉效果，可以更大程度上模拟真实摄像头的拍摄效果。

图 3-18　场景仿真软件摄像头设置界面

目标检测算法采用编程语言 Python，其工作环境与 MATLAB/Simulink 中控制算法不同，需要进行跨平台软件通信。通信协议主要为两种：传输控制协议 (Transmission Control Protocol, TCP) 与 UDP。TCP 是一种面向连接的、可靠的和基于 IP 的传输层协议，TCP 连接通过双通道以字节为单位进行传输且传输有序。TCP 的三次握手协议是保证可靠性的关键，第一次握手时，客户端向服务器发送 SYN 报文，并写明客户端初始化序列号 ISN，此时客户端处于 SENT 状态；第二次握手时，服务器收到客户端发来的 SYN 报文，并将服务器的 SYN 报文发送给客户端，也会说明自己的初始化序列号，此时服务器处于 RCVD 状态；第三次握手时，客户端收到来自服务器的 SYN 报文，会发送一条 ACK 报文，此时双方进行了连接。可以看出在一次连接中，需要客户端与服务器之间共发送三个包。通过三次握手确认双方是否能够进行数据包的发送和接收，由此提供有序、无差错、不重复、不丢失的数据传输。UDP 则提供了一种面向无连接模式的通信协议，具有传输成本低，但传输数据不可靠的特点。UDP 可以保证非常稳定的发送速率，可以被应用在允许一定程度的数据丢失，但对实时性有高要求的传输中。与 TCP 相比，UDP 的服务器与客户端在发送数据时，并不在乎目的端口是否有客户端或服务器进行实时接收。

对于搭建的摄像头在环测试平台而言，TCP 更适合在单次测试中被使用，但对于成组测试用例的自动测试来讲，UDP 显然更加适合，在经过试验后，UDP 丢包率几乎为零、数据延迟低，能够满足测试平台实时性要求。因此本书选取 UDP 进行图像处理模块与车辆控制模块间通信。

（2）硬件系统　为了排除试验室光源对试验结果的干扰，本书设计了遮光板与吸光布组合的视频暗箱。遮光板材料为黑色有机玻璃，吸光布材料是符合摄影需求的黑丝绒。视频暗箱主体由六块遮光板构成封闭黑箱，然后在每块板材、型材及内部器件外壳上粘贴吸光布，以防在被摄物体上有杂光或多余的反射光映入镜头。

作为测试平台，摄像头在环测试需要进行黑盒测试与白盒测试。本测试平台选取了行业内认可度高、占市场份额大的 Mobileye 摄像头进行黑盒测试，USB 摄像头厂商罗技的 C920 摄像头进行白盒测试。Mobileye 是英特尔旗下的公司，其致力于单目视觉驾驶辅助系统的开发，提供视觉算法与芯片搭载系统运行 ADAS 客户端功能。目前，Mobileye 基于单目摄像头图像处理的软件，可以满足大部分安全和舒适要求的 ADAS 功能，其专有的智能芯片 EyeQ，目前可以实现高级驾驶辅助技术，如针对车辆及行人的碰撞预警、交通标志识别等。

由于被测摄像头仅支持输出结果级数据，无法调用其中摄像头获取的视频流数据，因此不能进行白盒测试。为了能够进行测试，需要获取原始图像的测试内容，本测试平台使用罗技公司的高清网络摄像头 C920e 进行白盒测试。C920e 拥有即插即用、易操作的优点，最高采样频率为每秒 30 帧，其采用的 H.264 视频标准可避免极为耗时的压缩过程，在保持捕获高清图片的同时可以快速流畅地传输。

对于摄像头在环测试平台，测试结果不仅取决于控制算法的质量，也往往受到摄像头端获取的图像质量与图像处理过程的干扰。为了消除这种干扰对测试结果的影响，测试平台在搭建过程中需要尽可能提高标定精度来确保图像质量。

标定安装前，首先建立小孔成像模型描述摄像头成像原理。如图 3-19 所示，三维世界的光线经过小孔（即光心）到达成像平面，形成二维投影，摄像头坐标系是以摄像头光心 O 为原点，X_c、Y_c、Z_c 为坐标轴，图像坐标系则是以成像平面的像素中心点 o' 为原点，x'、y' 为坐标轴。摄像头捕获图像的过程就是将摄像头坐标系上的点坐标转化为图像坐标系上的二维点的过程。假设 P 为世界中任意一点，在摄像头坐标系上，

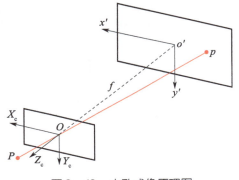

图 3-19　小孔成像原理图

其坐标为 $\boldsymbol{P} = [X, Y, Z]^\mathrm{T}$，在图像坐标系上坐标为 $\boldsymbol{p} = [x, y]^\mathrm{T}$。连接 P、p 两点，连线一定穿过光心 O，设摄像头焦距为 f，根据三角形相似原理：

$$\frac{X}{x} = \frac{Y}{y} = \frac{Z}{f} \qquad (3-6)$$

在布置测试平台时，由于摄像头的拍摄对象，也就是显示器上的虚拟仿真场景是固定视野的，那么就可以遵循上述小孔成像原理计算摄像头到显示器的距离。如图 3-20 所示，其中 D 为摄像头到显示器的距离，γ 为摄像头的垂直视场角，H 为显示器的可视高度，三者间满足如下关系：

$$\frac{H}{2D} = \tan\frac{\gamma}{2} \qquad (3-7)$$

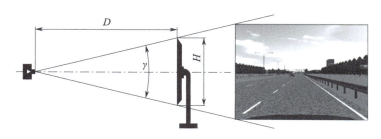

图 3-20　摄像头与显示器布置方案示意图

基于上述研究对摄像头进行安装，为了保证摄像头的工作环境与在车上相似，本书选取了车规级玻璃作为摄像头承载平面。在安装摄像头后，摄像头在环测试平台构建完成，其实物图如图 3-21 所示。

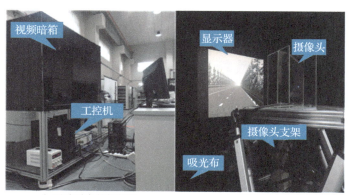

a）测试平台外部结构　　　　b）测试平台内部结构

图 3-21　摄像头在环测试平台实物图

2. 投屏式摄像头在环测试平台验证

（1）测试平台功能验证　摄像头在环测试平台搭建完成后，首先需要进行功能验证。本书在验证过程中将选取 Mobileye 摄像头进行黑盒测试。当摄像头被装载在车辆上工作时，摄像头会通过车辆 CAN 总线读取车辆状态信息，如车速、转向灯信息等。本书通过 CAN 卡进行摄像头与主机端车辆动力学模型的通信。摄像头可以通过 CAN 卡读取车辆模型的详细参数并作为判断是否进行预警的依据，主机端则通过 CAN 卡读取摄像头芯片处理后的结果级数据，如道路指示牌、车道线类型、车辆与左右车道线距离等。

Mobileye 摄像头反馈的数据对于车道线的描述更加详细，功能验证测试场景将围绕 L2 级驾驶辅助系统车道偏离预警（LDW）功能进行构建。本书搭建的车道偏离预警算法分为判断模块和预警模块。判断模块通过获取车辆 CAN 总线上的信息和车辆操纵台上转向灯信息、转向盘信息等来判断如果发生了车道偏离现象，是否为驾驶员参与的换道行为。预警模块的输入为 Mobileye 反馈的车道线信息和判断模块的判断结果。预警模块通过对上述信息和本车状态进行整合，分析本车是否发生了车道偏离现象，如果是，预警模块会输出视觉、听觉预警信号。

参照 ISO/TC 17361—2017《智能运输系统－道路偏离警告系统－性能要求和实验程序》中对于车道偏离预警系统的测试要求，建立了车道线宽为 3.5m，主车车速为 20m/s，以 0.2m/s 的偏离速度分别向道路左、右侧逐渐驶出的测试场景，如图 3-22 所示，并且在车辆模型上加载了 PreScan 的真值传感器来与硬件在环测试结果进行对比。

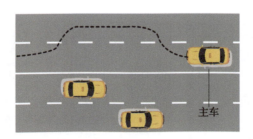

图 3-22　摄像头在环测试平台功能验证场景

测试结果如图 3-23 所示，可以看出测试平台上的摄像头可以清晰地识别到车道线，实时地接收车辆模型的信号。主机端也可以通过 CAN 卡读取车道线信息，并对是否偏离车道进行判断，从而及时提供预警信号。

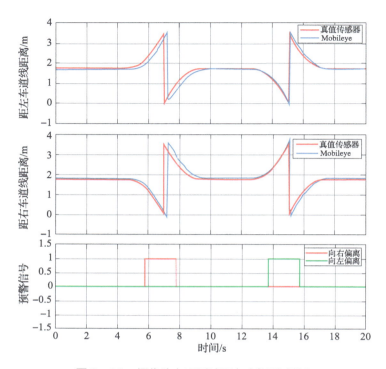

图3-23 摄像头在环测试平台功能测试结果

（2）平台置信度验证　为了验证测试平台测试数据的置信度，将Mobileye摄像头安装在实车上，利用标定板进行摄像头标定，在车道线宽为3.5m的真实道路上采集车道线数据；根据实车所处的场景，在摄像头在环测试平台上构建相同场景，并利用Mobileye采集车道线数据，实车数据采集过程如图3-24所示。

图3-24 实车数据采集过程

将实车采集数据与测试平台采集数据进行对比,数据对比结果如图 3-25 所示,其中,value-true 代表实车采集数据,value-CAM 代表测试平台采集数据。通过整理数据结果可知,Mobileye 摄像头在实车采集的与左右车道线距离和在相同场景下摄像头在环测试平台采集的与左右车道线距离平均相差不超过 0.1m,因此本试验台具有很高的置信度。

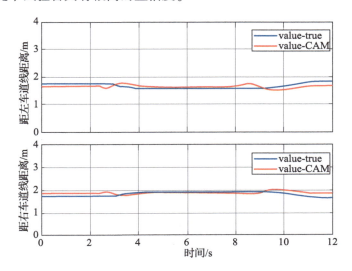

图 3-25 实车采集数据与测试平台采集数据对比结果

3.1.3 V2X 在环仿真测试

车联网通信(Vehicle-to-Everything,V2X)在环测试平台用来进行 V2X 通信性能的测试,可弥补室外电磁环境信号变性造成的测试有效性低的缺点。该系统可检测 V2X 正确发送、接收和解释信号,以及与路侧单元和其他车辆的交互能力,并通过车载单元(On Board Unit,OBU)、路侧单元(Road Side Unit,RSU)的重复测试提升测试的有效性和可信度。

1. V2X 在环测试平台原理

V2X 在环测试平台由虚拟的交通场景和真实的车联网通信硬件组成,平台运行过程中,通过修改场景的参数设置来还原联网车辆在道路行驶过程遇到的各种工况,并且引入信道模拟器,将该场景下的信道模型加工成包含当前信道特征的射频信号,在车联网通信硬件的收发端之间模拟外场实际环境的信号传输过程,从而实现了试验室条件下,对车联网系统及其应用算法的功能与使用条件的复现，可承担车联网系统各个环节的仿真测试和加速测试任务。

V2X 在环测试平台原理如图 3-26 所示，其硬件部分包括工控机、全球导航卫星系统（GNSS）模拟器、信道模拟器、射频信号发生器和车联网通信被测设备，工控机内运行场景仿真软件、车辆动力学模型、信道模型、GNSS 模型、自动驾驶算法模型、车联网信息读/写模块与车联网通信监测软件等，其他的全部硬件均与工控机通过线缆连接，实现控制指令传输和数据上下传输的功能，射频信号发生器和车联网通信被测设备间通过空口无线传输。

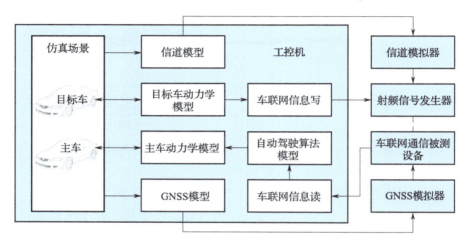

图 3-26　V2X 在环测试平台原理

车联网系统在环测试的核心是仿真场景，要根据待测算法和欲复现的工况合理设置场景的各项要素，使场景中的车辆与其他交通参与者的运动符合物理规律的同时，还能体现出该种算法在当前场景中所能发挥的作用，或是反映算法在特定场景下表现出的不足等。

当仿真场景确定完成后，通过场景软件的应用程序编程接口（Application Programming Interface，API）将场景中的车辆与车辆动力学模型建立对应关系，使所有的场景中车辆能够模拟真实车辆的运动状态和行驶轨迹，令场景的动态更新过程更加逼真。同时被控车辆（即场景中主车）还会搭载自动驾驶算法的控制模型，对应用车联网的算法而言，要求既能获取到车辆自身的各种状态信息，还必须能采集到场景中其他车辆与环境的信息。因此自动驾驶算法的输入量来源一是车辆动力学模型的输出结果，二是车联网通信接收到的数据包，需要对本机直接传输的数据和经由外部其他硬件通信传输的数据进行时间同步，才能保障自动驾驶算法在当前仿真场景内的正常运行。

为了解决上述问题，引入 GNSS 模拟器和相应建模软件，它能实时分析场景中车辆的位置关系，生成虚拟的 GNSS 坐标信号并通过射频的形式发送到车联网通信被测设备，相当于被测设备本身安装在某条实际道路上的一台正在行驶的车辆内。同时，被测设备收发信息所采用的时钟源也完全基于 GNSS 模拟器发出的信号中所包含的时钟信息，亦即将射频信号发生器和被测设备进行了时间同步，因此通过真实硬件通信得到的数据和工控机内部车辆动力学模型计算输出的数据可以同时馈入自动驾驶算法中，达到了跨硬件平台数据交互的目的。

信道模型和车联网信息读/写模块共同承担着无线信号发送前的编码与接收到信号后的解码任务，编码指将车辆动力学模型输出的运动状态信息按一定顺序排列生成一维数组，并在头部添加 GNSS 时间戳信息后合并转化为一个十六进制字符串格式的数据包，计算并记录数据包的大小，作为后续射频信号发射的数据包；解码过程则是编码的逆过程，是将接收到的数据包参照先前同样的数据格式反转成可读的状态参数，满足原始数据处理或作为自动驾驶算法的输入等需要。信道模型原理如第 2 章所述，将仿真场景中的相关要素进行提取后，生成信道特征参数，然后利用信道模拟器转换成实际的射频干扰，同编码后的数据包一并注入射频信号发生器中，经过硬件处理后，将带有模拟的信道特征的射频信号发送至被测设备，使之工作在与外场环境相当的通信信道下，从而测试其通信性能和搭载的自动驾驶算法应用性能。

网络监测软件独立于仿真场景及其他数学模型，它只与射频信号发生器和车联网通信被测设备相连，负责全程监控两者之间的通信质量，并以通信延迟、丢包率、信号功率谱和信号矢量端点分布图等形式显示当前通信环境好坏情况，其中有定量的具体数值指标和定性的便于直观观察的图形化指标，辅助完成车联网通信性能的测试等工作。

车联网在环测试平台中软硬件之间的数据闭环关系，即信号从场景中目标车发往主车的数据流向，如图 3-27 所示。

仿真场景软件利用自身的 API 将每辆行驶中的汽车分别与相应车辆动力学模型连接，在场景中设置好所有车辆的初始状态后，目标车的状态信息，如车速、车辆位置、制动和转向信号等，全部通过协议传输发往车联网信息写模块中，数据编码完成后下载到代表目标车的射频信号发生器内，由数字信号转换成模拟信号准备发出。与此同时，信道模拟器和 GNSS 模拟器分别从场景中获取所需的信息并作用于车联网信号传播的过程中，目的是改变收发端的信道特征和同步收发端的参考时钟。

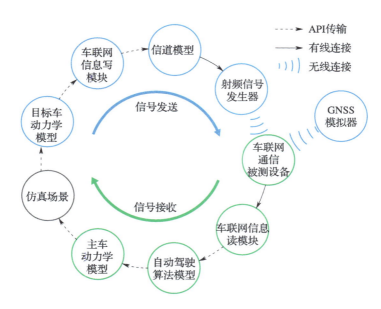

图 3-27　车联网在环测试平台数据流向

代表主车的车联网通信被测设备接收到带有时间戳的信息后上传至车联网信息读模块进行解码，得到编码前的可读原始数据并馈入自动驾驶算法，算法模型将主车和目标车的状态信息同时输入并计算求解后，输出控制指令到主车车辆动力学模型，从而控制正在场景中行驶的主车的运动，达到仿真场景中主车和目标车信息交互的目的，完成基于车联网系统的协同式自动驾驶算法功能，实现闭环测试。

车联网在环测试平台的特点是，作为车辆环境感知系统的车联网通信设备收发端均为实际硬件，而车辆和车辆所在的行驶场景为工控机虚拟仿真出来的，与车联网通信系统相关的环节，包括底层硬件的功能和物理层通信经由数据包的传输过程都被完整地复现，而且耗费场地与成本的车辆控制与执行机构等也被代替，这使得车联网系统的开发与测试工作变得快速便捷，也可以为智能汽车测试自动化提供帮助。

2. V2X 在环测试平台硬件系统

V2X 在环测试平台硬件系统总体结构如图 3-28 所示。以 PXI 机箱和控制器为主体，在机箱插槽内分别嵌入 PXIe-8374 总线扩展模块（两个）、PXIe-5840 矢量信号收发仪和 PXIe-6683 定时同步模块，其中后两个模块的输入输出端口用 GNSS 收发天线连接。两台 USRP 外设分别用 MXI 总线与 PXIe-8374 连接,被测设备的 GNSS 输入端口与 PXIe-6683 通过射频屏蔽线(SubMiniature version A,SMA)连接,而数据传输端口则用网线(Ethernet Cable)或控制器局域网络(Controller Area Network,CAN)总线与 PXI 控制器相连。被测设备和 USRP 之间进行车联网通信时,根据当前试验室电磁场情况,可以选择安装天线利用空口传输,也可以将射频前端用射频屏蔽线直连,以阻断外部的电磁信号干扰,确保试验运行效果。搭建完成的车联网在环测试平台硬件系统总成实物图如图 3-29 所示。

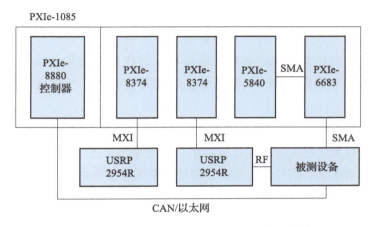

图 3-28　V2X 在环测试平台硬件系统总体结构

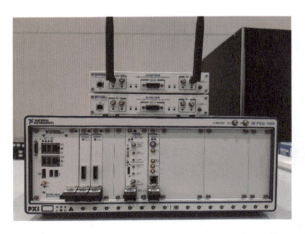

图 3-29　车联网在环测试平台硬件系统总成实物图

3. V2X 在环测试平台软件系统

V2X 在环测试平台软件系统主要包括场景仿真软件、GNSS 模拟软件、车联网通信检测软件与信道模拟模型，其中：

1）场景仿真软件模拟各种车辆行驶工况，生成测试用例和可视化测试结果，本书 V2X 在环测试平台场景仿真软件选择 PanoSim。

2）GNSS 模拟软件可以为 GNSS 信号接收机和依赖 GNSS 工作的系统提供模拟的 GNSS 无线信号，能够为车辆运动、信号特征、大气和其他效应建立模型，仿真被测设备在车联网通信系统在环测试平台上的 GNSS 环境，使该被测设备能够根据仿真测试场景的参数模拟执行导航，本书 V2X 在环测试平台场景 GNSS 模拟软件选择 NI 系统配套的 M3 GNSS。GNSS 模拟对于车联网通信系统在环测试平台尤其关键，因为它能够实现射频信号发生器和被测设备的时钟同步，保障实时仿真系统中车联网通信硬件的收发时间戳一致，同时动态模拟仿真场景中车辆位置的 GNSS 信号，令被测设备处于与仿真场景中相同的道路上行驶。

3）车联网通信检测软件与信道模型模拟仿真车辆的信息在被测设备和射频信号发生器收发后存在的信号收发功率、环境噪声、占用带宽等状态并可以自动生成信号功率谱、信号幅值相位、信号星座图等结果曲线。本书 V2X 在环测试平台通信检测与信道模拟软件选择 NI 系统配套的 S.E.A HCM。

V2X 在环测试平台软件系统总成结构如图 3-30 所示。V2X 在环测试平台的所有软件同时运行、联合仿真，其中 PanoSim 拥有和 MATLAB/Simulink 交互的应用程序 API，其余软件之间的数据传输均依赖 UDP，这种方式能够在应用程序无连接的情况下实现数据快速传输，只需要指定本地收发端口，便可不间断传输数据，适用于本书多个软件共同交互的情形，具有资源消耗小、处理速度快的优点。

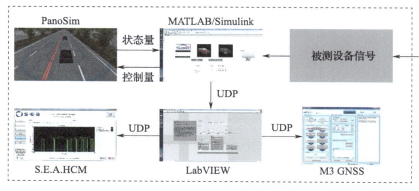

图 3-30 V2X 在环测试平台软件系统总成结构

在具体运行过程中，PanoSim 向 MATLAB／Simulink 发送车辆状态信息和道路环境信息，并从后者处接收经由自动驾驶算法输出的车辆控制指令信息。MATLAB／Simulink 将用于车联网通信的数据进行编码生成数据包，同时利用道路环境信息和场景中交通车辆的信息计算车联网通信信道模型的特征参数值，通过 UDP 传输的方式发送到 LabVIEW 中，调整测试平台硬件系统的参数配置。通过 LabVIEW 编程计算后的参数值由 UDP 传输至 S.E.A HCM 和 M3 GNSS 模拟软件，设置车联网通信和 GNSS 发射信号的频率和功率。被测设备收到的信号也将由相配套软件解析后通过 UDP 发回 MATLAB／Simulink 的数据显示模块和自动驾驶算法输入端。

4. V2X 系统通信性能测试

智能网联汽车在高速行驶中为了保障安全，需要不间断地进行车间的实时通信，维持彼此行车状态的数据交互，才能对突发事件提前预知并报警。因此这也是对车联网通信系统提出的挑战，作为不同于其他无线设备的独特使用场景，其检测方法必不可少。

已知文献中，中国信通院的 LTE – V2X 性能测试规范（试验室）中对 5.9GHz 频率的车联网通信进行衰落信道测试时，考虑了相对速度为 60km/h（市区道路如前车静止）、120km/h（高速公路如前车静止）、200km/h（车速为 100km/h 的两车对向行驶）三种情形，对应的多普勒频移分别为 328Hz、656Hz、1092Hz，简化并取整后为 320Hz、650Hz、1090Hz，由此确定对多普勒频移的测试范围在 300～1000Hz 区间是比较合理的。对高速移动通信的测试流程如图 3 – 31 所示。

其中更改的试验参数是发射功率由大到小为 30dBm[⊖]、25dBm、20dBm、15dBm、10dBm，相对速度由小到大为 50km/h、100km/h、150km/h、200km/h。测试结果为 25 组信噪比（SNR）、平均延迟和数据包传输计数器的示值，每组试验的测试数据发送 1 万次，共计进行 20 万次数据发送后，试验停止，利用表格记录试验结果。由于高速移动状态下多普勒必然存在，过多的频移会使相同信号强度下的信号质量下降，即频繁的断续、掉线等，故要求总平均延迟不大于 100ms，平均丢包率不大于 40%，信噪比不小于 0dB，高速移动通信能力测试完成。

⊖ dBm 是表示功率级别的单位，用于衡量相对于 1mW 的功率。

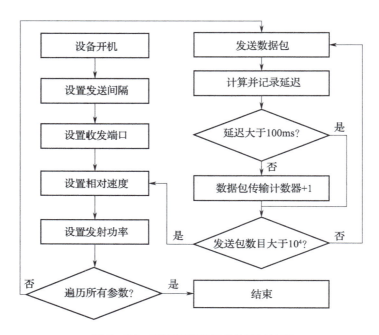

图 3-31 对高速移动通信的测试流程

高速移动通信能力测试结果见表 3-3 ~ 表 3-5。

表 3-3 高速移动通信平均延迟测试结果 （单位：ms）

功率/dBm	相对速度/(km/h)			
	50	100	150	200
30	46.26	42.51	45.51	43.68
25	45.59	40.67	38.89	37.67
20	35.11	41.72	39.42	38.70
15	40.02	39.57	43.47	45.15
10	39.68	43.19	38.21	44.97

表 3-4 高速移动通信丢包率测试结果 （单位：%）

功率/dBm	相对速度/(km/h)			
	50	100	150	200
30	10.21	36.72	29.29	79.47
25	15.23	35.61	30.48	79.12
20	15.59	36.15	30.88	79.43
15	16.79	36.62	31.50	79.70
10	21.58	41.36	33.36	83.07

表 3-5　高速移动通信 SNR 测试结果　　　　　　　（单位：dB）

功率/dBm	相对速度/(km/h)			
	50	100	150	200
30	87	86	88	87
25	81	81	83	80
20	75	75	78	72
15	71	70	73	68
10	64	66	67	62

以丢包率为例进行测试结果详细说明，丢包率随相对速度变化的测试结果如图 3-32 所示。由多普勒效应带来的频繁掉线现象，使得高速移动通信的丢包率整体较大，没有一次能够完全传输成功的工况，当相对速度为 200km/h 时，最大丢包率达到 83.07%，仅有很小一部分的信号到达了接收端。这对于高速移动中的汽车来说，这种通信质量是不能够令算法可靠运行的。最终丢包率的平均测试结果为 41.11%，故认为测试不通过。

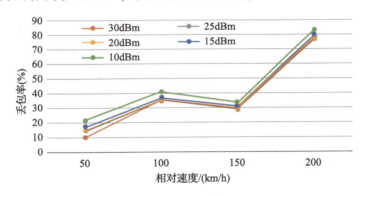

图 3-32　丢包率随相对速度变化的测试结果

从上述结果可以看出，本书搭建的 V2X 在环测试平台可满足智能汽车 V2X 测试需求，可评估不同场景要素对被测 V2X 系统的影响结果，测试结果具有较高的可信度与实用性。

3.1.4　超声波传感器在环仿真测试

超声波传感器在环测试平台将真实的超声波传感器嵌入测试系统，利用场景仿真软件构建虚拟测试场景，在试验室环境下根据测试需求对相应智能汽车系统进行测试。本节首先设计超声波传感器在环测试平台总体架构，确定数据流闭环方案；然后根据设计的平台总体架构进行软硬件选型，完成软件系统与硬件系统设计；最后进行平台的自动化测试方法研究，以提高平台的测试效率。

1. 超声波传感器在环测试平台架构设计

超声波传感器在环测试平台需要将虚拟仿真环境、超声波传感器模型、回波模拟器、超声波传感器、被测算法和车辆动力学模型集成到一起形成闭环，因此本书设计的超声波传感器在环测试平台总体架构如图3-33所示。

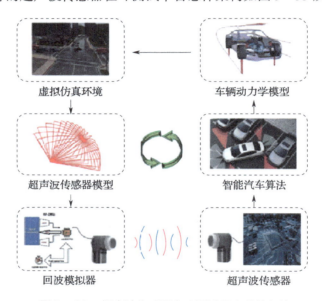

图3-33 超声波传感器在环测试平台总体架构

在虚拟仿真场景中搭建智能汽车系统的测试场景，虚拟超声波传感器安装在虚拟自车上，虚拟超声波传感器内嵌超声波传感器模型，虚拟自车内嵌车辆动力学模型；随着虚拟自车的移动，超声波传感器模型模拟真实超声波传感器工作机理开始进行周围环境感知，并将感知结果输入到回波模拟器，回波模拟器将感知结果转为真实超声波回波并进行发射；真实超声波传感器接收到超声波回波后，将回波携带的信息解构为周围环境信息；超声波传感器将周围环境信息输入到智能汽车算法，控制跟踪算法模块计算出车辆的控制律，控制车辆动力学模型进行相应的路径跟随；虚拟仿真环境中的车辆模型根据车辆动力学模型的运动结果在仿真环境中做出相应移动，移动结果显示在虚拟仿真软件的可视化界面。

从环境感知的角度分析，与场地测试相比，本书搭建的硬件在环试验台中同样使用了真实超声波传感器，故而只需要仿真超声波传感器发出超声波脉冲到超声波传感器接收超声波回波这一物理过程，即需要使超声波传感器在特定时刻接收到真实的超声波物理回波，回波时刻由本书第 2 章建立的超声波传感器模型确定，物理回波则由回波模拟器实现。

2. 超声波传感器在环测试平台软硬件系统构建

由图 3 – 56 可知，超声波传感器在环测试平台是软硬件结合的测试系统，因此分别搭建软件与硬件系统，并完成软件系统在硬件系统上的部署，下面进行具体介绍。

（1）软件系统　超声波传感器在环测试平台中的虚拟仿真环境选择 PreScan 自动驾驶仿真软件进行搭建，由于 PreScan 可以和 MATLAB/Simulink 自动建立关联，因此选择 MATLAB/Simulink 作为超声波传感器模型的工程化实现平台。车辆动力学模型使用 CarSim 软件生成，CarSim 是一款专门针对车辆动力学的仿真软件；被测智能汽车算法输入参数包括自车初始速度、自车当前速度、自车坐标、自车横摆角速度、超声波传感器感知数据等，输出参数包括节气门开度、制动压力、转向盘转角、档位信号等。

（2）硬件系统　超声波传感器选择 ParkPilot URF6 型号的超声波传感器套件，该超声波传感器套件主要用于自动泊车系统，由 12 个超声波传感器探头和一个超声波传感器 ECU 组成，超声波传感器探头和超声波传感器 ECU 通过单根双向通信数据线连接。

在上位机上部署超声波传感器 ECU 对应的 GUI 参数配置软件，上位机与超声波传感器 ECU 通过 RS – 232 接口进行串行通信。

首先选择上位机与超声波传感器 ECU 通信的 COM 口；然后可以选择超声波传感器 ECU 输出探测结果的通信方式，可以选择 RS – 232 通信与 CAN 通信；之后可以选择 CAN 通信的波特率，例如 500kBaud、1MBaud 等；最后可以选择超声波传感器 ECU 输出探测结果数据的周期，例如 0.2s、0.5s 等；在设置好参数后可以选择将参数配置临时写入超声波传感器 ECU 也可以选择永久写入超声波传感器 ECU，参数配置临时写入超声波传感器 ECU 会导致关闭超声波传感器套件后参数配置丢失，重启超声波传感器 ECU 后参数恢复默认配置，永久写入超声波传感器 ECU 后，该配置将成为超声波传感器套件启动后的默认参数配置。

该回波模拟器实物如图 3 – 34 所示，其包含 12 个超声波回波模拟探头，探头与 Compact RIO 机箱相连，图 3 - 34 中①部分为超声波回波模拟探头封装盒，其中封装了由 12 个超声波回波模拟探头组成的回波模拟阵列，每一个超声波回波模拟探头均有一个对应的超声波传感器探头与之对立放置，形成 12 个超声波收发对组。①部分封装盒为吸波暗箱，在封装盒内壁全方位覆盖有超声波吸波材料，在不同的超声波收发对组之间同样填充有超声波吸波材料。图 3 - 34 中②部分为 Compact RIO 机箱。

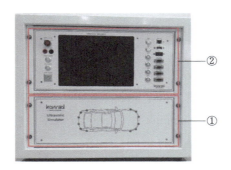

图 3 - 34　超声波传感器回波模拟器实物

回波模拟器工作原理如图 3 - 35 所示。回波模拟器接收到两组信号：一组是上位机或者硬件在环（HiL）设备通过 CAN 通信或者 UDP 通信方式传输的待模拟目标数据；另一组是超声波传感器发射的超声波信号。回波模拟探头接收到超声波传感器发出的超声波信号之后，Compact RIO 机箱中的 A/D 转换器（Analogue to Digital Converter，ADC）模块会将超声波模拟信号转为对应数字信号并输入 FPGA 模块，同时 Compact RIO 机箱接收上位机/HiL 传来的待模拟目标数据；在 LabVIEW Real-Time 模块的辅助下，FPGA 模块计算模拟超声波回波时刻相对于接收超声波信号时刻的延迟时长，并在到达相应时刻时向模块外部发出数字信号激励。之后 Compact RIO 机箱中的 D/A 转换器（Digital to Analogue Converter，DAC）模块会将数字信号转为对应超声波模拟信号，模拟信号经过信号调节模块调整振幅之后由回波模拟探头发射对应超声波回波，由于超声波回波模拟探头封装盒为吸波暗箱，因此超声波传感器和回波模拟器发出的超声波除了被对方接收的部分外，其余超声波均被吸波材料吸收，不会造成额外的反射波干扰；超声波传感器收到相应回波之后开始运行对应的信号处理逻辑。以上为一对超声波传感器探头与回波模拟探头之间信号交互的逻辑，其余 11 个超声波收发对组的信号交互逻辑与之相同，此处不再赘述。

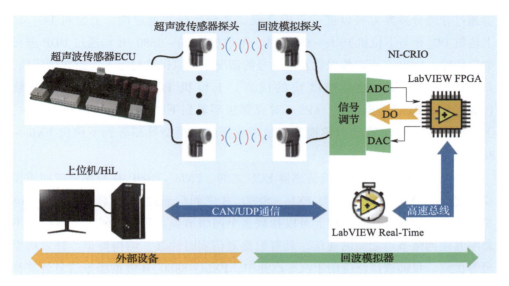

图3-35 回波模拟器工作原理

在超声波传感器在环测试平台的软硬件选型及各子模块的工作原理确定之后,搭建了超声波传感器在环测试平台,并对图3-33进行了细化,明确了各子模块之间的数据通信方式与传输数据含义,如图3-36所示。

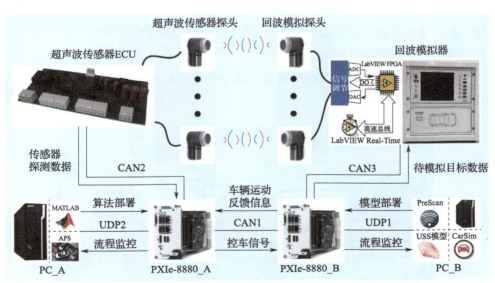

图3-36 超声波传感器在环测试平台通信架构

为了降低单一嵌入式控制器的计算负载,使用了两个同型号的PXIe-8880嵌入式控制器作为测试平台的主计算单元,如图3-36所示,两个嵌入式控制器通过合理分摊算力可以进一步提高测试平台运行的稳定性。上位机 PC_A、上位机 PC_B 与下位机 PXIe–8880_A、下位机 PXIe–8880_B 均通过 UDP 进行数据传输，UDP 在指定数据收发端口号的情况下可以保持稳定不间断数据传输，具有传输成本低、处理速度快的优点。上位机 PC_A 将自动泊车系统（Automated Parking System，APS）对应算法部署到下位机 PXIe–8880_A 中，上位机 PC_B 将车辆动力学模型、超声波传感器模型等部署到下位机 PXIe–8880_B 中。

PXIe–8880_A 与超声波传感器 ECU 之间、PXIe–8880_B 与超声波回波模拟器之间、PXIe–8880_A 与 PXIe–8880_B 之间均通过 CAN 总线连接，CAN 总线为一种现场总线，总线上可以挂载多个网络节点，且一个网络节点损坏不影响其他网络节点之间的通信，具有数据通信实时性强、结构简单、开发周期短等优点，目前被广泛应用于汽车产业中。PXIe–8880_B 根据场景信息计算待模拟目标数据并通过 CAN 总线传输到超声波回波模拟器，回波模拟器发出的回波被超声波传感器接收之后，超声波传感器 ECU 将解析得到的传感器探测数据通过 CAN 总线传输到 PXIe–8880_A 中，经 PXIe–8880_A 中的自动泊车算法计算后将期望的节气门开度、制动压力、转向盘转角等相应的控车信号传输到 PXIe–8880_B 中，PXIe–8880_B 中的车辆动力学模型做出响应，进行相应动作，然后将实际的车辆运动信息通过 CAN 总线反馈回 PXIe–8880_A 中的自动泊车算法，实现数据链路的闭环。

本书根据图 3–36 所示的平台通信架构搭建的超声波传感器在环测试平台实物图如图 3–37 所示。

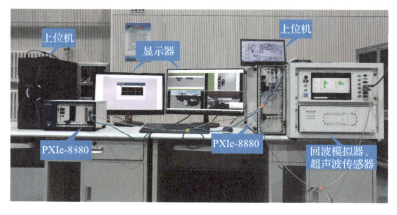

图 3–37　超声波传感器在环测试平台实物图

3. 超声波传感器在环测试验证

分别比较同样 100 组平行及垂直泊车测试场景下纯软件仿真测试与硬件在环测试中智能汽车自动泊车系统的测试结果,其中典型差异结果见表 3 – 6 ~ 表 3 – 7。表中 l_{pa} 为平行车位长度,w_{ba} 为垂直车位宽度,d_{lo} 为自车与车位的初始纵向距离,d_{la} 为自车与车位的初始横向距离,yaw 为自车起始横摆角,c 为温度,h_r 为相对湿度,p_s 为大气压力。

表 3 – 6 平行泊车场景纯软件仿真与硬件在环结果对比

组别	场景参数							纯软件仿真测试	硬件在环测试
	l_{pa}/m	d_{lo}/m	d_{la}/m	yaw(°)	c/℃	h_r(%)	p_s/kPa	是否碰撞	是否碰撞
第 1 组	5.94	3.31	1.18	4.5	16	8	77	否	是
第 2 组	6.00	2.30	1.13	3.5	6	72	77	否	是
第 3 组	6.08	2.25	1.10	4.7	27	26	76	否	否

表 3 – 7 垂直泊车场景纯软件仿真与硬件在环结果对比

组别	场景参数							纯软件仿真测试	硬件在环测试
	w_{ba}/m	d_{lo}/m	d_{la}/m	yaw(°)	c/℃	h_r(%)	p_s/kPa	是否碰撞	是否碰撞
第 1 组	2.89	2.06	0.79	– 1.0	18	54	86	否	是
第 2 组	2.87	2.02	0.79	– 0.4	29	75	93	否	是
第 3 组	2.83	2.87	0.78	– 0.6	5	54	80	否	否

从上述结果可以看出,相同的测试场景下纯软件仿真测试与硬件在环测试可能产生不同的测试结果,这是由于硬件在环测试中真实超声波传感器 ECU 的信号输出频率低于软件仿真的频率,因此信号相比纯软件仿真有一定的延时,同时真实超声波传感器的感知结果相比理想的纯软件仿真结果会有一定的抖动和超调,以上因素导致硬件在环测试中自动泊车系统的感知模块感知到的车位与真实车位有一定偏差,而纯软件仿真中感知到的车位为理想的准确车位,因此被测系统在硬件在环测试中表现地更加真实,测试结果能更全面地反映被测系统的软硬件特性。由以上分析可知,超声波传感器硬件在环测试相比于纯软件仿真测试具有更高的拟真度,测试环境相比纯软件仿真更加严苛,可以发现纯软件仿真未能发现的危险场景,提前暴露出被测系统的缺陷,进而可以在被测系统进行实车测试之前就将危险场景的测试报告提交上游开发人员,以便其进行算法的改进,以此节约实车测试所需的大量人力、物力和时间成本。

3.2 控制执行系统在环仿真测试

近年来，智能汽车技术不断革新推进，控制执行系统相比传统汽车比已表现出较大差异，控制执行系统在环测试愈发重要。本书选择制动系统在环测试平台与转向系统在环测试平台进行控制执行系统在环测试介绍。

3.2.1 制动系统在环测试

本节基于 dSPACE 快速原型控制器与实时仿真系统设计并搭建集成式制动系统硬件在环试验平台，并设置试验工况，进行主动制动、基础助力、差动制动和补液控制功能试验。

1. 集成式制动系统硬件在环试验平台设计

集成式制动系统硬件在环试验平台原理图如图 3-38 所示，分为执行器、控制器和车辆动力学仿真平台三部分。执行器部分包括电机和电磁阀驱动器、集成式制动系统、制动轮缸、液压管路和轮缸压力传感器；控制器部分包括快速原型控制器 MicroAutoBox II 和对应上位机；车辆动力学仿真平台包括实时仿真器 Simulator 和对应上位机。

电机驱动器为 6 个金属-氧化物-半导体场效应晶体管（Metal-Oxide-Semiconductor Field Effect Transistor，MOSFET）组成的逆变器，最高输出可达 80A，配有三相电流传感器，能够满足制动电机对驱动电流的需求。电磁阀驱动器集成了 14 路 PWM 输出通道，可对集成式制动系统所有电磁阀进行控制。

控制器部分的主要功能为接收传感器信号，并实现设计的控制策略。试验平台中的传感器包括踏板位移传感器、伺服缸压力传感器、主缸压力传感器、4 个轮缸压力传感器、电机转角传感器、电机三相电流传感器等。选择 MicroAutoBox II 快速原型控制器作为下位机，装配 DS1512 与 DS1513 板卡，其中 DS1512 板卡具有控制永磁同步电机的交流电机控制（AC Motor Control，ACMC）模块及信号的输入输出端口，DS1513 板卡具有 16 路 ADC 通道和 16 路 PWM 通道，满足了集成式系统控制与信号采集需求。上位机中应用的软件包括 MATLAB/Simulink 和 dSPACE ControlDesk，系统的控制策略在 MATLAB/Simulink 中搭建，编译后加载到 MicroAutoBox II 中。试验过程中，控制器中的各信号可通过 ControlDesk 在上位机上实时监控，并在运行过程中调节系统的控制参数。

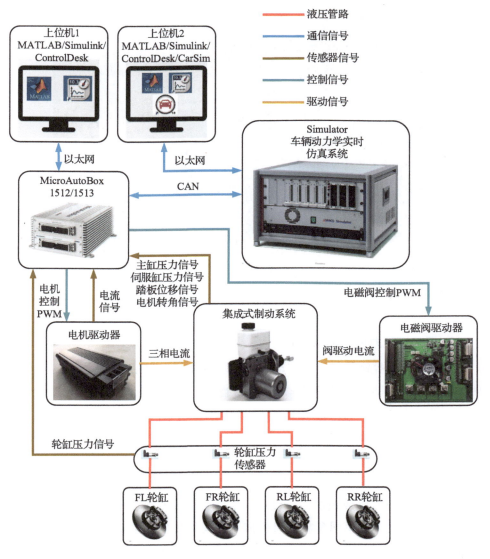

图 3-38 集成式制动系统硬件在环试验平台原理图

车辆动力学仿真平台采用 CarSim 作为车辆动力学仿真软件，dSPACE Simulator 仿真系统作为硬件平台，仿真模型由 Simulink-CarSim 联合仿真编译后加载到 Simulator 中。Simulator 与 MicroAutoBox Ⅱ 中的两套系统同时运行，并通过 CAN 总线进行实时数据通信，完成集成式制动系统的硬件在环试验，搭建完成的硬件在环试验平台如图 3-39 所示。

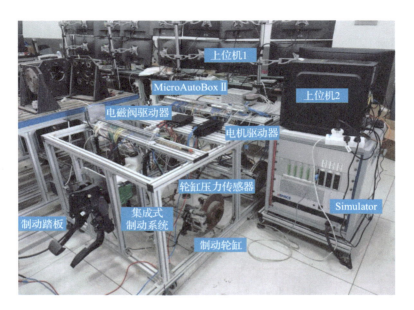

图 3-39　集成式制动系统硬件在环试验平台实物图

2. 伺服缸压力控制功能验证

伺服缸压力控制是集成式制动系统的基础功能，包括主动制动和基础助力两种模式。基础助力功能确保车辆的正常行驶，是驾驶人操纵车辆的关键手段。主动制动用于实现车辆横纵向动力学控制，保证了系统作为智能汽车底层执行器的能力。本节选择合适的工况，利用搭建的硬件在环试验平台，对某黑盒伺服缸压力控制功能进行验证。

主动制动工作模式下，系统跟随上层控制指令给出的目标伺服缸压力信号，本小节中通过信号生成模块为所设计的压力-位置-电流三闭环伺服缸压力控制器输入不同波形、不同参数的目标信号，模拟外部制动请求（External Brake Request，EBR）模块中上层功能直接输出目标制动压力的工况，并观察分析系统压力、活塞位移和电机电流的控制效果。选择如下三种工况进行测试：

1）阶跃工况目标压力跟随：输入 7MPa 的阶跃目标压力信号，伺服缸压力、活塞位移和电机电流的曲线如图 3-40 所示，阶跃工况压力误差曲线如图 3-41 所示。阶跃目标输入后，伺服缸压力上升到目标值所需时间约为 250ms，信号输入结束后，伺服缸压力在 140ms 内归零，增压过程结束后，系统稳态误差在 0~0.1MPa 范围内。

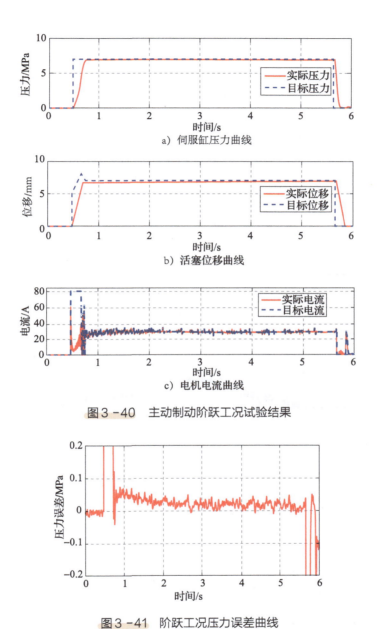

图3-40 主动制动阶跃工况试验结果

图3-41 阶跃工况压力误差曲线

2）斜坡工况目标压力跟随：输入斜率为2.5MPa/s、峰值为7MPa的斜坡目标压力信号，试验结果如图3-42所示。建压开始时，受传动机构空行程和制动回路内气体等因素的影响，系统实际压力与目标压力之间出现较大误差，但误差快速缩小，系统能够精确地跟随目标制动压力，斜坡工况压力误差如

图 3-43 所示，包括制动起始和结束阶段的压力动态跟踪误差小于 0.4MPa。

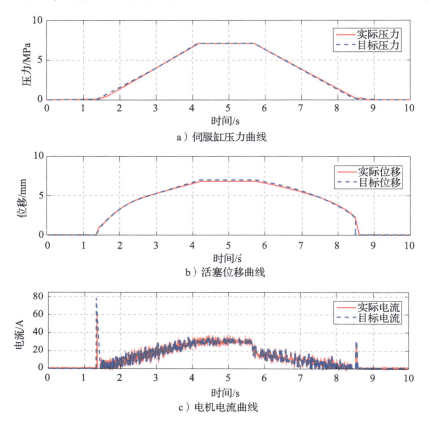

图 3-42 主动制动斜坡工况试验结果

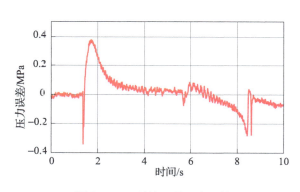

图 3-43 斜坡工况压力误差

3）正弦工况目标压力跟随：输入幅值为 6MPa、频率为 1Hz 的正弦目标压力信号，试验结果如图 3-44 所示。正弦工况压力误差曲线如图 3-45 所示，正弦工况下压力误差也表现出周期性变化的规律,在波形拐点附近误差出现最大值,整体压力跟踪误差小于 0.5MPa。

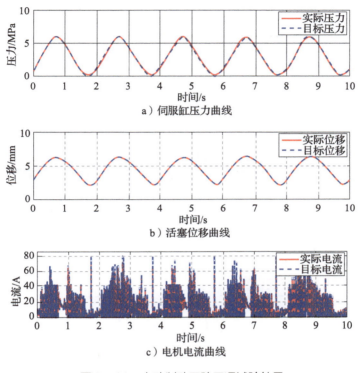

图 3-44 主动制动正弦工况试验结果

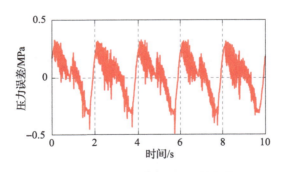

图 3-45 正弦工况压力误差曲线

以上试验中,模拟了上层功能模块需要伺服缸压力控制器直接建立目标压力的工况,试验结果表明,伺服缸压力控制器能实现快速、准确的压力调节,证明了压力环控制器算法的有效性。

为模拟 EBR 模块以纵向减速度功能为基础实现上层模块功能的工况，向控制器输入不同类型的目标减速度信号，试验结果分别如图 3-46~图 3-48 所示。

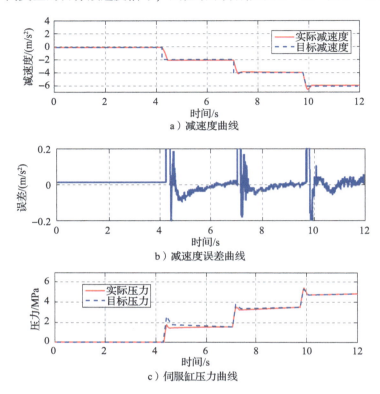

图 3-46 减速度阶跃信号试验结果

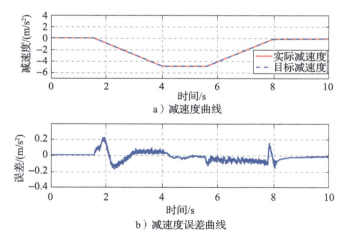

图 3-47 减速度斜坡信号试验结果

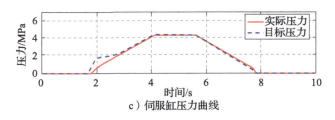

c）伺服缸压力曲线

图3-47 减速度斜坡信号试验结果（续）

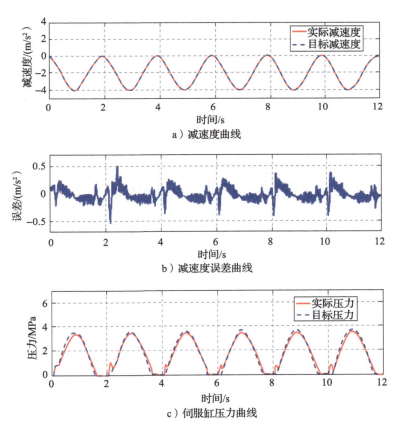

a）减速度曲线

b）减速度误差曲线

c）伺服缸压力曲线

图3-48 减速度正弦信号试验结果

1）减速度阶跃信号试验：减速度信号包括三次阶跃过程，分别由0变化为$-2m/s^2$、$-2m/s^2$变化至$-4m/s^2$、$-4m/s^2$变化至$-6m/s^2$。阶跃工况调节时间在200ms以内，系统响应速度较快，除目标值突变造成的影响外，整体跟踪误差小于$0.2m/s^2$，控制效果良好。

2）减速度斜坡信号试验：输入的斜坡信号斜率为$-2m/s^3$，最大值为

$-5m/s^2$。分析减速度及误差曲线可知，制动开始时，由于活塞空行程等因素影响，启动后短时间内误差曲线波动幅度较大；然后误差逐渐稳定，在减速度目标值稳定后，误差进一步减小；之后减速度值按斜坡曲线变化，跟随误差波动幅度略有增加；最后，工况结束时受减速度、制动压力归零的影响，误差产生一个短暂的峰值。整体的减速度控制跟随效果符合期望，除工况启动和结束阶段外，误差波动上限不超过 $0.15m/s^2$。

3）减速度正弦信号试验：减速度目标信号为在 $0 \sim -4m/s^2$ 间变化的正弦曲线。分析减速度和误差曲线可知，实际减速度对正弦信号的跟踪效果较好，周期变化的减速度使误差和制动压力曲线也呈周期性规律变化。

试验证明了被测集成式制动系统主动制动控制的有效性，其符合车辆对制动系统作为纵向减速度控制执行器的期望。

3.2.2 转向系统在环测试

转向系统作为智能汽车侧向运动控制的重要组成部分，其功能不再是简单地提供转向助力，更多时候是要响应自动驾驶上层控制系统下发的外部控制指令以执行自动转向功能。随着驾驶人在动态驾驶任务中的参与程度逐渐降低，在转向系统开发流程中考虑功能安全变得愈发重要，冗余转向系统将是未来研究重点。本书针对冗余转向系统，开发相应的硬件在环测试平台及测试方法。

1. 测试平台搭建方案

为本书建立的冗余转向系统硬件在环架构如图 3-49 所示，采用 dSPACE、CarSim 和 MATLAB/Simulink 联合仿真平台，试验台主要包括实时仿真机 Simulator、原型控制器 MicroAutoBox 和冗余转向系统三部分，其中，转向系统中除了机械部分还包括转向盘转角传感器、电机位置传感器和双绕组电机。

Simulator 中运行 CarSim 车辆动力学仿真软件和 Simulink 轨迹跟踪控制器，作为车辆上层控制器，根据当前车辆位置实时输出目标转向盘转角，并提供横摆角速度、车速等车辆状态信息。MicroAutoBox 作为转向系统的控制器，其中运行功能层自动转向算法、监控层故障诊断及容错算法，通过使能电机驱动对三相绕组进行控制，并通过 CAN 总线向上层控制器反馈当前转向盘转角及系统故障状态，两个 MicroAutoBox 之间还通过 CAN 进行通信，用于传输当前回路故障标志位和目标电流等信息，用于对回路状态进行监控。上位机用于搭建 Simulink 控制模型，通过 ConfigurationDesk 配置模型接口，并通过 ControlDesk 对试验过程进行调整、管理与记录。

基于上述架构搭建的冗余转向系统硬件在环试验台实物如图 3-50 所示。

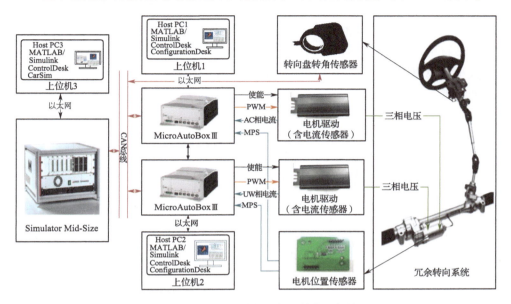

图 3-49 冗余转向系统硬件在环架构

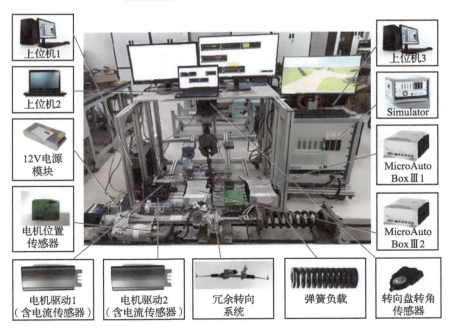

图 3-50 冗余转向系统硬件在环试验台实物图

2. 考虑功能安全的故障注入测试方法

（1）常规测试内容　首先需对转向系统控制效果进行初步验证，选择某黑盒转向控制算法，给定常见的100°正弦、阶跃、斜坡输入，以及左转弯工况，得到的转角跟踪效果如图3-51所示，可以看出在这四种工况下转向跟踪误差均较小，说明该黑盒自动转向功能算法具有较好的控制性能，能够满足上层控制的需求。

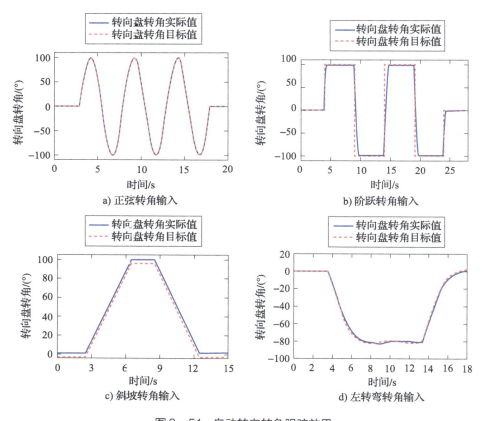

图3-51　自动转向转角跟踪效果

考虑到负载情况下对电机绕组进行故障注入测试的危险性较大且部分故障工况不易实现，因此，在硬件在环测试时，仅对转向盘转角传感器、电机位置传感器和电机电流传感器进行故障注入测试。

（2）故障注入测试方案　故障注入测试流程如图3-52所示。首先应根据危害事件和功能安全要求导出故障注入测试用例。然后基于故障模型，在故障注入时用Simulink故障模型替换正常传感器信号或正常的电机模型在仿真平台上实现故障注入并完成测试。

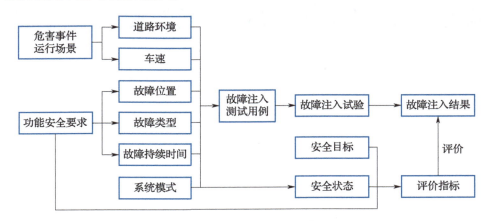

图3-52 故障注入测试流程

参照自动转向功能运行场景，例如《乘用车转向系统功能安全要求及试验方法》，其计划号为20171042-T-339，本书定义的测试工况及各工况对应的整车危害见表3-8。

表3-8 测试工况及各工况对应的整车危害

场景	车速/(km/h)	具体描述	整车危害
直行	60	双向四车道、车道宽度为3.5m的城市直线道路	H2：非预期的侧向运动
转弯	20	双向四车道、车道宽度为3.5m、左转弯半径为3.5m的城市道路	H1：非预期的失去自动转向相关高级功能 H2：非预期的侧向运动 H3：非预期的失去侧向运动控制

在设计安全机制时，需要重点考虑转向系统转角传感器、电流传感器和电机绕组故障的故障诊断及容错策略，因此在进行故障注入测试时也仅考虑对这几个部分设计相应的故障注入测试用例，控制器故障诊断因依赖硬件检测电路而不做考虑。将所有故障取极限情况，认为所有故障均为永久故障，即故障持续时间足够长，且尽量取能造成安全目标违反的故障大小，将其与前述具体的测试工况结合即可得到表3-9中的测试用例，表3-9中仅对后续测试中用到的测试用例给出了故障大小，且仅列出了单个故障下的测试用例，将其进行排列组合即可得到两点故障下的测试用例。

表 3-9 故障注入测试用例

序号	故障位置	工况	故障类型	故障大小
1		60km/h、直行	恒偏置	$60 + y(t)$
2			漂移	—
3	转向盘转角传感器（SAS）		恒增益	—
4		20km/h、左转弯	卡滞	$y(t_i)$
5			恒偏置	—
6			漂移	—
7		60km/h、直行	恒偏置	—
8			漂移	$20(t-t_i) + y(t)$
9	电机位置传感器（MPS1 或 MPS2）		恒增益	$0.8y(t)$
10		20km/h、左转弯	卡滞	—
11			恒偏置	—
12			漂移	—
13		60km/h、直行	恒偏置	$10 + y(t)$
14			漂移	$20(t-t_i) + y(t)$
15	电流传感器 A相、C相 U相、W相	20km/h、左转弯	恒增益	$2y(t)$
16			卡滞	0
17		20km/h、左转弯	恒偏置	—
18			漂移	—
19			绕组接地	
20		60km/h、直行	绕组开路	
21	电机绕组		绕组匝间短路	
22			绕组接地	
23		20km/h、左转弯	绕组开路	$R_{gd} = 1 \times 10^{-4} \Omega$
24			绕组匝间短路	$\lambda = 0.03, R_f = 1 \times 10^{-5} \Omega$

在完成故障注入测试之后，本书给出的故障注入测试的评价指标如下：

1）在自动转向激活的全过程内车辆始终不能超出当前车道线的限制。

2）转向系统内发生故障且仍有冗余回路时，其故障标志位应为 1；转向系统内发生故障但无冗余回路，无法继续维持自动转向功能时，其故障标志位应为 2。

在转向系统故障导致功能降级，即转向系统总的故障标志位置 1 后，需要上层控制器进行干预以提醒驾驶人接管或做出减速动作,此时的安全状态的进入不再依赖于单独的转向系统,因此本书在进行故障注入测试时仅针对故障后使转向系统故障标志位置 1 的情况,不再对后续操作进行测试与验证。

(3) 转角传感器故障注入测试　车速为 60km/h、直行工况下在硬件在环试验台上注入表 3-9 中的测试用例 1 和 8 的故障内容,分别在 0.5s 和 1.5s 注入相应的单点故障,测试结果如图 3-53 所示。直行工况下注入故障后,被测黑盒转向盘转角传感器(SAS)和电机位置传感器 MPS1 的故障标志位分别在 0.5001s 和 1.602s 时置 1,且按照所设计的容错切换逻辑完成切换,车辆始终处于车道线内,在 MPS1 故障后转向系统故障标志位置 1。

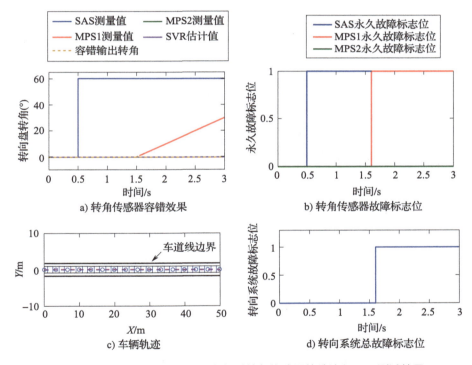

图 3-53　车速为 60km/h、直行时转角传感器故障注入 HiL 测试结果

车速为 20km/h、左转弯工况下在硬件在环试验台上注入表 3-9 中的测试用例 9 和 4 的故障内容,分别在第 6s 和第 13s 注入相应的单点故障,测试结果如图 3-54 所示。从图 3-54 中可以明显看出,与仿真情况不同,受实际机械传动误差的影响,SAS 和 MPS1、MPS2 的测量值间存在一较小的偏差。故障注入后,MPS1 和 SAS 的故障标志位分别在 6.005s 和 13.566s 时置 1,后者故障诊断时间较长是因为当前转向时转向盘转角几乎为定值,卡滞故障下与正常传感

器测量值偏差不大，故诊断时间较长。在整个转弯过程中，车辆始终处于车道线内，且在 MPS1 故障后转向系统的故障标志位置 1。

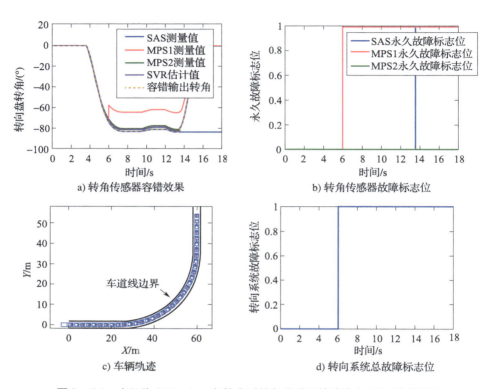

图 3-54 车速为 20km/h、左转弯时转角传感器故障注入 HiL 测试结果

（4）电流传感器故障注入测试　车速为 60km/h、直行工况下注入表 3-9 中的测试用例 13 和 14 的故障内容，分别在第 1s 和第 2s 注入 C 相恒偏置故障和 A 相漂移故障，得到的测试结果如图 3-55 所示，图中，Cur 表示电流 A、C、U 和 W 分别代表对应绕组，由图 3-55 可知，电流传感器偏置故障注入后，能迅速诊断出故障，由于此时提取到的故障大小为 9.48A，故恒偏置故障标志位置 1 并正确容错。漂移故障注入后在 3.661s 才诊断出来，并在故障标志位置 1 后关闭故障绕组驱动使能并激活第二套绕组驱动使能，实现绕组切换。切换瞬间能看到两套绕组电流均有跳变，且切换后 A 相电流传感器测量值能反映出注入的漂移故障的大小。试验过程中车辆始终处于当前车道内，且在绕组切换瞬间转向系统故障标志位置 1。

第3章 智能汽车多物理系统在环仿真测试

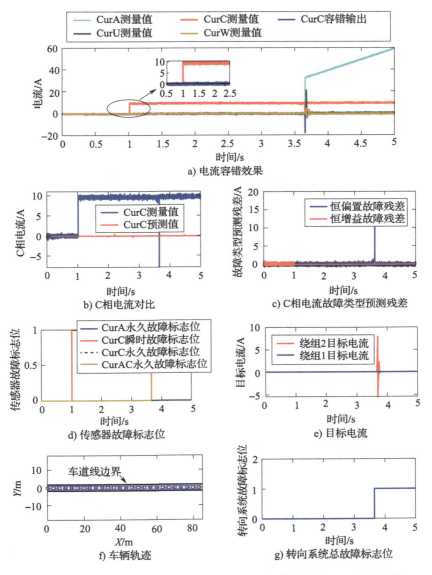

图 3-55 车速为 60km/h、直行时电流传感器故障注入 HiL 测试结果

车速为 20km/h、左转弯工况下注入表 3-9 中测试用例 15 和 16 的故障内容，分别在第 6s 和第 14s 注入 A 相电流传感器恒增益故障和 C 相电流传感器卡滞故障，得到的测试结果如图 3-56 所示。试验台上所用的弹簧负载是按最大转向阻力设计的，故相电流会比仿真时大。从测试结果可以看出，增益故障注入后能迅速诊断并正确补偿。卡滞故障发生后能快速诊断并进行绕组切换，在切换时目标电流略有跳变，但并未对实际的转角产生影响，车辆始终在当前车

113

道内，且转向系统故障标志位也在绕组切换时正确置 1。直行和转向工况下的测试结果均表明本书所设计的电流传感器故障诊断及容错策略有效，能迅速诊断出故障，并在恒增益和恒偏置故障发生后正确识别和补偿，避免危害事件的发生。

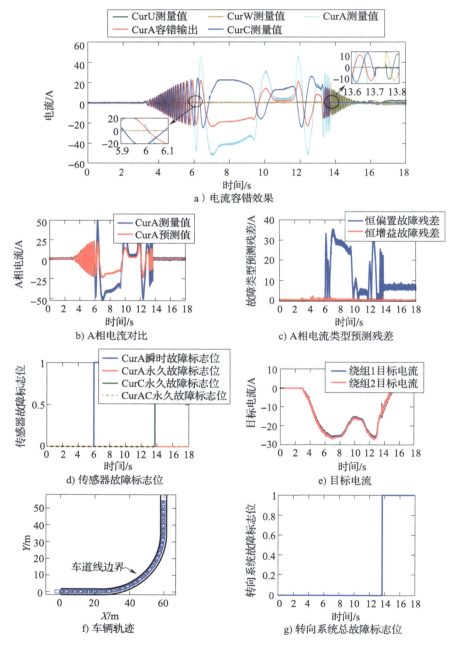

图 3-56 车速为 20km/h、左转弯时电流传感器故障注入 HiL 测试结果

3.3 驾驶人在环仿真测试

驾驶人在环仿真测试将驾驶人嵌入仿真测试闭环,测试不同状态下人机交互或人机共驾系统的性能。由于驾驶模拟器相关测试已经较为成熟,本书主要针对人机共驾系统测试展开介绍,根据人机共驾系统内部控制逻辑,其可分为切换型与共享型两种共驾状态。切换型人机共驾系统中,驾驶人与智能驾驶系统二者只有一方在环,驾驶系统存在判断机制,需要根据具体的驾驶状况来确定驾驶人还是智能系统进行控制更佳;共享型人机共驾系统则要求驾驶人与智能驾驶系统同时在环,驾驶人与系统均需要对车辆进行输入,来对车辆进行协同控制,智能系统输入可以在行驶过程中对驾驶人的驾驶输入进行修正,令驾驶过程更加安全。切换型与共享型人机共驾系统如图 3-57 所示。

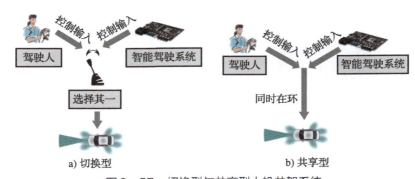

图 3-57 切换型与共享型人机共驾系统

针对两种人机共驾系统,本节分别建立切换型与共享型人机共驾系统的驾驶人在环测试平台。

3.3.1 切换型人机共驾系统驾驶人在环测试

如图 3-58 所示,人机共驾系统测试试验平台包含驾驶人状态监测系统与驾驶模拟器两部分。

驾驶人状态监测系统包括基于罗技 C930E 摄像头的驾驶人面部信息监测模块、基于 BIOPAC 生理仪的驾驶人脑电信息监测模块和基于 Tobii Pro Glasses 2 眼动仪的驾驶人眼动信息监测模块。其中,驾驶人面部信息监测模块对应测试需求中系统对驾驶人驾驶状态的监测功能;驾驶人脑电信息监测模块通过对驾驶人的脑电信号分析来判断驾驶人状态,作为驾驶人状态监测系统的验证;驾驶人眼动信息监测模块可以在试验时统计驾驶人接管时的时间数据,用以分析驾驶人的接管特性。

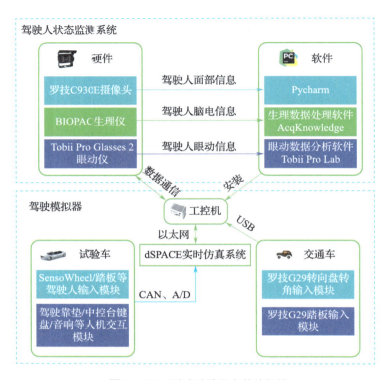

图 3-58 测试试验平台总体架构

驾驶模拟器中包含试验车和交通车两部分，其中试验车包含基于力矩转向盘 SensoWheel 的转角输入模块、基于电位计踏板的制动和加速踏板输入模块和基于驾驶靠垫、中控台键盘和音响的人机交互模块；交通车则包含基于罗技 G29 方向盘的转角输入模块及基于罗技 G29 踏板的制动和加速踏板输入模块。其中试验车中的转角输入模块、制动和加速踏板输入模块提供了在试验过程中驾驶人的输入信息，以便于后续对驾驶人操作数据分析；试验车中的人机交互模块对应测试需求中驾驶人接管时的人机交互功能，用以分析系统的接管特性和交互体验性。交通车的转角输入模块、制动和加速踏板输入模块起到了采集交通车驾驶人输入信息的作用，便于后续的数据分析。

1. 驾驶人状态监测系统

驾驶人状态监测系统中包含 3 个模块，分别为驾驶人面部信息监测模块、基于 BIOPAC 生理仪的驾驶人脑电信息监测模块和基于 Tobii Pro Glasses 2 眼动仪的驾驶人眼动信息监测模块。

(1) 驾驶人面部信息监测模块　驾驶人面部信息监测模块采用视觉识别方法，硬件选用罗技 C930E 摄像头，传输帧数为 30fps，软件部分通过 Pycharm 编写程序实现。

该模块工作流程如图 3-59 所示，首先对输入的视频流进行人脸检测，然后对人脸特征点进行定位，对于关键点之间的欧式距离进行分析，未达到警报条件时，系统继续监测，当达到警报条件时，系统对驾驶人进行警报。

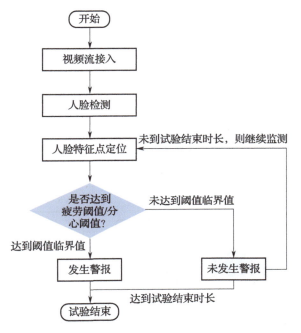

图 3-59　驾驶人面部信息监测模块工作流程

(2) 驾驶人脑电信息监测模块　脑电（Electroencephalogram，EEG）被誉为疲劳检测的"黄金标准"，当大脑皮层兴奋或者抑制的时候，脑电会变化，兴奋时脑电表现为低幅度、高频率，为 β 波，频率在 13Hz 以上；抑制时则表现为高幅度、低频率，被称为 θ 波，频率在 4~7Hz 之间；清醒状态下安静闭目养神的状态表现为 α 波，频率在 8~13Hz 之间。

选取 BIOPAC 生理仪 MP150 作为驾驶人脑电信息监测模块，该设备可以使用不同的放大器和相应的换能器完成脑电、心电与眼电等大部门生命体生理指标的数据采集。利用相应的软件 AcqKnowledge 可以采用数字滤波的功能对原始信号进行抗干扰的处理，该软件提供了多项计算功能，能够对信号进行微分、积分、傅里叶变换及频谱分析等。

(3) 驾驶人眼动信息监测模块 驾驶人眼动信息监测模块用来测量驾驶人的眼动数据以获得驾驶人在接管测试中的反应时间。

驾驶人眼动信息监测模块选用 Tobii Pro Glasses 2 眼动仪，其硬件包括眼镜部分、镜片部分、连接线和记录模块。Tobii Pro Glasses 2 含有两款官方发布与硬件兼容的分析人员眼动行为的分析软件：Tobii Pro Glasses Controller 和 Tobii Pro Lab，在后续所涉及的试验中，均可选取 Tobii Pro Lab 软件进行分析。

Tobii Pro Lab 提供了一个用于记录和分析视线数据的综合平台，有助于解释人类行为。结合简单的测试程序准备和先进的可视化和分析工具，可对眼动数据轻松进行处理，以进行有用的比较、解释和演示。该软件包括一个项目概况和三个模块，如图 3-60 所示。

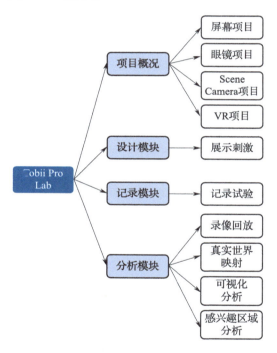

图 3-60 Tobii Pro Lab 项目和模块

关于研究的设计，参与者的行为和录音的数据都存储在软件的项目概况部分里，项目概况中又分为屏幕项目、眼镜项目、Scene Camera 项目和 VR 项目；本书所采集的所有数据均为眼镜项目中的内容。

图 3-60 中三个模块分别为设计模块、记录模块和分析模块。在设计模块中，可以向驾驶人展示提示内容，可以设计的提示内容包括在屏幕上刺激驾驶

第3章 智能汽车多物理系统在环仿真测试

人视觉的内容和显示的顺序，但在本书试验中，该项模块的刺激对驾驶人驾驶影响偏严重，因此放弃使用该模块，采用本书设计的人机交互模块对驾驶人进行接管提示；记录模块为记录试验人员的人因信息模块，在软件中可对不同试验人员的试验过程进行完整的记录，为分析模块对试验人员分析数据提供了数据基础，记录模块可以记录驾驶人的所有接管时间指标；而分析模块提供了一些有效的分析工具，当记录模块完成对驾驶人眼动信息的采集后，分析模块可以用分析工具包括录像回放工具、真实世界映射工具、可视化分析工具和感兴趣区域分析工具对驾驶人的眼动信息展开分析，其中，录像回放工具可以在时间线中对发生新的事件时刻进行标记，用以计算分析接管时间指标的每一个时刻；真实世界映射工具可以将背景图片添加进录像中，对试验人员的目光凝视量进行分析；可视化分析工具可以对试验人员接管时的目光移动顺序、热点进行分析；感兴趣区域分析工具可以把背景划分成驾驶人接管时注视的背景，可以对驾驶人在接管过程中对某一区域的注视程度进行分析。

2. 驾驶模拟器

图 3-61 所示为驾驶模拟器原理图，图中展示了试验车与交通车相关的硬件及软件部分。试验车与交通车在硬件部分略有不同，而软件方面几乎没有差别，下面将对试验车与交通车按照硬件和软件两方面进行概述。

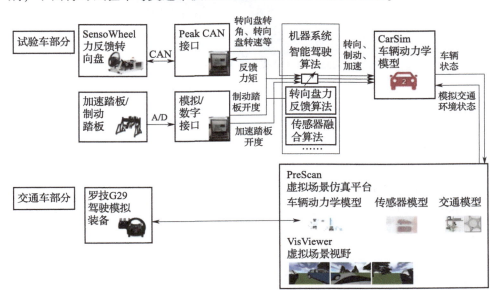

图 3-61 驾驶模拟器原理图

试验车的硬件包含 SensoWheel 力矩转向盘、中控台、加速踏板、制动踏板、工控机、dSPACE 实时仿真系统；软件部分包括 PreScan、CarSim 等驾驶模拟场景软件和车辆相关的动力学软件等。交通车硬件包括罗技 G29 力反馈转向盘、罗技 G29 制动与加速踏板；软件部分则同样采用 PreScan 软件与 CarSim 软件。

图 3-62 所示为驾驶模拟器实物图，为了真实模拟驾驶人驾驶时的情况，将驾驶模拟器布置成与汽车驾驶室一致的情景，接下来将对两模块的各个部分分别进行阐述。

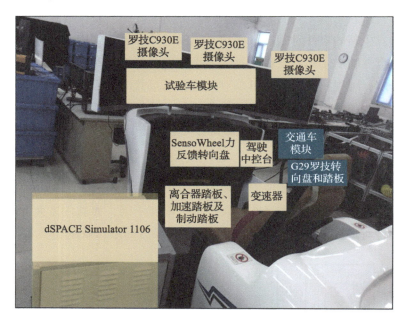

图 3-62　驾驶模拟器实物图

（1）试验车模块　试验车模块实物图如图 3-63 所示，分别对硬件和软件两部分进行阐述。硬件部分由力矩转向盘、中控台、离合器踏板、制动踏板、加速踏板、变速器和 dSPACE 实时仿真系统组成，软件部分包括 CarSim、PreScan 和 MATLAB/Simulink 等。

dSPACE 实时仿真系统选择 dSPACE Simulator 1106，其具有高速的计算能力，可以运行一个试验车模型和多个交通车模型，包括试验车上面所包含的雷达等传感器模型，在试验中，可以采集转向盘以及各个踏板的输入信号，通过模型实时计算来得到试验车和交通车的运动信号，并且将实时的力反馈传递给对应的硬件，可以起到模拟实时行驶状态的效果。

第 3 章 智能汽车多物理系统在环仿真测试

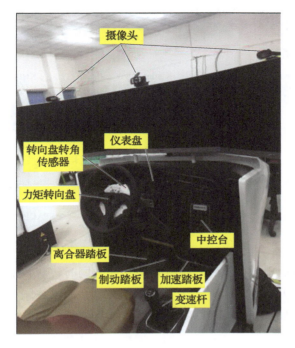

图 3-63 试验车模块实物图

驾驶模拟器的力矩转向盘选取德国 SENSODRIVE 公司的 SensoWheel 力矩转向盘作为驾驶人转角和力矩输入的部分，为了使采集的转向盘转角更精确，驾驶模拟器的转向盘转角采集则选取了 Kistler 公司的 Kistler MSW 转向盘传感器。

SensoWheel 力矩转向盘通过 CAN 转 USB 的接口与工控机相互连接，可以在工控机上面通过自带的图形用户界面（GUI）来进行阻尼、力矩大小、摩擦和弹簧刚度等功能调试，使得驾驶人获得真实驾驶的操纵感觉。

Kistler 公司的 Kistler MSW 转向盘传感器、SensoWheel 力矩转向盘与 Kistler MSW 转向盘传感器分别通过 Peak – CAN 和 CAN 与 dSPACE Simulator 1106 上所包含的接口连接，dSPACE Simulator 1106 再与工控机通过链路板卡连接；离合器踏板、制动踏板和加速踏板则与 dSPACE Simulator 1106 通过模拟/数字接口进行连接，dSPACE Simulator 1106 同样通过链路板卡与工控机连接，至此整个试验车转向盘转角数据采集流程如图 3-64 所示。

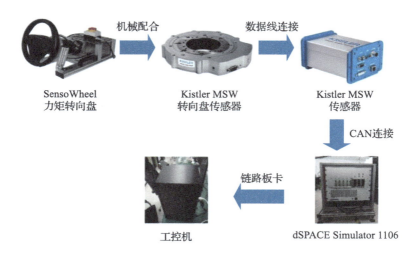

图 3-64 试验车转向盘转角采集流程

驾驶模拟器的中控台含有驾驶权切换功能，同时包含视觉提示、声觉提示及触觉提示三个人机交互的提示方式，可以较好地测试提示效果。驾驶权切换功能通过人机共驾系统的中控台键盘实现，该键盘通过 USB 接口与工控机相连接。在 MATLAB/Simulink 平台中编写 S 函数，将键盘的 1~9 键以 ASCII 码形式作为模块的输入值，在试验中当驾驶人需接管驾驶权时，需要按下键盘上的"9"键，通过 MATLAB/Simulink 中的逻辑判断模块 Switch 来进行切换驾驶。

视觉模块的 GUI 包含试验车行驶的车速、发动机转速、节气门开度、制动踏板行程百分比与警示区域。当需要驾驶人进行接管操作时，警示区域会变为红色，通过视觉提示来提醒驾驶人进行接管操作。

听觉模块软件部分选取 MATLAB/Simulink 中的多媒体处理 From Multimedia File 模块，用来打开 wav 文件，硬件部分为工控机自带的音响设备。当需要进行驾驶人接管时，对应的声音响起，通过听觉来提醒驾驶人进行接管操作。

中控台的触觉模块软件部分选取 MATLAB/Simulink 中的 NI Dev1 PCle - 6321 模块，硬件为工控机的 PCle - 6321 板卡、2 路 12V 转 5V 的电磁继电器和车载的驾驶靠垫等。当不需要警示驾驶人的时候，工控机输出低电平，继电器失去磁性，驾驶靠垫的电路断路；当需要进行驾驶人接管时，工控机输出高电平，控制继电器吸合衔铁，使得驾驶靠垫的电路导通，驾驶靠垫振动，通过触觉使驾驶人警觉并进行接管操作，驾驶人可以通过中控台开关开启或关闭触觉模块。

（2）交通车模块 交通车模块实物图如图 3-65 所示，在硬件方面与试验车不同的是，其驾驶人输入模块选取罗技 G29 的设备，软件部分则与试验车部分几乎没有差别，在驾驶场景建模方面选择了 PreScan 软件，在汽车动力学仿真方面选用了 CarSim 软件，关于对驾驶人输入的软件建模选取了 MATLAB/Simulink 软件。

罗技 G29 力反馈转向盘及组件套装包含转向盘和集成离合器踏板、加速踏板和制动踏板的单独底板装置。力反馈转向盘从左至右的转角最大为 900°，与真实驾驶的汽车转向盘转动度数相同，而且转向盘内置霍尔式转向的传感器可以提供精确的转向盘转角信号。而底板装置采用了非线性制动踏板，仿压敏制动系统，可以给驾驶人良好的制动体验。

由于交通车无须采集本车状态信息，故交通车驾驶人操纵系统的硬件连接相比试验车简单，需要罗技 G29 驾驶模拟设备通过 USB 连接线与工控机连接即可。

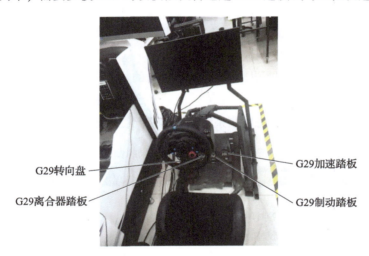

图3-65 交通车模块实物图

3．测试流程

本书主要讨论切换型人机共驾系统驾驶人在环测试的驾驶人状态监测功能测试及驾驶人接管测试。

（1）驾驶人状态监测功能测试　相比于城市的道路环境，高速公路环境更容易导致疲劳驾驶。因此本书的测试试验场景模拟高速公路的环形路段，通过 PreScan 软件设计了如图 3-66a 所示的高速公路路段。路段为双向四车道的全封闭的标准高速公路场景，包含高速公路入口及出口、交通标志、树木，以及通过 Intelligent Traffic Module 软件添加的交通车。单车道宽度为 3.75m，隔离带宽度为 3m，环境设置为晴天，道路全长 15km，其中包含直道、弯道及高速公路出入口辅路。试验车行驶车速在 80~120km/h 之间。图 3-66b 中展示了试验车进行试验时的驾驶人视角。

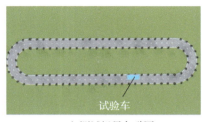
a）测试场景鸟瞰图

b）试验中的驾驶人视角

图 3-66 驾驶人状态监测的测试场景及驾驶人视角

试验流程分为两部分，上午与下午各进行一次，每一次进行 4h，由于驾驶人通常在上午更加清醒，下午通常容易产生疲劳，因此两次测试可以进行对比，其中每次测试的系统监测时间窗为 10s。

对于上午的试验，试验人员要求试验之前的 48h，试验人员保证足够睡眠，试验开始前 30min 向试验人员介绍测试试验平台，试验在上午 8:00 开始，中午 12:00 结束。观察驾驶人状态监测系统的提示情况，需要记录的参数见表 3-10。

表 3-10 试验需要记录的参数

参数符号	参数名称	单位	说明
Time0	开始试验时间	s	开始试验时间
Time1	预警时刻	s	系统的预警时间点
Time2	总预警时间	s	持续预警的时间长度
β	β 波	mV^2/Hz	—
θ	θ 波	mV^2/Hz	—
α	α 波	mV^2/Hz	—

对于下午的试验，对试验人员的要求多一些。试验人员在试验前禁止饮用使试验人员兴奋的饮品，例如咖啡和浓茶等。试验在下午 13:30 开始，在试验场景中驾驶持续 4h，观察本书设计的驾驶人状态监测系统的提示情况，记录内容同见表 3-10。

（2）驾驶人接管测试 在人机共驾功能的应用场景中，选择高速公路出口作为接管特性测试场景，并通过 PreScan 软件搭建这些测试环境。

1）测试场景：高速公路出口。

如图 3-67a 所示，本书设计的高速公路出口为一条长 5km 的双向三车道直道，在 4.5km 处有设计的高速公路出口，单车道宽度为 3.75m，隔离带宽度为 3m，并含有 Intelligent Traffic Module 设计的交通流模拟真实的驾驶环境，图 3-67b 展现了驾驶人接到接管提示后需要手动驾驶离开高速公路时的驾驶视角。

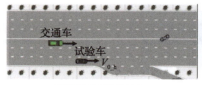

a) 高速公路出口场景　　　　　　　　b) 试验车的驾驶视角

图 3-67　高速公路出口场景及驾驶人视角下的高速公路出口

2) 试验流程。接管特性测试含有 3 个影响因素，分别为非驾驶任务、人机交互方式和接管时间预设。在接管特性测试试验流程中，各种影响因素之间需要进行排列组合，确定所有的测试试验工况。

①非驾驶任务。非驾驶任务对于切换型人机共驾系统而言是十分重要的测试因素，L3 级自动驾驶允许驾驶人在驾驶过程中做非驾驶以外的活动，因此在需要驾驶人接管时，驾驶人所进行的非驾驶任务需要作为试验所考虑的自变量。非驾驶任务选取了 SURT（Surrogate Reference Task）和 2-Back。其中 SURT 为一种典型的视觉搜索任务，该任务要求试验人员在视觉案例中排除干扰项，选出案例中要求试验人员选出的项目（由不同的字母、符号、形式、颜色或者单词组成），通常试验人员需要在显示器、平板或者手机上面来进行案例操作，选取的 SURT 任务有 203 项，足够驾驶人在试验中操作，其中两项如图 3-68 所示，图中红色矩形框内为试验人员需要选出的内容，SURT 次任务占据了试验人员的视觉和认知注意力。

图 3-68　SURT 任务的两项试验截图

2-Back 任务则占据了试验人员的听觉、言语和认知注意力，2-Back 任务需要试验人员听取连续的数字序列，并且用序列中适当的数字回应，例如，见表 3-11，在 2-Back 任务中，试验人员听到音频的数字序列 2、6、7、1。当听到 2 和 6 的时候，不进行回应；而试验人员听到 7 的时候，回应 2，听到 1 的时候回应 6。本书选取数字 1~500，通过录音记录数字序列，每次播放的间隔均为1s。在 SURT 和 2 – Back 这两项次任务之外，本书需要进行空白对照组试验，即试验人员没有非驾驶任务，只需进行正常的驾驶试验，作为两项非驾驶任务的空白对照组。

表 3 – 11　2 – Back 试验举例

项目	2 – Back 试验数字			
音频播放	2	6	7	1
人员回应	—	—	2	6

②人机交互方式。选取视觉加听觉和视觉加触觉作为人机交互方式自变量。听觉提示为一段 150ms 的 750Hz 高频警报音乐，在进行提示时令其循环播放；触觉的振动靠垫的振动频率为 50Hz。

③接管时间预设。接管时间预设的含义是为接管和执行操作提供的时间，在该段时间内试验人员需要对系统做出充分的响应，驾驶人接管过程及接管时间预设如图 3 – 69 所示。

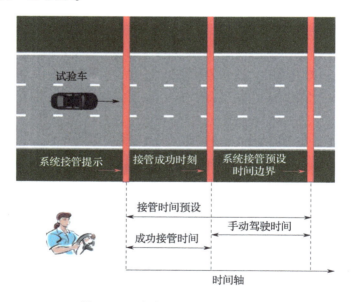

图 3 -69　接管过程及接管时间预设

对于高速公路出口场景，测试试验在前述适宜开启自动驾驶功能的三车道高速公路上面进行，其驾驶环境的交通流恒定为 10vehicle/km，当试验开始的时候，驾驶人托管给系统自动驾驶，本车以 120km/h 在车道内行驶，之后驾驶人执行非驾驶任务（SURT、2 – Back 和无操作的对照试验），当车辆检测到与高速公路出口临近时,需要进行接管提示(视觉+声觉和视觉+触觉),在不同的接管时间预设(5s和7s)内,驾驶人需要成功接管并沿着高速公路出口道路驶离高速公路。每个场景需要测试记录的数据见表 3 – 12,测试设备为软件本身的记录模块及眼动仪。

表 3 – 12　每个场景需要测试记录的数据

序号	参数符号	参数名称	单位
1	T0	首次反应时间	s
2	T1	观察路况时间	s
3	T2	开始接管时间	s
4	T3	成功接管时间	s
5	A_{res}	最大结果加速度	m/s²
6	TTC	碰撞时间	s

首次反应时间为驾驶人收到接管提示后首次抬头的时间,通过眼动仪进行采集。

观察路况时间为驾驶人收到接管警示后首次抬头后看路况的时间,通过眼动仪进行采集。

开始接管时间为驾驶人收到接管警示后手碰触转向盘或脚踩脚踏板时间,通过眼动仪、转向盘力矩传感器和踏板行程传感器进行采集。

成功接管时间为驾驶人收到接管警示后转向盘转角大于 2°或踏板行程超过 10%,通过转向盘力矩传感器和踏板行程传感器进行采集。

以上 4 个时间变量的先后顺序关系如图 3 – 70 所示。

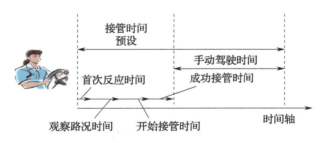

图 3 – 70　时间变量的先后顺序关系

对于接管质量指标而言,最大结果加速度 A_{res} 计算公式见式(3 – 8)。

$$A_{res} = \sqrt{A_{xmax}^2 + A_{ymax}^2} \qquad (3-8)$$

其中,最大横向加速度 A_{xmax} 为从接管开始后 2min 内车辆最大的横向加速度,最大纵向加速度 $A_{y\max}$ 为从接管开始到接管结束后 2min 内车辆最大的纵向加速度,通过转向盘力矩传感器和踏板行程传感器来采集驾驶人输入的原始信号,之后通过 MATLAB/Simulink 平台计算得出以上的加速度值。

碰撞时间 TTC 需要计算最小碰撞时间 $TTC_{\min}$,其计算公式见式(3-9)。

$$TTC_{\min} = \left| \frac{S_1}{V_r} \right|_{\min} \quad (3-9)$$

式中,S_1 为前车与本车的相对距离,V_r 为本车与前车的相对车速。

4.测试结果

(1)驾驶人状态监测功能测试 驾驶人状态监测功能测试所得到的原始试验指标有 Time0、Time1、Time2、β、θ 以及 α,脑电功率谱比值 R 可以较好地反映驾驶人的疲劳状态,计算公式见式(3-10)。

$$R = (\alpha + \theta)/\beta \quad (3-10)$$

当 $R > 2.88$ 时,存在疲劳的情况,选取该值作为生理仪测试疲劳状态的依据,并记录从试验开始到结束生理仪大于该值的时间段 Time3,而通过驾驶人状态监测系统所测出驾驶人疲劳的时间指标与脑电指标进行比对,来衡量系统的优劣,其核心计算指标为准确率 a、误报率 b 及漏报率 c,准确率 a 为面部信息监测模块所记录的疲劳预警时间 Time2 与生理仪记录的出现疲劳的时间 Time3 的重合时间段占 Time2 的比值;误报率 b 为 Time2 中未与 Time3 重合的时间段占 Time2 的比值;漏报率 c 为 Time2 中未与 Time3 重合的时间段占 Time3 的比值。

各指标计算公式见式(3-11)~式(3-16)。

$$y = \text{Time2} \cap \text{Time3} \quad (3-11)$$

$$a = y/\text{Time2} \quad (3-12)$$

$$z = C_{\text{Time2}}(\text{Time2} \cap \text{Time3}) \quad (3-13)$$

$$b = z/\text{Time2} \quad (3-14)$$

$$w = C_{\text{Time3}}(\text{Time2} \cap \text{Time3}) \quad (3-15)$$

$$c = w/\text{Time2} \quad (3-16)$$

对于计算的结果而言,依据标准 T/CSAE 243.1—2021《道路运输车辆主动安全智能防控系统》,准确率在 90% 以上、误报率和漏报率在 10% 以内为合格。

根据结果,在上午测试中的每一位参与试验的驾驶人在系统监测的最初的 2h 均可以满足眼睛比宽比(EAR)阈值 T 的条件和分心检测的未分心条件,即不发生警报；在 2~3h 开始出现疲劳的试验人员，占比为 20.93%，在 3~4h 之间出现疲劳的驾驶人占比较多，占比为 79.07%，并未有超过 4h 仍未疲劳的驾驶人。下午测试中的每位参与试验的驾驶人均在试验的前 3h 出现疲劳情况，其中在 1~2h 开始出现疲劳的人员，占比为 13.95%，在 2~3h 出现疲劳的人员，占比为 86.05%，对比可知，在下午进行试验的驾驶人更早出现疲劳。

（2）驾驶人接管测试　为了便于分析多种测试场景，将接管时间预设、非驾驶任务和人机交互方式分别简写为字母 A、B 和 C，其对应内容见表 3–13。

表 3–13　字母简写所代表的含义

影响因素字母简写	影响因素含义	影响因素的不同水平字母简写	不同水平含义
A	接管时间预设	A1	接管时间预设 5s
		A2	接管时间预设 7s
B	非驾驶任务	B1	无非驾驶任务
		B2	SURT
		B3	2–BACK
C	人机交互方式	C1	视觉和听觉
		C2	视觉和触觉

以高速公路出口场景为例，将接管时间预设、非驾驶任务以及人机交互方式对驾驶人接管行为的影响进行分析：

1）首次反应时间。图 3–71 所示反映了经过测试，采集的驾驶人首次反应时间的数据是否符合正态分布。由于 3 种影响因素均需要进行 F 检验，因此每种因素单独作用的情况也需要考虑。图 3–71 中的数据显示了所有测试结果符合正态分布，可以采取 F 检验。

图 3–72 所示直观反映了各个因素影响下首次反应时间的不同，首先在接管时间预设及人机交互方式相同的情况下，驾驶人在不进行非驾驶任务的时候的首次反应时间比有非驾驶任务的情况下要短，而非驾驶任务 2–Back 比 SURT 占用驾驶人的精力更多；在接管时间预设和非驾驶任务相同的情况下，听觉和触觉对比之下，驾驶人对听觉的反应更加敏感，首次反应时间普遍更短；在非驾驶任务与人机交互方式相同的情况下，接管时间预设的不同并没有对首次反应时间影响形成较为统一的规律。

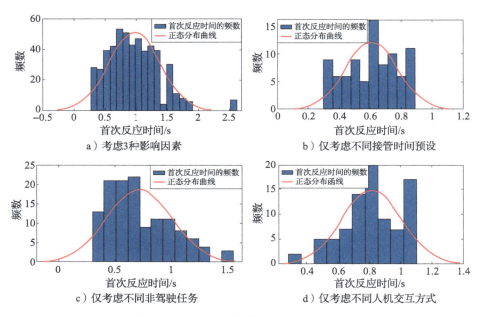

图3-71 首次反应时间测试数据直方图

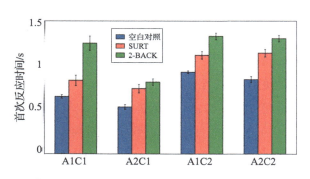

图3-72 不同影响因素对首次反应时间的影响

2)观察路况时间。从图3-73呈现的规律来看,图3-73的结论和图3-72的结论基本一致。首先在接管时间预设及人机交互方式相同的情况下,驾驶人在不进行非驾驶任务时的观察路况时间比有非驾驶任务的情况下要短,而非驾驶任务2-Back比SURT占用驾驶人的精力更多;在接管时间预设和非驾驶任务相同的情况下,听觉和触觉对比之下,驾驶人对听觉的反应更加敏感,观察路况时间普遍更短;在非驾驶任务与人机交互方式相同的情况下,接管时间预设的不同并没有对观察路况时间影响形成较为统一的规律。

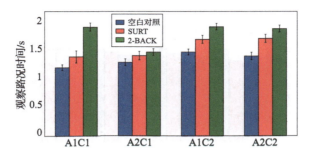

图 3-73　不同影响因素对观察路况时间的影响

3）开始接管时间。图 3-74 中，首先在接管时间预设及人机交互方式相同的情况下，驾驶人在非驾驶任务 2-Back 的条件下相比于在 SURT 条件下开始接管时间要长，而除了在接管时间预设为 5s 和触觉的条件下，驾驶人开始接管时间在无非驾驶任务比有非驾驶任务长之外，其余开始接管时间在无非驾驶任务下均更短；在仅接管时间预设值不同时，开始接管时间的变化规律在同样是听觉提示及相同非驾驶任务的情况下，表现并不明显，同样是在触觉提示及相同非驾驶任务的情况下，接管时间预设为 7s 的驾驶人开始接管时间较长；在仅人机交互方式不同时，接管时间预设均为 5s 且非驾驶任务相同，开始接管时间表现得并不明显；接管时间预设均为 7s 且非驾驶任务相同，开始接管时间更长。

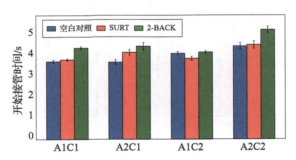

图 3-74　不同影响因素对开始接管时间的影响

4）成功接管时间。图 3-75 所示直观反映了各个因素影响下成功接管时间的不同，首先在接管时间预设及人机交互方式相同时，驾驶人在不进行非驾驶任务时的成功接管时间比有非驾驶任务的情况下要短，而非驾驶任务 2-Back 比 SURT 占用驾驶人的精力更多；在接管时间预设和非驾驶任务相同的情况下，相比于触觉，驾驶人对听觉的反应更加敏感，成功接管时间普遍更短；在非驾驶任务与人机交互方式相同的情况下，驾驶人的成功接管时间在接管时间预设 7s 的情况下比接管时间预设 5s 的情况下要长一些，但并不明显。

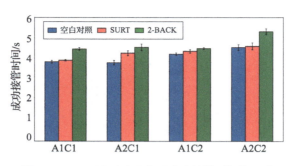

图3-75 不同影响因素对成功接管时间的影响

5）最大结果加速度。图3-76所示直观反映了各个因素影响下最大结果加速度的不同，在接管时间预设和人机交互方式相同的情况下，空白对照的最大结果加速度比有非驾驶任务均值小，而执行SURT次任务的驾驶人的最大结果加速度均值比2-Back小；在接管时间预设和非驾驶任务相同的情况下，听觉和触觉对最大结果加速度的影响从平均值来看存在差异；在非驾驶任务与人机交互方式相同的情况下，接管时间预设5s和7s相比对最大结果加速度的影响从平均值来看存在差异，但规律并不明显。

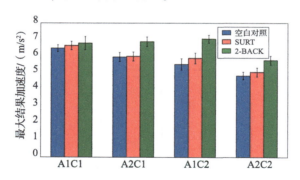

图3-76 不同影响因素对最大结果加速度的影响

上述结果表明，本书所建立的人机共驾系统在环测试平台可对智能汽车切换型人机共驾系统的相关性能进行较为准确的测试，可测试系统接管时间、接管成功率等重要因素，满足系统测试需求。

3.3.2 共享型人机共驾系统驾驶人在环测试

相比于切换型人机共驾系统，共享型人机共驾系统驾驶人和智能系统同时在环，都具有独立驾驶汽车的能力，即汽车由两个智能体实时控制，在驾驶人和智能系统之间共享驾驶权，具备实现更高安全性和舒适性的潜力。因此其驾驶人在环测试需考虑驾驶系统与驾驶人驾驶的驾驶权分配，主要表现为驾驶人握力状态。本节搭建了一种新型的智能转向盘系统，通过在转向盘上阵列布置的多个压力传感器获取驾驶人的握力分布并辨识驾驶人转向意愿；随后基于驾驶人触觉交互搭建了人机并行驾驶人在环测试平台。

1. 驾驶人握力状态识别

依据中华人民共和国公共安全行业标准 GA/T 1773.2—2021《机动车驾驶人安全文明操作规范—第 2 部分：小型汽车驾驶》中提出的转向盘握法和转向盘操作规范，搭建用于测量驾驶人转向盘握力分布的智能转向盘系统。智能转向盘系统包含阵列布置的柔性薄膜压力传感器、信号调理模块和后处理单元等。

所采用的柔性薄膜压力传感器由有机高分子聚合物制成，随着施加在传感器表面的压力增加，电阻逐渐减小。传感器为圆形，外径为 10mm，敏感区直径为 6mm，厚度为 0.25mm，如图 3-77 所示。传感器量程为 0~20N，响应时间低于 5ms。传感器后接信号调理模块，信号调理模块将传感器电阻值的变化转换为模拟电压信号并输出。后处理单元根据传感器的压阻特性曲线，通过模拟电压信号计算出施加于传感器上的正压力。

图 3-77　柔性薄膜压力传感器

根据驾驶人双手与转向盘的重点接触区域，设置用于安装柔性薄膜压力传感器的测量点。左手九点钟握持区域布置 8 个测量点 L0~L7，右手三点钟握持区域同样布置 8 个测量点 R0~R7，测量点对应双手对转向盘的主要施力点，两侧的测量点沿转向盘中心线完全对称。图 3-78 所示为测量点对应手部区域，L0 和 R0 测量左右手食指第二指节掌面侧区域压力；L1 和 R1 测量左右手中指第二指节掌面侧区域压力；L2 和 R2 测量左右手无名指第二指节掌面侧区域压力；L3 和 R3 测量左右手虎口掌面侧区域压力；L4 和 R4 测量掌面小鱼际区域压力；L5、L6 和 R5、R6 测量左右手掌面大鱼际区域压力；L7 和 R7 测量左右手拇指指腹区域压力。

为了更好地测量压力，传感器下方垫有厚度为 1mm、直径与传感器外径相同的硅橡胶垫片，并使用 ergo 5800 快干胶和 5180 表面处理剂将传感器和垫片黏接于测量点，所搭建的智能转向盘实物如图 3-79 所示。

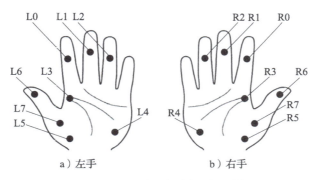

a）左手　　　　　　　　b）右手

图3-78　测量点对应手部区域

a）前视图　　　　　　b）左侧视图　　　　　c）左侧后视图

图3-79　智能转向盘实物

智能转向盘通过 Kistler MSW 转向盘测力传感器安装在 SensoWheel SD-LC 力反馈系统上。握力分布数据采集试验平台如图3-80所示。SensoWheel SD-LC 是一种电机直驱的转向力反馈系统，能够提供逼真的力反馈，实现无齿隙转向感受。最大转矩达到 $16\mathrm{N \cdot m}$，转矩分辨力为 $0.03\mathrm{N \cdot m}$，响应时间为 $1\mathrm{ms}$。本

图3-80　握力分布数据采集试验平台

试验采用该力反馈系统产生的正弦力矩作为驾驶人上肢肌肉的持续激励。Kistler MSW 的力矩测量范围为 ±50N·m,测量精度为 ±0.15%FSO。该传感器用于测量施加给驾驶人的激励力矩和转向盘转角。

2. 驾驶人在环测试平台架构

共享型驾驶人在环测试平台与切换型驾驶人在环测试平台所使用的软硬件基本一致,其主要区别在于力反馈转向盘的反馈控制,因此,此处主要介绍人机并行驾驶人在环测试平台架构。

人机并行驾驶人在环试验平台原理如图 3-81 所示。硬件系统为采集驾驶人行为、生成触觉交互作用等功能提供支撑,软件系统以汽车动力学模型模拟汽车对操纵输入的响应,根据试验工况生成虚拟场景,为算法提供实时运行环境。试验平台提供两套驾驶人操纵装置,分别对应试验车和交通车。试验车和交通车能够在同一场景中自由驾驶。试验车配置了待测试的人机共驾系统和主要的测试设备,用于驾驶人在环试验。交通车配置了简易的驾驶模拟装备,可以通过人为操作配合试验车完成相关试验。此外,还可以在虚拟场景中添加其他虚拟交通车。

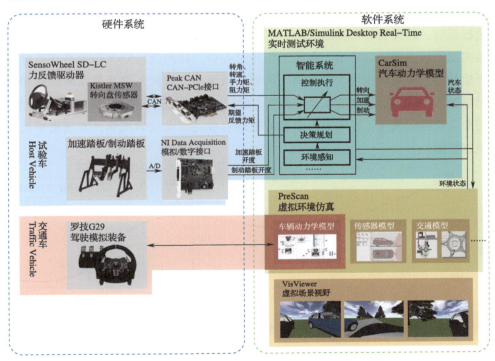

图 3-81 人机并行驾驶人在环试验平台原理

3. 测试流程

选择连续弯道工况对智能汽车人机并行系统进行测试，选择单向双车道，道路车道宽度均为 3.5m。试验过程中汽车由速度控制器保持 60km/h 的定速行驶，人机目标轨迹一致。

共招募 4 名驾驶人参与试验。4 名驾驶人包括 3 名男性和 1 名女性，平均年龄为 37.3 岁，实际道路驾驶里程介于 2 万~20 万 km 之间。在开始试验前，被试驾驶人已充分了解并熟悉驾驶模拟器的操作，可以熟练操纵转向盘，在虚拟仿真环境中良好地完成直行、转弯、换道等驾驶任务，能够复现在实车上的操纵行为。被试驾驶人已被告知试验目的是对几种智能系统进行评测，预先了解了智能系统的功能和可能产生的作用，并对智能系统进行了适应。每名被试驾驶人按试验设计要求在试验中表现出不同的行为状态，试验完成后，要求被试驾驶人填写主观评价问卷。

4. 试验结果

车道保持效果的连续弯道工况试验结果如图 3-82 所示。通过对图 3-82b 所示的转向盘转角曲线的直接观察，可以看出智能系统驾驶权高时相比于其驾驶权低时，转向盘转角波动更小，表明驾驶过程更加平稳。从图 3-82c 所示的转向盘转矩曲线可以看出，在车道保持过程中，转向盘转矩大小始终在驾驶人舒适域内，表明未出现人机冲突。试验结果说明，被测人机共驾系统能够根据对驾驶人的行为理解和交互动作调整驾驶权，在驾驶人积极驾驶时让渡驾驶权，避免人机冲突发生；在驾驶人消极或被动驾驶时主动接管汽车，实现更平稳的轨迹跟踪。

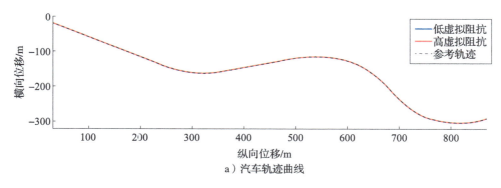

a）汽车轨迹曲线

图 3-82　连续弯道工况试验结果

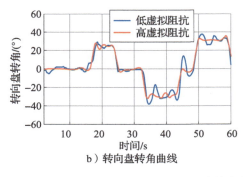
b) 转向盘转角曲线

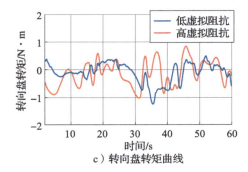
c) 转向盘转矩曲线

图3-82 连续弯道工况试验结果（续）

上述结果表明，本书所建立的人机共驾系统在环测试平台可对智能汽车共享型人机共驾系统的相关性能进行测试，可通过分析转向盘转角、转向盘转矩等要素对人机共驾系统性能进行准确测试，并可用于后续调整人机共驾算法控制策略。

3.4 车辆在环仿真测试

车辆在环（Vehicle in the Loop，VIL）仿真测试将智能汽车整体嵌入仿真测试闭环，使用真实车辆代替仿真环境车辆动力学，并通过虚拟的仿真环境"欺骗"智能汽车感知传感系统，最终对智能汽车功能和性能进行系统性测试。该方法弥补了虚拟仿真测试与实车道路测试在车辆动力学和多系统联合之间的差距，当前主要技术方案分为转鼓平台车辆在环、轴耦合车辆在环、封闭场地车辆在环三种。转鼓平台车辆在环与轴耦合车辆在环均在试验室环境实现车辆运动状态模拟，二者主要区别在于前者通过转鼓实现轮胎与地面的接触模拟，而后者直接将状态模拟模块与车轴相耦合，在其他方面差异不大，因此，后面以转鼓平台为例介绍试验室环境车辆在环测试技术，并着重进行封闭场地车辆在环测试平台构建。

3.4.1 转鼓平台车辆在环仿真测试

转毂平台车辆在环系统可以分为转毂平台、转毂平台控制模块、传感器模拟模块、虚拟场景生成模块和智能汽车。系统工作原理为：虚拟场景生成模块接收转毂平台采集的车轮速度、转向盘转角等车辆状态参数，这些参数用来控制虚拟场景中的虚拟车辆的加/减速和转向等动作；同时虚拟场景中根据虚拟智能汽车的位置和姿态来更新虚拟交通场景，如道路条件、其他交通参与者信息；然后通过计算和控制转毂平台，将虚拟场景中的道路信息反馈给实际自智能汽车；最后虚拟车载传感器感知虚拟的交通环境，通过传感器模拟模块接入真实智能汽车的车载传感器中。待测车辆 ECU 将车载传感器接收到的感知信息传送至智能决策单元，经分析、处理、融合后依据当前车辆状态做出最优决策并执行相关动作，转毂平台控制系统接收并处理分析各部分传来的测量数据，随后重复实现上述步骤，即完成 1 个循环。

由于智能汽车上装配的电子元件数目众多，在电波暗室环境下的电磁稳定性试验越来越受到企业的重视，其在传统的整车转毂平台的基础上增加了电波暗室，以此创造一片可被控制的电磁干扰区域来进行电磁兼容试验，如图 3-83 所示。

图 3-83 电波暗室环境下的车辆在环试验平台

3.4.2 封闭场地车辆在环仿真测试

封闭场地车辆在环仿真测试借助高速数据通信将物理世界中待测智能汽车的运动状态实时地映射到仿真测试场景中的数字孪生车辆，使其与虚拟交通环境产生交互行为并反向驱动待测智能汽车做出决策控制，实现数字孪生车辆与待测智能汽车平行执行、同步运动的半实物仿真测试方法。

1. 封闭场地在环测试方案

封闭场地车辆在环测试平台方案在前述车辆原型控制器在环测试平台的基础上演变而来。利用行驶在空旷封闭场地中的真实车辆系统代替由 CarSim 建立的车辆动力学模块，为待测自动驾驶功能提供更加真实的测试环境。如图 3-84 所示，封闭场地车辆在环测试平台由仿真场景生成模块、原型控制器模块及真实车辆系统构成。其中，仿真场景生成模块与原型控制器模块均布置于真实车辆系统当中，并与其一同在封闭场地中运动。

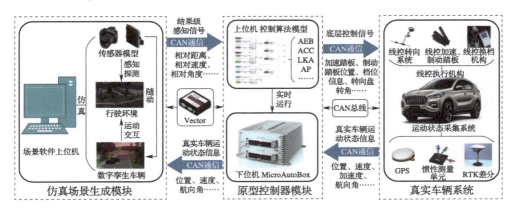

图3-84 封闭场地车辆在环测试平台方案

仿真场景生成模块基于一台运行 PreScan 软件的上位机实现。在 PreScan 软件的 GUI 中完成基于真实车辆系统行驶的封闭场地地图为底图的测试场景构建，按照封闭场地周边环境的布局，在测试场景中的对应位置添加道路、建筑、树木等场景要素，高逼真度地还原具有真实地貌特征的测试环境。在测试场景中建立一个高保真的数字孪生车辆，实时复现真实车辆在封闭场地中的位置、速度、姿态，实现与仿真测试场景中交通参与者的运动交互。安装在数字孪生车辆上的传感器模型根据数字孪生车辆所处虚拟场景中的方位，探测其周围的行驶环境并得到结果级的感知信号，进而借助 Vector 设备实现由仿真场景生成模块到原型控制器模块的传感器信息注入。

原型控制器模块依托于 dSPACE MicroAutoBox 平台，所实现的功能主要有两个。其一，在 MATLAB/Simulink 软件中建立自动驾驶功能算法模型并下载到 MicroAutoBox 中实时运行，形成被测对象。待测自动驾驶控制算法接收来自仿真场景生成模块输出的结果级的传感器感知信息，经过传感器感知融合，采取相应的自动驾驶控制策略，最终决策得到车辆底层执行器控制信号如踏板位置、档位信息、转向盘转角等，并通过 CAN 总线发送给真实车辆系统，实现车辆运动控制。其二，原型控制器模块可作为真实车辆系统运动状态信息的采集平台，从运动状态采集系统中读取实时的车辆运动状态数据并发送给仿真场景生成模块中的数字孪生车辆。该模块在仿真场景生成模块与真实车辆系统之间构建了数据传输的桥梁，是封闭场地车辆在环测试平台实现的重要基础。

真实车辆系统是封闭场地车辆在环测试平台的核心。用于开展测试的车辆经过改装，从而具有可以线控的执行机构，如线控转向系统、线控加速、制动踏板以及线控换档机构等。它们可以实时地响应原型控制器模块发出的底层控制指令，实现车辆加速、减速、转向、档位切换等驾驶操作，控制测试车辆在空旷的封闭场地中运动并完成预定的驾驶任务。为了以数据的形式详细展现测试车辆在路面上行驶的全过程，真实车辆系统包含一套运动状态采集系统。其中，车载 GPS 借助实时动态（Real-Time Kinematic，RTK）差分设备实现纠偏，实时获取测试车辆的高精度定位信息，为数字孪生车辆能够在测试场景底图上精确地映射真实车辆系统的位置奠定基础；而惯性测量单元用于计算并输出测试车辆的速度、加速度、俯仰角、侧倾角、横摆角等运动状态信息，指导数字孪生车辆在测试场景中准确复现真实车辆系统的运动行为。图 3 – 85 所示的流程图更加清晰地描述了封闭场地车辆在环测试平台的基本测试流程。

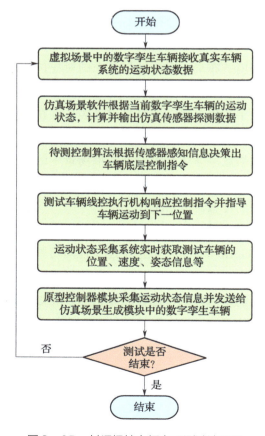

图 3 – 85　封闭场地车辆在环测试流程图

本方案所使用到的软件平台以及它们所实现的功能、CAN 通信接口的设计在车辆原型控制器在环测试平台中均有说明，这里不再赘述。因此直接给出封闭场地车辆在环测试平台数据的总体传输交互过程，如图 3-86 所示，蓝色箭头展示了数据的传递方向。

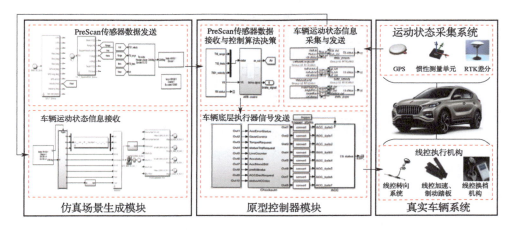

图 3-86　封闭场地车辆在环测试平台数据传递方向

2. 封闭场地车辆在环测试平台构建

（1）基于地图导入的仿真测试场景构建　实现封闭场地车辆在环测试平台的前提在于建立与真实测试场地相吻合的虚拟测试场景。基于封闭测试场地地图为底图的仿真测试场景构建，一方面可以实现仿真测试场景高精度建模，还原真实测试场地环境特征，缩小仿真测试场景与实际测试场地之间的差距；另一方面为待测自动驾驶汽车到数字孪生车辆的位置映射提供了便利，使得装配在数字孪生车辆上的传感器模型可以获取准确的场景信息，保证了测试结果的有效性。具体的测试场景构建过程如下：

1）首先在地图软件中找到封闭测试场地所在的地理位置，如本书选择的是吉林大学南岭校区逸夫楼门前环岛周围的环境。挑选封闭测试场地中标志性建筑的一个参考基准点，获取其以度分秒（DMS）为单位的 GPS 坐标。进一步地，在地图软件中使用长度测量标尺，测量一段参考道路的真实长度并记录。最后，调整软件中的方向指示按钮，使得正北方向竖直朝上，在包含测试路段的合适区域范围进行截图操作，并对其尺寸进行适当调整。最终得到封闭测试场地实景地图，如图 3-87 所示。

图 3-87 封闭测试场地实景地图

2）在 PreScan 软件中将封闭测试场地实景地图导入 GUI。为了使得在 PreScan 中建立的测试场景具有与真实封闭测试场地互相映射的地理位置坐标信息，需要关联 PreScan 场景坐标系的原点与上一步骤中已知 GPS 坐标的参考基准点重合，整个过程可以分为两个步骤：

① 右键单击底图并完成底图参考基准点的绝对坐标设置。

② 在 PreScan 全局坐标设置界面中输入底图参考基准点的经纬度坐标值，测试场景坐标系原点便移动到底图参考基准点。

3）在测试场景底图上找到步骤 1）中提到的参考路段并赋予真实测量长度，完成底图缩放比例设置，使测试场景底图具有与真实封闭测试场地相同的尺度特征，以 1:1 的比例还原真实测试场地环境。

4）调整底图方向，保证测试场景坐标系 Y 轴与底图的正北方向一致。

至此，完成了底图导入 PreScan 软件的全部设置过程，接下来进行基于封闭场地地图为底图的仿真测试场景构建。在软件 GUI 中拖拽场景要素到底图上方，以使场景要素恰好完全覆盖住其在底图图片上占据的区域为目标，调整场景要素的长度、宽度、朝向等信息，复现真实的测试环境。随后，在测试场景中添加一辆与真实测试车辆外形尺寸参数接近的数字孪生车辆，调整车辆坐标系的原点与真实测试车辆运动状态信息采集系统的安装位置一致，并将数字孪生车辆的初始位置设置在 PreScan 场景坐标系的原点。构建好的车辆在环仿真测试场景如图 3-88 所示。

图3-88 车辆在环仿真测试场景

考虑到真实车辆系统搭载的运动状态采集系统输出的是基于 WGS-84 大地坐标系下的经度、纬度信息，这些信息描述的是在地球这一椭球面上的坐标值，并不可以直接用于数字孪生车辆在仿真测试场景中的同步定位。为了将 GPS 获得的球面坐标按一定的数学规律转换为数字孪生车辆所在底图平面上的 XYZ 空间直角坐标，特别地，在 PreScan 软件打开的 Simulink 模型中，添加 PreScan 软件自带的 GPS 转 xyz 模块。将真实车辆运动状态采集系统获得的经纬度信息传输给 GPS 转 xyz 模块的输入端口，并在 GPS 转 xyz 模块属性界面中，输入测试场景平面直角坐标系原点的 GPS 坐标经度、纬度值，从而在 GPS 转 xyz 模块的输出端口就可以得到数字孪生车辆在测试场景直角坐标系下的实时横向、纵向位置，实现测试车辆坐标由椭球面坐标系到平面直角坐标系下的转换。该模块的坐标转换原理可以简单地由以下公式表达：

$$X_A = N\cos A_w \cos A_j \quad (3-17)$$

$$Y_A = N\cos A_w \sin A_j \quad (3-18)$$

$$N = a/\sqrt{1 - e^2 \sin^2 A_w} \quad (3-19)$$

$$e = \sqrt{1 - (1-f)^2} \quad (3-20)$$

式中，A 点经度 A_j、A 点纬度 A_w 均使用十进制角度表示。B 点的坐标转换同理、B 点经度 B_j、B 点纬度 B_w 使用十进制角度表示。规定以赤道线为基准，北纬为正，南纬为负；以 0°经线为基准，东经为正，西经为负。将地球看作一个椭球体，N 为卯酉圈曲率半径；a 为椭球长半轴，其大小为 6378137m；e 为第一偏心率；f 为地球的扁平率，其大小为 1/298.257223563。

通过上述式（3-17）~ 式（3-20），可以求出 A 点在以地球中心为原点的空间直角坐标系下的位置 (X_A, Y_A)，同理可求出 B 点位置 (X_B, Y_B)。假设 A 点为 PreScan 场景坐标系的原点，B 点为数字孪生车辆的位置，用 B 点的横、纵坐标分别减去 A 点对应的坐标值，便得到了数字孪生车辆相对于 PreScan 试验原点的横向、纵向距离，也就是其在测试场景中的实时位置。

（2）高精度运动状态信息采集系统构建　基于底图导入构建的测试场景中任意位置，均可以在真实场地中找到映射。仿真场景生成模块中的数字孪生车辆凭借真实车辆系统传递的车辆运动状态信息，指导其在测试场景中同步运动，并与其他交通参与者交互。为了提高测试结果的准确程度，真实车辆系统必须可以实时稳定地输出高精度的位置、航向角、速度、加速度、俯仰角等信息。一旦这些信息无法准确获取，数字孪生车辆在虚拟场景中便不能占据与真实车辆系统对应的位置，更不能准确复现真实车辆系统的运动状态，从而，其搭载的传感器模型不能够探测得到正确的虚拟目标物信息，最终造成车辆在环测试失败。因此，封闭场地车辆在环测试平台对运动状态采集系统实现的定位精度、运动状态采集的准确度提出了非常高的要求。

使用三球定位原理获取位置信息的传统卫星导航定位系统，极易受到电离层延迟误差、多径效应误差、卫星星历误差的影响，导致其定位精度仅能达到米或者是十米量级。差分定位技术通过相关的补偿算法削弱或者消除上述部分误差，被认为是提高定位精度的有效措施。根据差分校正的目标参量不同，差分定位技术可以分为位置差分、伪距差分和载波相位差分。相比于位置差分与伪距差分，载波相位差分是一种可以提供更加精准定位信息的差分技术。常常提到的 RTK 是一种利用接收机实时观测卫星载波信号，通过数值解算、数据通信，为流动站提供实时高精度三维坐标的技术，可以进一步分为常规 RTK 与网络 RTK。常规 RTK 采用独立差分基准站为周边流动站提供差分信息，受到流动站与基准站之间相对距离的影响，当距离大于 50km 时，常规 RTK 只能实现分米级的定位精度。

近年来，网络 RTK 技术热度逐渐升高，由多个固定的、连续运行的基准站组合成为可以全方位覆盖某一个区域的基准站网络，为该区域内的流动站提供实时定位误差改正信息。各基准站采用同频率观测卫星载波相位信号，并通过数据链路发送给云端数据处理中心。数据处理中心经过统一解算，消除各基准站之间的差异后,建立基准站网络内由电离层误差、对流层误差、轨道误差等参数组成的误差修正模型。运行在该区域内的流动站根据自己的坐标位置,利用误差修正模型计算得到误差改正数,从而实现高精度定位。

本书采用由英国 OXTS 公司研制的实时惯性导航与全球卫星定位系统 RT3002 以及可提供基于 RTK 技术差分数据播发的千寻知寸(FindCM)服务,共同组成可实现厘米级定位精度的运动状态信息采集系统。

本研究高精度差分定位系统原理如图 3 – 89 所示。首先,由多个北斗地基增强系统基站组成的千寻基准参考站网连续观测卫星载波相位信号,发送给 FindCM 精准定位服务平台,构建区域内基准站网络误差修正模型。装配在流动站平台的 RT3002 设备凭借 GPS 天线接收 GNSS 信号,获取表示所在地非准确位置的 GGA 数据。然后,该 GGA 数据通过 RT3002 设备的串口发送端发送给 DTU。DTU 是一种将由串口收到的终端数据通过无线通信网络传输到服务端的无线传输设备。DTU 将非准确位置 GGA 数据及用于网络传输全球导航系统数据流的 Ntrip 参数,经 DTU 天线由运营商通信网络发送到 FindCM 精准定位服务平

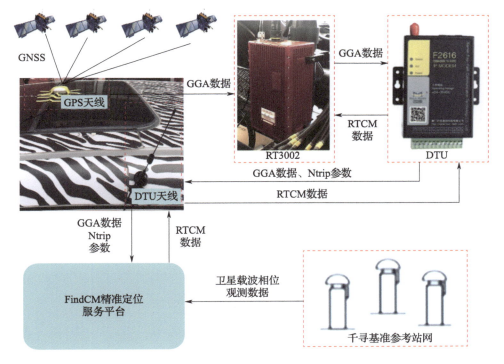

图 3 – 89　高精度差分定位系统原理

台。FindCM 精准定位服务平台采用双向数据通信的模式，实时侦听流动站的服务请求，收到来自流动站发送的近似坐标数据后，根据误差修正模型凭借运营商通信网络向流动站传递当前所在位置的基于 RTCM 格式的差分改正数据，接着 DTU 再将 RTCM 格式的差分改正数据反向传递给 RT3002 设备。最终，RT3002 设备综合原始卫星观测数据及 RTCM 格式的差分改正数据，通过差分解算功能实现定位纠偏，计算得到高精度的位置坐标。在观测环境良好的情况下，可以实现水平为 2~5cm、高程为 2~8cm 的统计精度。

第4章
基于本体论的智能汽车测试逻辑场景构建

在智能汽车测试场景三个层级中,逻辑场景规定了场景要素及其参数空间,是后续直接参与测试的具体场景生成依据,亦是当前各类测试场景数据库建设的主体。以自然驾驶数据为摹本分析车辆行驶场景可保证测试工况与智能汽车真实行驶状态具有较高的一致性。将本体论思想引入典型场景提取过程可以保证所提取场景的通用化及规范化,是逻辑场景生成过程的重要发展方向。

4.1 场景本体构建

本体论(Ontology)来源于西方哲学,在20世纪90年代被引入工程领域,用来描述对象类型、概念、属性及其之间的关系,当前统一的描述为"共享概念模型的明确的形式化规范说明"。基于这一认知,本体论具有四类基本特征:"共享",本体论中的概念和认知反映领域中公认知识;"概念模型",抽象客观世界规律得到的概念特征模型,其含义独立于具体的环境状态;"明确",概念模型各项定义具有明确约束;"形式化",本体概念通过规则化语言进行描述,可输入计算机系统进行自动处理。鉴于本体论的这四类特征,本书将本体论引入场景提取过程,可以保证提取方法的通用化和标准化。

使用统一建模语言(Unified Modeling Language,UML)对场景本体进行描述,包含概念(Concept,C)、属性(Attribution,A)、操作(Operation,O)、关系(Relation,R)四部分。基于UML的本体基本结构如图4-1所示。

概念为本体中的各类对象,属性为概念的各类特征,操作为概念可执行的动作,关系为不同概念之间的交互。属性包含数据类属性和关系类属性,数据类属性细分为枚举类、数字类、日期类等;关系类属性为不同概念间的相对描述。关系包含继承(Inheritance)关系和构成(Composition)关系,继承关系中

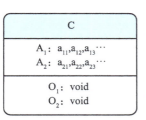 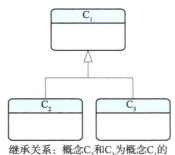 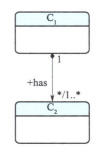

属性：概念C含有A_1、A_2两类属性，可进行O_1、O_2两类操作 | 继承关系：概念C_2和C_3为概念C_1的子集 | 构成关系：概念C_2为C_1的组分，C_1的数量始终为1，C_2的数量由"*/1..*"定义

图4-1 基于UML的本体基本结构

子概念继承父概念的所有属性和操作，只能有一个父集，但可有多个子集；构成关系表示整体与部分之间的关系，整体的数量只能为1，部分的数量存在下限，*表示下限为0，1..*表示下限为1。

本书基于斯坦福大学提出的"七步法"构建场景本体。

步骤1：确定本体领域及范围。本书中所定义的本体面向智能汽车行驶过程常见的典型场景。由于当前常用的自然驾驶数据集多为高速公路数据，因此，本书以高速公路场景为例构建场景本体。

步骤2：综合现有本体概念。本书所建本体及其属性、关系可参考现有基于场景的自动驾驶测试过程相关定义，例如PEGASUS提出的6层场景模型。

步骤3：定义本体中概念及属性。考虑到本体面向对象及自然驾驶数据约束，本书定义的场景本体部分概念、属性、操作见表4-1。

表4-1 场景本体部分概念、属性、操作

概念	道路	车辆	天气
属性及操作	道路类型、形状参数、路面特征	车辆编号、车辆类型、初速度、本车道加速、本车道减速、本车道匀速、向左换道、向右换道、目标车、交通车、所属道路、所属车道、位置关系、距离关系、横向位置、纵向位置	天气类型

步骤4：定义概念及层次结构。本体构建过程中，考虑到未来本体结构随着可获得数据类型增多而扩展，本书选择从根概念出发，逐层向下扩展至叶概念的方式对场景本体结构进行构建。

步骤5：定义概念属性。场景本体中关系属性主要包含目标车与交通车的相对关系、目标车与道路的相对关系、交通车与道路的相对关系、车道间的联通等；数据类属性主要包括车辆初速度、车辆横向位置、车辆纵向位置等。

步骤6：定义属性限制。属性限制是逻辑场景构建的关键，即参数空间的获取及不同概念的关系，该属性限制通过后面的自然驾驶数据分析获取。

通过上述步骤，本书建立的基于UML的高速公路典型场景本体结构如图4-2所示。

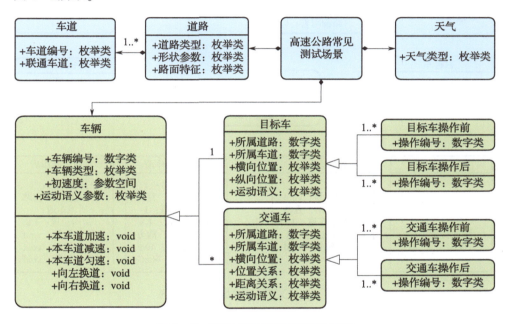

图4-2 高速公路典型场景本体结构

图4-2中，道路类型包括直道、圆弧弯道、螺旋线弯道、出口匝道、入口匝道；形状参数为不同形状道路的拓扑参数；路面特征根据路面情况选取；联通车道包括联通、不联通两种；天气类型包括晴天、雨天；车辆类型包括轿车、货车；初速度为单个场景开始时车辆速度；操作参数为车辆采取各类操作时的运动参数；横向位置为车辆在当前车道中车辆中心线距离左侧车道线的距离；位置关系包括前方、后方、左前、左后、左侧、右前、右后、右侧。需要注意的是，随着车辆操作的增多，交通车属性中的位置关系数量也随之增加，其具体数量根据目标车及交通车采取的操作次数而定。

步骤7：创造实例。当前各类自动驾驶测试法规已设定了丰富的测试场景，本书以Euro-NCAP中针对自动紧急制动（Autonomous Emergency Braking，AEB）

系统中前车制动（Car-to-Car Rear braking，CCRb）测试工况为例，对其进行场景本体实例构建。CCRb 的描述为"本车和前车以 50km/h 的速度向前直行，前车制动减速度选择 $-2m/s^2$ 或 $-6m/s^2$，前车制动时前车与本车的距离选择 12m 或 40m"。选择前车制动减速度 $-6m/s^2$，制动时本车与前车距离 40m，其他参数选择默认值，构建的 CCRb 测试场景本体实例如图 4-3 所示。

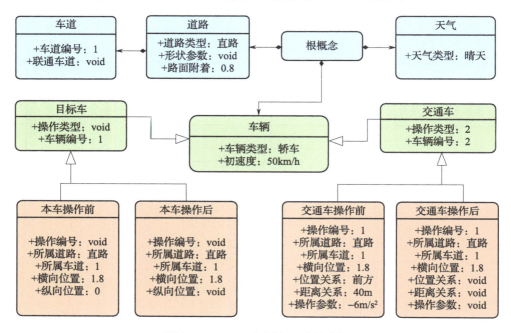

图 4-3　CCRb 测试场景本体实例

4.2　基于自然驾驶数据的逻辑场景提取

4.2.1　基于自然驾驶数据的场景提取流程

本书建立的测试场景本体主要包含三类概念：道路、车辆和天气。天气属性及道路属性中的路面特征参数可直接读取，因此本书重点介绍道路其他属性和车辆属性的获取方式。基于本体的场景提取的关键在于通过数据分析获得本体概念属性，合并具有关系类属性的场景本体，并通过概率分布的形式描述场景本体中的数据类属性，进而得到逻辑场景要素及对应的参数空间。基于本体的场景提取流程如图 4-4 所示。图 4-4 中，道路属性提取、车辆属性提取是场景本体分析的重点和难点，这两部分将在后续小节进行详细说明。

第4章 基于本体论的智能汽车测试逻辑场景构建

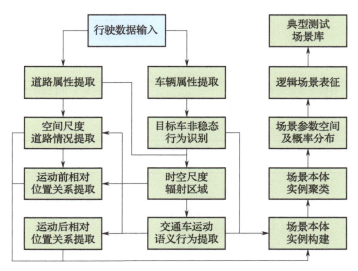

图4-4 基于本体的场景提取流程

目标车非稳态行为识别：车辆稳态行为指车辆保持当前运动趋势不变，这里将车辆属性中的本车道匀速运动作为稳态行为，当车辆打破这一状态时，可认为交通车与目标车运动产生冲突或目标车制定其他驾驶任务，此时可将其作为场景的触发条件，当车辆运动重新回到稳态行为或停止时可认为场景终止。该步骤对应获取场景本体（图4-2）中的目标车属性（车辆编号、车辆类型、初速度、运动语义参数、运动语义）、目标车操作前属性、目标车操作后属性。

时空尺度辐射区域：自然驾驶数据中包含采集开始至结束的全时间尺度数据、车辆行驶起点至终点的全空间尺度数据，由于对应车辆行驶场景仅能辐射时空尺度范围内的部分区域，因此需要识别该辐射区域范围。分析时间尺度范围，该范围起点与终点的定义与上述场景时间起点和终点相同。在空间尺度方面，本书选择当前车道距离目标车前后最近的两辆车，同时将目标车在该车道内的纵向位置迁移至其他车道，选择迁移后位置前后最近的两辆车，若其他车道存在车辆中心与目标车中心纵向距离少于5m的车辆，则除该车外，另外选择一辆与该车方向（前/后）相同的最近车辆，即本车道最多选择2辆车，其他车道最多选择3辆车。时空尺度辐射区域分析流程如图4-5所示。该步骤对应场景本体中的目标车属性（所属车道、横向位置、纵向位置）、交通车属性（车辆编号、车辆类型、所属车道、横向位置）。

交通车运动语义行为提取：根据车辆属性获取交通车运动语义行为。该步骤获取场景本体中的交通车属性（初速度、运动语义参数、运动语义）、交通车操作前属性、交通车操作后属性。

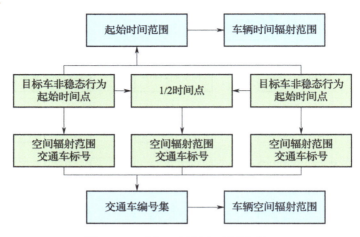

图 4-5　时空尺度辐射区域分析流程

空间尺度道路情况提取：基于车辆运动时空辐射范围，获取场景本体中对应范围内的道路属性（道路类型、形状参数）、车道属性、目标车属性（所属道路）、交通车属性（所属道路）。

运动前相对位置关系提取：获取交通车与目标车的相对位置，该相对位置仅针对单次车辆运动语义而言，在场景演变过程中的相对位置由车辆间的行为决定。该步骤获取场景本体中交通车属性（位置关系、距离关系）。

运动后相对位置关系提取：获取交通车或目标车单次运动语义结束后交通车与目标车间的相对位置。该步骤获取场景本体中的交通车属性（位置关系、距离关系）。

场景本体实例构建：综合上述步骤可获得场景本体实例。

场景本体实例聚类：将具有相同关系类属性及本体结构的场景本体进行聚类。场景本体中所有关系类属性包括：车道属性（联通车道）、目标车属性（所属道路、所属车道、操作类型）、交通车属性（所属道路、所属车道、位置关系、操作类型）、目标车操作前属性（操作编号）、目标车操作后属性（操作编号）、交通车操作前属性（操作编号）、交通车操作后属性（操作编号）。需要注意的是，操作编号虽然是数字类属性，但是其操作先后决定了场景中车辆的运动顺序，因此将其作为关系类属性；同时，目标车和交通车的操作类型属性虽然与车辆的操作具有相似的含义，但为了识别简便，本书中的场景本体单独将操作类型作为一类属性。

场景参数空间及概率分布：由于场景要素参数存在典型的拖尾分布特征，本书使用帕累托分布描述同一类场景本体实例的数据类属性。选择Ⅳ型多变量

帕累托分布作为参数分布的数学描述形式，其互补累积分布函数 $\overline{F}$ 为

$$\overline{F}(x_{pa\_1},\cdots,x_{pa\_k}) = \left[1 + \sum_{i=1}^{k_{pa}} \left(\frac{x_i - \vartheta_{pa\_i}}{\eta_{pa\_i}}\right)^{1/\gamma_{pa\_i}}\right]^{-\alpha_{pa}}, x_{pa\_i} > \vartheta_{pa\_i}, \eta_{pa\_i} > 0, \alpha_{pa} > 0 \tag{4-1}$$

式中，α_{pa}、ϑ_{pa}、η_{pa}、γ_{pa} 为帕累托分布的描述参数；x_{pa} 为帕累托分布拟合的参数值；k_{pa} 为场景要素数量；下标 i 为不同要素类别。

对于每一个独立的要素参数而言，其概率分布 p_{pa} 为

$$p_{pa}(x) = \frac{\eta_{pa}^{-1/\gamma_{pa}} \alpha_{pa} \left[1 + \left(\frac{\eta_{pa}}{x_{pa} - \vartheta_{pa}}\right)^{-1/\gamma_{pa}}\right]^{-1-\alpha_{pa}} (x_{pa} - \vartheta_{pa})^{-1+\frac{1}{\gamma_{pa}}}}{\gamma_{pa}} \tag{4-2}$$

逻辑场景表征：通过上述过程，可以得到典型场景类别、对应的参数空间及场景要素概率分布。

4.2.2 道路属性提取

由于自然驾驶数据集多数内容为车辆行驶数据，基于此，本书提出了一种基于顺序聚类的多车轨迹处理方法，通过计算车辆运动中心路径获取道路属性信息（车辆运动中心路径可等效为车道中心），该方法的建模流程如图 4-6 所示。整个过程依次输入车辆行驶轨迹并对轨迹进行分割处理，根据分割结果判断每段轨迹是否属于车辆中心路径。若属于，则基于该类所有轨迹对车辆行驶中心路径进行优化，否则将该段作为新车辆运动中心路径。整个流程分为两部分：车辆运动中心路径集合获取、基于中心路径关系分析的车道信息提取。

中心路径集合获取如图 4-6 左侧所示。

1) 轨迹输入：为优化轨迹段计算流程，需要在输入前将轨迹按照数据长度进行降序排序，若先输入的轨迹长度较短，后续轨迹与当前轨迹的重叠将出现较大的偏差，从而干扰轨迹段生成。

2) 方位变点检测：轨迹的突变点主要考虑车辆行驶方位的变化，方位的计算方式为

$$d_{azimuth\_n} = \frac{y_n - y_{n-1}}{x_n - x_{n-1}} \tag{4-3}$$

式中，$d_{azimuth\_n}$ 为第 n 个轨迹点处的方位值；y_n 和 y_{n-1} 分别为第 n 个轨迹点和第 $n-1$ 个轨迹点的道路纵向位置；x_n 和 x_{n-1} 分别为第 n 个轨迹点和第 $n-1$ 个轨迹点的道路横向位置。

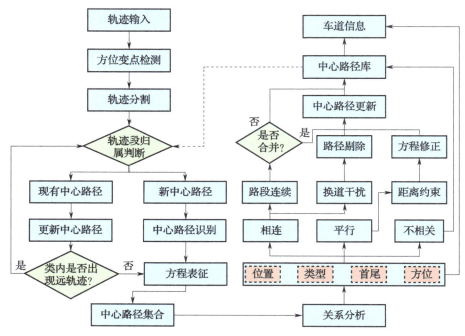

图4-6 基于顺序聚类的道路数字化建模流程

3)轨迹分割:获得一段轨迹的方位变点后,根据方位变点将该段轨迹进行分割,分割后的轨迹段输入后续的中心路径归属计算过程中。

4)轨迹段归属判断:轨迹段归属主要通过轨迹段与中心路径间的距离进行计算,其流程如图4-7所示。对于每个中心路径而言,分析新轨迹段方位与中心路径方位间的相互关系,若二者间存在较大差异或二者间横向位置不存在重叠部分,则表明该轨迹段不属于该类运动中心路径范围;若通过上述判断,则计算该轨迹段与中心路径横向位置重叠部分之间的距离,选择轨迹段起始点、1/5点、2/5点、3/5点、4/5点和终点到中心路径距离的平均值作为最终距离。找到该轨迹段与所有中心路径间距离的最小值,若该值小于设定阈值(本书设定阈值为道路宽度的一半,即1.8m),则将轨迹段归类于该类中心路径。

5)轨迹段为新中心路径:对于新中心路径,使用最小二乘法对形状进行拟合,本书使用直线、圆弧曲线、螺旋线三类曲线对中心路径形状进行方程表征。

6)轨迹段属于现有中心路径:当新轨迹段被判定属于现有中心路径时,需要使用最小二乘法根据所有属于该类的轨迹数据进行重新拟合。拟合结束后,依次计算每个轨迹段与中心路径之间的距离,若发现某条轨迹段的距离超出设定阈值,则认为该条轨迹段不属于该类中心轨迹,将其作为新轨迹段重新进行轨迹归属分析,并重新拟合该类中心路径。

第 4 章 基于本体论的智能汽车测试逻辑场景构建

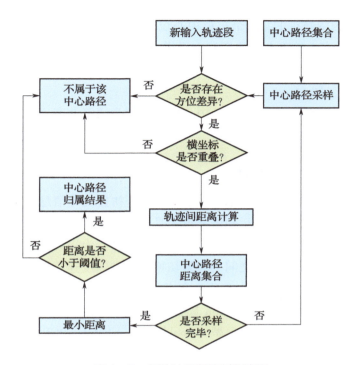

图 4-7 新轨迹段归属判断流程

在车道信息获取方面，其流程如图 4-6 右侧所示。

7）明确两中心路径间的相互关系，包括平行、相连和不相关三种。平行是指两个或多个中心路径间具有相似的表达方式，它们之间有固定的间隔，主要用于描述同一段道路不同车道中心之间的关系。相连的第一种情况是同一车道中心在不同路段的延伸，此时两条中心路径的首尾距离非常小，可以作为彼此的延伸；另一种情况是由于车辆换道产生的干扰中心路径，该中心路径与其他两个或多个中心路径间的距离均小于车道宽度，同时其方位也与连接的中心路径不相同。不相关指的是不相邻路段的中心路径。通过分析中心路径间的位置关系、类型关系、首尾关系、方位关系，可明确不同中心路径间的相互关系。

8）中心路径修正获取车道信息。对于换道产生的干扰路径，对其进行剔除。对于平行路径，通过计算后验概率对路径间的距离（车道宽度）进行修正，本书认为同一路段的不同车道宽度在一定范围内是相同的。平行路径间的距离修正如下：

$$\arg\max_{p_i, w_i} P_{\text{width}} \left[\sum_{i=1}^{n} N\left(p_{\text{lateral}\_i}, \frac{w_{\text{lane}\_i}^2}{l_{\text{width}}} \right) \mid h_{\text{sample}} \right] \qquad (4-4)$$

式中,p_{lateral_i}为待修正的第i个车道中心位置;w_{lane_i}为待修正的第i个车道宽度;h_{sample}为垂直于道路方向的切片上采样点位置;l_{width}为车道宽修正系数,假设车辆常见横向偏移为2倍标准差,即整个车道宽度相当于4倍标准差,因此式中常数项l_{width}取16。

通过上述流程,可将车辆行驶中心路径转化为道路及车道信息,获取场景本体中的道路属性。

4.2.3 车辆属性提取

对于车辆属性而言,车辆编号、车辆类型、初速度等信息可通过数据直接读取的方式进行获取,车辆运动语义行为是隐藏在车辆运动时序数据中的隐状态,需要进一步分析获取。为了解决车辆运动语义行为提取尚存在的场景时长持续问题、运动语义隐状态之间的频繁切换问题和速度连续问题,忽视车速连续变化过程中的运动语义行为变化,本书将高斯过程(Gaussian Process,GP)与半隐马尔可夫模型(Hidden Semi Markov Model,HSMM)相结合,提出了一种双层高斯过程半隐马尔可夫模型(Double GP – HSMM,DGP – HSMM)。

以车辆速度数据为提取特征,本书建立了如图4-8所示的DGP – HSMM车辆运动语义行为提取框架。该框架整体分为四部分:数据初始分割、半隐马尔可夫、双层高斯过程和隐含语义识别,其中双层高斯过程和半隐马尔可夫模型共同构成了DGP – HSMM模型。

1. 数据初始分割

数据初始分割是算法的第一步。确定时间序列数据中的变点,通过使用阈值法初步给定不同分割区间的语义分类,将同一类语义行为的数据进行聚类(语义聚类),并根据不同速度条件下的同一类语义行为进一步分割,最终得到相同速度及语义行为的数据聚类。为了减少识别过程中的计算消耗,需要确定时间序列数据的变点位置,从而避免对每个时间步长都进行计算。对于纵向速度而言,关键在于确定速度v、加速度a和加加速度a'的极大和极小值点。对于横向速度而言,由于速度波动较大,滤波难以形成光滑的曲线,因此综合考虑车辆转向及换道动力学特性,横向速度关键点确定方法为:若i时刻横向速度绝对值大于0.008m/s且$(i-1)$时刻横向速度绝对值不大于0.008m/s,则将i前后首次横向速度与i时刻符号相反的两点作为横向速度变化的关键点。在进行可变点定义的过程中,由于车辆语义行为不可能出现频繁变化,因此若发现某一段持续时间长度低于0.5s,则将该点的结束位置自动向后延长至下一变点位置。

第 4 章 基于本体论的智能汽车测试逻辑场景构建

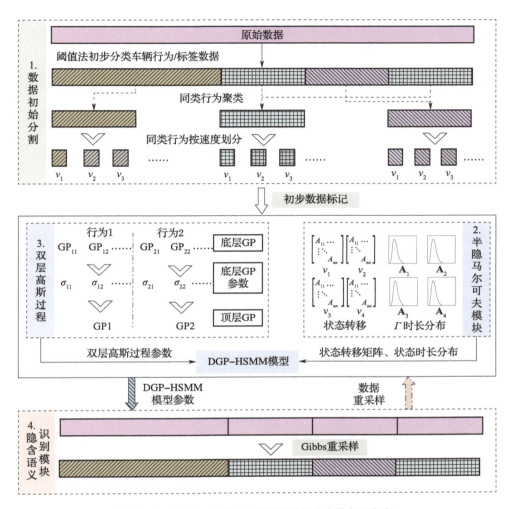

图 4-8 DGP-HSMM 车辆运动语义行为提取框架

2. 半隐马尔可夫模块

半隐马尔可夫模块接收分类好的语义数据,计算不同速度条件下不同语义行为之间的状态转移矩阵,同时使用 Gamma 分布拟合不同类型语义行为的持续时长,得到的结果向数据识别模块输出。

半隐马尔可夫模型结构如图 4-9 所示,将车辆运动语义行为视为马尔可夫链的隐状态,车辆速度信息作为观测,隐状态与观测之间的发射函数使用双层高斯过程进行描述。图 4-9 中,x_i 为隐状态,即车辆运动语义行为;v_i 为观测,即车辆横向和纵向速度;D_i 为车辆行为持续时间。其中,v_i 由 x_i 产生的双层高斯过程进行描述，D_i 由该类行为持续时长的 Gamma 分布进行描述。

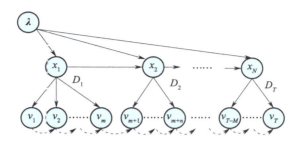

图 4-9　半隐马尔可夫模型结构

相比一般的马尔可夫模型，HSMM 存在以下两项优势：将不同车辆语义行为的持续时间使用确定的指数族函数进行表示，从而保证不同车辆语义行为具有不同的持续时间特征，弥补了黏性（Sticky）马尔可夫模型中不同行为共享黏性参数的缺陷；观测数据的产生不仅与语义行为隐状态相关，还与当前隐状态之前的观测值有关，弥补了传统马尔可夫模型观测值仅与隐状态相关的缺陷。

HSMM 的模型参数整体表征为

$$\lambda = \{a_{i(j,\tau)},\ b_j(O_{t+1:t+\tau}),\ \pi_{j,d},\ \tau_i\} \qquad (4-5)$$

式中，λ 为整体模型参数；a 为隐状态之间的状态转移矩阵；b 为隐状态与对应观测间的发射函数参数，使用后面描述的双层高斯过程时，该模型为所建立的 DGP-HSMM 模型；τ 为初始状态，即开始时的车辆语义行为；τ 为隐状态对应的持续时间；下标 i、j 为不同的隐状态；下标 d 为数据长度；下标 t 为 t 时刻。

不同参数的进一步细化表示为

$$\begin{cases} a_{(i,d)(j,\tau)} \equiv P[x_{[t+1,t+\tau]}=j \mid x_{[t-d:t]}=i] \\ b_{j,\tau}(v_{t+1:t+\tau}) \equiv P[v_{[t+1:t+\tau]} \mid x_{[t+1:t+\tau]}=j] \\ \pi_{j,\tau} \equiv x_{[1:\tau]}=j \\ \tau_i \sim \Gamma(\tau_i) \end{cases} \qquad (4-6)$$

式中，第一个等式代表 $t-d$ 到 t 时刻隐状态为 i 时，$t+1$ 时刻到 $t+\tau$ 时刻隐状态为 j 的概率；第二个等式代表 $t+1$ 时刻到 $t+\tau$ 时刻隐状态为 j 时，对应观测为 v 的概率；第三个等式代表从开始时刻到 τ 时刻，隐状态为 j；第四个等式代表不同隐状态的持续时间符合相应的分布。

在进行状态转移矩阵的计算时，本书将速度行为分为高速（80km/h 以上）、中速（40~80km/h）、低速（0~40km/h）三类状态转移矩阵，属于同一速度段内的时间序列数据使用同一状态转移矩阵进行计算。

在进行持续时间的函数选择时，选择 Gamma 分布对其进行拟合。Gamma 分布是最常用于描述隐状态持续时间的分布，其概率分布见式（4-7）。

$$f_{\text{ga}}(\tau) = \frac{1}{\Gamma(\alpha_{\text{ga}})\beta_{\text{ga}}^{\alpha_{\text{ga}}}} \tau^{\alpha_{\text{ga}}-1} e^{-\frac{\tau}{\beta_{\text{ga}}}} \quad (4-7)$$

式中，α_{ga} 为形状参数；β_{ga} 为逆尺度参数。

3. 双层高斯过程

双层高斯过程接收分类好的数据并对其进行数学描述。双层高斯过程模块分为两层：底层高斯过程对相同语义、不同速度下的速度信号进行拟合，获得对应高斯过程描述参数；顶层高斯过程接收相同语义、不同速度下的底层高斯过程拟合参数，并将底层高斯过程的参数进行进一步拟合。将得到的双层高斯过程模块结果输入到隐含语义识别模块中，用于新数据的识别。

本书选择双层高斯过程进行描述，其原因有二：一是一类车辆语义行为之间存在很强的相关性，即一段时间的速度观测与隐状态之间存在很强的内在联系，这意味着可以使用单层高斯过程描述一类语义行为；二是自然驾驶数据中同一车辆语义行为大多发生在不同速度情况下，使用单层高斯模型难以对同类车辆行为在不同初速度下的行为进行精确描述，即当前时刻的速度观测不仅与该观测所属的隐状态有关，还与行为开始的速度有关，因此考虑增加一层高斯过程描述不同速度下的车辆语义行为。

双层高斯过程数据描述示意如图 4-10 所示。首先，将同一语义行为的分类数据按照不同的初始速度分类，得到同一语义不同速度下的观测数据；其次，对不同速度下的数据使用底层高斯过程进行描述，并将同一类行为不同速度下的高斯过程描述参数发送至顶层高斯过程；最后，顶层高斯过程接收同一类语义行为的底层高斯过程描述参数，并将它们进一步拟合获取一类语义行为的行为描述。

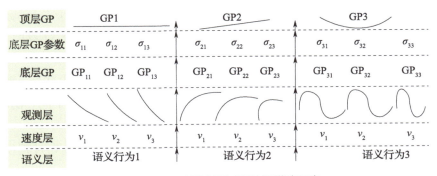

图 4-10 双层高斯过程数据描述示意

底层高斯过程的表达见式（4-8）。

$$f_{\text{gp}}(v) \sim \text{GP}(m, k) \quad (4-8)$$

式中，v 为同一速度下相同语义行为的速度观测；m 为高斯过程的均值函数，选择 **0** 矩阵；k 为高斯过程的协方差函数。

本书中 k 选择较为常用的平方指数型核函数，见式（4-9）。

$$k(x, x^*) = \sigma_f^2 \exp\left[-\frac{1}{2}\frac{(x-x^*)^T(x-x^*)}{\sigma_l^2}\right] + \sigma_n^2 \delta_{pq} \quad (4-9)$$

式中，σ_f 为特征长度标量；σ_l 为信号标准差；σ_n 为高斯过程噪声；δ_{pq} 为克罗内克符号函数，$p=q$ 时其值为 1，否则为 0。σ_f、σ_l、σ_n 共同组成了一个高斯过程的描述参数 $\boldsymbol{\sigma}$。

顶层高斯过程的描述过程与底层高斯过程相同，只是将输入由观测速度 v 变为了一类语义行为不同速度的高斯过程描述参数 $\boldsymbol{\sigma}$。在计算获取某一语义行为在某一速度下的观测拟合曲线时，首先找到该类语义行为所对应的顶层高斯过程，随后确定该高斯过程中对应速度条件的底层高斯过程参数，使用得到的底层高斯过程参数拟合，得到所需速度下的语义行为观测数据拟合曲线。

4. DGP-HSMM 模型描述

在得到了状态转移矩阵、发射函数、持续时间的表达之后，便可以对时间点 t 后的小区间属于隐状态 i 的概率进行描述，见式（4-10），式（4-11）为归一化后的概率。

$$P_t = \begin{cases} P_{\text{GP}i[t-\tau]} p_c P_{\text{GP}i[t+v] \mid [t-\tau]}, & m_t = 1 \\ a_{ij} p_e P_{\text{GP}j[t+v]}, & m_t = 0 \end{cases} \quad (4-10)$$

$$P_i = \frac{P_{ti}}{\sum P_{ti}} \quad (4-11)$$

式中，$P_{\text{GP}i[t-\tau]}$ 为前一段时间序列数据属于第 i 类语义行为的概率；$P_{\text{GP}i[t+v] \mid [t-\tau]}$ 为以前一段数据为先验前后两段时间序列数据属于第 i 类语义行为的概率；$P_{\text{GP}j[t+v]}$ 为后一段时间序列数据属于第 j 类语义行为的概率；p_c 为隐状态 i 在 t 时间点未结束的概率；p_e 为隐状态 i 在 t 时间点结束的概率；a_{ij} 为由状态 i 转移到状态 j 的概率；m_t 为状态指示函数，1 代表本时刻和上一时刻属于同一隐状态，0 代表本时刻和上一时刻不属于同一隐状态。

式（4-10）中的 $P_{\text{GP}i[t-\tau]}$、$P_{\text{GP}i[t+v]}$、$P_{\text{GP}i[t+v] \mid [t-\tau]}$ 均通过双层高斯过程模型进行计算，见式（4-12）。

第 4 章 基于本体论的智能汽车测试逻辑场景构建

$$P_{\text{GP}ik[:]} = \frac{\lg(P_{\text{GP}ik[t1]} P_{\text{GP}ik[t2]} \cdots P_{\text{GP}ik[tn]})}{\sum \lg(P_{\text{GP}ik[t1]} P_{\text{GP}ik[t2]} \cdots P_{\text{GP}ik[tn]})} \qquad (4-12)$$

式中，$P_{\text{GP}ik[tn]}$ 为 tn 时刻速度大小属于第 k 类别语义行为对应的高斯过程的概率。

对于每一类语义行为，都可以直接使用每个采样点属于该高斯过程的概率获得，见式（4-12）。

由于 $P_{\text{GP}i[t+v]\mid[t-\tau]}$ 使用了前一段时间序列数据作为先验，因此其对应高斯过程的均值向量和协方差函数表达式需要以前一段数据的模型参数为基础：

$$\boldsymbol{\mu}_{[t+v]\mid[t-\tau]} = \boldsymbol{\mu}_{[t+v]} + \sum\nolimits_{[t+v][t-\tau]} \sum\nolimits_{[t-\tau][t-\tau]}^{-1} (\boldsymbol{x}_{[t-\tau]} - \boldsymbol{\mu}_{[t-\tau]}) \qquad (4-13)$$

$$\sum\nolimits_{[t+v]\mid[t-\tau]} = \sum\nolimits_{[t+v][t+v]} - \sum\nolimits_{[t+v][t-\tau]} \sum\nolimits_{[t-\tau][t-\tau]}^{-1} \sum\nolimits_{[t-\tau][t+v]} \qquad (4-14)$$

$$\boldsymbol{\mu}_{[t-\tau,t+v]} = \begin{bmatrix} \boldsymbol{\mu}_{[t-\tau]} \\ \boldsymbol{\mu}_{[t+v]} \end{bmatrix} \qquad (4-15)$$

$$\sum\nolimits_{[t-\tau,t+v]} = \begin{bmatrix} \sum_{[t-\tau][t-\tau]} & \sum_{[t-\tau][t+v]} \\ \sum_{[t+v][t-\tau]} & \sum_{[t+v][t+v]} \end{bmatrix} \qquad (4-16)$$

式中，$\boldsymbol{\mu}_{[t+v]}$、$\boldsymbol{\mu}_{[t-\tau]}$ 为对应时间序列数据的均值向量；$\boldsymbol{x}_{[t-\tau]}$ 为对应时间序列的观测数据；$\sum_{[t+v][t+v]}$、$\sum_{[t-\tau][t-\tau]}$、$\sum_{[t-\tau][t+v]}$、$\sum_{[t+v][t-\tau]}$ 分别为前后整体时间序列数据协方差矩阵中的对应部分。

由于覆盖了多个维度，在进行高斯过程的相似度识别时，不同维度之间的过程是分开计算的，随后赋予不同维度之间各自的权重，将加权后的各个维度的相似度结果进行相乘。

5. 隐含语义识别模块

隐含语义识别模块根据输入的 DGP-HSMM 模型参数对新数据进行识别。基于阈值法获取的时间序列数据的语义类型，使用 Gibbs 采样对数据进行重采样，并将采样之后的数据识别结果发送至双层高斯过程模块和半隐马尔可夫模块更新模型参数，随后进行下一段时间序列数据的采样，直到新时间序列数据的采样结果收敛。需要注意的是，若 DGP-HSMM 模型已经得到充分训练，则此时无须进行重采样，可直接通过前后向算法进行隐含语义识别。

Gibbs 采样的基本单位同时考虑该点前后两段时间序列数据，以此为基础对整个时间序列数据中不同时间段所属隐状态进行采样，整个时间序列数据的隐状态更新流程如下。

步骤 1：根据阈值法确定不同时间序列对应隐状态 $x_t = (x_1, x_2, x_3, x_4 \cdots)$。

步骤 2：将第一段时间序列数据从整体数据中剔除，使用剩下的数据计算 DGP - HSMM 模型参数 $\boldsymbol{\lambda}$，根据获取的参数 $\boldsymbol{\lambda}$ 计算 $P(x_1 | \boldsymbol{\lambda})$，根据式（4 - 10）的下半部分采样得到该时间序列数据属于不同隐状态的概率，代入（4 - 11）重采样该段数据的隐状态结果 x_1^*。

步骤 3：对第三个间断点前后的时间序列数据所属分类进行采样，将该两段数据从整个时间序列过程中剔除，同时将前段数据语义行为属于 x_1^* 的情况代入模型参数的计算过程，得到对应的模型参数 $\boldsymbol{\lambda}^*$，随后，将这两段数据代入式（4 - 10）、式（4 - 11）中进行计算，由于同时采样了两段数据，这两段数据可能属于同一状态，也可能属于不同状态，共存在 n^2（n 为隐状态数量）种情况，选取其中概率最大的四种情况代入式（4 - 11）进行归一，并根据得到的结果采样该间断点前一段时间序列数据的隐状态 x_2^*。

步骤 4：根据步骤 3 依次进行后续时间序列数据的采样。

步骤 5：重复步骤 3、4，直到将所有时间序列数据全部采样完成。

步骤 6：计算前后两轮数据识别的似然，若两轮似然差异小于阈值，则停止迭代，输出最终的语义行为识别结果，否则返回步骤 2 重新进行迭代。单轮似然的计算过程见式（4 - 17）。

$$P_{\text{all}} = P(\boldsymbol{x} | \boldsymbol{\lambda}) \tag{4-17}$$

进行式（4 - 17）的计算时，其计算的基本单元为一个语义行为分段，即

$$P_{\text{all}} = p_{x[0:t1] = xt1} p_{\Gamma t1} a_{t1,t2} p_{x[t1+1:t1+t2] = xt2} p_{\Gamma t2} a_{t2,t3} \cdots \tag{4-18}$$

式中，$p_{x[ta:tb] = xtn}$ 为通过高斯过程计算得到的从时间点 a 到时间点 b 的时间序列数据属于第 n 个隐状态的概率；$p_{\Gamma tn}$ 为第 n 个隐状态在当前时刻结束的概率；$a_{ti,tj}$ 为隐状态 i 转移到隐状态 j 的概率。

4.2.4 基于 HighD 数据集的场景生成实例

HighD 数据集是一个在德国高速公路上通过无人机采集得到的自然驾驶汽车行驶轨迹的数据集，其通过计算机视觉的方式分析视频中每辆车的轨迹、类型、尺寸等。

本书基于上述方法对 HighD 行驶数据中出现次数较多的 9 种场景进行提取，并通过帕累托分布建立其对应的逻辑场景参数空间，所提取的典型场景见表 4 - 2。为了减少场景描述条目，表 4 - 2 中将左换道和右换道场景统一为换道场景。

表 4–2 HighD 数据中 9 种典型场景

场景序号	目标车行为	初始及结束位置	交通车行为	周围车辆初始及结束位置
1	进入匝道	匝道 → 最右侧车道	①匀速直线运动 ②匀速直线运动	
2	进入匝道	匝道 → 中间车道	①匀速直线运动 ②匀速直线运动 ③匀速直线运动 ④匀速直线运动	
3	切入	当前车道 → 相邻车道	①匀速直线运动 ②匀速直线运动 ③匀速直线运动 ④匀速直线运动	
4	切入	当前车道 → 相邻车道	①匀速直线运动 ②换道 ③匀速直线运动	
5	切入	当前车道 → 相邻车道	①换道 ②匀速直线运动 ③匀速直线运动 ④匀速直线运动	
6	切入	当前车道 → 两车道外	①匀速直线运动 ②匀速直线运动 ③匀速直线运动 ④匀速直线运动 ⑤匀速直线运动 ⑥匀速直线运动	
7	减速	保持当前车道	①换道 ②减速	
8	减速	保持当前车道	①匀速直线运动	
9	加速	保持当前车道	①换道	

为了使描述更加清晰，本书对场景3的相关参数进行进一步细化，并根据帕累托分布95%置信度区间确定其参数空间，参数空间和相应的帕累托分布参数见表4-3。表4-3中所有速度的单位是m/s，距离的单位是m。

表4-3 场景3各要素参数空间和相应的帕累托分布参数

参数	目标车	①	②	③	④
场景初始状态速度	[25.72, 44.96]	—	—	—	—
场景结束状态速度	[26.62, 47.12]	—	—	—	—
场景初始状态相对速度	—	[-4.11, 4.06]	[-6.14, 5.59]	[-9.68, -1.58]	[-6.38, 1.53]
场景结束状态相对速度	—	[-6.18, 8.21]	[-2.1, 7.76]	[-10.1, -1.76]	[-4.75, -0.34]
场景初始状态横向偏移			[-0.71, 0.71]		
场景结束状态横向偏移			[-0.71, 0.71]		
场景结束状态纵向位置	[98.2, 274.5]	—	—	—	—
场景初始状态相对纵向位置	—	[-162.3, -13.8]	[17, 198.7]	[-64.3, 0]	[49.4, 175.1]
场景结束状态相对纵向位置	—	[-122.6, 11.9]	[-4.6, 199.2]	[-140.9, -11.3]	[27.7, 146.2]

图4-11和图4-12所示是上述基于本体方法提取得到的两个概率较低的非典型场景，图中横、纵坐标是车辆中心的纵向和横向位置，曲线是车辆运动轨迹，曲线的颜色从蓝到红代表车辆位置随时间的变化。为了便于观察，不同的车辆在其初始位置使用数字进行标记。

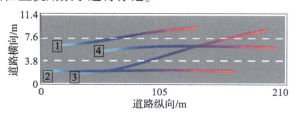

图4-11 非典型场景1

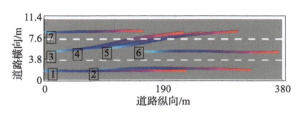

图4-12 非典型场景2

非典型场景1以车辆1的视角进行提取。图4-11中，车辆2在右侧车道上跟随车辆3，车辆1在中间车道上跟随车辆4。当车辆1向左变道时，车辆3同时向左变道并穿过两条车道，最后出现在车辆1的前方。这个场景可以用来测试车辆1在变道过程中前方出现意外车辆时的驾驶策略。可以发现，车辆1有明显的减速行为，其曲线颜色变化较快，纵向长度比其他车辆短。

非典型场景2从车辆4的视角出发进行提取，由于车辆3、4、5均进行了换道操作，通过人工提取了数据中车辆6的相关数据对场景进行完善。图4-12的场景相比图4-11的场景更加复杂，其给车辆3和车辆4的驾驶安全带来了巨大的挑战。车辆1在右侧车道跟随车辆2，这就排除了中间车道车辆向右变道的可能性。为了超越车辆6，车辆5向左变道。在车辆5离开后，车辆4发现车辆6以低速前进，因此也开始同步改变车道。这时，车辆3因某些原因改变了车道，压缩了车辆4的后部空间。反言之，车辆4在变道过程中也压缩了车辆3的前部空间。从车辆4的角度看，在变道过程中，前后两侧被车辆5和车辆3压缩，其行驶轨迹几乎完全被其他车辆覆盖。以车辆3的视角出发，其变道空间也被车辆4和车辆7压缩。虽然车辆3和车辆4的目的是超越前面的低速车辆6，但它们在整个行驶过程中的速度并没有得到提高。与车辆6相比，车辆3和车辆4的曲线长度甚至更短，这可以说明这两辆车遇到的危险和应对这些风险的操作。

虽然图4-11和图4-12这类非典型场景数量较少，难以通过自然驾驶数据获取其完整的参数空间，但可通过专家经验等人工定义的方式，为该类场景的参数范围进行补充，从而将其扩展为可用于场景库建设的逻辑场景，丰富场景库建设。

4.3 基于对抗学习的逻辑场景自动生成

由于自然驾驶数据采集过程成本高、耗时长，目前自然驾驶数据仍存在样本量方面的难题，很多关键场景难以通过自然驾驶数据分析的方式进行获取。

考虑到人类主观经验设计在设计场景时存在思维边界，强化学习等学习类算法是实现这类关键场景生成的重要手段。本章使用对抗学习进行场景的自动生成，基于场景本体将道路属性及车辆属性作为关键场景生成的关键，进而将生成的道路属性与车辆属性相结合，生成自然驾驶数据中难以提取的关键场景。

4.3.1 基于生成对抗网络的道路属性生成

道路属性是车辆运动的前提与约束，是场景生成的基础，各类场景模型均以道路作为最基础的要素。当前，自然驾驶数据库多以采集固定道路位置处的车辆运动为主，道路属性多样性存在缺陷；而地图数据多以直线描述道路形状，精度方面存在不足。因此，分析有限的道路数据，获取更为丰富的新路段数据，从而建立道路属性数据集是场景生成的首要步骤。道路属性生成包含三项关键要点：①所生成的道路需要与真实道路具有较高的一致性；②所生成的道路数据不能与原有数据相同；③所生成的道路数据应该尽可能丰富。本书选择生成对抗网络（Generative Adversarial Networks，GAN）进行道路数据衍生。GAN 属于生成模型，其能够通过训练给定标记数据获得隐变量，并在此条件下随机生成观测数据，生成模型产生的观测数据与训练数据具备类似的分布，但生成的数据可能并不属于训练数据集。常见的 GAN 以空间内的整体分布的相似性为学习目标，但对于道路而言，下一路段的类型及结构需要考虑之前路段的相关特性，因此本书选择考虑数据时序特征的时间序列生成对抗网络（Time – GAN）用于道路衍生。

1. Time – GAN 模型介绍

Time – GAN 将传统 GAN 与自回归模型相结合，在计算原始数据与生成数据对抗损失的同时考虑每个节点生成数据的监督损失，从而确保训练得到的道路数据与输入道路数据在局部及整体空间下的相似性。

根据上述分析，Time – GAN 模型计算过程包含两个优化方向：

1) 局部优化，对于任意节点 t：

$$\arg\min_{\hat{t}} D_{\text{lo}}[p(\boldsymbol{X}_t \mid \boldsymbol{S}, \boldsymbol{X}_{1:t-1}) \| \hat{p}(\boldsymbol{X}_t \mid \boldsymbol{S}, \boldsymbol{X}_{1:t-1})] \qquad (4-19)$$

式中，$\boldsymbol{S} \in s$ 和 $\boldsymbol{X} \in x$ 分别为数据中静态部分 s 和动态部分 x 采样得到的特定实例（$\boldsymbol{S} = s_n$，$\boldsymbol{X} = x_{n,1:T}$），其中 $n \in \{1, \cdots, N\}$；D_{lo} 为 KL 散度。

2) 全局优化，该过程与传统对抗网络目标一致：

$$\arg\min_{\hat{p}} D_{\text{gl}}[p(\boldsymbol{S}, \boldsymbol{X}_{1:T}) \| \hat{p}(\boldsymbol{S}, \boldsymbol{X}_{1:T})] \qquad (4-20)$$

式中，$p(S, X_{1:T})$ 为原始数据分布；$\hat{p}(S, X_{1:T})$ 为训练得到的数据分布，且 $p(S, X_{1:T}) = p(S) \prod p(X_t | S, X_{1:t-1})$；$D_{gl}$ 为 JS 散度。

Time – GAN 基础网络结构如图 4 – 13 所示，包括自动编码部分及对抗网络部分，前者分为嵌入函数和复原函数，后者分为序列生成器和序列判别器。

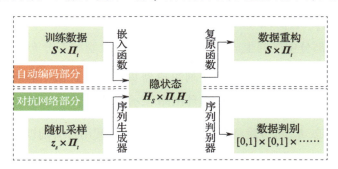

图 4 – 13　Time – GAN 基础网络结构

具体网络结构如图 4 – 14 所示，图中对不同组分间的数据传递进行了详细描述。

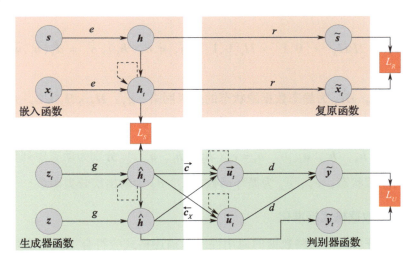

图 4 – 14　Time – GAN 具体网络结构

自动编码部分中嵌入函数和复原函数需要完成数据→隐状态→数据这一连续映射过程，使用 H_S、H_X 分别描述 s、x 中的隐状态分布。嵌入函数将数据的静态 h_S 和动态 $h_{1:T}$ 部分转变为对应的隐状态 $e(s, x_{1:T})$，使用循环网络进行描述，见式（4 – 21）；复原函数将数据静态 $\tilde{s}$ 和动态 $\tilde{x}_t$ 部分的隐状态重新转变

为原始数据格式 $r(\boldsymbol{h}_S, \boldsymbol{h}_{1:T})$，使用前馈网络表示，见式（4-22）。

$$e: S \times \Pi_t X \to H_S \times \Pi_t H_X, \boldsymbol{h}_S = e_S(s), \boldsymbol{h}_t = e_X(\boldsymbol{h}_S, \boldsymbol{h}_{t-1}, \boldsymbol{x}_t) \quad (4-21)$$

$$r: H_S \times \Pi_t H_X \to S \times \Pi_t X, \tilde{s} = r_S(\boldsymbol{h}_S), \tilde{\boldsymbol{x}}_t = r_X(\boldsymbol{h}_t) \quad (4-22)$$

式中，$e_S: S \to H_S$ 和 $e_X: H_S \times H_X \times X \to H_X$ 为数据静态和动态部分的嵌入函数；$r_S: H_S \to S$ 和 $r_X: H_X \to X$ 为对应的复原函数。

对抗网络部分中序列生成器基于随机采样生成隐状态分布，序列判别器针对生成的隐状态分布进行判别。序列生成器负责生成数据中静态 $\hat{\boldsymbol{h}}_S$ 和动态 $\hat{\boldsymbol{h}}_{1:T}$ 部分的隐状态 $g(z_S, z_{1:T})$，使用循环网络表示，见式（4-23）；序列判别器接受静态 $\tilde{\boldsymbol{h}}_S$ 和动态 $\tilde{\boldsymbol{h}}_T$ 部分隐状态并返回分类结果，使用带有前馈输出层的双向循环网络表示，见式（4-24）。序列判别器中 $\tilde{\boldsymbol{h}}_*$ 表示该规律为真实的隐状态 $\boldsymbol{h}_*$ 或生成的隐状态 $\hat{\boldsymbol{h}}_*$，$\tilde{\boldsymbol{y}}_*$ 表示分类是真实的分类 y_* 或生成的分类 $\hat{y}_*$。

$$g: Z_S \times \Pi_t Z_X \to H_S \times \Pi_t H_X, \hat{\boldsymbol{h}}_S = g_S(z_S), \hat{\boldsymbol{h}}_t = g_X(\hat{\boldsymbol{h}}_S, \hat{\boldsymbol{h}}_{t-1}, z_t) \quad (4-23)$$

$$d: H_S \times \Pi_t H_X \to [0,1] \times \Pi_t[0,1], \tilde{y}_S = d_S(\tilde{\boldsymbol{h}}_S), \tilde{y}_t = d_X(\overleftarrow{\boldsymbol{u}}_t, \overrightarrow{\boldsymbol{u}}_t) \quad (4-24)$$

式中，$g_S: Z_S \to H_S$ 为静态数据隐状态的生成网络；$g_X: H_S \times H_X \times Z_X \to H_X$ 为动态数据隐状态的循环生成网络；Z_S 为通过高斯分布进行采样；z_t 为维纳过程，$\overrightarrow{\boldsymbol{u}}_t = \overrightarrow{c}_X(\tilde{\boldsymbol{h}}_S, \tilde{\boldsymbol{h}}_t, \overrightarrow{\boldsymbol{u}}_{t-1})$、$\overleftarrow{\boldsymbol{u}}_t = \overleftarrow{c}_X(\tilde{\boldsymbol{h}}_S, \tilde{\boldsymbol{h}}_t, \boldsymbol{u}_{t-1})$ 分别为动态序列数据的前向、后向隐藏状态，$\overrightarrow{c}_X$、$\overleftarrow{c}_X$ 为循环函数；d_S、d_X 为输出层分类函数。

2. 道路数据格式标准化

为了保证所生成道路数据的通用性，其描述格式应符合主流仿真软件的输入格式。OpenDRIVE 是基于场景的测试体系中道路描述较为通用的文件格式，其基于 XML 描述格式，包含道路参考线、车道信息、道路设施（交通标志）三层描述内容，如图 4-15 所示。道路参考线对应前面场景本体中道路属性的道路形状参数，是本章道路属性的生成重点，该部分通过前面建立的 Time-GAN 模型进行生成；车道信息对应车道属性信息，由于车道属性可通过人工设定宽度的形式将道路分割获取，因此该部分不进行详细展开；虽然之前的场景本体构建以车辆运动数据为主体，省略了道路设施信息，但该部分可作为道路属性的附加内容，对其相关数据进行统计并为未来场景构建提供指导，该部分使用高斯分布进行描述。

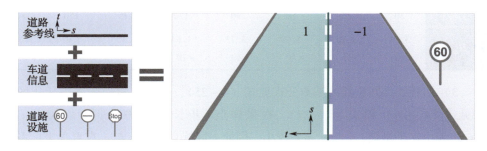

图4-15 OpenDRIVE 道路描述要素

在前面构建场景本体中，道路属性中还包含道路类型，OpenDRIVE 格式中包含直线、圆弧、回旋线、三次参数曲线四类，其对应的参数描述见表4-4。为了便于道路数据自动生成过程的格式统一，本书使用三次参数曲线对道路类型进行统一描述，此时道路参考线的生成主要为三次参数曲线的曲线参数。

表4-4 OpenDRIVE 道路类型及参数描述

道路类型	描述参数
直线	起点、方位、长度
圆弧	起点、方位、长度、曲率
回旋线	起点、方位、长度、起点曲率、终点曲率
三次参数曲线	起点、方位、长度、曲线参数（共8个）

在统一使用三次参数曲线时，需分析替代过程中产生的误差。

1）直线。在使用三次参数曲线替代直线过程中，直线可看作一次曲线，由于高次曲线可以通过调整变量权重的形式降阶为低次曲线，因此三次参数曲线可以完全替代原始直线。

2）圆弧曲线。在使用三次参数曲线替代圆弧曲线过程中，研究人员分析了三次参数曲线拟合圆弧段中的误差特性，其拟合误差仅与圆弧中心角有关，与圆弧的大小、位置均无关。当圆弧半径为1m时，不同圆心角对应的该段圆弧最大绝对误差 D_{max} 的结果见表4-5。从表中结果可以看出，在低于90°时，三次参数曲线可以较好地拟合圆弧，随着圆心角的增加，三次参数曲线拟合的误差逐渐增大。在实际应用时，圆心角较大的圆弧可分解为几段圆心角较小的圆弧，从而保证了三次参数曲线拟合过程中的精度。

表 4-5　三次参数曲线拟合半径为 1m 的不同圆心角对应的该段圆弧最大绝对误差

圆心角/(°)	30	45	60	90	120	135	150	180
$D_{\max}$	3.72×10^{-7}	4.25×10^{-6}	2.39×10^{-5}	2.73×10^{-4}	1.54×10^{-3}	3.15×10^{-3}	5.97×10^{-3}	1.84×10^{-2}

3) 回旋线。回旋线的基本公式见式（4-25），其在直角坐标系中转化的结果见式（4-26）和式（4-27）。在采样点 l 步长小于 100m 时，$l^5/40C^2$、$l^7/336C^3$ 大小在毫米级，x 与 y 误差较小。因此，回旋点坐标 x 与 y 在直角坐标系中可视为具有明显的 3 次关系，使用三次参数曲线可以对回旋线进行较好的拟合。

$$rl = A^2 \tag{4-25}$$

$$x \approx l - l^5/40C^2 \tag{4-26}$$

$$y \approx l^3/6C - l^7/336C^3 \tag{4-27}$$

式中，$C = RL_s$，R 为圆曲线半径，L_s 为缓和曲线长度；r 为回旋线上某点的曲率半径（m）；l 为回旋线上某点到原点的曲线长（m）；A 为回旋线参数。

通过上述分析可知，采用三次参数曲线可以对道路形状进行充分描述，且其精度可以满足道路重构需求。三次参数曲线在 OpenDRIVE 格式中使用局部坐标系的描述方程为

$$u(p) = a_u + b_u p + c_u p^2 + d_u p^3 \tag{4-28}$$

$$v(p) = a_v + b_v p + c_v p^2 + d_v p^3 \tag{4-29}$$

式中，p 的取值范围为 $[0,1]$；$u(\cdot)$ 为局部坐标系 u 轴对应的值；$v(\cdot)$ 为局部坐标系 v 轴对应的值；a_u、b_u、c_u、d_u、a_v、b_v、c_v、d_v 为曲线描述参数。

由于 p 的取值范围固定，因此只需要获取曲线描述参数，即可完整获取该段曲线。

4.3.2　基于多智能体深度确定性策略梯度的车辆属性生成

在生成道路属性数据集的基础上，每条道路均可与多种车辆属性相结合，生成丰富类型的关键场景。本节以道路属性为约束，进行车辆属性的生成。在前面建立的场景本体中，车辆属性包括目标车及交通车两类子概念，且交通车可存在多个，这种多辆车相互作用的交通系统可视为多智能体系统。系统中不同车辆可视为具有独特目标的智能体，将目标车视为正常行驶的车辆，而将交通

车视为对目标车存在恶意的危险车辆,通过设定不同车辆的差异化奖惩函数,诱导目标车行为与交通车行为之间的交互对抗,获取关键场景生成所需的车辆属性。

1. MADDPG 模型

多智能体强化学习(Multi-Agent Reinforcement Learning,MARL)是解决多智能体间对抗学习最为常用的方法,其将多个独立的强化学习算法进行结合,最终完成多个智能体间的交互对抗。本书选择多智能体深度确定性策略梯度(Multi-Agent Deep Deterministic Policy Gradient,MADDPG)对车辆间的运动交互进行学习,从而生成场景所需的车辆属性。MADDPG 以深度确定性策略梯度(Deep Deterministic Policy Gradient,DDPG)为基础,通过集中学习、分散执行的形式完成多个智能体之间的信息交互,实现不同智能体之间的差异化策略学习。针对每个独立的智能体而言,MADDPG 的计算逻辑与 DDPG 类似。

DDPG 为一种典型的强化学习(Reinforcement Learning,RL)算法,其可描述为单个智能体与环境所组成的系统,包含状态、动作、奖励,如图 4-16 所示。

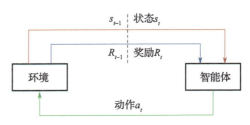

图 4-16 强化学习基础框架

图 4-16 中,状态是智能体在环境中的量化表征;动作是智能体可执行的操作;奖励 G_t 为智能体表现好坏的量化结果,是每个时间步长内环境对智能体动作结果的反馈 R_t。在智能体从时间起点至终点动作过程中,其在整个路径得到的奖励可表示为式(4-30),智能体最终学习的目标便在于奖励最大化。为了保证奖励的最大化,智能体在不同状态时可能选择特定的动作,这种状态与动作间的映射称为策略。

$$G_t = R_t + \gamma R_{t+1} + \gamma^2 R_{t+2} + \cdots = \sum_{0}^{N} \gamma^k R_{t+k} \quad (4-30)$$

式中,γ 为学习率。

为了最大化式(4-30),DDPG 采用同步优化状态价值函数及动作价值函数的方法。状态价值函数的定义为智能体从状态 s 出发,遵循策略能够获得的期望回报;动作价值函数定义为智能体在当前状态 s 执行动作 a 之后,遵循策略能够获得的期望回报。状态价值函数 V 和动作价值函数 Q 分别见式(4-31)和式(4-32)。

$$V^\pi(s) = E_\pi[G_t \mid S_t = s] \quad (4-31)$$

$$Q^\pi(s, a) = E_\pi[G_t \mid S_t = s, A_t = a] \quad (4-32)$$

DDPG 采取的具体优化方法基于策略网络（Actor）-价值网络（Critic）架构，其整体架构如图 4-17 所示。

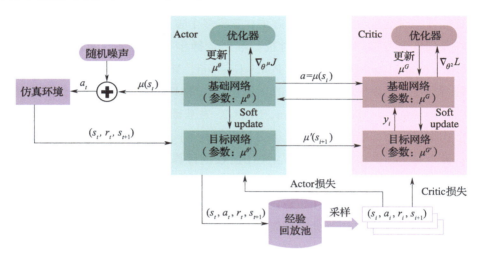

图 4-17 DDPG 整体架构

Actor 可进一步细分为基础网络 $\mu(s \mid \theta^\mu)$ 和目标网络 $\mu'(s \mid \theta^{\mu'})$，基础网络用于输出确定性动作，目标网络用于更新价值网络；Critic 同样包括基础网络 $Q(s, a \mid \theta^Q)$ 和目标网络 $Q'(s, a \mid \theta^{Q'})$，二者的输出均为当前状态的价值，区别在于目标网络的输入为当前状态的观测及 Actor 目标网络输出的动作，基础网络的输入为 Actor 基础网络输出的动作。

在训练完成一组数据后，DDPG 首先通过随机梯度下降算法更新 Critic 基础网络参数，相关损失函数见式（4-33）和式（4-34），通过标准遗传算法更新 Actor 基础网络参数，相关损失函数见式（4-35）；随后通过 Soft update 算法更新目标网络参数，Soft update 是一种滑动平均算法，Critic 和 Actor 的网络软更新分别见式（4-36）和式（4-37）。

$$y_i = r_i + \gamma Q'[s_{i+1}, \mu'(s_{i+1}, \mid \theta^{\mu'}) \mid \theta^{Q'}] \quad (4-33)$$

$$L = 1/N \sum_i [y_i - Q(s_i, a_i \mid \theta^{Q'})]^2 \quad (4-34)$$

$$\nabla_{\theta^\mu} J \approx 1/N \sum \nabla_a Q(s, a \mid \theta^Q) \mid_{s=s_i, a=\mu(s_i)} \nabla_{\theta^\mu} \mu(s \mid \theta^\mu) \mid_{s_i} \quad (4-35)$$

$$\theta^{G'} \leftarrow \tau\theta^{G} + (1-\tau)\theta^{G'} \quad (4-36)$$

$$\theta^{\mu'} \leftarrow \tau\theta^{\mu} + (1-\tau)\theta^{\mu'} \quad (4-37)$$

由于智能体探索环境过程中的样本相当于时间序列数据，具有连续性特征，这种状态间的时间相关特性将最终影响学习过程的稳定。为了打破样本间的时间相关性，DDPG 在训练过程中存储当前训练的状态到经验回放池 R 中，更新参数时随机从 R 中抽样进行更新。

为了平衡智能体学习过程中对周围环境的探索与利用，DDPG 将输出的动作状态加入随机噪声 N，从而避免智能体仅采用当前已知的最优动作，噪声与策略共同影响的动作选择见式（4-38）。

$$a_t = \mu(s \mid \theta^{\mu}) + N_t \quad (4-38)$$

当环境中存在多个智能体时，单一智能体的动作不仅要考虑自身知识，还需要考虑其他智能体的策略，即期望动作。MADDPG 在 DDPG 的基础上，通过集中学习、分布执行的方式，实现多智能体间的信息交互及共同学习。其中，集中学习是指训练过程中 Actor 网络和 Critic 网络同步训练，而分布执行是指执行过程中每个 Actor 网络仅需考虑自身的局部信息，Critic 网络则需要考虑其他智能体的相关策略。在此基础上，MADDPG 利用策略集合效果优化方法，当每个智能体学习获取多个策略时，利用所有策略的整体效果进行优化改进，以提高算法的稳定性和鲁棒性。

相比 DDPG，MADDPG 最大的不同在于其状态价值函数和动作价值函数引入了其他智能体的相关知识，其对应的 Critic 网络更新见式（4-39）和式（4-40），Actor 网络更新见式（4-41），上述公式分别对应 DDPG 中的式（4-33）、式（4-35）。Critic 和 Actor 的网络软更新与 DDPG 方式相同，可参考式（4-36）和式（4-37）。

$$y = r_i + \gamma Q_i^{\mu'}(\boldsymbol{x}', a'_1, \cdots, a'_N)\mid_{a'_j = \mu'_j(o_j)} \quad (4-39)$$

$$L(\theta_i) = E_{\boldsymbol{x},a,r,\boldsymbol{x}'}[(Q_i^{\mu}(\boldsymbol{x}, a_1, \cdots, a_N) - y)^2] \quad (4-40)$$

$$\nabla_{\theta_i}J(\boldsymbol{\mu}_i) = E_{\boldsymbol{x},a\sim D}[\nabla_{\theta_i}\boldsymbol{\mu}_i(a_i \mid o_i)\nabla_{a_i}Q_i^{\mu}(\boldsymbol{x}, a_1, \cdots, a_N)\mid_{a_i=\mu_i(o_i)}] \quad (4-41)$$

$$\boldsymbol{x} = (o_1, o_2, \cdots, o_n) \quad (4-42)$$

式中，o_i 为第 i 个智能体的观测。

MADDPG 的算法流程见表 4-6。

表 4-6　MADDPG 的算法流程

算法1：含有 N 个智能体的 MADDPG 算法流程
1： for episode = 1 to M
2：　　初始化随机过程 N 用于动作探索
3：　　接收初始状态 x
4：　　for t = 1 to episode 阈值
5：　　　　基于随机过程 N 及当前策略 μ_{θ_i} 选择智能体 i 的动作，见式（4-38）
6：　　　　所有智能体执行动作 $a = (a_1, \cdots, a_N)$ 并得到奖励 r，同时系统移动到新状态 x'
7：　　　　将 (x, a, r, x') 存储到经验回放池 R 中
8：　　　　$x \leftarrow x'$
9：　　　　for 智能体 i = 1 to N
10：　　　　　从经验回放池中随机采样 (x_j, a_j, r_j, x'_j)
11：　　　　　通过最小化损失更新 Critic 网络，见式（4-39）和式（4-40）
12：　　　　　基于采样得到的策略梯度更新 Actor 网络，见式（4-41）
13：　　　　end
14：　　　　更新每个智能体 i 的目标网络参数，见式（4-36）和式（4-37）
15：　　end
16： end

建立 MADDGP 模型网络结构后，通过设定车辆智能体的状态、动作、奖励，完成车辆运动交互的训练。其中，状态可视为车辆的位置及速度信息；动作需与真实车辆动力学相似；目标车奖励主要为安全行驶至道路终点，而交通车奖励主要为发生目标车主责的碰撞。后面对智能体动作、奖惩函数两项进行详细说明。

2. 智能体动作及奖惩函数

（1）动作　为了兼顾强化学习训练效率与车辆智能体在仿真环境中能够符合汽车运动一般规律性，本书选用如图 4-18 所示的几何车辆模型对汽车位置进行估计。四轮车辆的前轮最大转向角包括内轮最大转向角 39.6°与外轮最大转向角 33.5°，本书选择二者均值作为车辆智能体最大转向角，即 36.55°；干燥、良好的沥青或混凝土路面的附着系数可达 0.7，因此本书设定车辆智能体的最大加速度绝对值为 $0.7g$；考虑到道路限速情况，本书定义车辆智能体的速度上限为 40m/s。

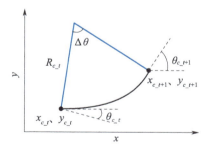

图 4-18　几何车辆模型

所选几何车辆模型的控制输入为车辆智能体加速度和前轮转向角，状态量为车辆智能体位置与航向角。假设当前时刻车辆智能体的速度为 v_{c_t}，加速度为 a_{c_t}，转向盘转角为 φ_{c_t}，位置及航向角分别为 (x_{c_t}、y_{c_t}、θ_{c_t})，则下一时刻车辆智能体的速度 v_{c_t+1}、位置及航向角 (x_{c_t+1}、y_{c_t+1}、θ_{c_t+1}) 可以表示为

$$v_{c\_t+1} = v_{c\_t} + a_{c\_t}\Delta t \tag{4-43}$$

$$R_{c\_t} = \frac{L}{\tan\varphi_{c\_t}} \tag{4-44}$$

$$\theta_{c\_t+1} = \theta_{c\_t} + \frac{v_{c\_t}\Delta t}{R_{c\_t}} \tag{4-45}$$

$$x_{c\_t+1} = x_{c\_t} - R_{c\_t}\sin\theta_{c\_t} + R_{c\_t}\sin\theta_{c\_t+1} \tag{4-46}$$

$$y_{c\_t+1} = y_{c\_t} + R_{c\_t}\cos\theta_{c\_t} - R_{c\_t}\cos\theta_{c\_t+1} \tag{4-47}$$

式中，L 为车辆轴距。

（2）奖惩函数　正确的奖惩函数是助推智能体选择合适动作的有效驱动，在多车行驶交互场景中，不同智能体的差异性目标决定了其奖惩函数的差异。对于目标车而言，其最终目标为从道路起点出发，在不与其他车辆或道路边界发生碰撞的前提下行驶至道路终点；而对于交通车而言，其最终目的为与目标车发生以目标车为责任主体的碰撞。

本书定义的奖惩函数主要分为五类：强奖励、弱奖励、强惩罚、弱惩罚、动作差异惩罚，当强奖励或强惩罚发生时，当轮训练过程终止，其他奖惩每次动作选择后均进行计算。强奖励与强惩罚数值定义为 1，弱奖励与弱惩罚数值定义为 0.005，动作差异惩罚数值为 0.1。强奖励指智能体完成最终目标；强惩罚代表智能体学习过程任务失败；弱奖励与弱惩罚为达成智能体的最终目标过程中的过渡，可避免智能体学习过程过于随机或与实际行驶过程差异过大；动作差异惩罚对智能体相邻时刻的动作进行约束，避免其相邻时刻的动作方向或数值差异过大。

目标车及交通车的奖惩函数介绍如下：

目标车强奖励：不发生强惩罚的前提下行驶至道路终点。

目标车强惩罚：与交通车发生碰撞或超出道路边界。

目标车弱奖励：靠近道路终点。

目标车弱惩罚：突破预先设置的行驶安全边界；长时间速度低于阈值。

交通车强奖励：不发生强惩罚的前提下与目标车发生碰撞。

交通车强惩罚：目标车行驶至道路终点或超出道路边界；相撞前 5s 内交通车与目标车所在车道均未发生改变，且交通车中心未领先于目标车，该强惩罚

避免交通车从后方主动撞击目标车；相撞前5s内目标车所在车道未发生改变而交通车所在车道发生改变，且交通车中心未领先目标车5m，该强惩罚避免交通车从侧方主动撞击目标车；碰撞时交通车逆向速度超过阈值，该强惩罚避免交通车逆行撞击目标车。

交通车弱奖励：靠近目标车。

交通车弱惩罚：超出时间阈值未与目标车发生碰撞；长时间速度低于阈值。

目标车及交通车动作差异惩罚：单位时间内车辆的反向操作（加速变减速、左转变右转）次数超过阈值；相邻时间步长动作差异超过阈值。

对于目标车弱惩罚中的行驶安全边界，本书引用责任敏感安全模型中最小纵、横向安全距离进行计算。

目标车与交通车间的最小纵向安全距离见式（4-48）。

$$d_{\min,\text{lon}} = \max\left(v_r\varepsilon + \frac{1}{2}a_{\max,\text{accel}}\varepsilon^2 + \frac{(v_r + \varepsilon a_{\max,\text{accel}})^2}{2a_{\min,\text{brake}}} - \frac{v_f^2}{2a_{\max,\text{brake}}},\ 0\right) \quad (4-48)$$

式中，$d_{\min,\text{lon}}$ 为后车与前车应该保持的最小纵向安全距离；v_r 为后车初始速度；v_f 为前车初始速度；ε 为后车反应时间；$a_{\max,\text{accel}}$ 为反应时间内的后车最大加速度；$a_{\max,\text{brake}}$ 为前车最大制动减速度；$a_{\min,\text{brake}}$ 为反应时间后的后车为不发生碰撞而采取的最小制动减速度。

最小横向安全距离见式（4-49）。

$$d_{\min,\text{lat}} = \mu + \max\left[\frac{v_1 + v_{1,\rho}}{2}\rho + \frac{v_{1,\rho}^2}{2a_{\min,\text{brake}}^{\text{lat}}} - \left(\frac{v_2 + v_{2,\rho}}{2}\rho - \frac{v_{2,\rho}^2}{2a_{\min,\text{brake}}^{\text{lat}}}\right),\ 0\right] \quad (4-49)$$

$$v_{1,\rho} = v_1 + \rho a_{\max,\text{accel}}^{\text{lat}} \quad (4-50)$$

$$v_{2,\rho} = v_2 - \rho a_{\max,\text{accel}}^{\text{lat}} \quad (4-51)$$

式中，v_1、v_2 为并排行驶两车的横向速度；ρ 为两车横向相对加速的时间；$a_{\max,\text{accel}}^{\text{lat}}$ 为加速过程的最大相对加速度；$a_{\min,\text{brake}}^{\text{lat}}$ 为 ρ 时刻后两车横向相对减速过程不发生危险的最小横向减速度；μ 为两辆车横向相对速度为0时的最小预设距离。

4.3.3 道路属性及车辆属性生成实例

1. 道路属性生成实例

选取某段高速公路进行 OpenDRIVE 格式转化，获取其中的道路参考线信息及道路交通标志信息，该路段 OpenDRIVE 数据可视化结果如图 4-19 所示。

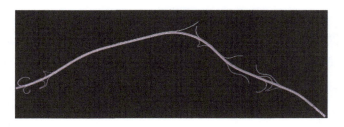

图4-19 某高速公路 OpenDRIVE 数据可视化结果

(1) 道路形状参数生成　为了保证训练数据的一致性，本书当前主要考虑道路主路的参考线信息，暂不考虑匝道等支路信息。统计道路 OpenDRIVE 格式数据中的曲线描述参数 a_u、b_u、c_u、d_u、a_v、b_v、c_v、d_v，部分数据见表4-7。

表4-7　道路参考线三次参数曲线时序结果

a_u	b_u	c_u	d_u	a_v	b_v	c_v	d_v
0	5.999341	0.001227	-0.001727	0	2.076515E-16	-0.023827	0.090650
0	14.993963	0.013616	-0.009096	0	-9.508733E-16	-0.416844	0.235538
0	30.497941	0.003999	-0.004805	0	1.381674E-15	-0.494079	0.132545
0	56.994512	0.014781	-0.009927	0	1.004103E-14	0.563944	-0.331083
0	40.997235	0.007946	-0.006847	0	5.307856E-15	0.267457	0.031383
0	45.497128	0.009363	-0.008374	0	-2.252344E-15	0.000862	-0.288534
0	35.999403	0.003327	-0.007861	0	8.970312E-15	0.207869	0.261822
0	85.497711	-0.020914	-0.058485	0	-7.222593E-15	4.155409	-0.820345
0	68.479030	0.078538	-0.114391	0	-1.190604E-15	1.828549	0.526571
0	57.489102	0.013941	-0.086667	0	8.411647E-15	3.198675	-0.453963
0	36.504420	-0.015367	-0.006455	0	1.375256E-14	1.022417	-0.054565
0	78.997297	0.007949	-0.011809	0	-1.412263E-14	0.897075	-0.023461
0	8.599362	0.017466	-0.011644	0	-1.195840E-16	-0.000340	0.000004
0	5.406789	0.017880	-0.011942	0	6.880826E-17	0.058042	-0.028873
0	25.885493	0.018215	-0.012292	0	9.092378E-16	-0.153434	0.055634
0	5.315336	0.017603	-0.011756	0	-3.128648E-16	-0.069727	0.037479
0	47.995493	0.013512	-0.009477	0	-1.877809E-15	-0.153705	0.261904
0	126.018946	0.017137	-0.011464	0	-2.470621E-14	0.090892	-0.002702
...	...	...	...	...	...	...	...

注：E 表示 10 的次方，例如，2.076515E-16 表示 2.076515×10^{-16}。

将上述数据结果输入至 Time – GAN 模型中进行训练。由于生成对抗网络在道路生成过程中可能生成某些不符合实际建设法规的异常道路，此时需要根据道路建设法规对生成的道路进行筛选。本书基于 JTG D20—2017《公路路线设计规范》，选择 250m 作为道路曲线最小半径，当生成的路段参数出现超过该阈值的位置时，将生成的该路段删除。部分新生成的道路数据见表 4 – 8 ~ 表 4 – 10。

表 4 – 8　新生成的道路 1 数据

a_u	b_u	c_u	d_u	a_v	b_v	c_v	d_v
0	28.411450	0.014419	-0.012162	0	-1.478062E-14	-0.008140	0.105330
0	15.110265	0.013235	-0.008495	0	-7.580534E-15	-0.359119	0.138636
0	7.493438	0.024604	-0.019462	0	2.453517E-14	0.418298	-0.350866
0	23.323485	0.006721	-0.002207	0	-4.357811E-16	-0.964154	0.461625
0	76.702354	0.001747	-0.039917	0	3.015485E-15	-0.134226	1.113187
0	73.349278	-0.068970	-0.108094	0	2.148796E-15	3.577982	-1.195526

表 4 – 9　新生成的道路 2 数据

a_u	b_u	c_u	d_u	a_v	b_v	c_v	d_v
0	13.994985	0.014730	-0.015020	0	6.275014E-16	-0.017231	-0.022607
0	14.928490	0.031449	-0.038653	0	-5.214975E-15	2.023643	-1.102913
0	29.424014	0.047016	0.011489	0	-2.321624E-16	1.629402	1.171494
0	118.231724	0.042419	-0.015353	0	3.214475E-16	-1.490451	1.138907
0	57.256853	0.056665	-0.059623	0	1.256488E-14	-2.794612	1.103626
0	6.771634	0.050413	-0.044508	0	4.265478E-16	1.875570	-1.106318

表 4 – 10　新生成的道路 3 数据

a_u	b_u	c_u	d_u	a_v	b_v	c_v	d_v
0	9.090683	0.027086	-0.036779	0	4.213589E-16	-0.283772	-0.342718
0	30.332110	-0.024643	0.010805	0	-6.324895E-15	0.498580	-0.794965
0	34.700422	0.016323	-0.025681	0	1.265479E-16	0.000230	-0.125358
0	9.290367	0.017645	-0.016989	0	6.324857E-14	0.526626	-0.045970
0	4.498360	-0.005639	-0.006542	0	9.514578E-16	0.192810	-0.024149
0	45.482833	-0.006484	0.029192	0	3.412354E-15	2.335682	0.066100

（2）道路设施信息分析　道路设施主要包含交通安全设施和交通管理设施两类，交通安全设施为防撞护栏、减速带等保障行车安全的设施，交通管理设施为交通标志、交通标线、交通信号控制设备等管理交通畅通运行的设施。由于高速公路路况信息较为简单，其相关道路设施类别较少，以 OpenDRIVE 中的高速公路道路数据为例，其交通安全设施主要包含防撞护栏、防撞柱两类，交通管理设施主要包括路牌、限速牌等。本书以实物存在的道路设施为分析基础，进行相应种类及位置选择，道路设施形状参数见表 4-11，各项指标详细定义可参考 OpenDRIVE 解释。

表 4-11　道路设施形状参数

防撞护栏	宽、高
指示牌	长、宽、高、距路边距离、道路方向偏转、下边缘距地面高度
限速牌	宽、高、距路边距离、道路方向偏转、下边缘距地面高度

使用高斯分布对每类交通标志的相关信息进行描述。道路设施形状外形具有统一的标准进行规定，表 4-11 中，防撞护栏具有统一的宽度 0.08m 和高度 0.18m，指示牌具有统一的长度 0.11m、宽度 0.12m、高度 1.25m，限速牌具有统一的宽度 0.75m 和高度 0.75m。对于其他信息，高斯分布参数见表 4-12。

表 4-12　道路设施高斯分布参数

参数名称	高斯分布均值	高斯分布标准差
指示牌距路边距离/m	1.980583451	0.568092925
指示牌道路方向偏转/rad	1.605702912	1.570408428
指示牌下边缘距地面高度/m	0.193015739	0.194092426
限速牌距路边距离/m	2.651494512	0.325471893
限速牌道路方向偏转/rad	0.102159001	2.183571471
限速牌下边缘距地面高度/m	2.416415487	0.452377387

由于生成行驶道路的目的是生成规范化的道路数据，以便用于不同类型的主流仿真测试软件之中，因此道路生成的最后一步是将道路参数化数据转化为 OpenDRIVE 通用数据格式。通过 Github 工具包 scenariogeneration 将生成的道路数据转化为 OpenDRIVE 标准格式，建立对应的 xodr 文件。使用 OpenDRIVE 地图在线查看（http://opendrive.bimant.com/）功能对上述转化后的 OpenDRIVE 格式文件进行查看，其图像化显示如图 4-20~图 4-22 所示。

图4-20 新生成的路段1

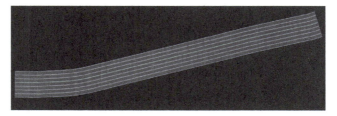

图4-21 新生成的路段2

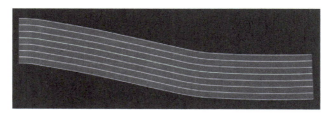

图4-22 新生成的路段3

从图4-20~图4-22可以看出,Time-GAN模型生成的道路形状与真实行驶环境道路具有相似性且其种类多样,可用作场景衍生中的道路属性。生成的道路数据可与从自然驾驶数据提取的道路数据共同建立道路数据库,其中采样作为车辆属性生成的约束,进而发现同一道路情况下因不同车辆运动交互产生的具有危险性的场景。

2. 车辆属性生成实例

考虑到当选择的道路形状较为复杂时,训练目标车行驶至道路终点的过程需要消耗大量的算力,同时本节的主要目的在于危险车辆交互运动的生成,因此在道路数据集中选择一条较为平直的道路,将其设定为车辆运动约束。设定道路类型为单向双车道,车道宽度为3.8m,道路总长度为400m。

当仅存在单目标车与单交通车时,两车间的交互较为简单,难以生成复杂的极端场景;但当交通车数目较多时,交通车间的网络交互又会变得较为复杂,模型难以训练。综合考虑上述两条原因,本书选择1辆目标车、2辆交通车的配置作为训练环境。本书选择使用矩形代替真实的车辆外形,矩形的长和宽分别设定为5m和2m,目标车使用橙色进行标识,而交通车1和2分别使用蓝色和紫色进行辨识。道路及车辆初始状态如图4-23所示。

第4章 基于本体论的智能汽车测试逻辑场景构建

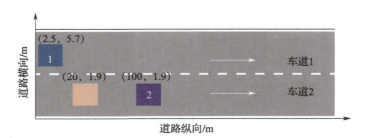

图4-23 道路及车辆初始状态

在训练初始阶段，设定目标车中心位置为（20m，1.9m），速度为15m/s，方向正向；交通车1中心位置为（2.5m，5.7m），速度为15m/s，方向正向；交通车2中心位置为（100m，1.9m），速度为0m/s，方向正向。

根据碰撞时目标车与交通车的位置、速度、方向选择3个目标车责任的碰撞场景作为危险车辆运动的示例。

碰撞场景1：交通车2保持静止状态，交通车1减速以低于目标车的速度行驶，目标车开始向左换道，交通车1加速从后方撞击目标车。整个过程的车辆中心位置变化如图4-24所示，图中颜色由青变红代表时间变化。基于4.2节中建立的DGP-HSMM模型，确定3个场景中不同车辆的运动语义，所需的车辆纵、横向速度如图4-25和图4-26所示。为了图示清晰，图中未标明变化不大的速度曲线，即交通车1的横向速度，交通车2的纵、横向速度。

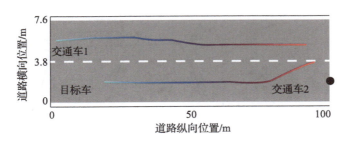

图4-24 场景1车辆中心位置变化

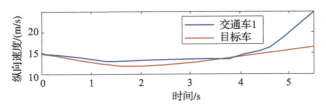

图4-25 场景1车辆纵向速度曲线

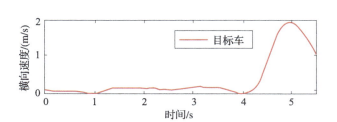

图4-26　场景1车辆横向速度曲线

碰撞场景2：交通车2静止一段时间后以低速向前方行驶，目标车保持跟随状态，待交通车1超过目标车后，交通车2逐渐降低车速至停车。目标车采取换道操作，此时左侧车道的交通车1进行紧急制动操作，目标车从侧后方撞击交通车1。车辆中心位置变化如图4-27所示，车辆纵、横向速度如图4-28和图4-29所示，图中未标明变化不大的交通车1和2的横向速度。

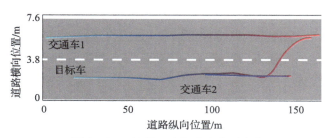

图4-27　场景2车辆中心位置变化

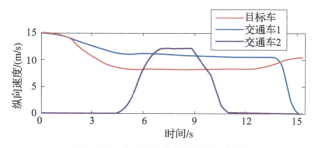

图4-28　场景2车辆纵向速度曲线

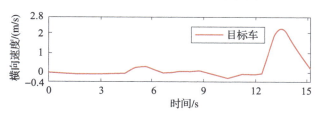

图4-29　场景2车辆横向速度曲线

碰撞场景 3：交通车 2 向中间移动，但其中心并未超过车道线，随后保持静止状态，交通车 1 保持与目标车几乎相同的纵向速度向前行驶，当行驶至靠近交通车 2 时，目标车向右侧行驶，而交通车 2 同步向右侵入。车辆中心位置变化如图 4-30 所示，车辆纵、横向速度如图 4-31 和图 4-32 所示，图中未标明变化不大的交通车 1 的横向速度。

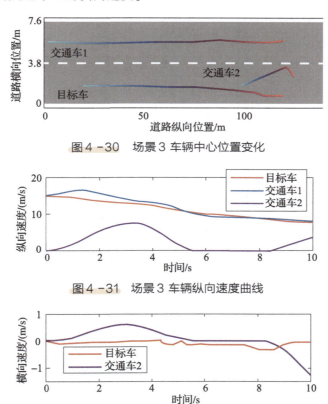

图 4-30　场景 3 车辆中心位置变化

图 4-31　场景 3 车辆纵向速度曲线

图 4-32　场景 3 车辆横向速度曲线

危险车辆运动生成的最终目的是建立关键场景，关系类属性是明确场景不同类别的关键，结合前面得到的车辆属性及道路属性，便可以对不同场景对应的场景本体关系类属性进行分析。由于整个测试环境道路未发生改变，因此关系类属性中的所属道路均为直路。需要注意的是，由于生成的场景本体中数据类属性难以通过自然驾驶数据分析的方式获取，因此该类关键场景的参数空间通过专家经验法进行确定。3 种关键场景对应的本体关系类属性图示如图 4-33～图 4-35 所示。

图 4-33 关键场景 1 本体关系类属性图示

属性	T1	T2	T3	T4	T5	T6
目标车所在车道	车道2	车道2	车道2	车道2	车道2	车道1
目标车运动语义	减速	减速	本车道匀速	本车道匀速	加速	加速
交通车1相对位置	左后	左后	左后	左后	左后	后方
交通车1所在车道	车道1	车道1	车道1	车道1	车道1	车道1
交通车1运动语义	减速	减速	本车道匀速	本车道匀速	向左换道	向左换道
交通车2相对位置	前方	前方	前方	前方	前方	右前
交通车2所在车道	车道2	车道2	车道2	车道2	车道2	车道2
交通车2运动语义	静止	静止	静止	静止	静止	静止

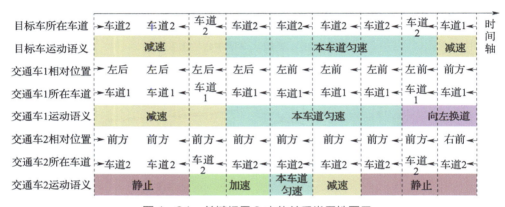

图 4-34 关键场景 2 本体关系类属性图示

属性	T1	T2	T3	T4	T5	T6	T7	T8	T9	T10
目标车所在车道	车道2	车道2	车道2	车道2	车道2	车道2	车道2	车道2	车道2	车道1
目标车运动语义	减速	减速	减速	本车道匀速	本车道匀速	本车道匀速	本车道匀速	本车道匀速	减速	减速
交通车1相对位置	左后	左后	左后	左后	左前	左前	左前	左前	前方	前方
交通车1所在车道	车道1	车道1	车道1	车道1	车道1	车道1	车道1	车道1	车道1	车道1
交通车1运动语义	减速	减速	减速	本车道匀速	本车道匀速	本车道匀速	本车道匀速	本车道匀速	向左换道	向左换道
交通车2相对位置	前方	前方	前方	前方	前方	前方	前方	前方	右前	右前
交通车2所在车道	车道2	车道2	车道2	车道2	车道2	车道2	车道2	车道2	车道2	车道2
交通车2运动语义	静止	静止	加速	加速	本车道匀速	本车道匀速	减速	减速	静止	静止

图 4-35 关键场景 3 本体关系类属性图示

属性	T1	T2	T3	T4	T5	T6
目标车所在车道	车道2	车道2	车道2	车道2	车道2	车道2
目标车运动语义	加速	减速	减速	减速	减速	减速
交通车1相对位置	左后	左侧	左侧	左侧	左侧	左侧
交通车1所在车道	车道1	车道1	车道1	车道1	车道1	车道1
交通车1运动语义	减速	减速	减速	减速	减速	减速
交通车2相对位置	前方	前方	前方	前方	前方	前方
交通车2所在车道	车道2	车道2	车道2	车道2	车道2	车道2
交通车2运动语义	加速	加速	减速	减速	静止	加速

根据生成的场景示例可以发现，基于对抗学习的场景生成方法可以生成自然驾驶数据中不存在的新场景类型，可作为场景库来源的有效补充，从而进一步提高智能汽车测试过程的覆盖率。

第 5 章
基元驱动的智能汽车测试逻辑场景生成

智能汽车仿真与测试评价

场景基元是测试场景序列中场景要素状态不发生改变的测试场景子序列，测试场景基元是测试场景序列按照时间维度分解的、有限的、不重叠的、时间连续的子集，代表测试场景中场景要素的基本状态，是测试场景最基础的组成部分，不同种类的测试场景基元反映了场景要素之间的不同特性。本节首先分析自然驾驶数据集，获取测试场景基元库，在此基础上对场景基元衍生泛化，然后基于强化学习对测试场景基元进行拼接组合，快速构建具有较高场景真实性和合理性的典型危险测试场景。

5.1 场景基元提取与聚类

5.1.1 场景抽象量化表征

自然驾驶状态主车周围存在多辆交通车，为了避免场景变化过于复杂，此处对场景进行简化，本书重点关注主车前方交通车对被测主车的纵向智能驾驶功能的影响，并假设主车后方的交通车都能够按照交通法规行驶且不会对主车产生影响。功能场景抽象描述如图 5-1 所示，定义 X 轴方向的感兴趣区域为主车前方范围，Y 轴方向的感兴趣区域为主车所在车道、主车左车道和主车右车道，动态对象包含主车、前车、左前车、右前车和换道车。

定义换道车为整个场景序列中在感兴趣区域内至少发生一次换道行为的交通车，如果不存在，则换道车置 Null，换道车的相关观测值置 0。定义左前车为除了换道车以外在主车左车道前方行驶且距离主车最近的交通车，可以发生车辆目标的变化，如果车辆不存在，则左前车置 Null，左前车的相关观测值置 0。前车和右前车的定义与左前车相似。主车在被测纵向智能驾驶功能的控制下行驶。综上，换道车关注的观测值分别为换道车的纵向速度 v_{cut_x}、换道车与主车

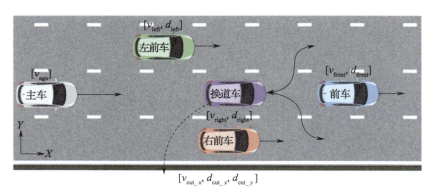

图 5-1 功能场景抽象描述

的横向距离 d_{cut_y} 和换道车与主车的纵向距离 d_{cut_x}；左前车关注的观测值分别为左前车的纵向速度 v_{left} 和左前车与主车的纵向距离 d_{left}；前车关注的观测值分别为前车的纵向速度 v_{front} 和前车与主车的纵向距离 d_{front}；右前车关注的观测值分别为右前车的纵向速度 v_{right} 和右前车与主车的纵向距离 d_{right}；主车关注的观测值为主车纵向速度 v_{ego}。

当感兴趣区域存在一辆或多辆交通车出现换道行为时，为了提高场景质量，避免无效的场景，需要对其换道行为能否直接影响主车进行判断。如图 5-2 所示，在整个测试场景时间序列内，如果换道车 A 所行驶过的车道均存在距离主车最近的直行车（图 5-2 中指左前车和前车），并且换道车始终在直行车的前面，则认为换道车无法直接影响主车，换道车被忽略。当直接影响主车的换道交通车数量为 1 时，将其定义为换道车；当直接影响主车的换道交通车数量大于 1 时，需要继续进行判断。

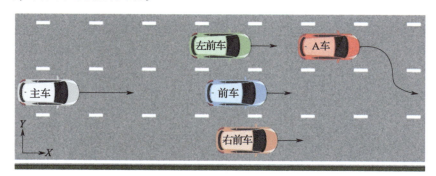

图 5-2 换道车无法直接影响主车的功能场景示例

当感兴趣区域内存在两辆直接影响主车的换道车时，定义为 A 车和 B 车，可以根据两车的换道时机进行判断。定义一辆换道车形心越过车道线的时间为

t_1,另一辆换道车形心越过车道线的时间为 t_2。如果 $|t_1 - t_2| \geq 5s$,则认为两车非同时换道,此时,以 $t_e = 0.5 \times (t_1 + t_2)$ 为断点将场景序列分为两段,每段均包含一辆直接影响主车的换道车。

当 $|t_1 - t_2| < 5s$ 时,认为两车同时换道,此时需要对场景进行简化,图 5-3 所示为两车同时换道的 4 种工况,可以看出距离主车最近的换道车辆(A 车)的全部时间序列的行驶行为和另一换道车辆(B 车)在最终行驶车道的行驶行为对主车的决策产生更大的影响,所以将距离主车最近的换道车辆(A 车)定义为换道车,另一辆换道车辆(B 车)根据其最终行驶的车道定义为左前车、前车或右前车。

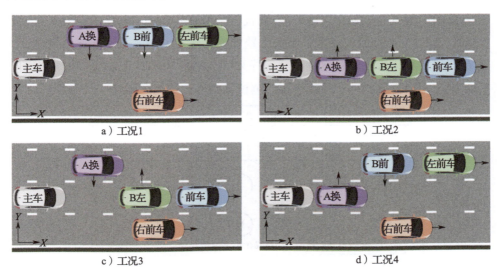

图 5-3 两车同时换道的 4 种工况

对于感兴趣区域内存在两辆以上直接影响主车的换道车时,根据每辆换道车换道的时序关系依次选取时序相邻的两辆换道车,采用上述的方法进行迭代处理。

5.1.2 场景基元提取

本节提出基于解耦黏性 - 层次狄利克雷 - 隐马尔可夫模型(Disentangled Sticky Hierarchical Dirichlet Process Hidden Markov Model,DS - HDP - HMM)的测试场景基元提取方法,将一段较长的测试场景序列分解为场景要素状态保持不变的测试场景序列片段——测试场景基元。

基于 DS - HDP - HMM 的测试场景基元提取方法流程图如图 5-4 所示。其中，观测序列 $Y = \{y_t\}_{t=1}^{T}$ 为从自然驾驶数据库中提取的一段多维测试场景序列，作为 DS-HDP-HMM 模型的输入，$y_t \in \mathbb{R}^{D \times 1}$，$D$ 为测试场景维数。模型输出为隐状态序列：$Z = \{z_t\}_{t=1}^{T}$，z_t 为 t 时刻的隐状态，表示观测向量对应的测试场景基元类型。DS-HDP-HMM 方法以隐马尔可夫模型（Hidden Markov Model，HMM）为框架，将车辆的运动状态视为隐马尔可夫过程，并采用向量自回归模型（Vector Autoregressive Process，VAR）作为隐马尔可夫模型的观测概率分布函数，精确描述车辆运动状态与隐马尔可夫模型隐状态之间的映射关系；为了根据观测序列求解模型参数，进而求解隐状态序列，基于贝叶斯理论引入层次狄利克雷过程（Hierarchical Dirichlet Process，HDP）为隐马尔可夫模型提供先验分布和后验更新方法，并加入解耦过程（Disentangled Process）和黏性过程（Sticky Process）抑制模型隐状态的频繁切换，通过 Gibbs 采样方法对模型参数进行迭代更新，最终求解模型隐状态序列 Z，将隐状态 z_t 连续相同的观测向量 y_t 标记为相同类型的场景基元，实现测试场景基元的划分与提取。

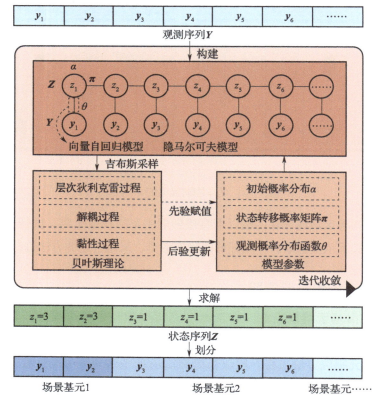

图 5-4　基于 DS-HDP-HMM 的测试场景基元提取方法流程图

1. 隐马尔可夫模型

隐马尔可夫模型（HMM）是对马尔可夫链的拓展，其不直接采用系统的观测量作为系统的状态值，而是将观测量与系统中不可观测的状态对应，这种不可观测的状态作为一种隐式的状态存在于系统中，

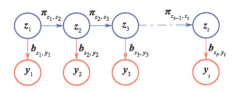

图 5-5 隐马尔可夫模型结构示意图

所以称为隐马尔可夫模型，其结构示意图如图 5-5 所示。

HMM 由初始状态分布 a、观测概率矩阵 b 和隐状态转移概率矩阵 π 确定，通常 HMM 被表示为

$$\lambda = (a, b, \pi) \tag{5-1}$$

HMM 包含以下几个部分：

1）观测向量。将 HMM 模型应用在测试场景基元提取中，其观测序列为多维车辆运动状态序列 $Y = \{y_t\}_{t=1}^T$，$y_t \in \mathbb{R}^{D \times 1}$。其中，$y_t$ 为 D 维向量，包括主车纵向速度 v_{ego}、左前车的纵向速度 v_{left}、左前车与主车的纵向距离 d_{left}、前车的纵向速度 v_{front}、前车与主车的纵向距离 d_{front}、右前车的纵向速度 v_{right}、右前车与主车的纵向距离 d_{right}、换道车的纵向速度 $v_{\text{cut\_x}}$、换道车与主车的横向距离 $d_{\text{cut\_y}}$ 和换道车与主车的纵向距离 $d_{\text{cut\_x}}$。所有观测向量构成的观测空间定义为 $W = \{w_l\}_{l=1}^L$。

2）隐状态。隐状态标识了当前时间步观测向量所属的测试场景基元类别，定义隐状态序列为 $Z = \{z_t\}_{t=1}^T$，其中 $z_t = k \in K$，表示在第 t 时间步的隐状态 z_t 对应第 k 类测试场景基元，模型通过隐状态对测试场景序列进行划分，提取测试场景基元，K 为隐状态的集合。

3）观测概率矩阵。观测概率分布矩阵 b 描述了隐状态 z_t 和观测值 y_t 之间的概率映射关系：$b = \{b_{k,l}\}$，其中 $b_{k,l}$ 表示在 t 时间步时由隐状态 $z_t = k$ 到观测值 $y_t = w_l$ 的概率。

4）初始状态分布。定义初始状态分布 a 为在 $t = 1$ 时间步时隐状态 $z_1 = k$ 的概率：$a = \{a_k\}$，其中 $a_k = P(z_1 = k)$，$k = 1, 2, \cdots, K$。

5）隐状态转移概率矩阵。隐状态转移概率矩阵 π 表征了隐状态之间的概率转移关系：$\pi = \{\pi_{z_{t-1}, z_t}\}$，其中 π_{z_{t-1}, z_t} 表示隐状态在 $t-1$ 时间步处于 z_{t-1} 的条件下在 t 时间步转移到 z_t 的概率。隐状态 z_{t-1} 下一时间步的状态转移概率向量可表示为

$$\pi_{z_{t-1}} = (\pi_{z_{t-1}, 1}, \pi_{z_{t-1}, 2}, \cdots, \pi_{z_{t-1}, K}) \tag{5-2}$$

所以，隐状态之间的转移可以表示为

$$z_t \mid z_{t-1} \sim \pmb{\pi}_{z_{t-1}} \qquad (5-3)$$

在测试场景基元提取中，已知观测序列 $\pmb{Y} = \{\pmb{y}_t\}_{t=1}^T$，首先需要通过学习问题求解模型 $\lambda = (\pmb{a}, \pmb{b}, \pmb{\pi})$，然后通过解码问题求解隐状态序列 $\pmb{Z} = \{z_t\}_{t=1}^T$，进而实现对测试场景基元的分段和提取。

2. 层次狄利克雷过程

通过 HMM 求解隐状态序列，进而划分测试场景基元的方法，需要预先定义隐状态的个数，隐状态转移概率矩阵 $\pmb{\pi}$ 的大小在整个 HMM 训练过程中不能变化。但是，在测试场景基元提取问题中，往往无法知道一段测试场景序列中真实的场景基元种类数量。为了更精确地进行测试场景基元的划分，本节采用层次狄利克雷过程（HDP）为 HMM 提供先验，然后采用后验更新的方法学习 HMM 的参数 $\lambda = (\pmb{a}, \pmb{b}, \pmb{\pi})$，最后实现隐状态序列的求解。

狄利克雷过程（Dirichlet Process，DP）是一种应用于概率分布上的随机过程，其变量不属于常规欧式空间，而是一种概率分布。DP 的定义为：假设 H 是测度空间 Θ 上的随机概率分布，称为基分布（Base Measure），参数 α_0 为正实数，称为集中参数（Scaling Parameter），测度空间 Θ 的概率分布 G 若满足：

对于测度空间 Θ 上的任意一个有限划分 $A_1, \cdots, A_K$，均存在：

$$[G(A_1), G(A_2), \cdots, G(A_K)] \sim \mathrm{Dir}[\alpha_0 H(A_1), \alpha_0 H(A_2), \cdots, \alpha_0 H(A_K)] \qquad (5-4)$$

式中，Dir 为狄利克雷分布。

则 G 服从由基分布 H 和集中参数 α_0 组成的狄利克雷过程，可用数学描述为

$$G \sim \mathrm{DP}(\alpha_0, H) \qquad (5-5)$$

层次狄利克雷过程（HDP）是对 DP 的层次性扩展，假设有 J 个数据集，每个数据集的观测量为 $\{y_{j,i}\}_{i=1}^I$。首先，以基分布 H 和集中参数 γ 构造 DP 模型，$G_0 \sim \mathrm{DP}(\gamma, H)$；然后，以 G_0 为基分布，以 α_0 为集中参数，对每个数据集构造 DP 模型，$G_j \sim \mathrm{DP}(\alpha_0, G_0)$；HDP 混合模型表示为

$$\phi_{j,i} \mid G_j \sim G_j, \quad y_{j,i} \mid \phi_{j,i} \sim F(\phi_{j,i}) \qquad (5-6)$$

在每个数据集中，G_j 都是以相同的 G_0 为基分布产生的，从而解决了不同数据集之间的混合成分共享问题，其有向图如图 5-6 所示。

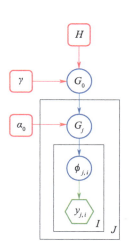

图 5-6 HDP 混合模型有向图

HDP 混合模型的 sticking-breaking 构造可以表示为

$$\boldsymbol{\beta} \mid \gamma \sim \mathrm{GEM}(\gamma) \tag{5-7}$$

$$\boldsymbol{\pi}_j \mid \alpha_0, \boldsymbol{\beta} \sim \mathrm{DP}(\alpha_0, \boldsymbol{\beta}) \tag{5-8}$$

$$z_{j,i} \mid \boldsymbol{\pi}_j \sim \boldsymbol{\pi}_j \tag{5-9}$$

$$\theta_k \mid H \sim H \tag{5-10}$$

$$y_{j,i} \mid z_{j,i}, (\theta_k)_{k=1}^{\infty} \sim F(\theta_{z_{j,i}}) \tag{5-11}$$

式中，$z_{j,i}$ 为指示变量，表示第 j 个数据集第 i 个样本观测量 $y_{j,i}$ 所属的类别。

将 HMM 和 HDP 模型结合，得到 HDP – HMM 联合模型。首先，把 HMM 模型中的观测量 $\mathbf{y}_t$ 与 HDP 混合模型中的数据观测量 $y_{j,i}$ 对应；HMM 模型中的隐状态 z_t 与 HDP 混合模型中的指示变量 $z_{j,i}$ 都表示类别 k，所以，将 z_t 与 $z_{j,i}$ 对应。其次，取消 HMM 模型中的观测概率矩阵 $\boldsymbol{b}$，采用 HDP 混合模型中的观测概率分布函数 $F(\theta_k)$ 描述隐状态 z_t 与观测量 $\mathbf{y}_t$ 的概率关系。最后，对于 HMM 模型的隐状态转移概率矩阵 $\boldsymbol{\pi}$，假设当前时间步的隐状态是 j，要根据隐状态转移概率矩阵 $\boldsymbol{\pi}$ 第 j 行的概率向量 $\boldsymbol{\pi}_j$ 选择下一个状态，如果把隐状态转移概率矩阵的每一行看作一个分布，则可以用 DP 产生的分布构建，又因为每行的隐状态转移可选值都相同（即隐状态值是共享的），所以采用 HDP 构建 HMM 的隐状态转移概率矩阵 $\boldsymbol{\pi}$，进一步可以采用 HDP 混合模型后验更新隐状态转移概率矩阵 $\boldsymbol{\pi}$，最终实现 HDP – HMM 联合模型的求解。

3. DS – HDP – HMM 模型整体框架

HDP – HMM 在特征提取、模式识别、状态预测等方面已经得到了广泛的应用，但是，当 HDP – HMM 模型应用于测试场景基元提取时，很容易引起模型隐状态（即测试场景基元类别）的快速频繁切换，导致提取的测试场景基元持续时长过短，难以应用。本节采用了解耦黏性 – 层次狄利克雷 – 隐马尔可夫模型（DS – HDP – HMM）进行测试场景基元提取。

相比于 HDP – HMM 模型，DS – HDP – HMM 模型增加了两个超参数 ρ_1、ρ_2，增加了隐状态自转移的通道，如图 5 – 7 所示，在相邻的时间序列下，DS – HDP – HMM 模型的 sticking – breaking 构造表示为

$$\boldsymbol{\beta} \mid \gamma \sim \mathrm{GEM}(\gamma) \tag{5-12}$$

$$\kappa_{z_{t-1}} \mid \rho_1, \rho_2 \sim \mathrm{Beta}(\rho_1, \rho_2) \tag{5-13}$$

$$w_t \mid \kappa_{z_{t-1}} \sim \mathrm{Ber}(\kappa_{z_{t-1}}) \tag{5-14}$$

$$\boldsymbol{\pi}_{z_{t-1}} \mid \alpha_0, \boldsymbol{\beta} \sim \mathrm{DP}(\alpha_0, \boldsymbol{\beta}) \tag{5-15}$$

$$z_t = w_t \delta_{z_{t-1}} + (1 - w_t) \boldsymbol{\pi}_{z_{t-1}} \qquad (5-16)$$

$$\theta_k \mid H \sim H(\lambda) \qquad (5-17)$$

$$\boldsymbol{y}_t \mid z_t, (\theta_k)_{k=1}^{\infty} \sim F(\theta_{z_t}), \ t = 2, \cdots, T \qquad (5-18)$$

式中，δ 为 Dirac δ 函数，超参数 ρ_1、ρ_2 为状态自转移概率 $\kappa_{z_{t-1}}$ 的控制端参数；超参数 γ、α_0 为集中参数，反映了状态转移概率 $\boldsymbol{\pi}_{z_{t-1}}$ 与基分布 H 的相似性；超参数 λ 为基分布 H 的参数；参数 $\boldsymbol{\beta}$、$\kappa_{z_{t-1}}$、w_t 为中间变量。

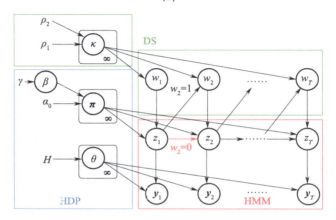

图 5-7　DS-HDP-HMM 结构示意图

4. 向量自回归模型

目前 HDP-HMM 的观测概率分布函数大多采用多维高斯分布，计算复杂度较低，但是其难以精确描述车辆运动状态变化，间接降低了测试场景基元提取的准确性，所以，本节采用了 VAR 模型作为观测概率分布函数。VAR 模型认为当前时间步的观测向量与过去时间步的观测向量线性相关，其适用于描述机动车辆的运动状态变化。VAR(r) 模型可以表示为

$$\boldsymbol{y}_t = \sum_{i=1}^{r} \boldsymbol{A}_i^{(k)} \boldsymbol{y}_{t-i} + \boldsymbol{e}_t^{(k)}, \ \boldsymbol{e}_t^{(k)} \sim N(0, \boldsymbol{\Sigma}^{(k)}) \qquad (5-19)$$

式中，r 为历史时间步的步长数量。

考虑在离散时间下，汽车在 t 时间步的相对位置 x_t 可以近似表示为

$$x_t = x_{t-1} + \Delta t \times v_{t-1} + \varepsilon \qquad (5-20)$$

式中，x_{t-1} 为在 $t-1$ 时间步的相对位置；v_{t-1} 为在 $t-1$ 时间步的相对速度；Δt 为离散时间步的步长；ε 为误差值。

可以看出，式（5-19）与式（5-20）具有一致的表征形式，其他观测维

度也类似,所以 VAR 模型适用于描述车辆的运动状态。

定义集合 $\{t_1, \cdots, t_{N_k}\} = \{t \mid z_t = k\}$,$N_k$ 表示属于第 k 类测试场景基元的离散时间步数量,此集合包括属于第 k 类测试场景基元的所有时间步。将式(5-19)写成矩阵形式:

$$[\boldsymbol{y}_{t_1} \quad \boldsymbol{y}_{t_2} \quad \cdots \quad \boldsymbol{y}_{t_{N_k}}] = [\boldsymbol{A}_1^{(k)} \quad \boldsymbol{A}_2^{(k)} \quad \cdots \quad \boldsymbol{A}_r^{(k)}] \times \begin{bmatrix} \boldsymbol{y}_{t_1-1} & \boldsymbol{y}_{t_2-1} & \cdots & \boldsymbol{y}_{t_{N_k}-1} \\ \boldsymbol{y}_{t_1-2} & \boldsymbol{y}_{t_2-2} & \cdots & \boldsymbol{y}_{t_{N_k}-2} \\ \vdots & \vdots & \ddots & \vdots \\ \boldsymbol{y}_{t_1-r} & \boldsymbol{y}_{t_2-r} & \cdots & \boldsymbol{y}_{t_{N_k}-r} \end{bmatrix} +$$

$$[\boldsymbol{e}_{t_1}^{(k)} \quad \boldsymbol{e}_{t_2}^{(k)} \quad \cdots \quad \boldsymbol{e}_{t_{N_k}}^{(k)}] \tag{5-21}$$

式中,$\boldsymbol{y}_{t_{N_k}} \in \mathbb{R}^{d \times 1}$;$\boldsymbol{y}_{t_{N_k}-r} \in \mathbb{R}^{d \times 1}$;$\boldsymbol{e}_{t_{N_k}}^{(k)} \in \mathbb{R}^{d \times 1}$;$\boldsymbol{A}_r^{(k)} \in \mathbb{R}^{d \times d}$。

式(5-21)可以简写为

$$\boldsymbol{Y}^{(k)} = \boldsymbol{A}^{(k)} \overline{\boldsymbol{Y}}^{(k)} + [\boldsymbol{e}_{t_1}^{(k)} \quad \boldsymbol{e}_{t_2}^{(k)} \quad \cdots \quad \boldsymbol{e}_{t_{N_k}}^{(k)}], \quad \boldsymbol{e}_{t_{N_k}}^{(k)} \sim N(0, \boldsymbol{\Sigma}^{(k)}) \tag{5-22}$$

另外,定义 $\boldsymbol{D}^{(k)} = \{\boldsymbol{Y}^{(k)}, \overline{\boldsymbol{Y}}^{(k)}\}$,$l = d \times r$。

式(5-22)表明,$\boldsymbol{A}^{(k)}$ 和 $\boldsymbol{\Sigma}^{(k)}$ 为 VAR(r)模型的核心参数,反映了车辆的运动状态,需要对参数 $\theta_k = \{\boldsymbol{A}^{(k)}, \boldsymbol{\Sigma}^{(k)}\}$ 进行先验赋值和后验更新,其共轭先验分布为矩阵正态-逆威沙特(Matrix-Normal Inverse-Wishart)分布。在给定参数 $\boldsymbol{\Sigma}^{(k)}$ 下参数 $\boldsymbol{A}^{(k)} \in \mathbb{R}^{d \times l}$ 的矩阵正态分布先验 MN($\boldsymbol{A}^{(k)}$; $\boldsymbol{M}$, $\boldsymbol{\Sigma}^{(k)}$, $\boldsymbol{V}$)为

$$P(\boldsymbol{A}^{(k)} \mid \boldsymbol{\Sigma}^{(k)}) = \frac{|\boldsymbol{V}|^{\frac{d}{2}}}{(2\pi)^{\frac{dl}{2}} |\boldsymbol{\Sigma}^{(k)}|^{\frac{l}{2}}} \times \exp\{-0.5 \times \mathrm{tr}[\boldsymbol{V}(\boldsymbol{A} - \boldsymbol{M})^{\mathrm{T}} (\boldsymbol{\Sigma}^{(k)})^{-1} (\boldsymbol{A} - \boldsymbol{M})]\}$$

$$\tag{5-23}$$

式中,tr( )为求矩阵的迹;$\boldsymbol{M}$ 为均值矩阵,$\boldsymbol{M} \in \mathbb{R}^{d \times l}$;$\boldsymbol{\Sigma}^{(k)}$ 为按行计算的协方差矩阵,$\boldsymbol{\Sigma}^{(k)} \in \mathbb{R}^{d \times d}$;$\boldsymbol{V}^{-1}$ 为按列计算的协方差矩阵,$\boldsymbol{V}^{-1} \in \mathbb{R}^{l \times l}$。设置初始参数为 $\boldsymbol{M} = 0$,$\boldsymbol{V} = \boldsymbol{I}_{l \times l}$。

参数 $\boldsymbol{\Sigma}^{(k)}$ 的逆威沙特分布先验 IW($\boldsymbol{\Sigma}^{(k)}$; $\boldsymbol{S}_0$, n_0)为

$$P(\boldsymbol{\Sigma}^{(k)}) = \frac{|\boldsymbol{S}_0|^{\frac{n_0}{2}} |\boldsymbol{\Sigma}^{(k)}|^{-(d+n_0+1)/2}}{2^{n_0 d/2} \times \Gamma_d(n_0/2)} \times \exp\{-0.5 \times \mathrm{tr}[\boldsymbol{S}_0 (\boldsymbol{\Sigma}^{(k)})^{-1}]\} \tag{5-24}$$

设置初始参数为 $n_0 = d + 2$,$\boldsymbol{S}_0 = 0.75 \overline{\boldsymbol{\Sigma}}^{(k)}$,$\overline{\boldsymbol{\Sigma}}^{(k)} = \frac{1}{N_k} \sum_{p=1}^{N_k} (\boldsymbol{y}_{t_p} - \bar{\boldsymbol{y}})(\boldsymbol{y}_{t_p} - \bar{\boldsymbol{y}})^{\mathrm{T}}$。

在给定参数 $\boldsymbol{\Sigma}^{(k)}$ 下参数 $\boldsymbol{A}^{(k)}$ 的后验为

$$P(\boldsymbol{A}^{(k)} \mid \boldsymbol{D}^{(k)}, \boldsymbol{\Sigma}^{(k)}) = \text{MN}[\boldsymbol{A}^{(k)}; \boldsymbol{S}_{y\bar{y}}^{(k)}(\boldsymbol{S}_{\bar{y}\bar{y}}^{(k)})^{-1}, (\boldsymbol{\Sigma}^{(k)})^{-1}, \boldsymbol{S}_{\bar{y}\bar{y}}^{(k)}]$$
(5-25)

式中,

$$\boldsymbol{S}_{\bar{y}\bar{y}}^{(k)} = \overline{\boldsymbol{Y}}^{(k)}(\overline{\boldsymbol{Y}}^{(k)})^{\text{T}} + \boldsymbol{V} \tag{5-26}$$

$$\boldsymbol{S}_{y\bar{y}}^{(k)} = \boldsymbol{Y}^{(k)}(\overline{\boldsymbol{Y}}^{(k)})^{\text{T}} + \boldsymbol{M}\boldsymbol{V} \tag{5-27}$$

$$\boldsymbol{S}_{yy}^{(k)} = \boldsymbol{Y}^{(k)}(\boldsymbol{Y}^{(k)})^{\text{T}} + \boldsymbol{M}\boldsymbol{V}\boldsymbol{M}^{\text{T}} \tag{5-28}$$

参数 $\boldsymbol{\Sigma}^{(k)}$ 的后验为

$$P(\boldsymbol{\Sigma}^{(k)} \mid \boldsymbol{D}^{(k)}) = \text{IW}(\boldsymbol{\Sigma}^{(k)}; \boldsymbol{S}_{y|\bar{y}}^{(k)} + \boldsymbol{S}_0, N_k + n_0) \tag{5-29}$$

式中,

$$\boldsymbol{S}_{y|\bar{y}}^{(k)} = \boldsymbol{S}_{yy}^{(k)} - \boldsymbol{S}_{y\bar{y}}^{(k)}(\boldsymbol{S}_{\bar{y}\bar{y}}^{(k)})^{-1}(\boldsymbol{S}_{y\bar{y}}^{(k)})^{\text{T}} \tag{5-30}$$

5. 模型参数更新方法

在模型参数后验更新公式推导过程中,产生了大量无实际物理含义的中间变量,而这些中间变量是模型参数进行后验更新所必需的参数,为了降低模型的应用难度,学者们以中国餐馆过程(Chinese Restaurant Franchise, CRF)为中间变量类比了具体的物理含义,并形象地描述了中间变量的计算方法。

CRF结构示例如图 5-8 所示,其由多家餐馆构成,每家餐馆包含无限张桌子,所有餐馆公用相同的菜单,菜单包含无限道菜品。用符号 j 表示餐馆序号,符号 q 表示餐桌序号,符号 k 表示菜品序号。CRF 需要以餐馆序号 j 和菜品序号 k 构建二维方阵 $\boldsymbol{n}$,方阵中每个元素表示在餐馆 j 吃第 k 道菜品的人数,其与求解 HMM 隐状态转移概率矩阵 $\boldsymbol{\pi}$ 相关。菜品 $\theta_k \sim H$,表示第 k 类场景基元对应的观测概率分布函数参数为 θ_k。对于测试场景序列的观测量 y_t,其对应的观测概率分布函数参数为 ϕ_t,将其映射为客人,客人选择合适的菜品的过程就是测试场景序列观测值对应测试场景基元类型的过程,即 $\phi_t = \theta_k$,$z_t = k$。客人选择桌子就座,其后验更新满足式(5-31)。每张桌子第一个就座的客人选择菜品,每张桌子只有一道菜品 $\psi_{j,q}$,其后验更新满足式(5-32)。多个客人可以坐一张桌子,例如: $\phi_3 = \psi_{1,3}$,$\phi_6 = \psi_{1,3}$;多张桌子可以对应相同的菜品,例如: $\psi_{1,1} = \theta_1$,$\psi_{1,2} = \theta_1$。如图 5-8 所示,第一个客人 ϕ_1 必须进入第一个餐馆的第一张桌子,选择菜品 $\psi_{1,1} = \theta_1$;假设第二个客人 ϕ_2 选择新的桌子,选择菜品 $\psi_{1,2} = \theta_1$;假设第三个客人 ϕ_3 选择新的桌子,选择新的菜品 $\psi_{1,3} = \theta_2$;在 $t=4$ 时间步,即第四个客人 ϕ_4,由于在 HMM 中,当前时间步的隐状态和上一个时间步的隐状态相关,在 $t=3$ 时间步的隐状态为 $z_3 = 2$,所以客人 ϕ_4 应该进入第二个餐馆，选择第一张桌子，假设选定菜品 $\psi_{2,1}=\theta_2$；迭代循环……直到对场景序列的所有观测量完成采样。

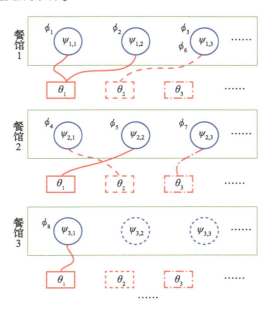

图 5-8 CRF 结构示例

CRF 模型中其余变量的定义为：n_{jqk} 表示第 j 个餐馆第 q 张桌子享用第 k 道菜品的客人数；m_{jk} 表示第 j 个餐厅里是第 k 道菜品的餐桌数；右下角标中缺省的"."表示全部，例如：$n_{j.k}$ 表示第 j 个餐馆享用第 k 道菜品的客人总数；右上角标中的"-"表示除了，例如：$n_{jq.}^{-t}$ 表示第 j 个餐馆第 q 张桌子除了第 t 个客人外的客人数量。

客人选择桌子的后验更新表示为

$$P(r_t = q \mid \boldsymbol{R}_j^{-t}) = \begin{cases} \dfrac{n_{jq.}^{-i}}{\alpha_0 + N_j - 1}, & q \in 1, \cdots, Q \\ \dfrac{\alpha_0}{\alpha_0 + N_j - 1}, & q \in \widetilde{Q} \end{cases} \quad (5-31)$$

式中，r_t 为第 t 位客人选择桌子的序号；$\boldsymbol{R}_j^{-t}$ 为第 j 个餐馆除了第 t 位客人，其余客人所坐桌子的分布。

每张桌子都要对应一个菜品，其后验更新概率为

$$P(\psi_{j,q} = k \mid \boldsymbol{\psi}_1, \boldsymbol{\psi}_2, \cdots, \boldsymbol{\psi}_j \cdots) = \begin{cases} \dfrac{m_{.k}}{\gamma + m_{..}}, & k \in 1, \cdots, K \\ \dfrac{\gamma}{\gamma + m_{..}}, & k \in \widetilde{K} \end{cases} \quad (5-32)$$

式中，ψ_j 为第 j 个餐馆中菜品在桌子上的分布。

根据 CRF 定义的变量关系，对模型部分参数进行后验更新。

β 的后验概率为

$$P(\beta_1, \cdots, \beta_K, \beta_{\widetilde{K}} \mid \boldsymbol{q}, \boldsymbol{k}, Y, \gamma) = \mathrm{Dir}(m_{.1}, \cdots, m_{.k}, \gamma) \quad (5-33)$$

其中，标量符号加粗表示集合，例如：$\boldsymbol{q}$ 表示桌子分配的集合。

π 的后验概率为

$$\begin{aligned}&P(\pi_{j,1}, \cdots, \pi_{j,K}, \pi_{j,\widetilde{K}} \mid \boldsymbol{q}, \boldsymbol{k}, \boldsymbol{\beta}, Y, \alpha_0) \\ &= \mathrm{Dir}(\alpha_0 \beta_1 + n_{j,1}, \cdots, \alpha_0 \beta_K + n_{j,K}, \alpha_0 \beta_{\widetilde{K}})\end{aligned} \quad (5-34)$$

q 的后验概率为

$$P(q_{j,t} = q \mid \psi_{jq} = k, \boldsymbol{q}^{-jt}, \boldsymbol{k}^{-jq}, Y, \boldsymbol{\beta}, \alpha_0) \propto \begin{cases} n_{jq.}^{-jt}, & q \in \{1, \cdots, Q_j\} \\ \alpha_0 \beta_k, & q = \widetilde{Q}_j \end{cases}$$

$$(5-35)$$

式中，Q_j 为第 j 个餐馆的桌子总数；$n_{jq.}^{-jt}$ 为在第 j 个餐馆第 q 张桌子除了第 t 位客人外的人数；$\boldsymbol{q}^{-jt}$ 为除了第 j 个餐馆第 t 位客人外的餐桌分配；$\boldsymbol{k}^{-jq}$ 为除了第 j 个餐馆第 q 张桌子外的菜品分配。

m 的后验概率可以通过对餐桌 q 后验概率的数学统计得到，即 m_{jk} 为在餐馆 j 中，统计菜品为菜单上第 k 道菜的餐桌的数量。m 的后验概率符合以下分布：

$$P(m_{jk} = m \mid n_{j,k}, \boldsymbol{\beta}, \alpha_0) = \frac{\Gamma(\alpha_0 \beta_k)}{\Gamma(\alpha_0 \beta_k + n_{j,k})} s(n_{j,k}, m)(\alpha_0 \beta_k)^m \quad (5-36)$$

式中，$s(n_{j,k}, m)$ 为无符号斯特林数。

除了基于 CRF 的后验更新，模型的其余参数的后验更新可直接根据贝叶斯原理和共轭先验性质进行推导。

因为二项分布 $b(n, \theta)$ 的成功概率 θ 的共轭先验分布为贝塔分布，所以 κ 的后验概率满足：

$$P(\kappa_k \mid \boldsymbol{w}, \rho_1, \rho_2) = \mathrm{Beta}(\rho_1 + d_k, \rho_2 + e_k) \quad (5-37)$$

根据 DS – HDP – HMM 模型结构示意图，d_k 为第 k 类测试场景基元对应的隐状态中，$w_t = 1$（即当前时间步发生了隐状态的自转移）的数量；e_k 为第 k 类测试场景基元对应的隐状态中，$w_t = 0$（即当前时间步隐状态发生了变化）的数量。

对于先验分布 $\alpha_0 \sim \mathrm{Gamma}(\alpha_0^1, \alpha_0^2)$，$\alpha_0$ 的后验更新为

$$P(r_j \mid \alpha_0, \boldsymbol{r}^{-j}, \boldsymbol{s}, \boldsymbol{m}, \boldsymbol{n}) = \mathrm{Beta}(\alpha_0 + 1, n_{j..}) \quad (5-38)$$

$$P(s_j \mid \alpha_0, \boldsymbol{r}, \boldsymbol{s}^{-j}, \boldsymbol{m}, \boldsymbol{n}) = \text{Ber}\left(\frac{n_{j\cdot\cdot}}{n_{j\cdot\cdot} + \alpha_0}\right) \tag{5-39}$$

$$P(\alpha_0 \mid \boldsymbol{r}, \boldsymbol{s}, \boldsymbol{m}, \boldsymbol{n}) = \text{Gamma}\left(\alpha_0^1 + m_{\cdot\cdot} - \sum_{j=1}^{J} s_j, \alpha_0^2 - \sum_{j=1}^{J} \lg r_j\right) \tag{5-40}$$

式中，$\boldsymbol{r}$ 和 $\boldsymbol{s}$ 为中间变量。

对于先验分布 $\gamma \sim \text{Gamma}(\gamma^1, \gamma^2)$，$\gamma$ 的后验更新为

$$P(\vartheta \mid \gamma, K, \boldsymbol{m}) = \text{Beta}(\gamma + 1, m_{\cdot\cdot}) \tag{5-41}$$

$$\pi_m = \frac{\gamma^1 + K - 1}{m_{\cdot\cdot} \times (\gamma^2 - \lg\vartheta)} \tag{5-42}$$

$$P(\gamma \mid \vartheta, K, \boldsymbol{m}) \propto \pi_m \times \text{Gamma}(\gamma^1 + K, \gamma^2 - \lg\vartheta) +$$
$$(1 - \pi_m) \times \text{Gamma}(\gamma^1 + K - 1, \gamma^2 - \lg\vartheta) \tag{5-43}$$

式中，ϑ 为中间变量。

对于 ρ_1 和 ρ_2 后验更新，为保持 ρ_1 和 ρ_2 在合理的取值范围内，需要对其进行非线性映射：

$$\mu = \frac{\rho_1}{\rho_1 + \rho_2} \tag{5-44}$$

$$\eta = (\rho_1 + \rho_2)^{1/3} \tag{5-45}$$

$$\mu \sim \text{Uniform}(\mu^1, \mu^2) \tag{5-46}$$

$$\eta \sim \text{Uniform}(\eta^1, \eta^2) \tag{5-47}$$

在 μ 和 η 的取值范围内，均匀选择 L 个离散点，则 ρ_1 和 ρ_2 均有 L 个可能的离散取值，记为 $\boldsymbol{\rho}_1 = \{\rho_1^i\}_{i=1}^{L}$，$\boldsymbol{\rho}_2 = \{\rho_2^j\}_{j=1}^{L}$。对于任意的 ρ_1^i 和 ρ_2^j，$\boldsymbol{\kappa} = \{\kappa_1, \cdots, \kappa_K\}$ 的先验分布为

$$P(\kappa_1, \cdots, \kappa_K \mid \rho_1^i, \rho_2^j) = \left(\frac{\Gamma(\rho_1^i)\Gamma(\rho_2^j)}{\Gamma(\rho_1^i + \rho_2^j)}\right)^K \tag{5-48}$$

根据式（5-37），$\boldsymbol{\kappa} = \{\kappa_1, \cdots, \kappa_K\}$ 的后验分布为

$$P(\kappa_1, \cdots, \kappa_K \mid w_1, \cdots, w_T, \rho_1^i, \rho_2^j) = \prod_{k=1}^{K}\left(\frac{\Gamma(\rho_1^i + d_k)\Gamma(\rho_2^j + e_k)}{\Gamma(\rho_1^i + \rho_2^j + d_k + e_k)}\right) \tag{5-49}$$

所以，在给定 ρ_1^i、ρ_2^j 和 $\kappa_1, \cdots, \kappa_K$ 下得到 $w_1, \cdots, w_T$ 的概率（即似然函数）为

$$P(w_1, \cdots, w_T \mid \kappa_1, \cdots, \kappa_K, \rho_1^i, \rho_2^j) = \left(\frac{\Gamma(\rho_1^i + \rho_2^j)}{\Gamma(\rho_1^i)\Gamma(\rho_2^j)}\right)^K \prod_{k=1}^{K}\left(\frac{\Gamma(\rho_1^i + d_k)\Gamma(\rho_2^j + e_k)}{\Gamma(\rho_1^i + \rho_2^j + d_k + e_k)}\right)$$
$$\tag{5-50}$$

根据式（5-50）求解每个 ρ_1^i，ρ_2^j 参数下得到 w_1，$\cdots$，w_T 的概率，按照其概率分布抽样 ρ_1^i，ρ_2^j 参数进行后验更新。

采用 Gibbs 采样的方法对隐状态 z_t 进行更新，z_t 的后验概率由两部分组成，表示为

$$P(z_t = k \mid z^{-t}, Y, \boldsymbol{\beta}, a_0, \gamma) \propto P(z_t = k \mid z^{-t}, \boldsymbol{\beta}, a_0, \gamma) \times P(\boldsymbol{y}_t \mid Y^{-t}, z_t = k, z^{-t})$$

$$(5-51)$$

对于 HDP-HMM 模型，第一部分可以表示为

$$P(z_t = k \mid z^{-t}, \boldsymbol{\beta}, a_0, \gamma)$$

$$= \begin{cases} \left[\alpha_0 \beta_k + n_{z_{t-1}, k}^{-t} \right] \left[\dfrac{\alpha_0 \beta_{z_{t+1}} + n_{k, z_{t+1}}^{-t} + \delta(z_{t-1}, k)\delta(k, z_{t+1})}{\alpha_0 + n_{k, \cdot}^{-t} + \delta(z_{t-1}, k)} \right], & k = 1, \cdots, K \\ \alpha_0 \beta_{\widetilde{K}} \beta_{z_{t+1}}, & k = \widetilde{K} \end{cases}$$

$$= \begin{cases} g(j)g(l), & k = 1, \cdots, K \\ \alpha_0 \beta_{\widetilde{K}} \beta_{z_{t+1}}, & k = \widetilde{K} \end{cases}$$

$$(5-52)$$

式中，$\delta(z, k)$ 为克罗内克 δ 函数；$n_{k, \cdot}^{-t}$ 为从状态 k 到任意状态的客人数量，其中不包括原来的从 z_t 到 z_{t+1}，其他变量含义类似。

式（5-52）根据 k 的取值分为两项，第一项表示 z_t 属于当前模型已存在的隐状态类型的概率，第二项表示 z_t 属于一个新的隐状态类型的概率。当 z_t 属于当前模型已存在的隐状态类型时，设 $z_{t-1} = j$，$z_{t+1} = l$，第一项公式可以根据中括号[ ]划分为两项，分别表示由 $t-1$ 时间步隐状态 j 到 t 时间步隐状态 k 的概率 $g(j)$ 和由 t 时间步隐状态 k 到 $t+1$ 时间步隐状态 l 的概率 $g(l)$。

基于 DS-HDP-HMM 的测试场景基元提取计算流程见表 5-1。

表 5-1　基于 DS-HDP-HMM 的测试场景基元提取计算流程

输入：多维测试场景序列（即模型观测序列）$Y = \{\boldsymbol{y}_t\}_{t=1}^T$，$Y \in \mathbb{R}^{d \times T}$

输出：模型的隐状态序列 $Z = \{z_t\}_{t=1}^T$

1. 给定观测序列，根据图 5-8 和式（5-31）、式（5-32）描述的 CRF 过程，初始化 $\boldsymbol{n}$ 方阵，初始化观测概率分布函数参数集合 $\boldsymbol{\theta}$，统计初始隐状态类型，记为 K 种，通过矩阵 $\boldsymbol{E}$ 记录每种隐状态包含的观测向量；初始化 $\boldsymbol{\kappa}$、$\boldsymbol{\beta}$、$\boldsymbol{w}$、$\boldsymbol{z}$ 序列；进入步骤 3

2. 对于每个 $t \in \{2, \cdots, T\}$

1）$n_{z_{t-1}z_t}$ 和 $n_{z_t z_{t+1}}$ 分别减 1，并从 $\boldsymbol{E}$ 中去除 $\boldsymbol{y}_t$，根据式（5-25）和式（5-29）对观测概率分布函数的参数进行后验更新；

（续）

输入：多维测试场景序列（即模型观测序列）$Y = \{y_t\}_{t=1}^T$，$Y \in \mathbb{R}^{d \times T}$
输出：模型的隐状态序列 $Z = \{z_t\}_{t=1}^T$

$$(\hat{A}^{(k)}, \hat{\Sigma}^{(k)}) \leftarrow (\hat{A}^{(k)}, \hat{\Sigma}^{(k)}) \ominus y_t$$

2) 根据式（5-51）和式（5-12）、式（5-13）、式（5-17）计算 $P(z_t = k)$，$k = 1, \cdots, K$，$\tilde{K}$。其中，当 $t = T$ 时，没有 z_t 到 z_{t+1} 的状态转移过程

3) 采样新的状态 z_t，如果 z_t 是新的状态，K 增加 1，$w_t = 0$，并更新 θ、β_K、κ_K

4) $n_{z_{t-1}z_t}$ 和 $n_{z_t z_{t+1}}$ 分别加 1，更新 E，重新对观测概率分布函数的参数进行后验更新：

$$(\hat{A}^{(k)}, \hat{\Sigma}^{(k)}) \leftarrow (\hat{A}^{(k)}, \hat{\Sigma}^{(k)}) \oplus y_t$$

3. 如果方阵 n 存在全 0 行和全 0 列，说明此种类型隐状态未被采样到，删除全 0 行和全 0 列，对方阵 n 进行压缩，并对应修改矩阵 E

4. 根据式（5-37）对 κ 进行后验更新

5. 根据式（5-35）求出 q 的后验概率，对 m 进行采样

6. 根据式（5-33）对 β 进行采样

7. 根据式（5-38）~ 式（5-50）对超参数 γ、α_0、ρ_1、ρ_2 进行后验更新

8. 如果 Z 没有收敛，或者未达到循环迭代终止次数，则返回步骤 2，否则退出

6. 基于 HighD 数据集的场景基元提取结果

基于 DS-HDP-HMM 的测试场景基元提取方法的模型参数是根据观测序列自动后验更新的，是一种非参数的方法，可以适用于任何数据集而不需要提前设置超参数。但是，需要设置测试场景基元提取模型的迭代次数。

为了确定模型收敛的迭代次数，本书随机选择 5 段测试场景序列，将序列数据进行 [-1, 1] 范围标准化后作为 DS-HDP-HMM 模型输入，计算其观测向量的对数似然函数，结果如图 5-9 所示。可以看出，随着迭代次数增加，5 段随机测试场景序列观测向量的对数似然函数结果快速收敛。但是较少的迭代次数可能使输出的测试场景基元持续时间过短，适当增加迭代次数可以使具有相似特征的测试场景基元自动合并，使测试场景基元物理含义更加明确。本书最终选择模型迭代次数为 100。

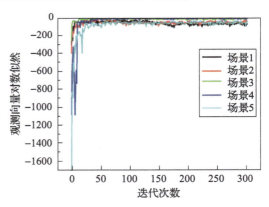

图 5-9 5 段随机场景序列的观测向量对数似然

为了证明基于 DS – HDP – HMM 的测试场景基元提取方法的性能,在相同的测试场景序列下,对比采用多维高斯分布作为观测概率分布函数的 Sticky HDP – HMM 模型提取场景基元,其结果如图 5 – 10 所示,前 8 幅图片是测试场景不同维度的观测值输入,后 2 幅图片隐状态序列的不同隐状态值输出代表了不同类型的测试场景基元。

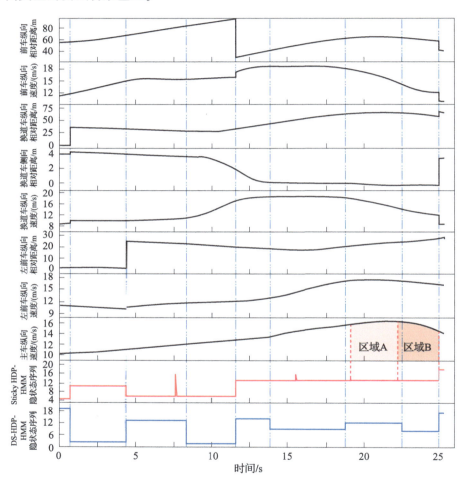

图 5 – 10 测试场景基元提取结果对比

从图 5 – 10 可以看出,两种模型的测试场景基元提取结果存在差异。DS – HDP – HMM 模型可以在迭代过程中通过后验更新方法自动优化模型参数,实现根据车辆的不同运动特征对测试场景基元进行不同持续时长的划分,证明了 DS – HDP – HMM 模型可以提高测试场景基元提取的合理性。另外,由于 Sticky

HDP-HMM 模型采用多维高斯分布作为观测概率分布函数,不能很好地描述车辆的运动。例如在主车纵向速度维度,19.2~22.8s(区域 A)和 22.8~24.92s(区域 B)的测试场景分别代表主车加速和主车减速,物理意义上应该为两种类型场景基元,但是在 Sticky HDP-HMM 模型中被分成了隐状态 14 代表的一种场景基元类型。因为这两段场景子序列在主车纵向速度维度均可以用相同参数的高斯分布表示,高斯分布只能表示主车的速度范围,不能表示速度随时间的变化关系,从而对测试场景基元提取结果产生了影响。本节提出的基于 DS-HDP-HMM 的测试场景基元提取方法采用了 VAR 模型,认为当前时刻的观测值与过去时刻的观测值线性相关,表征了时间属性对观测值的影响,更能精确描述车辆的运动状态,使测试场景基元提取结果更为精确。对 DS-HDP-HMM 模型提取的测试场景基元的物理含义进行总结,见表 5-2,表中的测试场景基元类别为模型输出的隐状态值。例如,结合图 5-10 中的 DS-HDP-HMM 隐状态序列输出,表中类别 2 的含义是:模型隐状态为 2 对应的测试场景基元时间为 0.72~4.36s,左前车的运动状态为减速,与主车的相对距离近似不变,换道车的运动状态为匀速未换道,与主车的相对距离逐渐减小,前车的运动状态为加速,与主车的相对距离逐渐增大,主车加速。模型输出的不同类别的测试场景基元根据主车和交通车的运动状态不同而具有不同的物理含义,具有较强的可解释性。

综上所述,基于 DS-HDP-HMM 的测试场景基元提取方法将车辆运动状态视为 HMM 过程,以 VAR 模型为观测概率分布函数,通过 HDP 在迭代过程中后验更新模型参数,基于 DS 过程增加隐状态自转移机制,最终实现从测试场景序列中非参数、可解释地提取测试场景基元。与 Sticky HDP-HMM 相比,DS-HDP-HMM 提取测试场景基元具有更好的可解释性和更高的合理性,具有优良的性能。

从图 5-10 和表 5-2 中可以看出,在 11.64s 时刻,换道车的换道过程被分为两个测试场景基元,为了保持换道过程的完整性,便于后续进行测试场景基元拼接重构,需要采用基于规则的方法将换道车侧向速度较大的连续测试场景基元重新合并为同一个测试场景基元。从自然驾驶场景库提取测试场景基元示例如图 5-11 所示。

表 5-2 基于 DS-HDP-HMM 模型的测试场景基元物理含义

类别	左前车	换道车	前车	主车
19	$v\ominus d_x\oplus$	$v\oplus d_x\odot d_y\odot$	$v\oplus d_x\oplus$	$v\oplus$
2	$v\ominus d_x\odot$	$v\odot d_x\ominus d_y\odot$	$v\oplus d_x\oplus$	$v\oplus$
13	$v\ominus d_x\oplus$	$v\oplus d_x\ominus d_y\odot$	$v\odot d_x\oplus$	$v\oplus$
1	$v\oplus d_x\ominus$	$v\oplus d_x\oplus d_y$①	$v\oplus d_x\oplus$	$v\oplus$
14	$v\oplus d_x\ominus$	$v\oplus d_x\oplus d_y$②	$v\oplus d_x\oplus$	$v\oplus$
9	$v\oplus d_x\odot$	$v\odot d_x\oplus d_y\odot$	$v\odot d_x\oplus$	$v\oplus$
12	$v\odot d_x\oplus$	$v\ominus d_x\odot d_y\odot$	$v\ominus d_x\odot$	$v\oplus$
8	$v\ominus d_x\oplus$	$v\ominus d_x\odot d_y\odot$	$v\ominus d_x\odot$	$v\ominus$
17	$v\ominus d_x\oplus$	$v\ominus d_x\odot d_y\odot$	$v\ominus d_x\odot$	$v\ominus$

注：1. $v\oplus$ 表示速度增加，$v\ominus$ 表示速度降低，$v\odot$ 表示匀速。

2. $d_x\oplus$ 表示纵向相对距离增加，$d_x\ominus$ 表示纵向相对距离减小，$d_x\odot$ 表示纵向相对距离不变。

3. $d_y\odot$ 表示未进行换道，d_y① 表示车辆换道越过车道线前阶段，d_y② 表示车辆换道越过车道线后阶段。

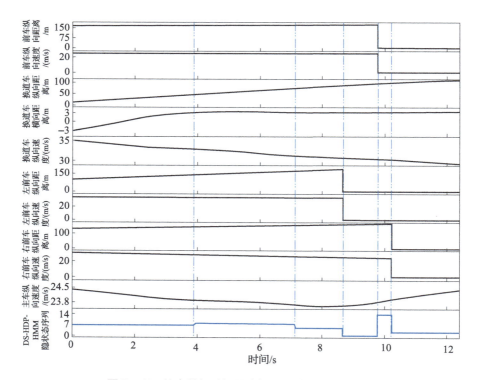

图 5-11 从自然驾驶场景库提取测试场景基元示例

第5章 基元驱动的智能汽车测试逻辑场景生成

采用 DS – HDP – HMM 方法，对得到的全部测试场景序列进行测试场景基元提取，共得到 240876 个测试场景基元。首先根据左前车、前车、右前车、换道车目标是否存在采用基于规则的方法对测试场景基元进行预分类，如图 5 – 12 所示。预分类结果见表 5 – 3。预分类将测试场景基元分为 16 类，其中，如图 5 – 12 中圈出部分所示，当全部交通车都存在时，交通场景复杂，对被测智能汽车功能的要求较高，将此类场景基元定义为切入场景基元；当换道车不存在，其他交通车都存在时，将此类场景基元定义为跟车场景基元。这两类场景基元是测试场景基元中最复杂的场景，本书后续主要针对这两类测试场景基元进行研究，其余类型的测试场景基元可以采用相同的方法进行处理，本书不再赘述。

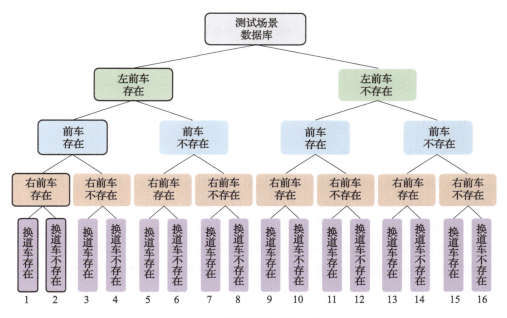

图 5 – 12 测试场景基元预分类示意图

表 5 – 3 测试场景基元预分类结果

序号	类别描述	数量
1	左前车存在，前车存在，右前车存在，换道车存在（切入场景）	7913
2	左前车存在，前车存在，右前车存在，换道车不存在（跟车场景）	25479
3	左前车存在，前车存在，右前车不存在，换道车存在	6564
4	左前车存在，前车存在，右前车不存在，换道车不存在	59676
5	左前车存在，前车不存在，右前车存在，换道车存在	2085

（续）

序号	类别描述	数量
6	左前车存在，前车不存在，右前车存在，换道车不存在	2712
7	左前车存在，前车不存在，右前车不存在，换道车存在	2025
8	左前车存在，前车不存在，右前车不存在，换道车不存在	9575
9	左前车不存在，前车存在，右前车存在，换道车存在	6948
10	左前车不存在，前车存在，右前车存在，换道车不存在	79917
11	左前车不存在，前车存在，右前车不存在，换道车存在	869
12	左前车不存在，前车存在，右前车不存在，换道车不存在	4572
13	左前车不存在，前车不存在，右前车存在，换道车存在	3656
14	左前车不存在，前车不存在，右前车存在，换道车不存在	14023
15	左前车不存在，前车不存在，右前车不存在，换道车存在	864
16	左前车不存在，前车不存在，右前车不存在，换道车不存在	13998

5.1.3　场景基元聚类

1. K-SHAPE 聚类

K-SHAPE 聚类是一种基于序列形状指标的时间序列聚类算法，其核心采用归一化互相关系数（Normalized Cross-Correlation Coefficient，NCC）计算时间序列之间的相似性，采用距离测度（Shape Based Distance，SBD）量化不同时间序列的距离度量，采用聚类质心代表每种类别的形状特征，从而创建形状一致且间隔良好的时间序列聚类簇。相比于传统的时间序列聚类算法，例如：基于欧氏距离（Euclidean Distance，ED）或动态时间规整（Dynamic Time Warping，DTW）的聚类方法，K-SHAPE 具有计算高效、聚类精准等优点，适用于对海量数据的自然驾驶测试场景基元库进行聚类。

NCC 基于比例不变性和平移不变性对时间序列之间的距离进行度量。对于两个测试场景基元第 d 维度的时间序列 $\boldsymbol{y}_i^d = (y_{i,1}^d, y_{i,2}^d, \cdots, y_{i,m}^d)$ 和 $\boldsymbol{y}_j^d = (y_{j,1}^d, y_{j,2}^d, \cdots, y_{j,n}^d)$，其中 $m \geq n$，进行 Z-score 标准化，然后对较短的时间序列进行补 0，使两个序列时间长度对齐。

$$\boldsymbol{y}_j^d = (y_{j,1}^d, y_{j,2}^d, \cdots, y_{j,n}^d, \overbrace{0, \cdots, 0}^{m-n}) = (y_{j,1}^d, y_{j,2}^d, \cdots, y_{j,m}^d) \quad (5-53)$$

则这两个时间序列的相似性计算公式为

$$\mathrm{CC}_w(\boldsymbol{y}_i^d, \boldsymbol{y}_j^d) = R_{w-m}(\boldsymbol{y}_i^d, \boldsymbol{y}_j^d), \quad w \in \{1, 2, \cdots, 2m-1\} \quad (5-54)$$

式(5-54)中，$CC_w(\mathbf{y}_i^d, \mathbf{y}_j^d)$ 为长度为 $2m-1$ 的互相关序列，令 $CC_w(\mathbf{y}_i^d, \mathbf{y}_j^d) = (c_1, c_2, \cdots, c_{w-1}, c_w)$，其计算示意图如图 5-13 所示，定义 $s = w - m$，表示 $\mathbf{y}_j^d$ 序列相对于 $\mathbf{y}_i^d$ 序列滑动的步长。

$$R_s(\mathbf{y}_i^d, \mathbf{y}_j^d) = \begin{cases} \sum_{l=1}^{m-s} y_{i,l+s}^d y_{j,l}^d, & s \geq 0 \\ R_{-s}(\mathbf{y}_j^d, \mathbf{y}_i^d), & s < 0 \end{cases} \quad (5-55)$$

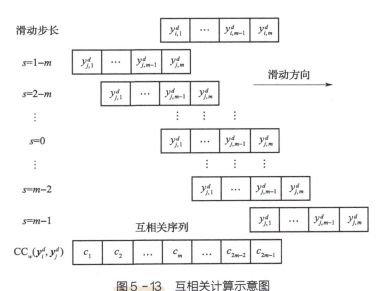

图 5-13 互相关计算示意图

为了解决时间序列比例不变性问题，NCC 使用系数归一化方法：

$$NCC_w(\mathbf{y}_i^d, \mathbf{y}_j^d) = \frac{CC_w(\mathbf{y}_i^d, \mathbf{y}_j^d)}{\sqrt{R_0(\mathbf{y}_i^d, \mathbf{y}_i^d) \times R_0(\mathbf{y}_j^d, \mathbf{y}_j^d)}} \quad (5-56)$$

式 (5-56) 的输出范围为 [-1, 1]。当 $0 < NCC_w(\mathbf{y}_i^d, \mathbf{y}_j^d) \leq 1$ 时，认为序列 $\mathbf{y}_i^d$ 与序列 $\mathbf{y}_j^d$ 具有相似性，$NCC_w(\mathbf{y}_i^d, \mathbf{y}_j^d)$ 的值越大，相似性越高；当 $-1 \leq NCC_w(\mathbf{y}_i^d, \mathbf{y}_j^d) < 0$ 时，认为序列 $\mathbf{y}_i^d$ 与序列 $\mathbf{y}_j^d$ 具有非相似性，即序列 $\mathbf{y}_i^d$ 与序列 $\mathbf{y}_j^d$ 具有完全相反的变化趋势，$NCC_w(\mathbf{y}_i^d, \mathbf{y}_j^d)$ 越小，两个时间序列完全相反的变化趋势越明显，越不相似。

通过求解 $|NCC_w(\mathbf{y}_i^d, \mathbf{y}_j^d)|$ 的最大值，求得两个时间序列的最大相似性/非相似性量化指标，同时可求得两个时间序列形状对齐时需要滑动的步长 s。为了将时间序列的相似性映射为距离指标，定义其距离测度（SBD）为

$$w' = \arg\max_{w'}(\,|\,\text{NCC}_w(\boldsymbol{y}_i^d,\,\boldsymbol{y}_j^d)\,|\,) \qquad (5-57)$$

$$\text{SBD}(\boldsymbol{y}_i^d,\,\boldsymbol{y}_j^d) = 1 - \text{NCC}_{w'}(\boldsymbol{y}_i^d,\,\boldsymbol{y}_j^d) \qquad (5-58)$$

$\text{SBD}(\boldsymbol{y}_i^d,\,\boldsymbol{y}_j^d)$ 的取值范围为 $[0,2]$，其值越小，表示两个时间序列相似度越高。

考虑到每个测试场景基元包含多维时间序列，对于两个测试场景基元 $\boldsymbol{y}_i = (\boldsymbol{y}_i^1,\cdots,\boldsymbol{y}_i^D)$，$\boldsymbol{y}_j = (\boldsymbol{y}_j^1,\cdots,\boldsymbol{y}_j^D)$，其中 D 为场景基元的维度，多维测试场景基元之间的距离测度为

$$\text{SBD}(\boldsymbol{y}_i,\boldsymbol{y}_j) = \frac{1}{D}\sqrt{\sum_{d=1}^{D}[\text{SBD}(\boldsymbol{y}_i^d,\boldsymbol{y}_j^d)]^2} \qquad (5-59)$$

为了进一步提高测试场景基元之间距离测度的计算效率，使算法更适用于大型测试场景基元库聚类，采用离散傅里叶变换（Discrete Fourier Transform，DFT）和离散傅里叶逆变换（Inverse Discrete Fourier Transform，IDFT）实现 $\text{CC}_w(\boldsymbol{y}_i^d,\,\boldsymbol{y}_j^d)$ 高效计算，进而提高 SBD 的计算效率。

DFT 定义为

$$\mathcal{F}(y_k^d) = \sum_{n=0}^{|\boldsymbol{y}^d|-1} y_n^d\,\mathrm{e}^{-\mathrm{j}\left(\frac{2\pi}{|\boldsymbol{y}^d|}\right)kn},\,k=0,\cdots,|\boldsymbol{y}^d|-1 \qquad (5-60)$$

式中，$|\boldsymbol{y}^d|$ 为序列 $\boldsymbol{y}^d$ 的元素个数；y_n^d 为观测序列在时间域上第 d 维度第 n 时间步的值；y_k^d 为观测序列在频率域上第 d 维度第 k 个值。

IDFT 定义为

$$\mathcal{F}^{-1}(y_n^d) = \frac{1}{|\boldsymbol{y}^d|}\sum_{k=0}^{|\boldsymbol{y}^d|-1} y_k^d\,\mathrm{e}^{\mathrm{j}\left(\frac{2\pi}{|\boldsymbol{y}^d|}\right)nk},\,n=0,\cdots,|\boldsymbol{y}^d|-1 \qquad (5-61)$$

根据两个时间序列的卷积等于两个时间序列 DFT 乘积的 IDFT 理论，首先，在两个待求相似性的测试场景基元中，选择一个测试场景基元，将其按照时间序列进行反转，即 $y_t = y_{m-t+1}$，然后根据下式即可求得 $\text{CC}_w(\boldsymbol{y}_i^d,\,\boldsymbol{y}_j^d)$：

$$\text{CC}_w(\boldsymbol{y}_i^d,\,\boldsymbol{y}_j^d) = \mathcal{F}^{-1}\{\mathcal{F}(\boldsymbol{y}_i^d) * \mathcal{F}(\boldsymbol{y}_j^d)\} \qquad (5-62)$$

式中，$*$ 为两个序列在复频域上的乘积。

因此，可以利用快速傅里叶变换（Fast Fourier Transform，FFT）、基 2-FFT 等先进傅里叶变换方法，对 $\text{CC}_w(\boldsymbol{y}_i^d,\,\boldsymbol{y}_j^d)$ 进行高效求解，最终提高 SBD 的计算效率。

计算不同测试场景基元之间的距离测度后，下一步是寻找每种类别的聚类质心。聚类质心能代表此种聚类包含时间序列的形状和特征，为了实现精确的质心序列提取，算法将其转化为优化问题，其目标是找到与该类别其他时间序

列互相关平方和最大的序列 $\boldsymbol{\mu}_k^*$。对于第 k 类别聚类的第 d 维度，其聚类质心为

$$\begin{aligned}\boldsymbol{\mu}_k^{d*} &= \arg\max_{\boldsymbol{\mu}_k^d} \sum_{\boldsymbol{y}_i \in P_k} \left[\max_w \text{NCC}_w(\boldsymbol{\mu}_k^d, \boldsymbol{y}_i^d)\right]^2 \\ &= \arg\max_{\boldsymbol{\mu}_k^d} \sum_{\boldsymbol{y}_i \in P_k} \left(\frac{\max_w \text{CC}_w(\boldsymbol{\mu}_k^d, \boldsymbol{y}_i^d)}{\sqrt{R_0(\boldsymbol{y}_i^d, \boldsymbol{y}_i^d) \times R_0(\boldsymbol{\mu}_k^d, \boldsymbol{\mu}_k^d)}}\right)^2 \end{aligned} \quad (5-63)$$

式（5-63）需要计算聚类 P_k 中每个 $\boldsymbol{y}_i^d$ 的最优滑动步长，在聚类算法的迭代优化过程中，可以采用上一次迭代计算出来的聚类质心为参考序列，其他序列全部根据参考序列确定最优滑动步长，因为在迭代过程中，相邻两次迭代聚类质心序列应该是较接近的。

根据上一次迭代的聚类质心对每个 $\boldsymbol{y}_i \in P_k$ 滑动最优的步长，得到新的序列 $\boldsymbol{y}_i^{'d}$，式（5-63）可以化简为

$$\boldsymbol{\mu}_k^{d*} = \arg\max_{\boldsymbol{\mu}_k^d} \sum_{\boldsymbol{x}_i \in P_k} \Big(\sum_{l \in [1,m]} \mu_{k,l}^d \times y_{i,l}^{'d}\Big)^2 \quad (5-64)$$

将上述用矩阵形式表示为

$$\boldsymbol{\mu}_k^{d*} = \arg\max_{\boldsymbol{\mu}_k^d} \sum_{\boldsymbol{x}_i \in P_k} \left[(\boldsymbol{y}_i^{'d})^\text{T} \cdot \boldsymbol{\mu}_k^d\right]^2 = \arg\max_{\boldsymbol{\mu}_k^d} (\boldsymbol{\mu}_k^d)^\text{T} \cdot \sum_{\boldsymbol{y}_i \in P_k} \left[\boldsymbol{y}_i^{'d} \cdot (\boldsymbol{y}_i^{'d})^\text{T}\right] \cdot \boldsymbol{\mu}_k^d$$

$$(5-65)$$

为了使聚类质心序列 $\boldsymbol{\mu}_k^d$ 与聚类内的测试场景基元序列进行精准的距离测度度量，聚类质心序列 $\boldsymbol{\mu}_k^d$ 需要进行标准化。首先进行均值化处理，$\boldsymbol{\mu}_k^d = \boldsymbol{Q} \cdot \boldsymbol{\mu}_k^d$，其中，$\boldsymbol{Q} = \boldsymbol{I} - \frac{1}{m}\boldsymbol{O}$，$\boldsymbol{I}$ 为单位矩阵，$\boldsymbol{O}$ 是全为 1 的方阵。然后对 $\boldsymbol{\mu}_k^d$ 进行 L2 范数单位化，将式（5-65）除以 $(\boldsymbol{\mu}_k^d)^\text{T} \cdot \boldsymbol{\mu}_k^d$。最后用 $\boldsymbol{S}^d$ 代替 $\sum_{\boldsymbol{x}_i \in P_k} \left[\boldsymbol{y}_i^{'d} \cdot (\boldsymbol{y}_i^{'d})^\text{T}\right]$，式（5-65）可化简为

$$\boldsymbol{\mu}_k^{d*} = \arg\max_{\boldsymbol{\mu}_k^d} \frac{(\boldsymbol{\mu}_k^d)^\text{T} \cdot \boldsymbol{Q}^\text{T} \cdot \boldsymbol{S}^d \cdot \boldsymbol{Q} \cdot \boldsymbol{\mu}_k^d}{(\boldsymbol{\mu}_k^d)^\text{T} \cdot \boldsymbol{\mu}_k^d} = \arg\max_{\boldsymbol{\mu}_k^d} \frac{(\boldsymbol{\mu}_k^d)^\text{T} \cdot \boldsymbol{M}^d \cdot \boldsymbol{\mu}_k^d}{(\boldsymbol{\mu}_k^d)^\text{T} \cdot \boldsymbol{\mu}_k^d} \quad (5-66)$$

式中，$\boldsymbol{M}^d = \boldsymbol{Q}^\text{T} \cdot \boldsymbol{S}^d \cdot \boldsymbol{Q}$。

式（5-66）为标准瑞利商定义，根据瑞利商的性质可以求解聚类质心 $\boldsymbol{\mu}_k^{d*}$，其等于实对称矩阵 $\boldsymbol{M}^d$ 最大特征值对应的特征向量。

结合 SBD 和聚类质心计算方法，K-SHAPE 聚类算法流程见表 5-4。

表 5 – 4 K – SHAPE 聚类算法流程

输入：场景基元集合 $X \in (y_1, \cdots, y_N)$，N 为场景基元的数量；y_n 为经过 Z – score 标准化和数据对齐的场景基元，$y_n \in \mathbb{R}^{D \times M}$，$D$ 为场景基元的维数，M 为场景基元序列的长度；聚类数量 K；最大迭代次数 Maxiter

输出：场景基元的类别 $IDX \in \mathbb{N}^{N \times 1}$

1) 随机初始化 IDX'，在每种聚类中，随机初始化聚类质心 $\boldsymbol{\mu}_k'$
2) while $IDX\ != IDX'$ and iter $<$ MAXITER do
  $IDX' = IDX$
  //聚类质心更新
  for $k = 1, 2, \cdots, K$ do
   根据式（5 – 63），以 $\boldsymbol{\mu}_k'$ 为参考序列确定第 k 类所有测试场景基元 $y_{i,k}$ 的滑动平移步长，得到新的场景基元 $y_{i,k}' \in \boldsymbol{X}_k$
   根据式（5 – 66）求出第 k 类测试场景基元的聚类质心 $\boldsymbol{\mu}_k$
   $\boldsymbol{\mu}_k' = \boldsymbol{\mu}_k$
  end for
  //聚类更新
  for $n = 1, 2, \cdots, N$ do
   根据式（5 – 54）~ 式（5 – 59），计算测试场景基元 y_n 与各个聚类质心 $\boldsymbol{\mu}_k$ 的距离测度 $SBD(y_n, \boldsymbol{u}_k)$
   选取与 y_n 距离测度最小的聚类质心
   更新测试场景基元 y_n 所属类别 IDX
  end for
  iter = iter + 1
end while

K – SHAPE 聚类算法存在一个超参数，即总类别的数目 K，本节采用轮廓系数（Silhouette Coefficient）指标确定合适的聚类数目 K，某个测试场景基元 y_i 的轮廓系数定义

$$S_i = \frac{b_i - a_i}{\max(a_i, b_i)} \tag{5 – 67}$$

式中，a_i 为 y_i 与同类别其他测试场景基元的平均距离测度，称为凝聚度；b_i 为 y_i 与最近的聚类中所有测试场景基元的平均距离测度，称为分离度。

求出所有测试场景基元的轮廓系数，然后求平均值可以得到平均轮廓系数，平均轮廓系数的取值范围为 $[-1, 1]$。聚类内测试场景基元的距离越近，聚类间测试场景基元的距离越远，平均轮廓系数越大，聚类效果越好，所以平均轮廓系数最大的聚类数 K 为最佳聚类数。

2. 场景基元聚类结果

基于 5.1.2 节的测试场景基元提取结果，采用 K-SHAPE 方法对跟车场景基元和切入场景基元进行聚类，构建类别清晰、含义明确的基础测试场景基元库。

在跟车场景下，计算 $K=5\sim15$ 范围内测试场景基元的平均轮廓系数，其结果如图 5-14 所示。可以看出，当聚类数量 $K=13$ 时，平均轮廓系数最大，此时跟车场景基元聚类结果统计如图 5-15 所示。每种类别的测试场景基元对应的物理含义见表 5-5，可以看出，K-SHAPE 聚类算法能根据主车和交通车的不同运动行为对跟车测试场景基元进行聚类，构建类别清晰的基础跟车测试场景基元库。

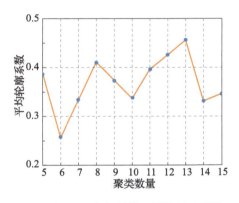

图 5-14 跟车场景基元平均轮廓系数

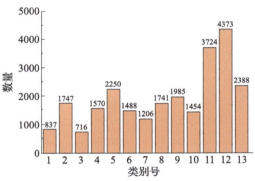

图 5-15 跟车场景基元聚类结果统计

表 5-5 跟车场景下不同类别的测试场景基元对应的物理含义

序号	交通车运动状态	类别号
1	左前车加速、前车加速、右前车加速	6、10、12
2	左前车加速、前车加速、右前车减速	8
3	左前车加速、前车减速、右前车加速	7
4	左前车加速、前车减速、右前车减速	2、3
5	左前车减速、前车加速、右前车加速	0、9
6	左前车减速、前车加速、右前车减速	5
7	左前车减速、前车减速、右前车加速	1
8	左前车减速、前车减速、右前车减速	4、11

在切入场景下，计算 $K=30\sim40$ 范围内测试场景基元的平均轮廓系数，结果如图 5-16 所示。从图 5-16 可以看出，当聚类数量 $K=35$ 时，平均轮廓系

数最大，此时切入场景基元聚类结果统计如图 5-17 所示。每种类别的测试场景基元对应的物理含义见表 5-6，可以看出，K-SHAPE 聚类算法能对切入场景基元进行聚类，构建类别清晰的基础切入测试场景基元数据库。但是根据主车和交通车的不同运动行为对测试场景基元聚类进行解释，还存在少数交通车运动行为并没有对应的场景基元，例如：序号 12、25、27，由于 HighD 自然驾驶数据库数据量不够丰富，因此切入场景基元库存在少数种类交通车运动行为没有对应的测试场景基元的情况。本书以 HighD 自然驾驶数据库为例进行研究，所提出的方法是通用的方法，可以采用其他自然驾驶数据库构建更丰富的基础测试场景基元库。

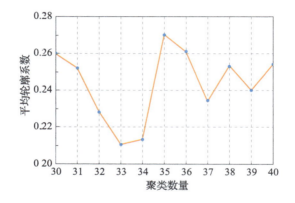

图 5-16　切入场景基元不同聚类数量的平均轮廓系数

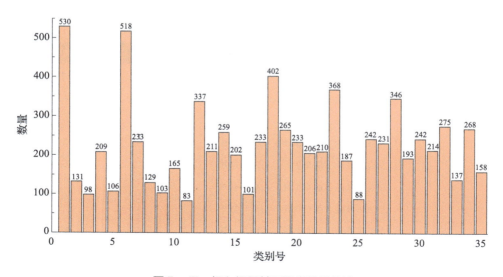

图 5-17　切入场景基元聚类结果统计

第 5 章 基元驱动的智能汽车测试逻辑场景生成

表 5-6 切入场景下不同类别测试场景基元对应的物理含义

序号	交通车运动状态	类别号
1	左前车加速、前车加速、右前车加速、换道车加速、换道车向左行驶	23、31
2	左前车加速、前车加速、右前车加速、换道车加速、换道车向右行驶	4、12、26
3	左前车加速、前车加速、右前车加速、换道车减速、换道车向左行驶	30
4	左前车加速、前车加速、右前车加速、换道车减速、换道车向右行驶	34
5	左前车加速、前车加速、右前车减速、换道车加速、换道车向左行驶	21
6	左前车加速、前车加速、右前车减速、换道车加速、换道车向右行驶	10
7	左前车加速、前车加速、右前车减速、换道车减速、换道车向左行驶	11
8	左前车加速、前车加速、右前车减速、换道车减速、换道车向右行驶	27
9	左前车加速、前车减速、右前车加速、换道车加速、换道车向左行驶	13
10	左前车加速、前车减速、右前车加速、换道车加速、换道车向右行驶	22
11	左前车加速、前车减速、右前车加速、换道车减速、换道车向左行驶	7
12	左前车加速、前车减速、右前车加速、换道车减速、换道车向右行驶	无
13	左前车加速、前车减速、右前车减速、换道车加速、换道车向左行驶	8
14	左前车加速、前车减速、右前车减速、换道车加速、换道车向右行驶	16
15	左前车加速、前车减速、右前车减速、换道车减速、换道车向左行驶	24
16	左前车加速、前车减速、右前车减速、换道车减速、换道车向右行驶	6
17	左前车减速、前车加速、右前车加速、换道车加速、换道车向左行驶	14
18	左前车减速、前车加速、右前车加速、换道车加速、换道车向右行驶	9
19	左前车减速、前车加速、右前车加速、换道车减速、换道车向左行驶	35
20	左前车减速、前车加速、右前车加速、换道车减速、换道车向右行驶	15
21	左前车减速、前车加速、右前车减速、换道车加速、换道车向左行驶	33
22	左前车减速、前车加速、右前车减速、换道车加速、换道车向右行驶	3
23	左前车减速、前车加速、右前车减速、换道车减速、换道车向左行驶	2
24	左前车减速、前车加速、右前车减速、换道车减速、换道车向右行驶	29
25	左前车减速、前车减速、右前车加速、换道车加速、换道车向左行驶	无
26	左前车减速、前车减速、右前车加速、换道车加速、换道车向右行驶	25
27	左前车减速、前车减速、右前车加速、换道车减速、换道车向左行驶	无
28	左前车减速、前车减速、右前车加速、换道车减速、换道车向右行驶	17
29	左前车减速、前车减速、右前车减速、换道车加速、换道车向左行驶	32
30	左前车减速、前车减速、右前车减速、换道车加速、换道车向右行驶	5
31	左前车减速、前车减速、右前车减速、换道车减速、换道车向左行驶	18、19
32	左前车减速、前车减速、右前车减速、换道车减速、换道车向右行驶	1、20、28

5.2 场景基元衍生

在前面获取的场景基元中,大部分情况下为安全场景,为了后续生成更为危险的场景,需要对获取的场景基元进行衍生。

在跟车场景中(25479 个),基础测试场景基元库中左前车、前车和右前车的纵向平均加速度如图 5-18 所示。从图 5-18 中可以看出,左前车、前车和右前车的纵向平均加速度值大部分在 $-1 \sim 1 \text{m/s}^2$ 之间,交通车辆行驶状态较为平缓、谨慎,交通车和主车发生碰撞事故的概率很低。而交通车纵向平均加速度绝对值大于 1m/s^2 的测试场景基元只有极小部分,但其代表更激烈的车辆行驶状态,这类小概率测试场景基元在检测被测智能汽车功能缺陷和不足方面的价值更高。

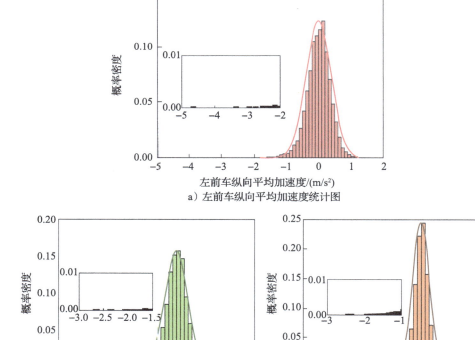

图 5-18 跟车场景基元库中交通车纵向平均加速度统计图

在切入场景（7913 个）中，基础测试场景基元库中左前车、前车和右前车的纵向平均加速度分布与跟车场景相似，换道车的纵向平均加速度和横向平均速度分布如图 5-19 所示。从图 5-19 中可以看出，绝大部分换道车的切入行驶状态也较为平缓。因此，基础测试场景基元库缺少交通车激烈行驶状态的数据，测试场景基元库的多样性和覆盖率不足，由自然驾驶数据场景基元直接拼接重构成的测试场景难以对被测智能汽车功能的安全性进行全面的测试。

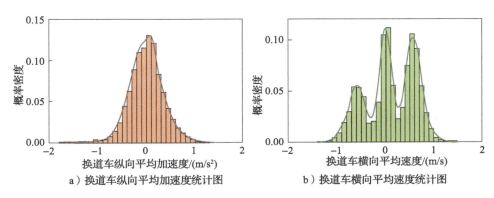

图 5-19 换道场景基元库中换道车的纵向平均加速度和横向平均速度分布

为了实现具有激烈行驶状态的测试场景基元衍生、提高测试场景基元的多样性，本章研究测试场景基元衍生方法。

5.2.1 场景基元衍生架构

GAN 模型是一种重要的深度生成模型，经常用来生成与真实数据高维空间分布一致的数据样本，被广泛应用于计算机视觉、自然语言处理等领域，因此，本节以 GAN 为核心方法实现具有激烈驾驶行为的测试场景基元衍生。

在 GAN 中，两名"玩家"分别是生成器和判别器。生成器从隐空间中随机抽样作为模型的输入，并使输出数据分布尽量模仿真实样本的数据分布。判别器的输入为真实样本和生成器输出的样本，判别器的输出是输入的样本为真实样本的概率，它的训练目标是尽可能将真实的样本与生成器输出的样本区分开。同时，生成器的训练目标是让输出的样本尽量接近真实样本，从而"骗"过生成器。GAN 模型结构如图 5-20 所示。

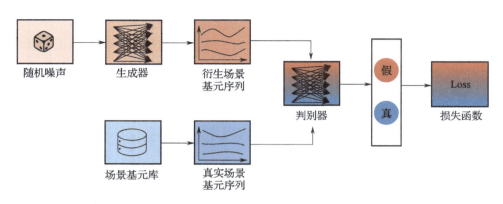

图 5-20 GAN 模型结构

直接使用 GAN 模型进行测试场景基元衍生容易产生梯度消失、模式崩溃等问题，为此本章在 GAN 模型中采用 Wasserstein 距离衡量真实数据高维分布与生成数据高维分布之间的距离。

Wasserstein 距离也称为 EM 距离（Earth Mover's Distance），其公式表示为

$$W(P, Q) = \inf_{\gamma \in \Pi(P, Q)} E_{(u,v) \sim \gamma}[\|u - v\|] \tag{5-68}$$

式中，$\Pi(P, Q)$ 为分布 P 与分布 Q 组合起来的所有可能的联合分布的集合，即 $\Pi(P, Q)$ 中每个分布的边缘分布都是分布 P 和分布 Q；γ 为某种可能的联合分布，可以从 γ 中采样不同分布的样本 u 与 v，从而计算出样本 u 与 v 距离的期望值 $E_{(u,v) \sim \gamma}[\|u - v\|]$；inf 表示取下界，即所有可能的距离期望值的下界。

相比于 JS 散度，在两个数据分布之间没有重叠或者重叠部分可以忽略时，Wasserstein 距离依旧可以正常衡量其距离，从而避免了传统 GAN 中梯度消失、梯度不稳定及模式崩溃问题。为了在 GAN 中应用 Wasserstein 距离，需要将判别器的目标函数修改为

$$V(D, G) = \max_{D \in 1-\text{Lipschitz}} \{E_{y \sim P_{\text{data}}}[D(y)] - E_{y \sim P_G}[D(y)]\} \tag{5-69}$$

此时，判别器的目的是给从真实分布中抽样出来的数据打高分，给从生成分布抽样出来的数据打低分，同时要满足 1-Lipschitz 约束条件。

当判别器服从 1-Lipschitz 约束时，等价于判别器在任意地方的梯度都小于 1，可以表达为

$$D \in 1-\text{Lipschitz} \Leftrightarrow \|\nabla_y D(y)\| \leq 1 \text{ for all } y \tag{5-70}$$

可以采用梯度惩罚（Gradient Penalty，GP）满足式（5-70）的要求，判别器目标函数修改为

$$V(D,G) \approx \max_D \{ E_{\boldsymbol{y} \sim P_{\text{data}}}[D(\boldsymbol{y})] - E_{\boldsymbol{y} \sim P_G}[D(\boldsymbol{y})] - $$
$$\lambda \int_{\boldsymbol{y}} \max(0, \| \nabla_{\boldsymbol{y}} D(\boldsymbol{y}) \| - 1) \mathrm{d}\boldsymbol{y} \} \tag{5-71}$$

式（5-71）中最后一项的作用类似于一个正则项，用于惩罚梯度更新时大于 1 的行为。式（5-71）要求判别器 D 的所有输入对应 $\nabla_{\boldsymbol{y}} D(\boldsymbol{y})$ 都要小于 1，但是在实现过程中无法遍历整个数据空间抽取其中的所有数据，因此简化为定义一个惩罚样本空间分布 P_{penalty}，只要求从空间 P_{penalty} 中抽取的样本数据 $\boldsymbol{y}$ 对应的 $\nabla_{\boldsymbol{y}} D(\boldsymbol{y})$ 小于 1 即可。判别器 D 的目标函数最终表示如下：

$$V(D,G) \approx \max_D \{ E_{\boldsymbol{y} \sim P_{\text{data}}}[D(\boldsymbol{y})] - E_{\boldsymbol{y} \sim P_G}[D(\boldsymbol{y})] - $$
$$\lambda E_{\boldsymbol{y} \sim P_{\text{penalty}}}[\max(0, \| \nabla_{\boldsymbol{y}} D(\boldsymbol{y}) \| - 1)] \} \tag{5-72}$$

P_{penalty} 空间分布在生成数据空间与真实数据空间之间。可从生成数据空间中抽样一个数据点，从真实数据空间中抽样一个数据点，将两点连成线，多个这样的连线构成的空间为 P_{penalty}，如图 5-21 所示。

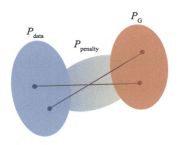

图 5-21 P_{penalty} 空间示意图

上述方法提高了测试场景基元衍生结果的合理性和模型的稳定性，降低了模型的训练难度，但是，衍生场景基元中交通车的运动状态和行驶激烈性具有很大随机性，且不能进行控制。为了生成智能汽车测试需要的具有激烈行驶状态的测试场景基元数据，提高测试场景基元库的场景覆盖度，本章引入了条件生成对抗网络（Conditional GAN，CGAN）实现对衍生测试场景基元中交通车运动状态和驾驶激烈程度的控制。CGAN 通过对原始 GAN 模型判别器和生成器增加条件约束，实现对生成样本类型的控制。如图 5-22 所示，在 CGAN 中，要求判别器不仅要判断输入样本是真实样本还是虚假样本，还需要判断输入样本是否符合条件约束；同时，生成器的输入包括随机噪声和条件约束两部分，要求生成器生成的虚假样本既具有较高的真实性，又能符合条件约束。

为了实现对测试场景基元衍生类型的控制，首先需要创建条件约束，采用匀加速/匀减速等简单的交通车运动状态序列作为测试场景基元衍生的条件约束，用于控制生成器衍生场景基元中交通车的运动状态。

同时，测试场景基元构建智能汽车测试场景需要将测试场景基元中的主车替换为被测智能汽车，被测智能汽车在测试过程中的真实运动状态与场景基元中记录的主车运动状态无关。因此，在测试场景基元衍生过程中忽略了主车的

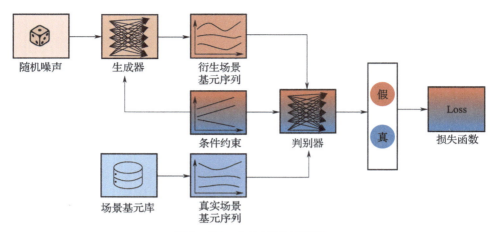

图5-22 GAN结构示意图

运动状态数据及交通车与主车的相对运动状态数据，只选取交通车纵向速度、横向偏移等绝对参数进行研究，简化了场景基元衍生复杂度，而且不会对后面构建危险测试场景集合产生影响。

综合上述分析，为基础测试场景基元库中的场景基元序列生成对应的条件约束序列。以跟车场景为例，重点关注左前车纵向速度、前车纵向速度、右前车纵向速度绝对参数数据，首先根据场景基元序列确定场景要素的初始速度、终止速度和持续时间，然后根据初始速度、终止速度和持续时间构建匀加速/匀减速的条件约束序列，使场景基元和条件约束的车辆平均加速度相同，最后，根据数据对齐长度要求，为场景基元序列和条件约束序列补充缺失的数据或者截断多余的数据，图5-23所示为由跟车测试场景基元生成条件约束的结果示例。

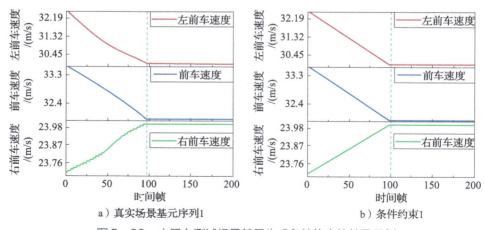

a) 真实场景基元序列1　　　　　b) 条件约束1

图5-23 由跟车测试场景基元生成条件约束的结果示例

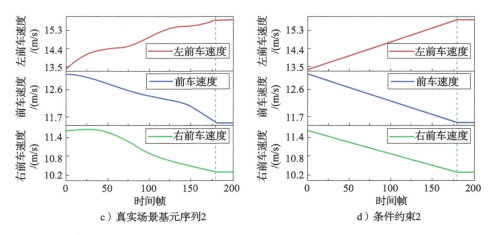

c) 真实场景基元序列2　　　　d) 条件约束2

图 5-23　由跟车测试场景基元生成条件约束的结果示例（续）

最后，对基础测试场景基元库中的测试场景基元序列和条件约束进行 Z-score 标准化，以及对衍生场景基元进行反标准化。

在判别器训练过程中，真实样本测试场景基元标准化公式为

$$y_{\text{norm}} = \frac{y - \mu}{\sigma} \tag{5-73}$$

式中，y_{norm} 为标准化后的多维测试场景基元序列数据；y 为多维测试场景基元序列数据；μ 为多维测试场景基元序列数据的均值；σ 为多维测试场景基元序列数据的标准差。

条件约束采用对应的多维测试场景基元的均值 μ 和标准差 σ 根据式（5-73）进行标准化。

在生成器训练过程中，根据测试需求生成的条件约束及式（5-73）进行标准化，生成器输出的虚假样本利用条件约束数据的均值 μ' 和标准差 σ' 进行反标准化，得到衍生测试场景基元，其公式为

$$y'_{\text{re}} = y' \times \sigma' + \mu' \tag{5-74}$$

式中，y' 为生成器输出数据；y'_{re} 为反标准化结果，即衍生测试场景基元序列；μ' 为条件约束的均值；σ' 为条件约束的标准差。

综上，基于 Wasserstein CGAN-GP 的测试场景基元衍生模型训练流程见表 5-7。

表 5-7 基于 Wasserstein CGAN-GP 的测试场景基元衍生模型训练流程

基于 Wasserstein CGAN-GP 的测试场景基元衍生模型训练流程

1）固定生成器 G，训练判别器 D：

从测试场景基元库采样真实场景基元 $y_1, y_2, \cdots, y_n \in P_{data}(y)$，根据真实测试场景基元生成条件约束 $x_1, x_2, \cdots, x_n$，根据真实测试场景基元数据求出的均值 μ 和标准差 σ 对真实测试场景基元和条件约束进行标准化；生成噪声数据样本 $s_1, s_2, \cdots, s_n \in P_s(s)$，根据条件约束和噪声样本生成虚假样本 $y'_1, y'_2, \cdots, y'_n \in P_G(y)$；根据真实样本和虚假样本生成梯度惩罚样本 $p_1, p_2, \cdots, p_n \in P_{penalty}(p)$

更新判别器参数，使判别器目标函数最大化

$$V(D, G) = \max_D \{E_{y \sim P_{data}}[D(y|x)] - E_{y' \sim P_G}[D(y'|x)] - \lambda E_{p \sim P_{penalty}}[\max(0, \|\nabla_y D(p|x)\| - 1)]\}$$

2）固定判别器 D，训练生成器 G：

根据智能汽车测试需求生成对应的条件约束 $x'_1, x'_2, \cdots, x'_n$，求出条件约束的均值 μ' 和标准差 σ'，并对条件约束进行标准化；生成噪声数据样本 $s_1, s_2, \cdots, s_n \in P_s(s)$，通过噪声样本生成虚假样本 $y'_1, y'_2, \cdots, y'_n \in P_G(y)$，并根据条件约束的均值 μ' 和标准差 σ' 对虚假样本反标准化，得到衍生测试场景基元

更新生成器参数，使生成器目标函数最小化

$$V(D, G) = \min_G \{-E'_{y \sim P_G}[D(y'|x')]\}$$

3）重复进行步骤1）和步骤2），直到生成器取得较好的效果，通过训练好的生成器网络进行测试场景基元衍生

5.2.2 衍生模型具体组成

本节介绍测试场景基元衍生模型的组成，包含判别器模型和生成器模型。

1. 判别器

测试场景基元衍生方法的判别器模型采用门控循环单元（GRU）结合全连接网络（Fully Connected Netural Network，FCN）实现对真实样本和生成样本的判别。

GRU 是一种近年来常用的循环神经网络（Recurrent Neural Network，RNN）结构。RNN 是以序列数据为输入，在序列的前进方向进行递归且所有的节点按照链式连接的递归神经网络，其在自然语言处理（Natural Language Processing，NLP）及时间序列预测等方面得到了广泛的应用。然而，对于较长输入序列，RNN 难以应对时间序列后部分数据与前部分数据之间的时间相关性，容易产生梯度爆炸或梯度消失问题。为了解决序列数据长期依赖的问题，基于门控单元的 RNN 变体模型——长短时记忆网络（Long Short Term Memory，LSTM）和 GRU 被提出。其核心在于通过门控单元赋予 RNN 控制其内部信息长期记忆和遗忘的能力，在学习过程中既能解决长期依赖问题，又能选择性遗忘部分信息，防止过载。其中，LSTM 使用三个门控单元，而 GRU 使用两个门控单元，因此 GRU

训练过程中的计算量更低，并且 GRU 能达到与 LSTM 相似的训练效果，所以，本节使用 GRU 构造判别器。GRU 结构示意图如图 5-24 所示。

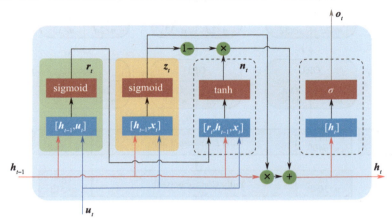

图 5-24　GRU 结构示意图

在图 5-24 中，h_{t-1} 为 $t-1$ 时刻的隐含状态，u_t、h_t 和 o_t 分别为 t 时刻的输入数据、隐含状态和输出数据，n_t 为中间隐含状态，r_t 代表复位门，z_t 代表更新门。复位门控制来自前一个时间点的隐含状态写入当前 GRU 节点的数量，复位门的值越小，保留的先前信息就越少；更新门控制来自前一个时间点的隐含状态被混合进当前时刻的隐含状态的数量，更新门的值越大，引入的先前信息就越多。GRU 的前向计算过程为

$$r_t = \text{sigmoid}(W_{ur}u_t + b_{ur} + W_{hr}h_{t-1} + b_{hr}) \quad (5-75)$$

$$z_t = \text{sigmoid}(W_{uz}u_t + b_{uz} + W_{hz}h_{t-1} + b_{hz}) \quad (5-76)$$

$$n_t = \tanh(W_{un}u_t + b_{un} + r_t * (W_{hn}h_{t-1} + b_{hn})) \quad (5-77)$$

$$h_t = (1 - z_t) * n_t + z_t * h_{t-1} \quad (5-78)$$

$$o_t = \sigma(W_{ho}h_t + b_{ho}) \quad (5-79)$$

式中，W_{ur}、W_{hr}、W_{uz}、W_{hz}、W_{un}、W_{hn}、W_{ho} 和 b_{ur}、b_{hr}、b_{uz}、b_{hz}、b_{un}、b_{hn}、b_{ho} 分别为 GRU 模型需要训练的权重矩阵和偏置矩阵；* 为哈达玛积（Hadamard Product）；σ 为神经网络激活函数。

结合 GRU 和全连接网络，判别器模型结构示意图如图 5-25 所示。采用双层 GRU 网络节点输出隐含状态序列，将输出的隐含状态序列经过多层全连接网络处理后，最终输出判别器对场景序列的判别结果。其中，y_t 为真实/虚拟测试场景基元与条件约束叠加组成的向量，h 为 GRU 节点的隐含状态，d 为场景基元的维数，n 为每批量送入网络模型的测试场景基元个数。

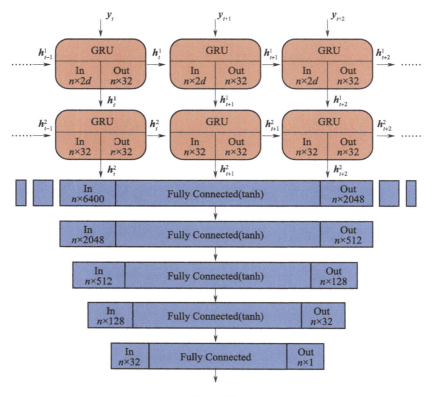

图 5-25　判别器模型结构示意图

2. 生成器

生成器模型的结构直接影响测试场景基元衍生的效果。本节采用编码器-解码器网络架构,结合 GRU 与注意力机制构建生成器网络模型。

在序列到序列的学习任务中,输入与输出的序列数据存在很强的关联,而且输入和输出内容的长度往往不固定,传统的前向神经网络等架构难以完成上述学习任务。研究者们提出了编码器-解码器模型实现序列数据学习。图 5-26 所示展示了一个典型的编码器-解码器模型结构,其中,u 为序列输入,o 为序列输出。编码器-解码器架构包含两个组件:编码器和解码器。其核心思想是通过编码器对输入序列数据进行编码,将其转换为状态空间特征,然后将状态空间特征输入到解码器中,根据时间步长逐个输出生成的序列数据,直到达到停止条件结束输出。编码器和解码器训练的本质为对编码器端的序列数据和解码器端的序列数据进行特征变换,使两端的数据变换到相同的状态空间中,从而实现输入序列数据到输出序列数据的抽象映射。

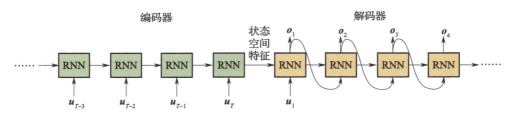

图 5-26　典型编码器-解码器模型结构示意图

编码器-解码器结构将输入序列的信息压缩到一个固定长度的向量中，会导致输入序列中的部分信息丢失。解码器无法获得充分的特征信息，从而输出序列效果较差。其中，输入序列越长，则丢失的信息就越多，编码器-解码器模型的性能越差。在 5.1 节，测试场景基元库中的测试场景基元序列被裁剪对齐为 200 帧，序列较长，所以为了解决上述问题，本节引入了注意力机制（Attention Mechanism）。

当解码器在每个时间步解码数据时，注意力机制模型会动态计算输入序列中哪些位置与当前解码相关，然后将相关位置的特征汇总得到一个向量，将此向量输入到解码器中，补充当前解码时间步的输入特征信息。图 5-27 所示为在 t' 时间步采用注意力机制的编码器-解码器模型输出示意图，u_t 为 t 时刻编码器序列的数据输入，h_t 为 t 时刻编码器隐含状态的输出，$g_{t'-1}$ 为 $t'-1$ 时刻解码器隐含状态的输出，$c_{t'}$ 为 t' 时刻注意力机制模型输出的特征向量，$o_{t'}$ 为 t' 时刻解码器输出的数据。α 代表相关的函数，既可以采用神经网络模型拟合函数，也可以采用其他类型的函数。

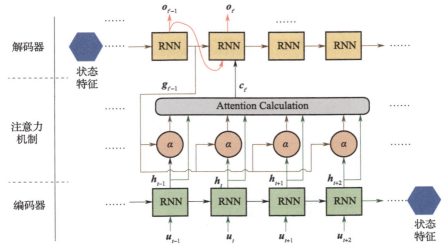

图 5-27　采用注意力机制的编码器-解码器模型输出示意图

设输入序列的总时间步数为 T，解码器在 t' 时刻对应注意力机制的输出 $c_{t'}$ 为所有编码器隐含状态的加权平均：

$$c_{t'} = \sum_{t=1}^{T} \beta_{t't} h_t \qquad (5-80)$$

权重 $\beta_{t't}$ 表示在 $t=1,\cdots,T$ 范围内的离散概率分布，可采用 softmax 函数运算求出：

$$\beta_{t't} = \frac{\exp(e_{t't})}{\sum_{k=1}^{T} \exp(e_{t'k})}, t = 1,\cdots,T \qquad (5-81)$$

解码器在 t' 时刻，$e_{t't}$ 同时取决于解码器在 $t'-1$ 时刻的隐含状态 $g_{t'-1}$ 和编码器在 t 时刻的隐含状态 h_t，因此 $e_{t't}$ 可以表示为

$$e_{t't} = \alpha(g_{t'-1}, h_t) \qquad (5-82)$$

其中，函数 α 有多种选择，常用的方式为将 $g_{t'-1}$ 和 h_t 数据组合后通过多层全连接网络。

测试场景基元衍生方法的生成器模型采用含有注意力机制的编码器－解码器结构，其在 t 时刻输出数据的网络结构示意图如图 5-28 所示。编码器采

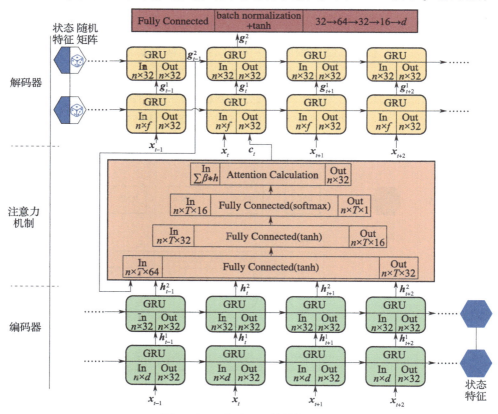

图 5-28 生成器网络结构示意图

用双层 GRU 网络，编码器的输入序列为 Wasserstein CGAN-GP 模型的条件约束 $x=[x_1,\cdots,x_T]$，编码器输出每一时刻的末层 GRU 网络隐含状态 $h^2=[h_1^2,\cdots,h_T^2]$ 和最终时刻的每层 GRU 网络隐含状态 $h_T=[h_T^1,h_T^2]$，即状态特征矩阵。解码器输出序列长度和编码器输入序列长度相同，解码器同样采用双层 GRU 网络，GRU 网络的初始隐含状态特征矩阵为编码器求解的状态特征矩阵和随机矩阵的加权和。解码器在 t 时刻的输入为 t 时刻的条件约束序列数据 x_t 和注意力机制输出 c_t，其中 $f=d+32$，解码器在 t 时刻的输出隐含状态 g_t^2 经过多层全连接网络变换后输出衍生测试场景基元序列在 t 时刻的归一化值。注意力机制模型采用多层全连接网络模型学习测试场景衍生过程中的潜在注意力映射关系。

5.2.3 场景基元衍生结果

1. 跟车场景基元衍生结果

选择加速度绝对值较大的交通车匀加速/匀减速运动状态序列为条件约束，在相同的条件约束下衍生 5 个测试场景基元，图 5-29 所示展示了部分跟车测试场景基元衍生结果。

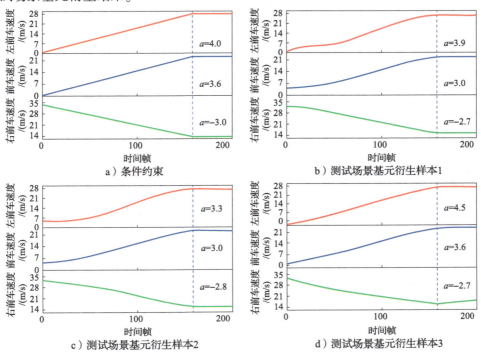

图 5-29 左前车加速、前车加速、右前车减速测试场景基元衍生结果

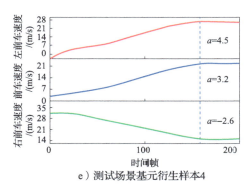
e）测试场景基元衍生样本4

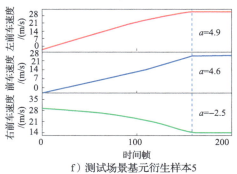
f）测试场景基元衍生样本5

图5-29 左前车加速、前车加速、右前车减速测试场景基元衍生结果（续）

如图5-29所示，蓝色虚线后面的数据为数据对齐时补充的数据，最终测试场景基元衍生结果需要删除蓝色虚线后面的序列，a 表示平均纵向加速度。可以看出，本章提出的基于 Wasserstein CGAN-GP 模型的测试场景基元衍生方法学习到了基础测试场景基元库中交通车的运动规律，能够将简单的条件约束转化为具有较高交通车运动状态合理性的测试场景序列，从而实现根据条件约束控制模型衍生具有较高加速度和较激烈驾驶行为的测试场景基元。此外，采用相同条件约束生成的 5 个测试场景基元中交通车的运动规律不尽相同，说明本章提出的方法生成的测试场景基元具有一定的多样性。

最后，在交通车纵向加速度 $a \in [-6, 6]$（单位为 m/s^2）范围内随机生成条件约束，进行测试场景基元衍生，共衍生 4000 个测试场景基元，将衍生的测试场景基元加入跟车测试场景基元库，构建扩展跟车测试场景基元库，图 5-30 所示展示了扩展跟车测试场景基元库交通车的平均加速度分布，可以看出扩展测试场景基元库覆盖了较大的加速度范围，包含部分激烈驾驶的车辆运动行为。综上所述，本章的测试场景基元衍生方法提高了测试场景基元库的场景多样性和场景覆盖率。

2. 切入场景基元衍生结果

切入场景基元库中每种类别的测试场景基元数目较少，例如：从图 5-17 和表 5-6 可以得到，左前车加速、前车加速、右前车减速、换道车减速、换道车向左行驶的测试场景基元只有 83 段，数据量较少，Wasserstein CGAN-GP 模型难以学习测试场景基元中全部交通车的运动规律，而且有少数交通车行驶类别没有对应的测试场景基元数据，给测试场景基元衍生带来了困难。相比于跟车场景，切入场景中换道车的运动是特有的，因此，本节采用 Wasserstein CGAN-GP

第 5 章 基元驱动的智能汽车测试逻辑场景生成

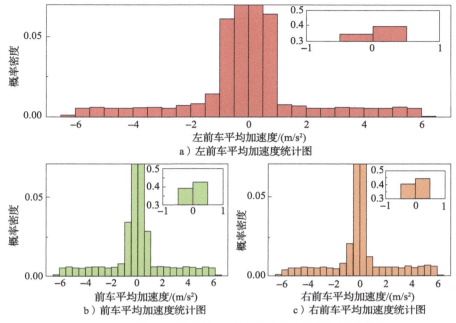

图 5-30 扩展跟车测试场景基元库交通车平均加速度分布

模型学习换道车的运动规律，对换道车的行驶序列进行测试场景基元衍生，包括换道车纵向速度和横向距离二维观测量。

以纵向加速度绝对值较大的换道车纵向速度序列和横向速度绝对值较大的横向距离序列为条件约束，在相同的条件约束下衍生 5 个测试场景基元，图 5-31 所示展示了部分切入测试场景基元衍生结果。

如图 5-31 所示，蓝色虚线后面的数据为数据对齐时补充的数据，衍生测试场景基元的有效数据仅为蓝色虚线前面的部分，a 表示换道车的平均纵向加速度，v 表示换道车的平均横向速度。类似于跟车测试场景基元衍生，本章提出的基于 Wasserstein CGAN-GP 模型的测试场景基元衍生方法能学习切入场景中换道车的运动规律，实现根据条件约束控制模型生成具有较高加速度和较激烈驾驶行为的测试场景基元，而且测试场景基元具有较高的场景多样性。最后，在换道车纵向加速度 $a \in [-4, 4]$（单位为 m/s²）、换道时间 $t \in [3, 7]$（单位为 s）范围内随机生成条件约束，进行测试场景基元衍生，共衍生 2000 个切入测试场景基元，将衍生的测试场景基元加入切入测试场景基元库，构建扩展切入测试场景基元库，换道车的纵向平均加速度和横向平均速度分布如图 5-32 所示，可以看出，本章的测试场景基元衍生方法同样可以提高切入场景基元库的场景多样性和场景覆盖率。

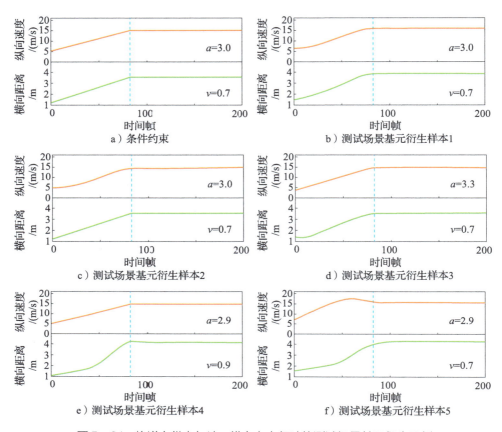

图 5-31 换道车纵向加速、横向向右行驶的测试场景基元衍生示例

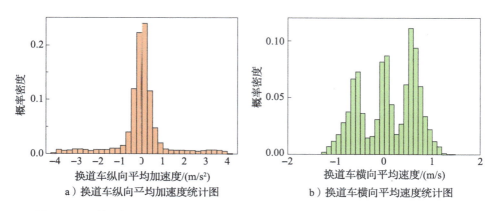

图 5-32 扩展切入测试场景基元库换道车的纵向平均加速度和横向平均速度分布

5.3 场景基元组合拼接

测试场景基元仅反映了测试场景中车辆的基本运动关系，需要对测试场景基元进行组合拼接，生成复杂的、时序较长的典型危险测试场景序列，进而对典型危险测试场景中车辆的运动状态进行统计分析，构建具有潜在碰撞风险的危险逻辑场景。本节首先将测试场景基元拼接过程映射为马尔可夫决策过程，利用强化学习（Reinforcement Learning，RL）良好的策略自学习能力提出了测试场景基元拼接重构典型危险测试场景的最优策略求解方法。其次，搭建了基于双延迟深度确定性策略梯度（Twin Delayed Deep Deterministic Policy Gradients，TD3）强化学习的典型危险测试场景重构模型，并设计了基于虚拟仿真测试的强化学习训练工具链。最后，分别在跟车场景和切入场景下制定危险测试场景重构模型相关的环境状态、动作空间和奖励函数，生成典型危险测试场景，并统计分析其中的车辆运动状态分布信息，降低逻辑场景维度，压缩逻辑场景参数范围，构建具有潜在碰撞风险的危险逻辑场景。

5.3.1 场景基元拼接

测试场景基元拼接重构危险测试场景是一个时序相关的问题，其不仅要考虑选择具有合适车辆的运动特征的测试场景基元，还要考虑测试场景基元组合的时序关系。测试场景基元之间存在因果关系，在当前时间段测试场景基元构成的测试场景中，根据主车和交通车运动关系的不同，在下一时间段选择的测试场景基元也不同。强化学习是一种解决上述问题的有效方法，其以马尔可夫决策过程为理论基础，主要包含两个部分：智能体和环境，智能体负责选取合适的测试场景基元，环境为组合拼接的测试场景。在每个时间步采用状态、动作、奖励定义智能体与环境的交互过程，得到一系列交互经验信息，这些经验信息包含了对环境的认知、对不确定性的认知和对因果关系的认知。智能体根据经验信息被持续迭代训练强化，最后，智能体能在已知测试场景中主车和交通车的相对运动关系的情况下求解最优策略，即选择具有合适车辆运动状态的测试场景基元进行测试场景拼接。因此，本章利用强化学习方法探究被测智能汽车功能特性与测试场景基元的抽象映射关系和场景基元组合拼接的因果关系，寻找场景基元拼接重构典型危险测试场景的最优策略，从而估计具有潜在碰撞风险的危险逻辑场景。

1. 场景基元拼接映射

马尔可夫决策过程是对马尔可夫过程的拓展，其加入了选择合适的动作进行决策的步骤。在马尔可夫决策过程中，智能体与环境持续进行交互。在每个时间步，智能体都会对环境进行观测，获得当前状态 s，随后智能体根据当前的状态进行决策，选择一个动作 a 执行。智能体执行动作与环境进行交互，系统根据状态转移函数进入一个新的环境，同时智能体也会收到来自环境的奖励 r。然后，智能体再次观测环境状态，做出新的决策，循环进行。马尔可夫决策过程如图 5-33 所示。

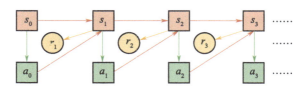

图 5-33 马尔可夫决策过程

智能体与环境的交互过程会产生序列数据：s_0，a_0，r_1，s_1，a_1，r_2…称为马尔可夫序列，马尔可夫决策过程由五个参数构成：$M = (S, A, P_{sa}, R, \gamma)$。

1）状态 S：智能体对环境进行观测得到的状态。在测试场景基元拼接重构中，状态指测试场景基元拼接重构的测试场景中主车和交通车的相对运动关系。所有可能的状态构成的集合叫作状态空间。

2）动作 A：智能体根据环境的观测状态和自身策略采取的动作。在测试场景基元拼接重构中，动作指强化学习智能体选取具有合适车辆运动特征的测试场景基元，将选取的测试场景基元与现有测试场景序列进行拼接，从而对被测智能汽车功能进行持续测试。智能体所有可能的动作构成的集合叫作动作空间。因为测试场景基元中车辆的运动特征是取值连续的，所以动作空间也是连续的，本章采用能求解连续动作空间的强化学习方法。

3）转移概率 P_{sa}：智能体根据自身策略执行完一次动作 a 后，环境从当前时间步的状态 s 转移到下一时间步的新状态 s' 的概率 P_{sa}。转移概率 P_{sa} 是和当前时间步环境的状态 s 和智能体的动作 a 相关的函数。在测试场景基元拼接重构中，下一时间步的新状态 s' 由被测智能汽车在拼接的测试场景中的运动状态决定，并且被测智能汽车功能为黑盒算法，所以无法构建强化学习环境模型（即环境是未知的），求解转移概率 P_{sa}，因此，本章采用无模型的强化学习方法。

4）奖励函数 R：智能体执行完动作之后，环境会对智能体反馈一个标量奖

励值 r。奖励值可为正值，也可为负值，代表智能体在某一步采取某个策略的表现。奖励函数为奖励值的期望，即 $R(s_t, a_t) = \mathbb{E}[r_{t+1} | S = s_t, A = a_t]$。在测试场景基元拼接重构中，对能产生碰撞事故的测试场景基元拼接行为给予正值奖励，以训练强化学习智能体学习在不同状态下生成危险测试场景的场景基元拼接策略。

5）折扣因子 γ：定义奖励随时间折扣的系数 γ，平衡未来与现在的奖励。

2. 场景基元拼接策略求解

强化学习智能体可以将被测智能汽车功能在测试场景中的表现作为环境状态，从拓展测试场景基元库中选择具有合适车辆运动状态的测试场景基元作为动作，将测试场景基元序列与现有测试场景序列进行拼接，继续对被测智能汽车功能进行测试，并获得环境奖励。智能体在与环境的不断交互过程中被训练强化，最终生成测试场景基元拼接的最优策略。

引入策略函数描述智能体在全部时间步选择动作的概率，其定义为

$$\pi(a_t | s_t) = P(A = a_t | S = s_t) \tag{5-83}$$

强化学习要求智能体的策略具有一定的前瞻性，每一个强化学习时间步做出的策略要最大化未来获得的累计收益，即生成危险测试场景，而不是只关注于当前时间步的收益。采用回报 g 定义智能体在某个策略下未来获得的累计收益：

$$g(t) = r_{t+1} + \gamma r_{t+2} + \cdots + \gamma^{T-t-1} r_T = \sum_{k=0}^{T-t-1} \gamma^k r_{t+k+1} \tag{5-84}$$

式中，T 为回合结束时间步。

为了衡量策略的好坏，强化学习需要通过价值函数评估当前策略下每个时间步的价值。因此，定义动作价值函数 Q，表示智能体根据当前策略 π，在当前环境状态 S 下执行某一动作 A 到最终状态获得的期望回报：

$$Q_\pi(s_t, a_t) = \mathbb{E}_\pi(g(t) | S = s_t, A = a_t) = \mathbb{E}_\pi\left(\sum_{k=0}^{T-t-1} \gamma^k r_{t+k+1} \bigg| S = s_t, A = a_t\right) \tag{5-85}$$

定义状态价值函数 V，表示智能体从当前时间步的状态 S，采取策略 π 所能获得的期望回报：

$$V_\pi(s_t) = \mathbb{E}_\pi(g(t) | S = s_t) = \mathbb{E}_\pi\left(\sum_{k=0}^{T-t-1} \gamma^k r_{t+k+1} \bigg| S = s_t\right) \tag{5-86}$$

强化学习最优策略求解方法总体上可以分为三大类：基于值函数（Valued – Based）的算法、基于策略梯度（Policy – Gradient）的算法和基于演员 – 评论家（Actor – Critic，AC）结构的算法。为了精确、快速构建需要的典型危险测试场景，首先智能体选择测试场景基元的动作应该是连续的，其次应该避免采用蒙特卡洛法对大量的轨迹进行采样，防止其降低危险测试场景生成效率，因此本书采用基于 Actor-Critic 结构的算法求解场景基元拼接生成典型危险测试场景的最优策略。基于 Actor-Critic 结构的强化学习包含两个神经网络结构：Actor 网络和 Critic 网络。其中，Actor 网络是策略网络，用于智能体在不同的观测状态下输出最优动作，Actor 网络始终试图输出动作让 Critic 网络打出更好的评分。Critic 网络是价值网络，用于评价 Actor 网络输出动作的好坏，其通过减少时间差分（Temporal Difference，TD）误差指导网络参数的更新。

5.3.2 典型危险测试场景重构模型

基于 Actor-Critic 结构的强化学习方法往往存在价值网络估计值偏高的问题，导致产生次优的策略，为了改善上述问题，本节基于 Fujimoto 等人提出的 TD3，实现典型危险测试场景重构，算法框架如图 5 – 34 所示。

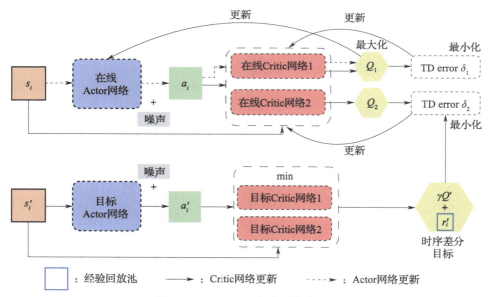

图 5 – 34 TD3 强化学习算法框架

在 TD3 算法中，在线 Actor 网络模型用 $\mu(s|\theta)$ 表示，输出为在状态 s 下智能体选取的最优动作，即选择的测试场景基元。在线 Critic 网络模型有两个，

分别为 $Q(s, a|w_1)$ 和 $Q(s, a|w_2)$，输出为在状态 s 下选取动作 a 的期望回报。复制在线 Actor 网络和 Critic 网络得到目标 Actor 网络模型 $\mu(s|\theta')$ 和目标 Critic 网络模型 $Q(s, a|w'_1)$、$Q(s, a|w'_2)$。其中，θ、θ'、w_1、w_2、w'_1、w'_2 均为神经网络的参数。通过设置经验回放池 (s_i, a_i, r'_i, s'_i) 实现对神经网络模型参数的离线更新，其含义为：智能体在环境状态 s_i 下执行动作 a_i，得到的奖励为 r'_i，环境状态更新为 s'_i。

首先，训练在线 Critic 网络。TD3 方法通过建立两个 Critic 网络，同时估计 Q 函数，用最小化的方式选取时间差分目标 η，两个 Critic 网络均通过最小化时间差分误差的均方差更新自身网络参数。

$$\eta_i = r'_i + \gamma \min_{j=1,2} Q[s'_i, \mu(s'_i|\theta')|w'_j] \quad (5-87)$$

$$\delta(w_j) = \frac{1}{N_{RL}} \sum_i [\eta_i - Q(s_i, a_i|w_j)]^2 \, j = 1、2 \quad (5-88)$$

其次，选择策略梯度法更新在线 Actor 网络，Actor 网络的梯度为

$$\nabla_\theta \overline{R}_\theta = \frac{1}{N_{RL}} \sum_i [\nabla_A Q(S, A|w_1)|_{S=s_i, A=\mu(s_i)} \nabla_\theta \mu(S|\theta)|_{S=s_i}] \quad (5-89)$$

Actor 网络进行参数更新时会存在一定的误差，此时误差会影响 Critic 网络对 Q 函数的估计，而 Q 值也是 Actor 网络更新的参照，Q 值的不稳定会导致训练过程中波动较大并增加训练结果的不确定性。为此，TD3 采用延迟 Actor 网络更新政策，即两个网络不同时更新，Critic 网络更新若干次后再更新 Actor 网络，使 Critic 网络稳定下来后再训练 Actor 网络，降低不合理策略出现的概率，提升算法效果。

最后，目标 Critic 和目标 Actor 网络参数采用软更新：

$$w'_j = (1-\varphi_{RL})w'_j + \varphi_{RL} w_j \, j = 1、2 \quad (5-90)$$

$$\theta' = (1-\varphi_{RL})\theta' + \varphi_{RL}\theta \quad (5-91)$$

其中，更新率 $\varphi_{RL} \leqslant 1$。

除此之外，TD3 方法采用了平滑化（Smoothing）的思想，通过在目标动作 a'_i 中加入噪声，平滑了 Critic 网络估计 Q 函数值时沿动作的变化，使策略难以利用 Q 函数值的误差，公式表示为

$$a'_i = \text{clip}[\mu(S=s'_i|\theta') + \text{clip}(\xi, -b, b), a_{low}, a_{high}] \quad (5-92)$$

式中，ξ 为满足正态分布的噪声，$\xi \sim N(0, \sigma^2)$；b 为噪声绝对值的最大值；a_{low} 为动作空间中动作的最小值；a_{high} 为动作空间中动作的最大值。

综上，基于 TD3 强化学习的典型危险测试场景重构方法计算流程见表 5-8。

表 5-8　基于 TD3 强化学习的典型危险测试场景重构方法计算流程

基于 TD3 强化学习的典型危险测试场景重构计算流程

1) 随机初始化在线 Actor 网络、目标 Actor 网络、在线 Critic 网络 1、目标 Critic 网络 1、在线 Critic 网络 2、目标 Critic 网络 2，其参数分别为：θ、θ'、w_1、w'_1、w_2、w'_2；初始化奖励衰减因子 γ、网络参数软更新率 φ_{RL}、最大迭代次数 L_{epoch}、每回合最大时间步数 T、动作空间最大值 a_{high}、动作空间最小值 a_{low}，以及噪声参数 σ_1、b_1、σ_2、b_2

2) 初始化神经网络参数 $\theta' = \theta$，$w' = w$。初始化经验回放池 D，存储 $(s_i, a_i, r_i, s'_i, s_i^{end})$ 五元要素，其中，s^{end} 是判断主车是否发生碰撞的状态标识，当测试场景中主车与交通车发生碰撞时，$s^{end} = 1$，否则 $s^{end} = 0$；初始化迭代次数计数标志 $iter\_num = 0$

3) 执行随机策略 L 次，为经验回放池 D 存入一些经验数据

4) **for** $l = 1, 2, \cdots, L_{epoch}$ **do**：

　　从测试场景基元库中随机选取测试场景基元，生成测试场景序列，执行测试，得到初始状态 s；

　　for $t = 1, 2, \cdots, T$ **do**：

　　　　在线 Actor 网络输出当前动作，并叠加高斯噪声，得到最终动作：

$$a = \text{clip}[\mu(S = s \mid \theta) + \text{clip}(\xi_1, -b_1, b_1), a_{low}, a_{high}]$$

　　　　式中，ξ_1 为满足正态分布的噪声，$\xi_1 \sim N(0, \sigma_1^2)$；$b_1$ 为噪声的最大值

　　　　执行动作 a，从测试场景基元库中选取合适的测试场景基元，与原测试场景序列进行拼接，得到新的测试场景序列

　　　　执行测试，得到动作 a 下一时间步的新状态 s'，奖励 r'，碰撞标识 s^{end}，将 (s, a, r', s', s^{end}) 存入经验回放池 D

　　　　从经验回放池 D 中随机采样，取出 N_{RL} 个样本 $(s_i, a_i, r'_i, s'_i, s_i^{end})$，$i = 1, 2, \ldots, N_{RL}$

　　　　在线 Actor 网络预测状态 s' 采取的动作 a'：

$$a'_i = \text{clip}[\mu(S = s'_i \mid \theta') + \text{clip}(\xi_2, -b_2, b_2), a_{low}, a_{high}]$$

　　　　式中，ξ_2 为满足正态分布的噪声，$\xi_2 \sim N(0, \sigma_2^2)$；$b_2$ 为噪声的最大值

　　　　计算时序差分目标：

$$\eta_i = r'_i + (1 - s^{end}) \gamma \min_{j=1,2} Q(s'_i, a'_i \mid w'_j), j = 1, 2$$

　　　　更新在线 Critic 网络参数：

$$w_j \leftarrow \frac{1}{N_{RL}} \sum_i [\eta_i - Q(s_i, a_i \mid w_j)]^2, j = 1, 2$$

　　　　if $iter\_num \mod 2 == 0$ **then**：

　　　　　　采用策略梯度更新 Actor 网络：

$$\nabla_\theta \overline{R}_\theta = \frac{1}{N_{RL}} \sum_i [\nabla_A Q(S, A \mid w_1) \mid_{S=s_i, A=\mu(s_i)} \nabla_\theta \mu(S \mid \theta) \mid_{S=s_i}]$$

$$\theta = \theta + \varphi \nabla_\theta \overline{R}_\theta$$

　　　　　　式中，φ 为学习率

　　　　　　软更新目标网络：

$$w'_j = (1 - \varphi_{RL}) w'_j + \varphi_{RL} w_j, j = 1, 2$$

$$\theta' = (1 - \varphi_{RL}) \theta' + \varphi_{RL} \theta$$

　　　　end if

　　　　$s = s'$，$iter\_num = iter\_num + 1$

　　end for

end for

5) 存储智能体网络数据和典型危险测试场景数据

第 5 章　基元驱动的智能汽车测试逻辑场景生成

通过 TD3 强化学习方法指导智能体从测试场景基元库抽取特定的测试场景基元，拼接重构典型危险测试场景，需要构建智能体与环境的交互模型。因为虚拟仿真测试具有计算效率高、成本低、安全等优点，可以在较短时间内得到大量测试结果，适合强化学习在不断的"试错"机制中寻找最优策略，最终快速估计具有潜在碰撞风险的危险逻辑场景，所以，本章搭建了如图 5-35 所示的基于虚拟仿真测试的强化学习训练工具链，为本章基于 TD3 强化学习的典型危险测试场景重构方法提供工具支撑。

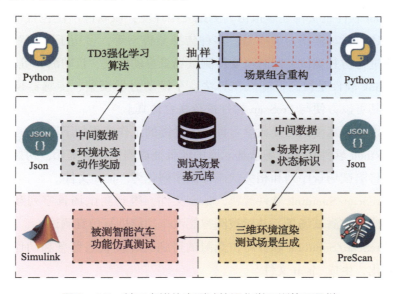

图 5-35　基于虚拟仿真测试的强化学习训练工具链

其中，测试场景基元库是基于虚拟仿真测试的强化学习训练工具链的数据来源，典型危险测试场景是由多个测试场景基元组合拼接而成的。

Python 软件负责强化学习算法的运行和测试场景基元序列数据拼接重构。Python 中包含 pytorch 等开源强化学习框架，适合基于 pytorch 框架编写自己的强化学习算法，具有上手容易、编写简单等优点。危险测试场景拼接重构过程包含一段初始化测试场景基元和至多 5 段拼接的测试场景基元，每回合训练开始，模型首先从测试场景基元库中随机抽取一段测试场景基元，执行虚拟仿真测试，得到第一个强化学习时间步的环境状态，然后根据强化学习算法输出的动作选取后续的测试场景基元，与之前的测试场景序列拼接后形成新的测试场景，继续进行仿真测试，得到后续强化学习时间步的环境状态，直到测试场景发生碰撞事故或拼接的测试场景基元数量达到 5，此回合强化学习结束。

中间数据负责 Python 与 PreScan/Simulink 软件间的通信。.json 是一种轻量级、通用的数据交换格式，具有数据格式简单、易于读写、文件体积小、兼容性好、易于解析等优点。在强化学习训练工具链中，可以将 Python 组合重构的多维场景序列和相关状态标识数据序列化为.json 格式数据，发送给 PreScan/Simulink 软件进行反序列化解析，也可以将 PreScan/Simulink 仿真测试得到的环境状态数据和动作奖励数据序列化为.json 格式数据，由 Python 软件进行数据解析，从而实现不同软件之间的数据交互。

PreScan 软件负责构建虚拟仿真测试三维环境，该软件不仅包含三维环境渲染模型，还包括车辆动力学模型、多种传感器模型等，可用于快速对被测智能汽车功能进行仿真测试，同时也支持测试场景自动生成、自动测试等功能。

Simulink 软件是被测智能汽车算法、车辆动力学模型、传感器模型等的运行环境，其可以方便与 PreScan 软件进行联合仿真。

基于虚拟仿真测试的强化学习训练工具链的工作流程如下：

1）Python 软件从测试场景基元库中随机抽取测试场景基元，初始化测试场景序列，将测试场景序列和相关状态标识序列化为.json 文件。

2）PreScan/Simulink 软件解析.json 文件，得到测试场景序列和相关状态标识，构建三维测试场景，并对被测智能汽车功能进行仿真测试。

3）PreScan/Simulink 软件将仿真测试得到的环境状态信息和动作奖励信息进行序列化，生成.json 文件。

4）Python 软件解析.json 文件，强化学习算法根据当前强化学习时间步的环境状态采取动作，并从测试场景基元库抽取新的测试场景基元，将新的测试场景基元序列与之前的测试场景序列进行拼接，构建新的测试场景序列，将新的测试场景序列和相关状态标识序列化为.json 文件。

5）重复步骤 2）~4），直至被测智能汽车在虚拟仿真测试场景中发生碰撞或拼接的测试场景基元数量达到 5，回合结束。

5.3.3 危险逻辑场景生成示例

1. 跟车场景

在强化学习中，智能体与环境的交互是由环境的状态、智能体的动作和奖励完成的，所以状态、动作、奖励定义的好坏是强化学习能否取得良好效果的重要因素。

1) 环境状态：在跟车场景下，需要考虑环境状态定义能够全面表示被测车辆和交通车辆的相对运动关系，同时状态定义要尽量简洁，状态之间相关性尽量小，否则可能影响强化学习算法的性能。因为在跟车场景下，交通车不具备换道行为，被测智能汽车也只有纵向智能驾驶功能，所以不考虑横向信息，将环境状态定义为一个七元向量 s。

$$s = (v_{\text{left}}, v_{\text{front}}, v_{\text{right}}, v_{\text{ego}}, d_{\text{left}}, d_{\text{front}}, d_{\text{right}}) \quad (5-93)$$

式中，v_{left} 为左前车的纵向速度；v_{front} 为前车的纵向速度；v_{right} 为右前车纵向速度；v_{ego} 为主车纵向速度；d_{left} 为主车与左前车的纵向相对距离；d_{front} 为主车与前车的纵向相对距离；d_{right} 为主车与右前车的纵向相对距离。

对交通车的行驶状态范围进行限制，限制感兴趣的交通车辆在主车前后方 100m 范围内运动，同时，根据交通法规，保证交通车的速度在 0～120km/h 之间。

$$v'_{\text{left}} = \text{clip}(v_{\text{left}}, 0, 33.33)\,\text{m/s} \quad (5-94)$$

$$v'_{\text{front}} = \text{clip}(v_{\text{front}}, 0, 33.33)\,\text{m/s} \quad (5-95)$$

$$v'_{\text{right}} = \text{clip}(v_{\text{right}}, 0, 33.33)\,\text{m/s} \quad (5-96)$$

$$d'_{\text{left}} = \text{clip}(d_{\text{left}}, -100, 100)\,\text{m} \quad (5-97)$$

$$d'_{\text{front}} = \text{clip}(d_{\text{front}}, -100, 100)\,\text{m} \quad (5-98)$$

$$d'_{\text{right}} = \text{clip}(d_{\text{right}}, -100, 100)\,\text{m} \quad (5-99)$$

其中，为了测试被测智能汽车功能的表现，不对 v_{ego} 范围进行限制。

根据测试场景基元序列构建虚拟仿真测试场景，执行仿真测试，如果主车与交通车发生了碰撞，碰撞时间步的状态七元向量定义为此段测试场景基元的环境状态；如果没有发生碰撞，则最后时间步的状态七元向量定义为此段测试场景基元的环境状态。

此外，在 TD3 强化学习模型训练过程中，因为相对距离和纵向速度的数值范围相差较大，所以需要对场景基元的环境状态进行归一化：

$$v'' = \frac{v'}{33.33}, \quad v' = v'_{\text{left}}、v'_{\text{front}}、v'_{\text{right}}、v'_{\text{ego}} \quad (5-100)$$

$$d'' = \frac{d'}{100}, \quad d' = d'_{\text{left}}、d'_{\text{front}}、d'_{\text{right}} \quad (5-101)$$

2) 动作空间：智能体选取动作为从测试场景基元库中抽取具有合适车辆运动状态的测试场景基元，所以动作的定义应该能充分分辨测试场景基元中车辆的运动特征。在跟车场景下动作空间定义为

$$\boldsymbol{a} = (a_{\text{left}},\ a_{\text{front}},\ a_{\text{right}}) \tag{5-102}$$

式中，a_{left} 为左前车的纵向平均加速度；a_{front} 为前车的纵向平均加速度；a_{right} 为右前车的纵向平均加速度。

根据车辆动力学约束，对智能体选择的动作范围进行限制及归一化：

$$a'_{\text{left}} = \text{clip}(a_{\text{left}},\ -6,\ 6)\,\text{m/s}^2 \tag{5-103}$$

$$a'_{\text{front}} = \text{clip}(a_{\text{front}},\ -6,\ 6)\,\text{m/s}^2 \tag{5-104}$$

$$a'_{\text{right}} = \text{clip}(a_{\text{right}},\ -6,\ 6)\,\text{m/s}^2 \tag{5-105}$$

$$a''_{\text{left}} = a'_{\text{left}}/6 \tag{5-106}$$

$$a''_{\text{front}} = a'_{\text{front}}/6 \tag{5-107}$$

$$a''_{\text{right}} = a'_{\text{right}}/6 \tag{5-108}$$

根据智能体输出的动作从测试场景基元库中抽取测试场景基元，被抽取的测试场景基元需要满足：

$$p = \arg\min_{p}[(|a^p_{\text{left}} - a'_{\text{left}}|) + (|a^p_{\text{front}} - a'_{\text{front}}|) + (a^p_{\text{right}} - a'_{\text{right}})]$$
$$p \in N_p \tag{5-109}$$

式中，p 为测试场景基元库中测试场景基元序号；N_p 为测试场景基元库中所有测试场景基元的数量；a^p_{left} 为测试场景基元库中序号为 p 的测试场景基元的左前车纵向平均加速度；a^p_{front} 为测试场景基元库中序号为 p 的测试场景基元的前车纵向平均加速度；a^p_{right} 为测试场景基元库中序号为 p 的测试场景基元的右前车纵向平均加速度。

根据式（5-109）找到两个最满足要求的测试场景基元 p_1 和 p_2，从这两个测试场景基元中随机选取一个场景基元作为智能体执行动作抽取到的测试场景基元。

3）奖励函数：奖励函数指导智能体的强化方向，直接影响强化学习的训练结果。强化学习的首要目标是产生典型危险测试场景，所以，奖励函数应该对产生碰撞事故的测试场景给予较大的奖励。此外，智能体不能只控制交通车"无脑"减速，以产生尽可能多的碰撞事故场景，这会降低测试场景的多样性和测试结果的综合性，所以，应该根据交通车的加速度产生对应的惩罚。综上，奖励函数为

$$r = r_{\text{collision}} - \kappa(|a_{\text{left}}| + |a_{\text{front}}| + |a_{\text{right}}|) \tag{5-110}$$

式中，$r_{\text{collision}}$ 为碰撞奖励；$r_{\text{collision}}$ 和 κ 为待确定的系数。

将式（5-110）继续化简为

$$r = \kappa' [r'_{\text{collision}} - 0.1(|a_{\text{left}}| + |a_{\text{front}}| + |a_{\text{right}}|)] \qquad (5-111)$$

因为 κ' 是一个全局的系数，可以忽略，所以奖励函数只需要确定 $r'_{\text{collision}}$ 的值。$r'_{\text{collision}}$ 过大，导致智能体只关注怎么尽可能产生碰撞场景，控制交通车最大限度减速，测试场景多样性降低；$r'_{\text{collision}}$ 过小，智能体会更在意怎么避免加速度惩罚，控制交通车匀速运动，难以产生危险测试场景。经过试验，本节选择 $r'_{\text{collision}} = 5$，奖励函数最终为

$$r = r'_{\text{collision}} - 0.1(|a_{\text{left}}| + |a_{\text{front}}| + |a_{\text{right}}|) \qquad (5-112)$$

$$r'_{\text{collision}} = \begin{cases} 5, & \text{主车与交通车发生碰撞} \\ 0, & \text{其他情况} \end{cases} \qquad (5-113)$$

跟车场景下，基于 TD3 强化学习的典型危险测试场景重构模型的相关参数见表 5-9。

表 5-9 基于 TD3 强化学习的典型危险测试场景重构模型的相关参数

参数	含义	数值
T	每回合选取最大场景基元数量	5
γ	奖励函数衰减因子	0.99
φ_A	Actor 网络学习率	0.0003
φ_C	Critic 网络学习率	0.001
φ_{RL}	软更新率	0.005
a_{left}	左前车加速度范围/(m/s²)	[-6, 6]
a_{front}	前车加速度范围/(m/s²)	[-6, 6]
a_{right}	右前车加速度范围/(m/s²)	[-6, 6]
σ_1	动作噪声标准差	0.9
σ_2	目标动作噪声标准差	0.1
b_2	目标动作噪声最大值	0.1
N_{RL}	随机采样组数	150

采用搭建的强化学习训练工具链进行训练，滑动平均奖励曲线如图 5-36 所示。从图 5-36 中可以看出，智能体获得的奖励有较大的抖动，这是因为智能体即使按照最优策略进行行动，其获得的奖励也和环境初始状态（每回合开始时随机抽取的第一个测试场景基元）密切相关。当每回合开始时，如果随机抽取的初始化场景基元很安全，即交通车距离被测试的主车很远，此时无论强化学习智能体采取什么策略，都不能使主车与交通车发生碰撞事故，为了避免

加速度惩罚，智能体尽量保持交通车匀速行驶，此回合智能体得到的奖励一定为负；当回合开始时，如果随机抽取的初始化场景基元合适，智能体可以通过自身策略使主车与交通车发生碰撞事故，此回合智能体可以获得碰撞奖励 $r'_{\text{collision}}$，总体奖励也为正值。所以，根据每回合开始时的初始状态不同，智能体做出了不同的最优策略，使奖励函数发生了振荡。

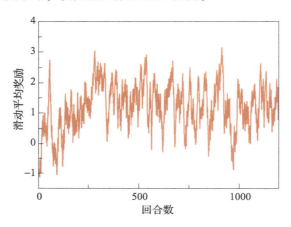

图 5-36 TD3 强化学习训练过程中滑动平均奖励曲线

在虚拟仿真测试中，每次进行仿真测试都需要场景初始化、汽车动力学模型计算、传感器模型计算、三维场景渲染等工作，计算量巨大，在 CPU i7-11700、GPU GTX3070 的计算机硬件配置下，执行一次虚拟仿真测试大约需要 40s 时间，本书通过强化学习方法学习被测智能汽车功能的特性，进而寻找被测智能汽车功能的缺陷，为了尽可能减少仿真测试实验的次数，提高测试效率，本书直接选择强化学习训练过程中最后部分回合的仿真测试结果进行分析。统计最后 400 回合训练中智能体选取的动作，其结果如图 5-37 所示。可以看出，智能体选取的左前车纵向平均加速度和右前车纵向平均加速度动作分布在 0 附近，近似呈现正态分布，与训练过程中存在的满足 $N(0, 0.9^2)$ 正态分布的动作噪声分布相似，说明强化学习智能体认为左前车和右前车的运动状态对主车的运动行为不能产生影响，为了减少加速度惩罚，强化学习智能体尽量维持左前车和右前车匀速运动。为此，本节保持前车的运动状态不变，多次随机改变左前车和右前车的运动状态，发现左前车和右前车的运动状态确实不会对主车的运动产生影响。在虚拟仿真测试中，典型危险测试场景中交通车和主车的运动状态如图 5-38 和图 5-39 所示。

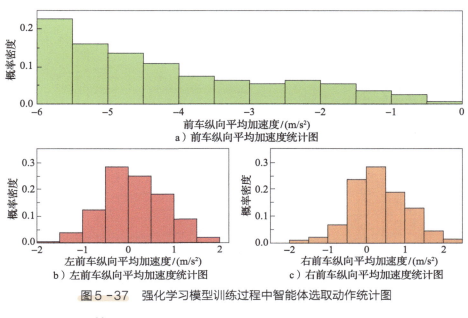

图5-37 强化学习模型训练过程中智能体选取动作统计图

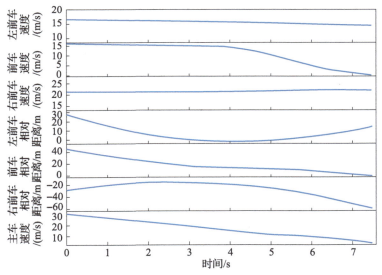

图5-38 跟车场景下典型危险测试场景示例1

对典型危险测试场景重构模型训练过程中产生的全部危险测试场景进行统计分析，创建具有潜在碰撞风险的危险逻辑场景。首先，忽略左前车和右前车的运动行为，降低逻辑场景维度。然后对典型危险测试场景中车辆的运动状态进行统计，对于时间序列长度大于4s的典型危险测试场景，统计发生碰撞事故4s前时间步的前车速度、主车速度、前车与主车的相对距离，以及4s时间段内

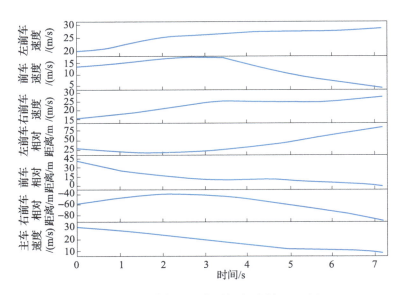

图 5-39 跟车场景下典型危险测试场景示例 2

前车的平均加速度；对于时间序列长度小于 4s 的典型危险测试场景，统计此段场景序列初始时间步的前车速度、主车速度、前车与主车的相对距离，以及前车平均加速度。最后的场景参数统计结果如图 5-40 所示，根据图 5-40 确定

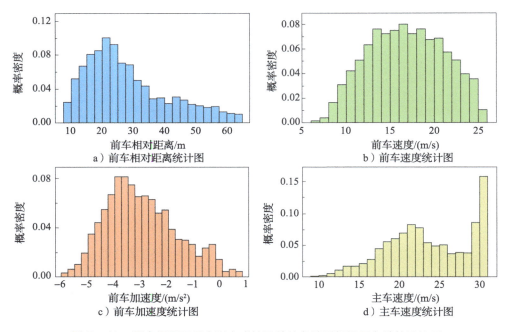

图 5-40 跟车场景下具有潜在碰撞风险的危险逻辑场景参数统计结果

具有潜在碰撞风险的危险逻辑场景，前车的相对距离（单位为 m）范围为 $[7.5, 65)$，取整为 $[7, 65)$；前车的速度（单位为 m/s）范围为 $[6, 26)$；前车的加速度（单位为 m/s²）范围为 $[-6, 0.75)$，取整为 $[-6, 1)$；主车的速度（单位为 m/s）范围为 $[9, 31)$。

2. 切入场景

本节探究切入场景下典型危险测试场景重构和危险逻辑场景构建。因为在前面已经发现左前车和右前车对被测智能汽车功能不会产生影响，所以这里忽略左前车和右前车的运动行为，仅研究换道车、前车与主车之间的运动关系。切入场景下基于 TD3 强化学习的典型危险测试场景重构方法流程与跟车场景类似。

首先，定义环境状态，切入场景下的环境状态为一个六元向量：

$$s = (v_{\text{front}}, v_{\text{cut\_x}}, v_{\text{ego}}, d_{\text{front}}, d_{\text{cut\_x}}, d_{\text{cut\_y}}) \quad (5-114)$$

式中，v_{front} 为前车的纵向速度；$v_{\text{cut\_x}}$ 为切入交通车的纵向速度；v_{ego} 为主车纵向速度；d_{front} 为前车与主车的纵向距离；$d_{\text{cut\_x}}$ 为切入交通车与主车的纵向距离；$d_{\text{cut\_y}}$ 为切入交通车与主车的横向距离。

对环境状态的范围进行限制及归一化：

$$v'_{\text{front}} = \text{clip}(v_{\text{front}}, 0, 33.33)/33.33 \, \text{m/s} \quad (5-115)$$

$$v'_{\text{cut\_x}} = \text{clip}(v_{\text{cut\_x}}, 0, 33.33)/33.33 \, \text{m/s} \quad (5-116)$$

$$d'_{\text{front}} = \text{clip}(d_{\text{front}}, -100, 100)/100 \, \text{m} \quad (5-117)$$

$$d'_{\text{cut\_x}} = \text{clip}(d_{\text{cut\_x}}, -100, 100)/100 \, \text{m} \quad (5-118)$$

$$d'_{\text{cut\_y}} = \text{clip}(d_{\text{cut\_y}}, -4, 4)/4 \, \text{m} \quad (5-119)$$

在切入场景中，初始化测试场景基元从换道车位于主车右侧车道的基础测试场景基元库中随机选取，以训练强化学习智能体控制换道车向左换道的策略。

其次，定义动作空间：

$$a = (a_{\text{front}}, a_{\text{cut\_x}}, v_{\text{cut\_y}}) \quad (5-120)$$

式中，a_{front} 为前车的纵向加速度；$a_{\text{cut\_x}}$ 为换道车的纵向加速度；$v_{\text{cut\_y}}$ 为换道车的横向速度。

对动作空间进行限制和归一化：

$$a'_{\text{front}} = \text{clip}(a_{\text{front}}, -6, 6) \, \text{m/s}^2 \quad (5-121)$$

$$a'_{\text{cut\_x}} = \text{clip}(a_{\text{cut\_x}}, -4, 4) \, \text{m/s}^2 \quad (5-122)$$

$$v'_{\text{cut\_y}} = \text{clip}(v_{\text{cut\_y}}, -2, 2) \, \text{m/s} \quad (5-123)$$

$$a''_{\text{front}} = a'_{\text{front}}/6 \qquad (5-124)$$

$$a''_{\text{cut\_x}} = a'_{\text{cut\_x}}/4 \qquad (5-125)$$

$$v''_{\text{cut\_y}} = v'_{\text{cut\_y}}/2 \qquad (5-126)$$

强化学习智能体抽取测试场景基元的规则如下。对于基础切入场景基元库：

$$p = \arg\min_{p}[(|a^p_{\text{front}} - a'_{\text{front}}|) + (|a^p_{\text{cut\_x}} - a'_{\text{cut\_x}}|) + (|v^p_{\text{cut\_y}} - v'_{\text{cut\_y}}|)]$$

$$p = 1, 2, \cdots, N_{\text{cut\_base}} \qquad (5-127)$$

式中，p 为测试场景基元在基础切入场景基元库中的序号；$N_{\text{cut\_base}}$ 为基础切入场景基元库中所有测试场景基元的数量；a^p_{front} 为基础切入场景基元库中序号为 p 的测试场景基元的前车纵向平均加速度；$a^p_{\text{cut\_x}}$ 为基础切入场景基元库中序号为 p 的测试场景基元的换道车纵向平均加速度；$v^p_{\text{cut\_y}}$ 为基础切入场景基元库中序号为 p 的测试场景基元的换道车横向平均速度。

对于 5.2 节衍生的切入场景基元，因为只对换道车的运动状态进行了场景衍生，需要结合跟车场景基元库中前车的运动状态对测试场景基元进行组合，测试场景基元抽取规则为

$$p, p' = \arg\min_{p,p'}[(|a^p_{\text{front}} - a'_{\text{front}}|) + (|a^{p'}_{\text{cut\_x}} - a'_{\text{cut\_x}}|) + (|v^{p'}_{\text{cut\_y}} - v'_{\text{cut\_y}}|)]$$

$$L_p \geqslant L_{p'}$$

$$p = 1, 2, \cdots, N_{\text{follow\_ex}} \quad p' = 1, 2, \cdots, N'_{\text{cut\_ex}} \qquad (5-128)$$

式中，$N_{\text{follow\_ex}}$ 为扩展跟车场景基元库中所有测试场景基元的数量；$N'_{\text{cut\_ex}}$ 为 5.2 节衍生的切入场景基元数量；L_p 为扩展跟车场景基元库中序号 p 的测试场景基元长度；$L_{p'}$ 为衍生的切入场景基元库中序号 p' 的测试场景基元长度。换道车运动状态序列和前车运动状态序列组合时需要截断前车运动状态序列过长的数据，使换道车和前车的序列长度相同。

根据式（5-127）与式（5-128）找到两个最满足要求的测试场景基元序列，从这两个场景基元中随机选取一个测试场景基元作为智能体执行动作抽取到的测试场景基元。

最后，定义奖励函数：

$$r = r_{\text{collision}} - 0.1(|a'_{\text{front}}| + |a'_{\text{cut\_x}}| + |v'_{\text{cut\_y}}|) \qquad (5-129)$$

$$r_{\text{collision}} = \begin{cases} 5, & \text{主车与换道车发生碰撞} \\ 0, & \text{其他情况} \end{cases} \qquad (5-130)$$

其中，因为前面已经研究了主车与前车的碰撞行为，在这里，只有主车与换道车发生碰撞时，$r_{\text{collision}} = 5$，主车与前车发生碰撞及其他情况，$r_{\text{collision}} = 0$。

模型训练过程中产生的典型危险测试场景中交通车和主车的运动状态如图 5-41 和图 5-42 所示。从图 5-41 可以看出，即使换道车缓慢切入主车车道的行驶行为，被测智能汽车仍然无法预测换道车的换道行为，不能提前进行减

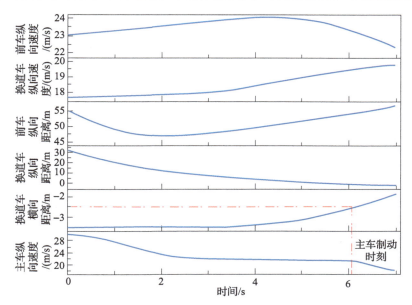

图 5-41 切入场景下典型危险测试场景示例 1

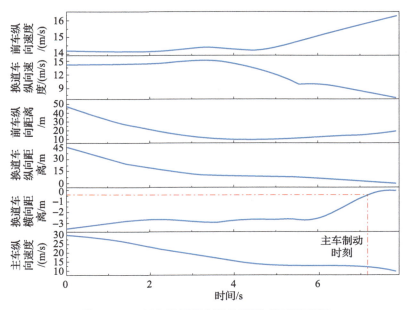

图 5-42 切入场景下典型危险测试场景示例 2

速避让，只有换道车进入主车车道时，主车才进行制动，导致碰撞事故的发生。而从图 5-42 可以看出，被测智能汽车在换道车几乎完全切入主车车道才开始减速，制动时机明显过晚，最终导致碰撞事故发生，被测智能汽车功能存在缺陷。

对训练过程中产生的所有典型危险测试场景进行统计分析，得到具有潜在碰撞风险的危险逻辑场景，图 5-43 所示展示了危险逻辑场景参数统计结果。

如图 5-43 所示，对切入场景进行探究，选择换道车横向速度 $v_{\text{cut\_}y} > 0.1\text{m/s}$ 的时刻作为时间分割点，统计时间分割点后危险测试场景序列的平均统计信息及位于时间分割点处的瞬时统计信息，包括前车纵向平均速度、前车纵向平均加速度、前车与主车纵向瞬时距离、换道车纵向平均速度、换道车纵向平均加速度、换道车与主车纵向瞬时距离、换道车横向平均速度、换道车与主车横向瞬时距离、主车纵向瞬时速度。

测试场景数量随逻辑场景维度指数增加而增加，容易产生"维数灾难"，因此，要对具有潜在碰撞风险的危险逻辑场景进行简化分析，降低逻辑场景维度。图 5-43 包含九维危险逻辑场景。其中，如图 5-43b 所示，前车纵向平均加速度分布与训练过程中的添加的 $N(0, 0.9^2)$ 动作噪声分布相似，所以将前车纵向运动简化为匀速运动；如图 5-43e 所示，换道车纵向平均加速度相对较小，而且在第 6 章换道车换道后还需要采用智能驾驶人模型（Intelligent Driver Model，IDM）进行单独纵向控制，防止其与前车相撞，所以将换道车纵向运动简化为匀速运动；如图 5-43h 所示，换道车与主车横向瞬时距离大部分位于 3.5m 附近，所以简化换道车与主车的初始横向距离为 3.5m；其他逻辑场景维度无法进行简化。综上，最终得到具有潜在碰撞风险的六维危险逻辑场景，其参数范围（速度单位为 m/s，距离单位为 m）为：前车纵向平均速度 $\in [12, 30)$，前车与主车初始纵向距离 $\in [15, 95)$，换道车纵向平均速度 $\in [6, 28)$，换道车与主车纵向初始距离 $\in [0, 95)$，换道车横向平均速度 $\in [-1.2, 0)$，换道车与主车初始横向距离为 3.5，主车纵向初始速度 $\in [18, 31)$。

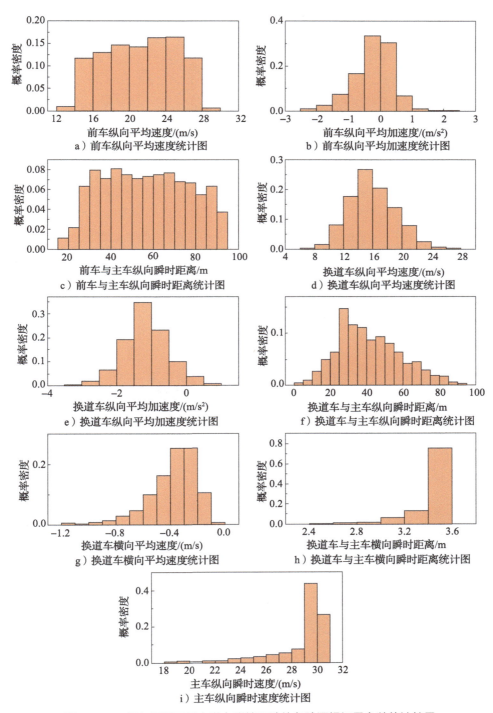

图 5-43 切入场景下具有潜在碰撞风险的危险逻辑场景参数统计结果

智能汽车仿真与测试评价

第 6 章
智能汽车测试具体场景生成

具体场景是仿真测试的重要输入,是仿真环境搭建的关键支撑。但由于参数维度庞大、取值空间连续、关键参数模糊、关键场景稀少等问题,理论上可组合生成无限多的具体场景,直接遍历测试难以满足测试效率及测试成本需求。为解决这一问题,本书提出三种方式对具体场景的生成数量进行优化,分别为:基于组合测试均匀采样的方式、基于串行的危险场景强化生成、基于并行的危险场景强化生成。

6.1 基于组合测试的具体场景生成

组合测试是一种软件测试方法,由于软件系统在开发过程中,需要通过测试进行故障排除和系统完善,对于软件是否符合预期要求进行验证和质量评估。传统的软件测试方法有很多种,根据软件系统的开发阶段不同,可以划分为单元测试、集成测试和回归测试等。组合测试与上述测试方法不同,其旨在检测软件系统中多种因素之间相互作用导致的软件崩溃,对于软件系统而言,这些因素可能是软件的功能选项和配置等。

完整的组合测试流程分为组合测试模型建立、测试用例设计和实际测试。系统失效分析并根据分析结果决定是否进行回归测试。组合测试模型建立的主要目标是寻找被测系统(System Under Testing,SUT)的可能影响因素及其取值,同时需要了解因素相互作用机理,观测因素之间是否存在约束。测试用例设计就是通过设定合适的测试强度 k,生成测试用例集,根据需求制定测试顺序并选取测试用例生成方法,如贪心算法、粒子群算法等。

组合测试的特点在于可以利用尽可能少的测试用例,尽可能多地囊括多种因素及其取值间的相互作用,显著降低了测试成本。据相关研究表明,在软件测试领域,七成左右的故障原因是一个或两个参数的相互作用,几乎不存在六种参数相互作用而导致故障，那么从低测试强度开始进行测试，可以更早发现系统漏洞，并对故障原因进行尽早分析，提升系统开发整体速度，当测试强度达到某一值时，组合测试有可能完全等效于穷尽测试。测试用例的准备过程中，较于传统测试，组合测试可以更快生成测试用例集，更易于进行自动测试。

6.1.1 组合测试模型

在设计测试用例的过程中，常会面临测试对象有 n 个参数，每个参数具有 k_n 个离散取值的情况，如果想要覆盖参数的全部取值空间，就会产生 $k_1 k_2 \cdots k_n$ 个测试用例，当 n 和 k_n 较大时，测试用例数量会急剧增加，这种现象被称为组合爆炸。研究表明，有 20%~40% 的软件故障是由某个参数单独引发的，而 70% 以上的故障由一个或者两个参数的相互作用引发，超过 90% 的系统故障由三个参数的共同作用触发。因此通过选择包含两个或者两个以上的所有参数取值组合的测试场景，可以在一定程度上代替全量测试，大大减少测试成本。下面对组合测试相关的基本概念进行描述。

假设影响待测系统的参数有 n 个，记为 $E = \{e_1, e_2, \cdots, e_n\}$，对于任意参数 e_i 在集合 V_{Ei} 中取值，集合 V_{Ei} 的大小记为 V_{Ei_num}。R_{all} 表示可能出现的参数取值组合，称为覆盖需求。

定义1 测试用例：一个 n 元组 $(v_{e1}, v_{e2}, \cdots, v_{en})$，称为待测系统的一个测试用例，其中，$v_{e1} \in V_{E1}$，$v_{e2} \in V_{E2}$，$\cdots$，$v_{en} \in V_{En}$。

定义2 覆盖表：对于被测系统，设计一个测试用例集 TS，如果 TS 能将 R_{all} 中各个参数间的相互关系覆盖，则称 TS 为满足覆盖需求 R_{all} 的覆盖表。当覆盖需求 R_{all} 由所有形如 $(c_{i1}, c_{i2}, \cdots, c_{ik})$ 的元素组成，k 固定且 $|R_{all}| = C_n^k$，即 R_{all} 是所有 k 个参数的组合时，TS 称为 k-way 覆盖表，记为 CA($m; k, V_{E1\_num} V_{E2\_num} \cdots V_{En\_num}$)，$m$ 表示覆盖表中测试用例的个数，当 m 为满足要求的最小值时，TS 就被称为满足覆盖强度为 k 的最小组合覆盖表。

目前组合测试生成最小组合覆盖表的问题被认为是一个 NP 完全（Non-deterministic Polynomial – Complete，NP–C）问题，现阶段无法找到一种能在所有情况下都适用的覆盖表生成方法。但是随着对于该问题研究的不断深入，逐渐形成了数学构造法、贪心算法及元启发式算法三种主流方法。

数学构造法主要是通过理论分析，采用数学方法设计构造过程，其中最早的方法是正交表法，它以正交试验设计为基础，并根据正交性从所有的测试用例中挑选出部分具有代表性的测试用例进行试验，所以用例往往分布均匀。由于逻辑准确，这种方法可以方便地获得较小甚至最小的测试用例集。

贪心算法是较为常用的测试用例生成方法，其基于贪心思想，以每一步的局部最优代替全局最优，近似得到最优解，根据对"最优"定义不同，生成的测试用例也不同，可以对决策过程进行设计，以满足不同的测试用例生成需求。该算法主要思想是由一个空的测试用例集开始，逐步增加测试用例，直到满足覆盖度的需求为止。其中，增加测试用例的过程主要分为两类：一类是逐条生成测试用例（one-test-at-a-time），这是一种一维构造方式，通过每次生成一条满足要求的新测试用例，逐行扩展填充测试用例集；另一类是按参数顺序生成测试用例（in-parameter-order）的二维构造方法，生成两个参数的两两组合测试用例集，以它为基础，每次经过一个扩展的操作填充测试用例集，直到所有的参数均被覆盖为止。

启发式算法是一种优化搜索的方法，其将最优测试用例集生成问题转化为优化问题，通过分析当前解的特点，通过评价函数指导在可行域上寻找最优解的过程，逐步靠近最优的测试用例集。该算法实现过程有两种：一种是将整个测试用例集作为优化对象，由一个随机矩阵开始，通过优化过程转化成满足要求的测试用例集；另一种是将一条测试用例作为优化对象，基于贪心算法 one-test-at-a-time 思想，每次搜索得到一个较好的测试用例，直至所有的组合都被覆盖。具体实现方法包括由单个可行解出发的模拟退火、禁忌搜索等个体寻优的方法，以及从可行解集的角度出发的粒子群算法、遗传算法等群体优化方法。启发式算法的优点是测试用例的生成过程受评价函数的引导，便于对测试用例进行设计；同时启发式算法的寻优过程具有一定的随机性，一方面使该方法相比前两种方法更容易获得测试用例少的测试用例集，另一方面这种随机过程会导致求解时间的增加。

后面选择更容易获得最优解的启发式算法中的粒子群算法生成覆盖强度为 2 的覆盖表，也即测试用例集。

6.1.2 改进离散粒子群算法测试用例集生成

1. 粒子群算法及连续粒子群算法问题分析

采用粒子群算法生成测试用例集的整体策略为 one-test-at-a-time 策略，该策略首先生成一个空的测试用例集 T_S，然后每次采用粒子群算法生成一个测试用例 t_s，移除 t_s 中覆盖的成对组合，并将 t_s 加入 T_S 中，直到所有的成对组合都被覆盖后，生成过程结束，得到满足覆盖强度为 2 的测试用例集 T_s。

假设一个优化问题定义在 D 维空间内，种群中粒子数为 S_n，第 $i(i \in \{1, \cdots, S_n\})$ 个粒子的位置、速度、适应度函数值分别为 $S_{X_i} = (s_{x_{i1}}, s_{x_{i2}}, \cdots, s_{x_{iD}})$、$S_{V_i} = (s_{v_{i1}}, s_{v_{i2}}, \cdots, s_{v_{iD}})$、$f(S_{X_i})$，解决组合测试问题时，适应度值是指粒子能覆盖还未被覆盖的组合的个数。此时粒子的个体最优位置记为 P_i，种群的全局最优位置为 P_g，那么粒子的速度及位置更新公式为

$$S_{V_i}(k_c + 1) = \underbrace{\omega_c(k_c) S_{V_i}(k_c)}_{P_m} + \underbrace{c_1 \text{rand}()[P_i - S_{X_i}(k_c)]}_{P_c} + \underbrace{c_2 \text{rand}()[P_g - S_{X_i}(k_c)]}_{P_s}$$

$$S_{X_i}(k_c + 1) = S_{X_i}(k_c) + S_{V_i}(k_c + 1)$$

(6-1)

式中，k_c 为当前迭代次数。其迭代方程包括三部分：第一部分 P_m 为动量部分，表示粒子对自身当前运动状态的信任，ω_c 为惯性权重；第二部分 P_c 为个体认知部分，表示粒子对自身经验的信任程度，指导粒子走向自身历史最优解；第三部分 P_s 为群体认知部分，表示粒子对于群体经验的信任程度，指导粒子走向全局的最优位置。c_1、c_2 为加速系数，确定粒子最优和全局最优的引导权重。

综上，粒子群优化算法流程为：首先初始化种群和粒子位置与初始速度，计算粒子的适应度，确定个体最优与群体最优；然后进入迭代循环，根据个体最优与群体最优更新粒子速度、位置及适应度，并进一步更新个体最优与群体最优；当满足退出条件或达到最大迭代次数后，退出迭代循环，完成优化求解。

采用连续粒子群算法解决测试用例集生成问题时，存在以下几个问题：

首先粒子位置和速度都是实数值，但覆盖表中每个位置代表具体参数取值符号，一般为离散的整数值，整数之间的数字是没有意义的。因此，连续粒子群算法处理方式是将粒子的位置进行取整。例如：假设一个候选粒子的位置 $S_X = (0, 0, 0, 0)$，速度 S_V 为 $(0.7, 0.3, 1.4, 1.8)$，连续粒子群算法会使粒子先到达 $(0.7, 0.3, 1.4, 1.8)$ 处，然后取整得到 $(0, 0, 1, 1)$。

其次由于速度的连续性，连续粒子群算法存在迭代过程中粒子的位置飞出可行范围的情况，此时需要通过设置边界条件限制粒子位置，包括反射墙、吸收墙和隐形墙。而对于组合测试，可行解范围明确且位置固定，理论上可以通过预处理避免此问题。

最后则是最重要的一点，连续粒子群算法认为潜在的最优解很有可能存在

第6章 智能汽车测试具体场景生成

于当前种群最优解的周围,这一思想在求解连续问题是有意义的,然而,在测试用例生成中,这一设想并不一定成立。以覆盖表 $C_A(m; 2, 3^4)$ 的生成为例,解释传统粒子群算法的缺点,假设覆盖表 T_S 中已经包含生成的三条测试用例 (1,1,0,0)、(2,1,1,2) 和 (0,2,0,1),此时使用连续粒子群算法生成第四条测试用例时,一个候选粒子的位置 S_X 为 (0,0,0,0),S_V 为 (0.1, 0.7, -0.3, 0.6),其对应的个体最优位置 P_i 为 (1,0,1,0),同时假设当前的全局最优位置 P_g 为 (2,2,2,0);此时 S_X、P_i、P_g 适应度分别为 4、5、6。

依据式(6-1)实现粒子速度更新,如果设置 $\omega_c = 0.9$,并且 $c_1 \text{rand}() = c_2 \text{rand}() = 0.65$,那么在下一次迭代中,粒子的速度将更新为 (2.04, 1.93, 1.68, 0.54)。此时,若存在最大速度的限制为参数取值范围的一半,即 [-1.5, 1.5],那么粒子位置 S_X 将移动到 (1,1,1,0)。在上述情况下,新位置的适应度只有 2,虽然在空间上更加靠近个体最优和群体最优了,但是在覆盖能力上却表现得更差了。因此,面对组合测试问题,靠近最优解并不能说明粒子的好坏,只有真正达到合适位置才能提高粒子的适应度。

为此,后面设计了一种离散粒子群算法,重新定义粒子的速度,从而使粒子群算法能更加有效地解决覆盖表生成问题。

2. 改进离散粒子群算法的测试用例集生成

在离散粒子群算法(DPSO)中,粒子的位置 DSX 与 S_X 一致,仍代表一条测试用例,但粒子的速度 DSV 则由变化概率表示,将粒子的速度定义为从当前取值变为其他可能取值的概率集合。

定义3 粒子速度 DSV:在 DPSO 中,每个粒子的速度 DSV 是一个三元组 $[S_E, s_e, p(s_e)]$ 的集合,其中 S_E 为粒子的第 S_E 个维度,s_e 为在 S_E 处的取值,$p(s_e) \in [0,1]$,代表粒子在 S_E 处更新为 s_e 的概率。

在种群初始化时,每个粒子的位置将随机分配,同时由于没有先验信息,粒子向每个取值变化为等概率。在迭代加速过程中,速度的更新信息同样由三部分组成:第一部分表示个体的历史最优信息;第二部分表示当前群体的最优信息;第三部分作为扰动项,避免粒子迭代过程局限于已有信息,提高粒子的多样性以保证粒子能够跳出局部最优解。

为求解下一次迭代次数的 DSV 值,需要确定当前迭代次数个体信息、群体信息及扰动项所包含的指导信息。为此定义一个新的粒子矩阵 D_P_{new},该矩阵包含

N_{Di} 个代表个体信息的粒子,选取到目前为止该粒子到过的最优位置 P_i,P_{Di} 表示 P_i 中各个维度中各取值的出现次数;N_{Dg} 个代表群体信息的粒子,此处的群体信息不再局限于群体最优粒子,而是取适应度最大的前 N_{Dg} 个粒子作为群体信息的指导。这样做的原因首先是考虑存在并列最优的情况;其次,当出现图 6-1 所示情况时,对于 A 粒子,其适应度最大为 4,而 B 粒子适应度只有 3,但是由分析易知,B 粒子在第四个维度引入 2 这一取值对于提高粒子适应度的效果是显著的,因此只取群体最优粒子作为群体指导信息具有局限性,容易快速收敛至局部最优,$P_{Dg,i}$ 表示第 i 个代表群体信息的粒子 $P_{g,i}$ 中各个维度中各取值的出现次数;最后是 N_{Dr} 个随机生成的粒子,该部分的作用是为了增加粒子的多样性,同样避免陷入局部最优,$P_{Dr,i}$ 表示第 i 个随机生成的粒子 $P_{r,i}$ 中各个维度中各取值的出现次数。

此时,根据第 SE 个位置的取值 s_e 在 D_P_{new} 中出现的频率,即可更新粒子速度 DSV。粒子的速度更新过程见式(6-2)。

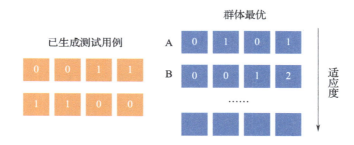

图 6-1 群体信息选取过程

$$\text{DSV}(k_c+1) = \frac{N_{Di}P_{Di}(k_c) + \sum_{i=1}^{N_{Dg}} P_{Dg,i}(k_c) + \sum_{i=1}^{N_{Dr}} P_{Dr,i}(k_c)}{N_{Di} + N_{Dg} + N_{Dr}} \quad (6-2)$$

以覆盖表 $C_A(m;2,3^4)$ 的生成为例,以图 6-1 为基础,介绍单步速度更新过程。为了方便演示,此处 N_{Di} 和 N_{Dg} 取 2,N_{Dr} 取 1,速度更新过程如图 6-2 所示,图中红框表示在第 2 个维度取值为 2 的概率是 0.6。在获得粒子速度后,即可按照概率更新粒子位置,完成一步迭代。

本书所设计的组合测试用例覆盖强度固定为 2,因此参照对粒子群算法进行深入研究的文献,选取其中典型场景中组合强度为 2 的 9 个覆盖表进行试验,考虑到算法的随机性及计算的时间开销,对每个覆盖表进行 40 次重复试验,并对比测试用例数量的最小值与平均值,见表 6-1。

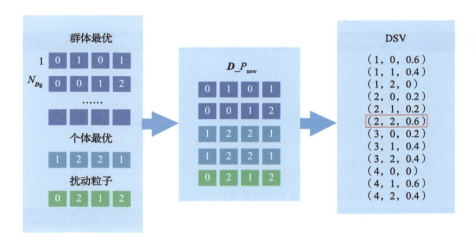

图6-2 离散粒子群粒子速度更新过程

表6-1 不同方法生成覆盖表中测试用例数量对比

覆盖表	PICT	PSTG		离散粒子群	
		最小值	平均值	最小值	平均值
$C_A(m; 2, 3^4)$	13	9	10.15	9	10.10
$C_A(m; 2, 3^5)$	13	12	13.81	11	12.95
$C_A(m; 2, 3^6)$	14	13	15.11	13	14.45
$C_A(m; 2, 3^7)$	16	15	16.94	14	15.375
$C_A(m; 2, 3^8)$	16	15	17.57	15	16.025
$C_A(m; 2, 3^9)$	17	17	19.38	16	17
$C_A(m; 2, 3^{10})$	18	17	19.78	17	17.9
$C_A(m; 2, 4^7)$	27	26	27.22	25	26.3
$C_A(m; 2, 5^7)$	42	37	38.14	37	38.42

将上面的试验结果与微软的 PICT 测试工具以及 PSTG 方法进行对比,可以看到,从最小值来看,提出的离散粒子群算法更容易找到测试用例数量较小的解;从平均值来看,其找到较小值的稳定性也相对较高。

采用离散粒子群算法对组合测试问题进行求解,由于平行泊车和垂直泊车在车位宽度、车位长度上的取值不同,因此将两者分别讨论,此处以垂直泊车为例,采用场景要素取值符号代替具体取值,可以表示为表6-2的 $C_A(m; 2, 3^2 4^2 5^2)$ 覆盖表生成问题,表6-3为所生成的覆盖表,覆盖表中26条测试用例即可实现对要素取值覆盖强度为2的要求。

表6-2 垂直泊车测试场景要素及要素取值符号

垂直泊车场景要素	垂直泊车场景要素取值符号
车位长度 L_p/m	L_{p1}、L_{p2}、L_{p3}
车位宽度 B_p/m	B_{p1}、B_{p2}、B_{p3}、B_{p4}
坡度 i	i_1、i_2、i_3、i_4、i_5
附着系数 f_p	f_{p1}、f_{p2}、f_{p3}
横向距离 D_p/m	D_{p1}、D_{p2}、D_{p3}、D_{p4}、D_{p5}
可行驶区域宽度 B_r/m	B_{r1}、B_{r2}、B_{r3}、B_{r4}

表6-3 满足覆盖强度为2的垂直泊车场景测试用例集（覆盖表）

序号	测试用例					
1	L_{p3}	B_{p4}	i_3	f_{p1}	D_{p3}	B_{r1}
2	L_{p3}	B_{p1}	i_5	f_{p2}	D_{p1}	B_{r3}
3	L_{p2}	B_{p2}	i_2	f_{p2}	D_{p4}	B_{r2}
4	L_{p1}	B_{p2}	i_1	f_{p3}	D_{p5}	B_{r4}
5	L_{p2}	B_{p3}	i_4	f_{p3}	D_{p2}	B_{r1}
6	L_{p1}	B_{p3}	i_3	f_{p1}	D_{p1}	B_{r2}
7	L_{p2}	B_{p1}	i_2	f_{p1}	D_{p3}	B_{r4}
8	L_{p1}	B_{p4}	i_4	f_{p2}	D_{p4}	B_{r4}
9	L_{p3}	B_{p3}	i_2	f_{p3}	D_{p5}	B_{r3}
10	L_{p3}	B_{p2}	i_1	f_{p1}	D_{p2}	B_{r3}
11	L_{p2}	B_{p4}	i_1	f_{p3}	D_{p1}	B_{r2}
12	L_{p1}	B_{p1}	i_5	f_{p3}	D_{p4}	B_{r1}
13	L_{p3}	B_{p1}	i_4	f_{p1}	D_{p5}	B_{r2}
14	L_{p1}	B_{p3}	i_1	f_{p2}	D_{p3}	B_{r1}
15	L_{p2}	B_{p4}	i_3	f_{p2}	D_{p5}	B_{r3}
16	L_{p3}	B_{p3}	i_5	f_{p1}	D_{p4}	B_{r4}
17	L_{p2}	B_{p2}	i_5	f_{p3}	D_{p3}	B_{r2}
18	L_{p1}	B_{p1}	i_3	f_{p3}	D_{p2}	B_{r4}
19	L_{p1}	B_{p2}	i_2	f_{p3}	D_{p1}	B_{r1}
20	L_{p1}	B_{p4}	i_5	f_{p2}	D_{p2}	B_{r3}
21	L_{p3}	B_{p2}	i_4	f_{p3}	D_{p3}	B_{r3}
22	L_{p2}	B_{p1}	i_1	f_{p3}	D_{p4}	B_{r3}
23	L_{p3}	B_{p4}	i_2	f_{p3}	D_{p2}	B_{r2}
24	L_{p1}	B_{p3}	i_4	f_{p2}	D_{p1}	B_{r4}
25	L_{p1}	B_{p2}	i_5	f_{p1}	D_{p5}	B_{r1}
26	L_{p1}	B_{p2}	i_3	f_{p3}	D_{p4}	B_{r2}

见表 6-3，此时生成覆盖表也称为测试用例集，其只是形如 $C_A(m; 2, 3^2 4^2 5^2)$ 的一类组合测试问题的求解，对比图 6-1，还需要确定其中符号与具体要素取值的对应关系才能生成测试场景。本书中测试用例与测试场景的区别在于是否明确要素取值符号与具体取值的匹配关系，如图 6-3 所示。

测试用例	L_{p1}	B_{p2}	i_3	f_{p3}	D_{p4}	B_{r2}
测试场景	L_{p1} Lm	B_{p2} $B+1.1m$	i_3 -3%	f_{p3} 0.9	D_{p4} $0.5B+0.8m$	B_{r2} $7m$

图 6-3　测试用例与测试场景

6.1.3　基于先验知识的组合测试场景生成

传统的组合测试只是覆盖表的数学问题的求解，其要素取值符号和取值在问题构建初期即完成匹配，匹配方式是随机进行的，不考虑具体取值之间可能存在的内在联系。为此本节提出基于先验知识的组合测试场景生成方法，引入场景关注度作为先验知识，指导要素取值符号和具体取值的匹配过程，将测试用例转化为具有更高场景关注度的测试场景。

1. 场景关注度分析

对于自动驾驶系统测试场景，场景参数本身具有明确的物理意义，例如，在垂直泊车过程中，随着车位宽度的减小，路径规划的难度往往会增大；同时相比于车位长度的变化，测试人员会更加关注车位宽度的变化，这些先验信息将为场景设计过程提供指导方向。为此本书引入场景关注度 Cp 作为先验知识，量化测试人员对于场景的重视程度，从一定程度上反映场景的测试价值和测试人员的场景生成需求。由于测试场景是由不同场景要素具体取值组合而成，因此场景关注度也与场景要素取值的关注度（场景要素取值关注度 Cv）有关。但是由于各个场景要素物理意义不同，各要素的量纲也不同，难以直接获得各个场景要素取值的绝对关注度，为此引入相对关注度概念，表示场景要素取值之间关注度的相对关系，进而描述整个场景的关注度。

场景要素取值相对关注度（以下简称为关注度）采用层次分析法的方式获得。层次分析法（Analytic Hierarchy Process，AHP）作为一种多准则决策模型，其优点在于将目标、属性和问题置于层次结构中，通过层次结构将复杂问题简单化，促使决策者对必须考虑的复杂关系给出全面的看法。层次分析法流程图如图6-4所示。分析得到的垂直泊车场景要素取值相对关注度见表6-4。

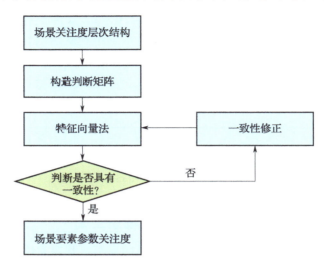

图6-4 层次分析法流程图

表6-4 垂直泊车场景要素取值相对关注度

场景要素	要素取值	相对关注度	场景要素	要素取值	相对关注度
车位长度	Lm	0.01	附着系数	0.9	0.011
	L+0.1m	0.008		0.5	0.014
	L+0.2m	0.007		0.3	0.024
车位宽度	B+1.2m	0.023	横向距离	0.5B+0.55m	0.057
	B+1.1m	0.079		0.5B+0.8m	0.044
	B+1.0m	0.127		0.5B+1.05m	0.030
	B+0.9m	0.194		0.5B+1.3m	0.027
道路坡度	0	0.017		0.5B+1.55m	0.023
	-3%	0.043	可行驶区域宽度	7m	0.019
	3%	0.020		6.5m	0.034
	-6%	0.053		6m	0.043
	6%	0.027		5.5m	0.066

使用层次分析法在获得场景要素取值相对关注度后，即可计算场景关注度，由于采用组合测试生成覆盖强度为2的测试用例集，因此其场景关注度 C_p 与组成该场景要素取值的两两组合相关：

$$Cp = \sum_{i=1}^{D} \sum_{j=i}^{D} Cv_i Cv_j \qquad (6-3)$$

2. 基于场景关注度的测试场景集生成

传统的组合测试方法解决的问题仅仅是数学问题中的覆盖表的求解，对于任何满足同一取值规律的问题均有相同的求解方式，因此得到的覆盖表中的测试用例作为数学问题的解，还需要进行进一步解释才能转化为测试场景。为便于说明，此处构建图 6-5 所示的简单场景生成问题，其覆盖表形式为 $C_A(9;2,2^1 3^2)$。在覆盖表中，A1 出现了 5 次，A2 出现了 4 次，若采用匹配方式 1 生成测试场景，则有坡场景将出现 5 次；若采用匹配方式 2，则无坡场景出现 5 次，由于其均由同一测试用例集转化，所以均满足组合测试对覆盖度的要求，但是场景的测试难度、测试价值将出现区别。理论上讲，总能寻找到一个最佳的匹配关系，使整个测试场景集的"价值"更大。因此本书基于这一想法，在已经得到组合测试的测试用例集的基础上，结合场景关注度对测试用例集进行处理，寻找测试场景要素取值符号与取值的最优匹配关系，实现测试用例集到测试场景集的转变。由于该问题离散且非线性的特点，采用遗传算法进行求解。

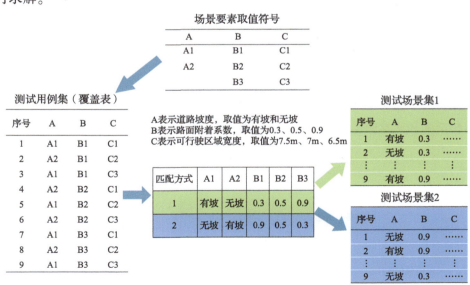

图 6-5 $C_A(9;2,2^1 3^2)$ 覆盖表问题

采用遗传算法，首先要根据实际问题进行染色体的构建，本书希望得到的最优粒子的物理意义是最佳符号与具体参数取值的匹配方式，每种匹配方式可

以看作一种排列方式，所以将染色体定义为一种排列方式，基因点定义为在排列中第 i 个位置代表的场景要素取值，例如针对图 6-5 所示问题，可以构建两条染色体，如图 6-6 所示。

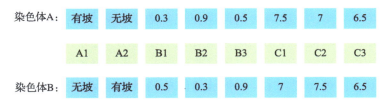

图 6-6　染色体构建方法

其次设计粒子适应度，本书构建的染色体除表示匹配方法外，还附带场景关注度指标，每条染色体所对应的匹配方式，都可以得到测试场景集中测试场景关注度。本书设计的适应度包含两部分，首先希望测试场景的整体关注度高，其次关注每条测试场景，尽量减少测试场景集中关注度不高的单条测试场景。前者采用场景关注度平均值 Ave 表示，后者采用场景关注度平均值与标准差 Std 之差表示。因此粒子的适应度公式为

$$f = w_{\text{ave}} \text{Ave} + w_{\text{std}} (\text{Ave} - \text{Std}) \tag{6-4}$$

式中，w_{ave}、w_{std} 分别为对整体关注度和单条测试场景关注度的权重。

然后即可进行迭代过程，采用遗传、变异和交叉等操作，进行优化求解，如图 6-7 所示。其中需要注意的是，由于在该问题中，每个场景要素取值有且只有一个符号与之对应，所以一个基因点的改变必定会导致其他基因点的改变，因此将一个场景要素所包含的所有取值作为一个基因段，以基因段的形式进行遗传交叉和变异的操作才能保证染色体的合理性。

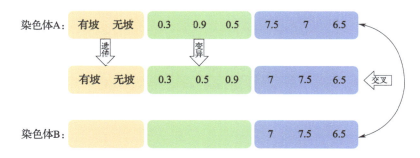

图 6-7　遗传、变异、交叉操作

最终针对垂直泊车问题所构造的测试用例集和场景要素取值相对关注度，求得最优匹配方式，见表 6-5。表 6-5 中，B 为测试车辆宽度，L 为测试车辆长度。

表6-5 垂直泊车场景要素取值符号与取值的最优匹配方式

场景要素	取值符号	取值	场景要素	取值符号	取值
车位长度/m	L_{p1}	L	附着系数	f_{p1}	0.5
	L_{p2}	$L+0.2$		f_{p2}	0.9
	L_{p3}	$L+0.1$		f_{p3}	0.3
车位宽度/m	B_{p1}	$B+1.0$	横向距离/m	D_{p1}	$0.5B+1.55$
	B_{p2}	$B+0.9$		D_{p2}	$0.5B+1.05$
	B_{p3}	$B+1.2$		D_{p3}	$0.5B+1.3$
	B_{p4}	$B+1.1$		D_{p4}	$0.5B+0.8$
道路坡度	i_1	6%		D_{p5}	$0.5B+0.55$
	i_2	-3%	可行驶区域宽度/m	B_{r1}	6.5
	i_3	3%		B_{r2}	6
	i_4	0		B_{r3}	5.5
	i_5	-6%		B_{r4}	7

为验证算法有效性,计算最优匹配和某一随机匹配下,同一测试用例集生成的不同测试场景集的场景关注度,并按照从小到大排序后作对比,如图6-8所示。由图6-8a可知,经过最优匹配的测试场景集的场景关注度的上四分位数、中位数、下四分位数均高于随机匹配,其整体场景关注度更高;图6-8b展示了各个测试场景关注度的具体值,最优匹配方式下测试场景关注度的平均值为0.045475,随机匹配下的平均场景关注度为0.03787,最优匹配方式下关注度高出20.1%。

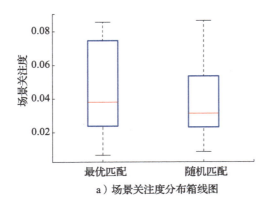

a) 场景关注度分布箱线图

图6-8 最优匹配与随机匹配下场景关注度对比

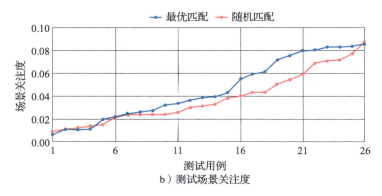

b）测试场景关注度

图 6-8 最优匹配与随机匹配下场景关注度对比（续）

通过上述流程，最终获得满足组合测试覆盖度要求且兼顾场景关注度的垂直泊车测试场景 26 条，见表 6-6。表 6-6 中，B 为测试车辆宽度，L 为测试车辆长度。

表 6-6 垂直泊车测试场景集

序号	车位长度/m	车位宽度/m	坡度（%）	路面附着系数	横向距离/m	可行驶区域宽度/m	场景关注度
1	L	$B+1.2$	0	0.9	$0.5B+1.55$	7	0.006269
2	L	$B+1.2$	6	0.9	$0.5B+1.3$	6.5	0.010394
3	L	$B+1.2$	3	0.5	$0.5B+1.55$	6	0.010646
4	$L+0.2$	$B+1.2$	0	0.3	$0.5B+1.05$	6.5	0.010862
5	$L+0.1$	$B+1.2$	-6	0.5	$0.5B+0.55$	7	0.018742
6	$L+0.1$	$B+1.1$	3	0.5	$0.5B+1.3$	6.5	0.020955
7	L	$B+1.1$	0	0.9	$0.5B+0.55$	7	0.023805
8	$L+0.2$	$B+1.1$	6	0.3	$0.5B+1.55$	6	0.025591
9	$L+0.1$	$B+1.2$	-3	0.5	$0.5B+0.8$	5.5	0.026562
10	$L+0.1$	$B+1.1$	-3	0.3	$0.5B+1.05$	6	0.031504
11	$L+0.2$	$B+1.1$	3	0.9	$0.5B+0.8$	5.5	0.03261
12	L	$B+1$	3	0.3	$0.5B+1.05$	7	0.035683
13	$L+0.2$	$B+1$	-3	0.5	$0.5B+1.3$	7	0.037741
14	L	$B+1.1$	-6	0.9	$0.5B+1.05$	5.5	0.03858
15	$L+0.1$	$B+1$	0	0.5	$0.5B+0.8$	6	0.042236
16	$L+0.1$	$B+1$	-6	0.9	$0.5B+1.55$	5.5	0.053831

（续）

序号	车位长度/m	车位宽度/m	坡度（%）	路面附着系数	横向距离/m	可行驶区域宽度/m	场景关注度
17	L	$B+1$	-6	0.3	$0.5B+0.55$	6.5	0.058522
18	$L+0.2$	$B+1$	6	0.3	$0.5B+0.55$	5.5	0.060351
19	L	$B+0.9$	6	0.3	$0.5B+0.8$	7	0.071231
20	L	$B+0.9$	-3	0.3	$0.5B+1.55$	6.5	0.074715
21	$L+0.1$	$B+0.9$	0	0.3	$0.5B+1.3$	5.5	0.078676
22	$L+0.1$	$B+0.9$	6	0.5	$0.5B+1.05$	5.5	0.079807
23	$L+0.2$	$B+0.9$	-6	0.3	$0.5B+1.3$	6	0.082376
24	L	$B+0.9$	3	0.3	$0.5B+0.55$	6	0.082457
25	L	$B+0.9$	-6	0.5	$0.5B+0.8$	6.5	0.082817
26	$L+0.2$	$B+0.9$	-3	0.9	$0.5B+0.55$	6	0.085389

6.2 危险具体场景串行加速测试

在仅有单个计算节点的前提下，以强化生成危险场景为目标，相比传统遍历测试可更快发现系统性能缺陷。本节以社会认知优化（Social Cognitive Optimization，SCO）算法为核心，首先，结合密度峰值聚类（Density Peaks Clustering，DPC）算法，设计相关模仿学习规则、观察学习规则、邻域搜索规则和知识库更新规则，实现危险测试场景全局加速搜索，得到高覆盖率的危险测试场景聚类区域。然后，将搜索到的危险测试场景映射为多维矩阵，采用迭代卷积算法搜索每个危险测试场景聚类区域剩余的危险测试场景，实现危险测试场景局部加速搜索，最后得到高覆盖率危险测试场景集合。

6.2.1 全局加速搜索

社会认知优化算法在 2002 年由清华大学谢晓峰教授提出，是以人类社会学习中的社会认知理论（Social Cognitive Theory，SCT）为基础的群体智能优化算法。

社会认知理论认为，人类的行为是人类的认知、行为与环境进行交互的结果，人通过认知过程对行为进行控制。在某个行为发生之前，人的智能性可以使人凭借记忆的知识对行为进行推理，从而产生对行为的后果进行预测的能力。

人在社会学习过程中，首先对示范者的信息进行符号化编码，然后，通过自身的认知和环境的相互作用，生成符号化的模型，利用模型的替代学习结果进行观察学习，最后，积累足够的知识，实现最优行为的选择。其中，符号化能力和替代能力是 SCT 的核心。符号化能力是人类将信息进行编码转化为符号知识，用符号知识引导未来的行动，个体在使用符号化知识时，可以将符号化知识在个体之间进行共享，实现代际间传承。替代能力使人类不用实际去完成某种行为就能学习到对应的知识，观察学习中的替代过程为：首先人类将观察到的行为和后果编码为符号化知识，构建行为预测模型，然后针对未来的行为进行指导，以减少探索的过程。SCT 与 SCO 的抽象映射关系如图 6-9 所示。

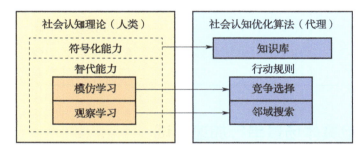

图 6-9　SCT 与 SCO 的抽象映射关系

SCO 算法包含 3 个组成部分：

1）知识点：知识点是一个由具体测试场景的相关要素参数组成的向量。

2）知识代理：知识代理负责进行替代学习以生成新的知识点。

3）知识库：知识库是知识点的集合，同时也是知识代理之间分享和交换信息的场所。

为了使 SCO 算法适用于智能汽车危险测试场景生成，为 SCO 算法增加两个要素，分别为：

1）测试场景库：测试场景库用于存储已经测试过的测试场景和测试结果。当 SCO 算法生成之前测试过的测试场景时，直接从测试场景库查询测试结果，从而避免重复测试，提高测试效率。

2）危险测试场景库：危险测试场景库是测试场景库的子集，用于存储发生碰撞的测试场景及测试结果，便于根据危险测试场景库对智能汽车功能缺陷进行分析。

如图 6-10 所示，基于 SCO 算法的危险测试场景全局加速搜索流程为：

步骤一：初始化。

1）在逻辑场景空间内，随机选取 N_p 个不重复的具体测试场景，每个具体

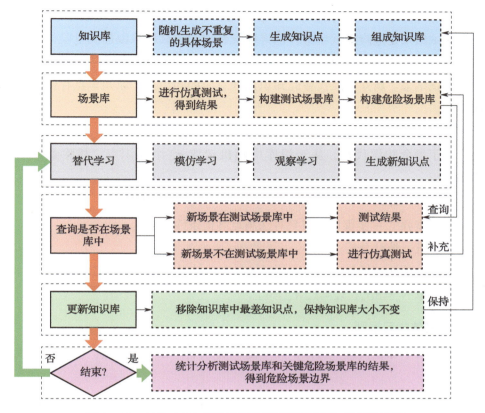

图 6-10 基于 SCO 算法的危险测试场景全局加速搜索流程

测试场景的参数都组成一个知识点，N_p 个知识点构成知识库。

2) 对 N_p 个知识点对应的具体测试场景进行仿真测试，将知识点和对应的测试结果存储到测试场景库中。如果仿真测试结果存在碰撞工况，则将对应的知识点和测试结果存储到危险测试场景库中。

步骤二：替代学习。

对于 N_a 个知识代理，替代学习时每个知识代理进行如下操作：

1) 从知识库中为每个知识代理随机分配一个知识点，注意，同一个知识点不能分配给多个知识代理。

2) 模仿学习：从知识库中随机选择 τ_b 个知识点，注意，选择的知识点不能与知识代理对应的知识点重复。根据适应度函数的结果，采用竞争选择的方法选取最合适的知识点。

3) 观察学习：比较知识代理对应的知识点和模仿学习选择的知识点，采用邻域搜索的方法生成新的知识点。如果新知识点对应的测试场景不在测试场景库中，进行仿真测试，并把场景参数和测试结果添加到测试场景库中。同时，如果测试结果是危险测试场景，也将场景参数和测试结果添加到危险测试场景库中。如果新知识点对应的测试场景在测试场景库中，则直接从测试场景库中查询测试结果。新知识点代替此知识代理对应的知识点，原知识点存储到知识库中。

步骤三：知识库更新。

对于每个知识代理，从知识库中随机选取 τ_w 个知识点，移除最差的知识点。

步骤四：迭代。

重复步骤二~步骤四，直到算法满足终止条件。

步骤五：统计分析。

统计分析测试场景车和危险测试场景库的结果，得到危险测试场景集合。

一般取 $N_p = 3N_a$，$\tau_b = 2$，$\tau_w = 4$。

1. 模仿学习规则

对于每个知识代理，从知识库中随机选取 $\tau_b = 2$ 个知识点，模仿学习规则如下：

1）如果随机选取的两个知识点全部对应非危险测试场景，根据仿真测试结果，选取 TTC_{max}^{-1} 更大的知识点作为模仿学习的输出，使模型尽快搜索到危险测试场景。

2）如果随机选取的两个知识点全部对应危险测试场景，随机选取一个知识点作为模仿学习的输出。

3）如果随机选取的两个知识点一个对应危险测试场景，另一个对应非危险测试场景，随着模型迭代次数的增加，在知识库中会有越来越多的知识点对应危险测试场景，最后导致知识库中的知识点全部对应危险测试场景，SCO 算法只能进行局部搜索。为了保证 SCO 算法始终具备一定的探索（exploration）能力，以 90% 概率选择危险测试场景对应的知识点，以 10% 概率选择非危险测试场景对应的知识点。

2. 观察学习规则

根据模仿学习输出的知识点和知识代理本身的知识点，观察学习要求选择其中一个知识点作为中心点，另一个知识点作为参考点，以进行接下来的邻域搜索。

观察学习规则如下：

1) 如果两个知识点全部对应非危险测试场景，根据虚拟仿真测试得到的 TTC_{max}^{-1} 值，选择较大 TTC_{max}^{-1} 值对应的知识点作为中心点，另一个知识点作为参考点。

2) 如果两个知识点一个对应危险测试场景，另一个对应非危险测试场景，则危险测试场景对应的知识点作为中心点，另一个知识点作为参考点。

3) 如果两个知识点都对应危险测试场景，那么它们一定都在危险测试场景库中。以 Ackley 测试函数为例，如图 6-11a 所示，如果两个知识点在危险测试场景库中处于不同的聚类，接下来的邻域搜索接近于随机生成知识点，没有实际意义，会降低危险测试场景生成效率，所以，该情况应该取消邻域搜索步骤；如图 6-11b 所示，如果两个知识点在危险测试场景库中处于相同的聚类，邻域搜索方法相当于搜索此聚类附近的危险测试场景，属于优化理论的"利用（exploitation）"过程，是一种局部搜索过程，应该保留，在此种情况下，随机选择一个知识点作为中心点，另一个知识点作为参考点。

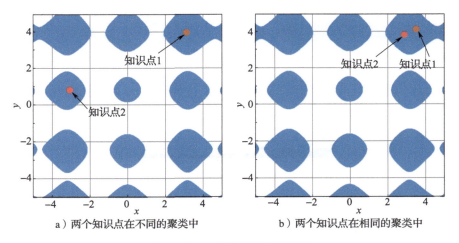

a）两个知识点在不同的聚类中　　　　b）两个知识点在相同的聚类中

图 6-11　观察学习规则示意图

在本节中，采用密度峰值聚类（DPC）方法对危险测试场景库进行聚类。DPC 是 2014 年 Rodriguez 等人在 *Science* 上提出的聚类算法，相比于其他聚类算法，DPC 算法可以自动确定簇中心，完成任意形状数据的快速聚类。

DPC 算法基于两个假设：①簇中心（密度峰值点）的局部密度大于周围数据点的局部密度；②不同簇中心之间的距离相对较远。

首先，对局部密度进行定义。计算不同数据点的欧式距离，假设在危险测

试场景库 X 中包含 N 个知识点，$X = \{x_n\}_{n=1}^{N}$，每个知识点都具有 D 维属性，用 x_n^d 表示，$d = 1, \cdots, D$，则知识点 x_i 和 x_j 的欧氏距离表示为

$$\text{dist}_{ij} = \frac{1}{D}\sqrt{\sum_{d=1}^{D}(x_i^d - x_j^d)^2} \tag{6-5}$$

基于高斯核的知识点 x_i 的局部密度 ρ_i 可以表示为

$$\rho_i = \sum_{i \neq j} \exp\left[-\left(\frac{\text{dist}_{ij}}{\text{dist}_c}\right)^2\right] \tag{6-6}$$

式中，dist_c 为截断距离。

然后，对于知识点 x_i，计算局部密度比 x_i 大且距离最近的知识点与自身的距离 δ_i：

$$\delta_i = \min_{j:\rho_j > \rho_i}(\text{dist}_{ij}) \tag{6-7}$$

其中，当知识点 x_i 的局部密度已经为最大时，$\delta_i = \max(\text{dist}_{ji})$。

最后，计算危险测试场景库中每个知识点的 ρ_i 和 δ_i，就可画出对应的决策图。图 6-12 所示为第 100 次迭代时某次聚类对应的决策图。

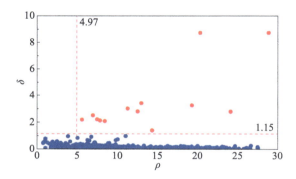

图 6-12　第 100 次迭代时某次聚类对应的决策图

图 6-12 右上角的部分表示知识点的 ρ_i 和 δ_i 均相对较高，意味着在相对较大的范围内，不存在比它们局部密度还要高的知识点，其适合作为聚类中心，红色的点均作为聚类中心。其余的知识点分配给局部密度比自身大且距离自己最近的聚类中心所对应的类别中。为了实现自动聚类，需要设置作为聚类中心的 ρ 和 δ 的阈值。在本节中，ρ 阈值设置为全部知识点 ρ_i 中位数的 1/2，δ 阈值设置为半数 δ_i 值较大知识点的 δ_i 平均值，聚类效果较好（图 6-12 中红色虚线为阈值）。在第 5 次迭代时，某次聚类结果如图 6-13a 所示，此时危险测试场景库中的知识点较少，聚类边界不清晰，DPC 算法的聚类数目较少，观察学习

步骤中的两个知识点更容易在相同的聚类中,触发邻域搜索过程,使 SCO 算法在迭代前期具有更高的全局探索能力;在第 100 次迭代时,某次聚类结果如图 6-13b 所示,此时危险测试场景库中的知识点已经足够丰富,DPC 算法将危险测试场景库中的数据聚类为 13 类,聚类结果较精准,同时在迭代后期,较多的聚类数量使观察学习步骤中的两个知识点不容易在相同的聚类中,避免产生无效的邻域搜索过程。

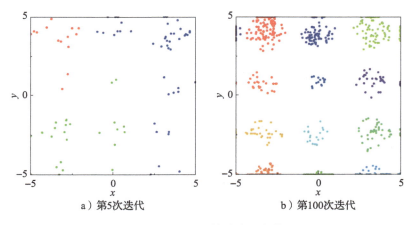

图 6-13 DPC 算法的聚类结果

3. 邻域搜索规则

根据观察学习确定的参考点和中心点,邻域搜索用于生成新的知识点。

在原始的 SCO 算法中,如图 6-14a 所示,对于两个知识点 x_1 和 x_2,以 x_1 为参考点,以 x_2 为中心点,采用邻域搜索方法生成新知识点 x_3,其数学形式表示为

$$x_3^d = x_1^d + 2 \times \text{rand} \times (x_2^d - x_1^d), \quad d = 1, \cdots, D \qquad (6-8)$$

式中,rand 为(0,1)范围内的均匀分布。

根据式(6-8),生成新知识点 x_3^d 的移动步长由 $(x_2^d - x_1^d)$ 和 rand 确定。原始 SCO 算法的目标是寻找适应度函数的全局最优值,随着迭代次数的增加,知识库中的知识点逐渐收敛于全局最优值,$(x_2^d - x_1^d)$ 会不断减小,使新知识点 x_3^d 的移动步长逐渐减少。在本章中,SCO 算法用于高效搜索全部的危险测试场景,而危险测试场景会组成数个聚类,$(x_2^d - x_1^d)$ 的最小值与聚类区域的大小相关,导致新知识点 x_3^d 的移动步长难以收敛,降低危险测试场景生成效率。

因此,如图 6-14b 所示,本节提出了新的邻域搜索规则,对于两个知识点

x_1 和 x_2，以 x_1 为参考点，以 x_2 为中心点，采用邻域搜索方法生成新知识点 x_3，其邻域搜索规则为

$$x_3^d = x_2^d + \frac{1}{3} \times \mathrm{rand}_n \times (x_2^d - x_1^d), \quad d = 1, \cdots, D \qquad (6-9)$$

式中，rand_n 为满足标准正态分布 $N(0, 1)$ 的随机值。

在式（6-9）中，根据高斯分布的 3σ 原则，大部分的新知识点 x_3 都分布在中心点 x_2 附近，提高了算法的局部搜索能力和测试效率。

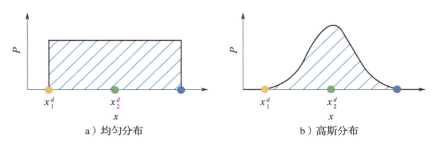

a）均匀分布　　　　　　　b）高斯分布

图6-14　邻域搜索规则示意图

借鉴模拟退火方法的冷却衰减函数实现式（6-8）和式（6-9）的转换，定义指数冷却调度函数，其表达式为

$$P_{\mathrm{trans}} = a^n \qquad (6-10)$$

式中，$a = 0.999$，n 为迭代次数。

采用式（6-8）和式（6-9）进行邻域搜索的概率分别为 P_{trans} 和 $(1 - P_{\mathrm{trans}})$。在 SCO 算法的迭代初期，采用式（6-8）邻域搜索规则的概率较高，具有较高的探索（exploration）和全局搜索能力；随着迭代次数的增加，采用式（6-9）邻域搜索规则的概率逐渐提高，利用探索（exploitation）和局部搜索的能力逐渐增强，符合良好优化算法的迭代规律。

4. 知识库更新规则

在原始的 SOC 算法中，知识库更新时，需要从知识库中随机选择 $\tau_w = 4$ 个知识点，然后移除最差的知识点，以保持知识库的大小不变。然而，将 SCO 算法应用于危险测试场景加速生成时，随着迭代次数的增加，知识库中危险测试场景的比重会越来越大，在迭代后期，算法从知识库中随机选择的 $\tau_w = 4$ 个知识点可能全部为危险测试场景。因此，如何定义最差知识点并将它从知识库移除是一个巨大的难题。

首先，不能根据危险测试场景中主车碰撞的严重程度区分最差知识点，即

主车碰撞越严重，知识点越差，因为这样会导致知识代理向主车碰撞最严重的方向进行搜索，危险测试场景的覆盖率会降低。其次，不能取消移除最差知识点，因为这样会导致知识库的知识点数目持续增加，占有知识点比重多的危险测试场景聚类区域更容易引导知识代理向自身方向搜索，占有知识点比重少的珍贵的危险测试场景聚类区域得不到搜索，算法会遗漏部分危险测试场景。

最终，利用 DPC 的局部密度计算方法，计算知识库中每个危险测试场景对应的知识点的局部密度，将局部密度最大的知识点作为最差点，移出知识库。此方法既能保持知识库大小不变，又能防止某个危险测试场景聚类在知识库中占有知识点的比重过大，同时还避免了算法向主车碰撞最严重的方向搜索的不良现象。

综上，知识库的更新规则为：

1）如果从知识库随机选取的 $\tau_w = 4$ 个知识点包含一个或多个非危险测试场景，移除 TTC_{max}^{-1} 最小的非危险测试场景，使算法可以快速定位危险测试场景。

2）如果从知识库随机选取的 $\tau_w = 4$ 个知识点全部为危险测试场景，根据 DPC 算法计算知识点的局部密度，局部密度最大的知识点被移除。

5. 全局加速方法验证

采用二维 Ackley 函数对改进的 SCO 算法进行测试，超参数设置为：知识代理数 $N_a = 50$，知识点数 $N_p = 3N_a = 150$，迭代次数 $N = 200$。为了证明改进 SCO 算法的效果，采用粒子群算法（Particle Swarm Optimization，PSO）、遗传算法（Genetic Algorithm，GA）和随机搜索（Random Search，RS）进行对比测试，其中 PSO、GA 方法和 SCO 方法采用相同的参数，RS 方法在逻辑场景内随机生成 2000 个不重复的点。为了避免随机性的影响，每个算法进行三次试验，结果见表 6-7，部分试验结果如图 6-15 所示。可以看出，相比于 RS 算法，SCO、PSO、GA 算法在危险测试场景覆盖率和生成效率方面具有优势。PSO 算法更关注于搜索全局最优点，过早进入了局部搜索过程，虽然目前的危险测试场景生成效率很高，但是遗漏了很多危险测试场景聚类；对于 GA 算法，虽然遗漏危险场景聚类的数量有所降低，但是相对于 RS 算法，危险测试场景生成效率并没有明显提高；SCO 算法成功找到全部的危险测试场景聚类，知识点具有良好的抵抗向大比重危险测试场景聚类区域搜索的能力，所以，SCO 算法既能保持良好的危险测试场景覆盖率，又具有较高的危险测试场景生成效率。

表6-7 不同优化方法生成危险测试场景的试验结果

序号	方法	测试次数	危险测试场景数量	遗漏危险测试场景聚类数量	生成效率
1	SCO	1913	878	0	0.46
2	SCO	1807	863	0	0.48
3	SCO	1963	923	0	0.47
4	PSO	3838	2144	9	0.56
5	PSO	4322	2403	7	0.55
6	PSO	4018	2205	7	0.55
7	GA	1861	579	4	0.31
8	GA	1838	560	3	0.30
9	GA	1865	585	4	0.31
10	RS	2000	599	5	0.30
11	RS	2000	619	6	0.31
12	RS	2000	603	6	0.30

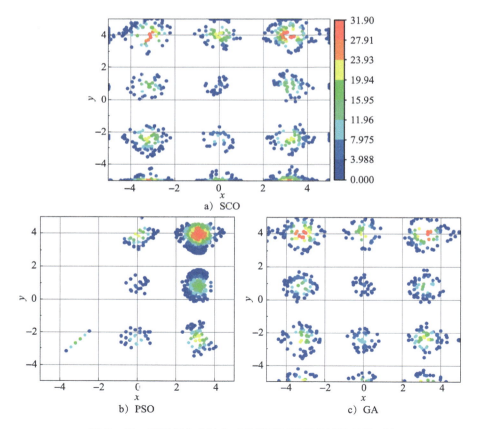

图6-15 不同优化方法生成危险测试场景的试验结果对比

SCO 算法还需要设置两个超参数,即知识代理的数量 N_a 和算法迭代的次数 N,下面介绍两个参数的取值。

SCO 算法属于群体智能优化算法,知识代理的数量 N_a 不仅代表着群体的规模,同时也决定了知识库中知识点的数量 N_p。知识库是知识代理之间进行信息交换、模仿学习和观察学习的场所。如果知识代理的数量 N_a 太小,不利于发挥群体智能优化算法的优势,危险测试场景生成效率低;相反,如果知识代理的数量 N_a 太多,会引起测试资源的浪费,也会导致测试效率降低。因此,需要选择合适的 N_a。测试场景的参数空间越大,N_a 应该越大。推荐的 N_a 应满足:

$$N_a = \max(10, 0.0002\Omega) \tag{6-11}$$

式中,Ω 为逻辑场景空间内全部测试场景数量。

对于算法的迭代次数 N,当迭代次数增加时,知识库中的危险测试场景比重也在逐渐增加,在迭代后期,危险测试场景库中的危险测试场景聚类清晰,全局搜索基本完成,在观察学习中,参考点和中心点不太可能在同一个聚类中,不能通过邻域搜索生成新的知识点。即使参考点和中心点在同一个聚类中,此时进行的邻域搜索步骤也属于局部搜索,可以很轻松找到新的危险测试场景,不会影响危险测试场景生成效率。所以,本节提出的改进的 SCO 算法对迭代次数的敏感性较低。为了证明上述结论,采用 Ackley 函数进行测试,SCO 算法的参数为:$N_a = 50$,$N_p = 3N_a = 150$,迭代次数 N 以 50 的离散步长从 50 增加到 300。每次试验进行 3 次,试验结果取平均值,见表 6-8。可以看出,较高的迭代次数不会降低算法的危险测试场景生成效率,但是过少的迭代次数会导致算法遗漏危险测试场景聚类。因此,本书推荐的最少迭代次数为

$$N_a = \max(100, 0.0008\Omega) \tag{6-12}$$

表 6-8 不同迭代次数 SCO 算法搜索危险测试场景的平均结果

序号	迭代次数	测试次数	危险测试场景数量	遗漏危险测试场景聚类数量	生成效率
1	50	961	423	0.3	0.44
2	100	1286.7	611	0	0.47
3	150	1700.3	804.3	0	0.47
4	200	1894.3	888	0	0.47
5	250	2220.7	1088.3	0	0.49
6	300	2485	1205.3	0	0.49

6.2.2 局部加速搜索

SCO 算法并不能找全每个危险测试场景聚类区域附近的全部危险测试场景,

其局部搜索能力稍显不足。本节介绍一种基于卷积算法的危险测试场景局部加速搜索方法，其目的是找到逻辑场景空间内剩余的危险测试场景。

1. 卷积算法模型

卷积函数的离散形式为

$$(f*g)(n) = \sum_{\tau=-\infty}^{\infty} f(\tau)g(n-\tau) \quad (6-13)$$

式中，f 为卷积函数；g 为卷积核。

为了应用离散卷积，首先，需要将知识点对应的测试场景映射为矩阵中元素的位置，例如：在逻辑场景空间中有两维属性，分别为主车车速和相对距离，其中的某个具体测试场景被表示为 (x_n^1, x_n^2)，如图 6-16 所示，将具体测试场景映射为矩阵对应位置。具体测试场景和矩阵位置的映射规则为

$$u_n^d = \frac{x_n^d - x_{\min}^d}{\lambda^d} + 1, \quad d = 1, \cdots, D \quad (6-14)$$

式中，D 为逻辑场景的维数，在此例中，$D=2$；u_n^d 为具体场景 x_n^d 在矩阵中的位置；$x_{\min}^d$ 为逻辑场景空间中第 d 维属性的最小值，在此例中，$x_{\min}^d$ 分别代表主车车速和相对距离的最小值；λ^d 为逻辑场景空间中第 d 维属性的分辨率，在此例中，λ^d 分别代表主车车速的离散分辨率和相对距离的离散分辨率。

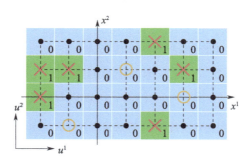

图 6-16 具体测试场景映射规则示意图

然后，为矩阵中每个位置的元素赋值。在图 6-16 中，红色叉号代表已经测试过的危险测试场景，此位置元素的值置 1，橙色的圆圈代表已经测试过的非危险测试场景，此位置元素的值置 0，黑色的点代表还未进行测试的未知场景，此位置元素的值置 0。

根据上述测试场景映射规则，如图 6-17 所示，基于卷积算法的危险测试场景局部加速搜索方法包含以下步骤：

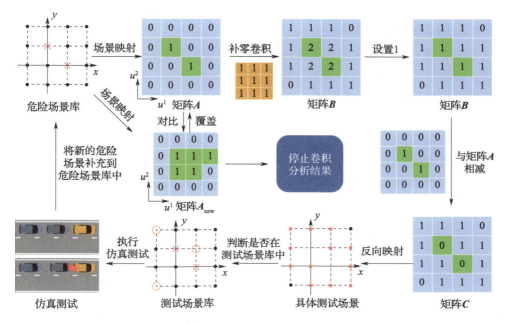

图 6-17 基于卷积算法的危险测试场景局部加速搜索方法流程

1) 根据式 (6-14) 将逻辑场景空间中的离散危险测试场景映射为矩阵 A。

2) 将矩阵 A 的最外圈补 0, 采用全 1 的 $3 \times \overset{D}{\cdots} \times 3$ 卷积核对矩阵 A 进行卷积, 卷积步长为 1, 得到矩阵 B, 其中矩阵 B 和矩阵 A 的大小相同。

3) 将矩阵 B 中大于 1 的元素置 1。

4) 矩阵 B 减去矩阵 A 得到矩阵 C, 矩阵 C 中元素为 1 的位置表示新探索到的测试场景, 根据式 (6-14) 将矩阵元素 $(u^1, \cdots, u^D)$ 映射回具体测试场景参数。

5) 检查新的测试场景是否在测试场景库中。如果在测试场景库中, 直接从测试场景库中查询得出测试结果; 否则, 进行仿真测试, 得到测试结果, 并将新的测试场景和测试结果添加进测试场景库中。

6) 进行仿真测试后, 如果测试结果是危险测试场景, 同时将新的测试场景和测试结果添加进危险测试场景库中。

7) 一次迭代卷积过程结束, 重新将危险测试场景库中的离散危险测试场景映射为矩阵 A_{new}, 如果矩阵 A_{new} 与 A 不同, 将矩阵 A_{new} 赋值给 A, 重新执行步骤 2)~6), 进行下一轮迭代; 如果矩阵 A_{new} 与 A 相同, 说明算法已经无法发现新的危险测试场景, 迭代结束, 对危险测试场景库中测试场景进行后续分析。

2. 局部搜索方法验证

基于 SCO 和 PSO 算法的试验结果，采用卷积算法搜索剩余的危险测试场景，结果对比见表 6-9。其中，基于 SCO 算法结果的某次危险测试场景局部加速搜索的部分试验结果如图 6-18 所示，算法经过 27 次卷积后自动停止。危险测试场景局部加速搜索结果对比见表 6-9，基于 SCO 算法结果的危险测试场景局部加速搜索方法的危险测试场景生成效率与 PSO 算法相似，但是采用 SCO 算法，其最终测试结果的危险测试场景覆盖率高于 PSO 算法。因此，本书提出的结合 SCO 算法和卷积算法的危险测试场景加速生成方法可以在保持高危险测试场景覆盖率的前提下提高危险测试场景生成效率，具有优良的性能。

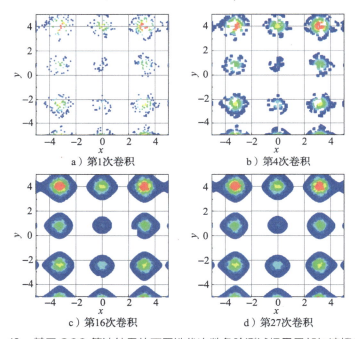

图 6-18 基于 SCO 算法结果的不同迭代次数危险测试场景局部加速搜索结果

表 6-9 危险测试场景局部加速搜索结果对比

序号	方法	测试次数	危险测试场景数量	危险测试场景覆盖率(%)	生成效率
1	SCO	84451	79025	100	0.94
2	SCO	84263	79025	100	0.94
3	SCO	84387	79025	100	0.94
4	PSO	56970	52510	66	0.92
5	PSO	79399	73650	93	0.93
6	PSO	68680	63643	81	0.93

6.2.3 串行加速测试方法验证

1. 测试平台及场景搭建

因为计算危险测试场景覆盖率需要对逻辑场景空间下的所有离散具体测试场景进行遍历测试，相比于硬件在环测试和封闭试验场测试，虚拟仿真测试的计算效率最高，所以采用虚拟仿真测试平台，以节省测试时间，提高算法验证效率。采用的虚拟仿真测试平台包括 PreScan 软件、MATLAB 软件和 CarSim 软件，其工作流程如图 6-19 所示。

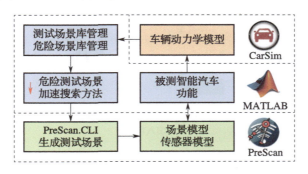

图 6-19 虚拟仿真测试平台工作流程

首先，在 MATLAB 软件中定义逻辑场景空间，初始化 SCO 算法；其次，通过 PreScan.CLI 模块构建对应的测试场景，被测智能汽车功能根据传感器模型和场景模型的输出对自车发出控制信号；再次，CarSim 汽车动力学模型对控制信号做出响应，控制车辆运动状态，并得出最终的测试结果；然后，通过 MATLAB 软件存储测试结果，并管理测试场景库和危险测试场景库；最后，采用 SCO 算法和卷积算法继续生成新的测试场景。按照上述步骤循环运行，直到危险测试场景加速生成算法停止。虚拟仿真测试平台采用离散时间步进行计算，其中被测智能汽车功能和车辆动力学模型的计算频率为 100Hz，场景模型和传感器模型的更新频率为 25Hz。

采用本章的危险测试场景加速生成方法对某纵向智能汽车功能进行测试，其中，被测智能汽车功能为黑盒算法，只知道其输入和输出。

2. 测试场景搭建

首先，定义功能场景，选择跟车场景和切入场景进行虚拟仿真测试。如图 6-20a 所示，在跟车场景中，基础路网为三车道的直路，前车在中央车道行驶，主车跟随前车行驶。如图 6 - 20b 所示，在切入场景中，基础路网为三车道的直路，前车在中央车道行驶，主车在中央车道行驶，换道车从右侧车道切入到中央车道，随后跟随前车行驶。

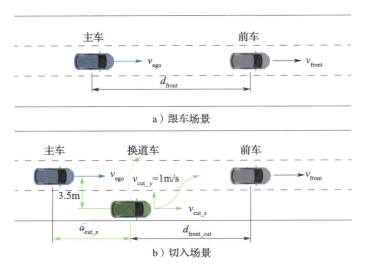

图 6 - 20 测试场景示意图

然后，定义逻辑场景。如图 6 - 20 所示，车道宽度为 3.5m，v_{ego} 表示主车的纵向初始速度，前车以 v_{front} 纵向速度匀速行驶。在跟车场景中，d_{front} 表示主车和前车之间的纵向距离；在切入场景中，d_{front_cut} 表示前车和换道车之间的纵向距离，d_{cut_x} 表示主车和换道车之间的纵向距离，换道车与主车的横向初始距离为 3.5m，v_{cut_x} 表示换道车的纵向速度，换道车保持与前车相同的纵向速度匀速行驶，v_{cut_y} 表示换道车的横向平均速度，$v_{cut\_y}=1m/s$。上述变量的取值范围见表 6 - 10，其中 v_{rel} 表示主车和前车的纵向初始相对速度。

表 6 - 10 跟车和切入逻辑场景中变量的取值范围

场景类型	参数名称	最小值	最大值	离散步长
跟车场景	v_{ego}/(m/s)	15	30	1
	v_{rel}/(m/s)	-15	-5	1
	d_{front}/m	30	50	1
切入场景	v_{ego}/(m/s)	15	30	1
	v_{rel}/(m/s)	-14	-4	1
	d_{cut_x}/m	30	50	1
	d_{front_cut}/m	10	30	1

最后，对连续逻辑场景空间离散化，生成具体测试场景。综合考虑感知传感器分辨率和逻辑场景空间的范围，对速度和距离维度分别采用 1m/s 和 1m 的步长进行离散化。

3. 测试结果统计分析

（1）跟车场景　在跟车场景下，对逻辑场景空间中的所有离散测试场景进行遍历虚拟仿真测试，一共进行了 3696 次场景测试，发现 149 个危险测试场景。

采用危险测试场景加速生成方法进行虚拟仿真测试。首先采用基于 SCO 算法的危险测试场景全局加速搜索方法生成危险测试场景，其参数设置为：知识代理数量 $N_a = 10$，迭代次数 $N = 100$，结果如图 6 - 21 所示。图中的颜色条用于估计不同危险测试场景引起不同程度的损害 E_{damage}，E_{damage} 定义为两车碰撞时各自速度矢量差的平方。一共进行了 198 次场景测试，生成 69 个危险测试场景。

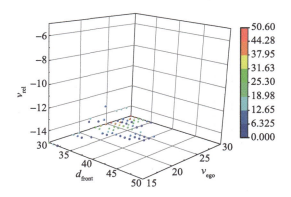

图 6 - 21　基于 SCO 算法的危险测试场景全局加速搜索结果（跟车场景）

然后，基于 SCO 算法的结果，继续采用基于卷积算法的危险测试场景局部加速搜索方法生成危险测试场景，经过 3 次卷积后，算法停止，结果如图 6 - 22 所示。结合基于 SCO 算法和基于卷积算法的危险测试场景加速生成方法，一共进行了 448 次场景测试，搜索到了全部 149 个危险测试场景，危险测试场景覆盖率为 100%，危险测试场景生成效率为 0.33。

对比遍历测试和危险测试场景加速生成方法，如图 6 - 23 所示，在遍历测试中，一共有 3500 个测试场景的 $0 < TTC_{max}^{-1} < 2$，代表安全场景，只有 149 个危险测试场景，说明遍历测试的绝大部分测试场景都是 TTC_{max}^{-1} 较小的安全场景，严重浪费了测试用例，降低了危险测试场景生成效率。然而，采用本章提出的

危险测试场景加速生成方法，只有 254 个测试场景属于 $0 < \text{TTC}_{\max}^{-1} < 2$ 的安全场景，极大降低了生成安全测试场景的概率，从而提高了测试效率，同时，此方法并未降低危险测试场景覆盖率。综上，本章提出的危险测试场景加速生成方法可以在保持危险测试场景高覆盖率的前提下提高危险测试场景的生成效率，具有良好的性能。

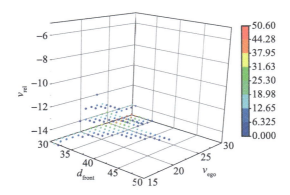

图 6-22　基于卷积算法的危险测试场景局部加速搜索结果（跟车场景）

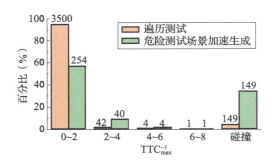

图 6-23　遍历测试与危险测试场景加速生成方法对比统计

（2）切入场景　在切入场景下，对逻辑场景空间中的所有离散场景进行遍历虚拟仿真测试，一共进行了 77616 次场景测试，发现了 2685 个危险测试场景。在 CPU i7-11700、GPU GTX 3070 的计算机硬件配置下，执行一次虚拟仿真场景测试大约需要 40s 时间，对 77616 个场景执行遍历测试需要大约 36 天时间，并且遍历测试的场景数量随着逻辑场景维数的增加而指数增加，难以在更高维度的逻辑场景空间下进行遍历测试，对算法进行验证。

采用危险测试场景加速生成方法进行虚拟仿真测试。首先采用基于 SCO 算法的危险测试场景全局加速搜索方法生成危险测试场景，参数设置为：$N_a = 15$，

$N=100$,结果如图 6-24 所示。然后采用基于卷积算法的危险测试场景局部加速搜索方法继续生成危险测试场景,其结果如图 6-25 所示。一共进行了 7229 次场景测试,算法搜索到全部的 2685 个危险测试场景,危险测试场景覆盖率为 100%,危险测试场景生成效率为 0.37。所以,本章提出的危险测试场景加速生成方法在切入场景下也具有良好的性能,对不同的测试场景具有较好的适应性。

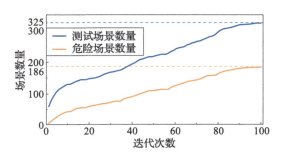

图 6-24 基于 SCO 算法的危险测试场景全局加速搜索结果(切入场景)

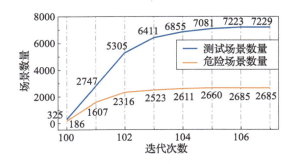

图 6-25 基于卷积算法的危险测试场景局部加速搜索结果(切入场景)

6.3 危险具体场景并行强化生成

随着自动驾驶系统复杂程度的增加,其验证过程所需测试的场景数量呈指数爆炸的形式,然而串行测试过程试验点的生成必须依赖上一试验结果,面对海量测试用例将产生巨大的时间成本。充分利用多计算单元并行计算的测试方式可将测试任务分配给多个不同平台同步测试,在等量测试场景的前提下,这种方式相比串行测试可极大缩短测试耗时,是未来智能汽车测试的必然趋势。本节将并行测试手段与基于优化搜索的危险场景强化生成框架相融合,考虑到多节点协同测试特性,提出分区测试的概念,建立包含顶层调度、中层管理、底层执行三层架构并行优化搜索架构,在试验过程中,顶层调度、中层管理对底层执行单元进行管理,从而强化生成危险具体场景,同时多个底层执行单元同步测试,从而充分利用多个计算单元的并行优势,在加速测试的过程中进一步缩短测试耗时。

6.3.1 并行强化生成算法

本节建立的顶层调度、中层管理、底层执行的智能汽车并行加速测试架构如图6-26所示。在试验过程中,将逻辑场景参数空间按照一定的规律进行分区,将逻辑参数空间的大区域划分为若干个仅包含参数空间不同部分内容的小区域;分配不同计算单元角色,包括顶层调度、中层管理、底层执行,整个大区域仅包含一个顶层调度单元,每个小区域有其各自的中层管理单元,其余均为底层执行单元;将底层执行单元平均分配到不同的中层管理单元下辖的小区域中进行参数试验;顶层调度单元协调底层执行层中的不同底层执行单元在不同小区域间进行流动,将输出较少的小区域中的易流失单元转移到输出较高的区域;中层管理单元计算下辖小区域内的底层执行单元执行试验的具体参数,并标记下辖小区域内的易流失单元;底层执行层由多个并行的计算单元构成,它们可各自独立地接收中层管理层发送来的试验参数进行试验。

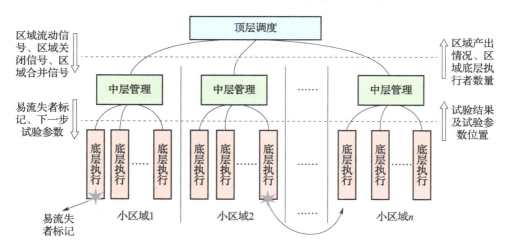

图6-26 顶层调度、中层管理、底层执行的智能汽车并行加速测试架构

架构中涉及的名词定义如下:

1) 顶层调度单元:负责大区域层面底层执行单元流动的计算单元,数量为1,同时负责小区域关闭及小区域合并。

2) 中层管理单元：负责下辖小区域层级的底层执行单元移动的计算单元，其数量与活跃小区域数量相同，同时其负责标记小区域内的易流失单元。

3) 底层执行单元：接收中层管理单元发送的试验参数进行仿真试验的计算单元。

4) 易流失单元：输出较少，可能离开当前小区域被顶层调度单元调配至其他小区域的底层执行单元。

5) 大区域：逻辑场景参数空间离散生成的所有具体场景参数集合空间。

6) 小区域：将大区域平均划分，得到的部分具体场景参数集合空间。

7) 输出：根据试验目的所定义的测试结果参数大小，例如，测试舒适性时的横/纵向加速度、测试安全性时的碰撞时间、最大制动减速度等。

1. 顶层调度单元

顶层调度单元工作示意如图 6-27 所示。在一轮测试迭代过程中：顶层调度单元首先根据每个小区域中层管理单元发送的区域输出结果确定该区域的流入、流出情况，如图 6-27 中的两种阴影线方框所示；随后顶层调度单元会依次计算每个流出小区域内的每个易流失单元是否流出，将确定流出的易流失单元进行标记；之后顶层调度单元依次计算流出的易流失单元流入的小区域标号，

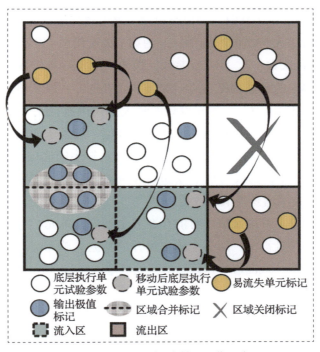

图 6-27 顶层调度单元工作示意

如图 6-27 中的箭头所示；对于没有探索价值的小区域，顶层调度单元还需要将其关闭避免底层执行单元流入，如图 6-27 中的叉号所示。在试验结束后，顶层调度单元还将邻近的危险位置所在的区域进行合并，从而形成完整的危险区域分布，如图 6-27 中的虚线所示。

对顶层调度单元工作过程中的区域关闭及区域合并通过条件判断的方式进行确定，此处对底层执行单元调度进行详细说明。

区域间的底层执行单元流动分为流入和流出两部分。在每回合迭代结束之后，对于小区域平均产出低于总体平均产出且不存在活跃危险场景的小区域，顶层调度单元会调度该小区域内的易流失单元以一定的概率离开当前区域，并前往其他流入区域。本书确定的流失小区域内的易流失单元离开当前区域的概率 p_i 见式（6-15），当前区域输出越少、底层执行单元数量越多、迭代次数越大，则该易流失单元越容易离开。

$$p_{\text{bp}\_i} = \begin{cases} \min\left(\dfrac{\overline{g}_j - g_{ij}}{\overline{g}_j}\exp\left(\dfrac{T_{\text{bp}} j}{K_{\text{bp}}} - 1\right)\dfrac{n_{\text{bp}\_ij}}{n_{\text{bp}}},\ 1\right), & \overline{g}_j - g_{ij} > 0 \text{ 且 } n_{\text{bp}\_ij\max} = 0 \\ 0, & \text{其他} \end{cases}$$

$$(6-15)$$

式中，p_{bp_i} 为第 i 个小区域中 "易流失单元" 离开该区域的概率；$\overline{g}_j$ 为第 j 次迭代所有底层执行单元产出的平均值；g_{ij} 为第 j 次迭代第 i 个小区域中的平均产出；j 为当前迭代次数；T_{bp} 为调节参数，代表顶层执行者的权威程度，该值越大，顶层调度单元的权威程度越大，次级管理者越容易服从顶层调度单元的调配，该值一般大于 10；K_{bp} 为预先设计的最大迭代次数；n_{bp} 为顶层调度单元期望分配给每个小区域的底层执行单元数量，该值一般大于初始分配的底层执行数量，代表顶层调度单元期望每个小区域都有足够多的底层执行单元；n_{bp_ij} 为第 i 个小区域在第 j 轮迭代时的底层执行单元数量；$n_{\text{bp}\_ij\max}$ 为第 i 个小区域在第 j 轮迭代时剩余的活跃极值点数量。

需要注意的是，一个区域内可能存在多个易流失单元，它们在一次迭代中的离开概率是顺序计算的，即每个确定离开的易流失单元都会改变当前小区域内的底层执行数量，从而影响该区域的流失概率。

当一个小区域内的所有底层执行都流失后，顶层执行会将该区域定义为无价值区，将该区域关闭。

产出较多或有新危险场景产生的区域为流入区域，流入区域的流入概率与该小区域的底层执行数量、新产出的危险场景数量和产出有关，流入概率见式（6-16）。

$$o_{bp\_i} = \begin{cases} \dfrac{a_{bp\_j}}{n_{bp\_in}-1}\left(1-\dfrac{n_{bp\_ij}}{n_{bp\_j}^*}\right) + b_{bp\_j}\dfrac{g_{ij}n_{bp\_ij}}{g_j^*} + c_{bp\_j}\dfrac{l_{bp\_ij}}{l_{bp\_j}^*}, & 0, \ \overline{g}_j - g_{ij} > 0 \text{ 且 } l_{bp\_ij} = 0 \\ & \text{其他} \end{cases}$$

(6-16)

$$a_{bp\_j} = (a_{ini} - a_{end})(K_{bp} - j)/K_{bp} + a_{end} \quad (6-17)$$

$$b_{bp\_j} = (b_{ini} - b_{end})(K_{bp} - j)/K_{bp} + b_{end} \quad (6-18)$$

$$c_{bp\_j} = 1 - a_{bp\_j} - b_{bp\_j} \quad (6-19)$$

式中，n_{bp_in} 为符合输入条件的小区域个数；$n_{bp\_j}^*$ 为符合条件的 n_{bp_in} 个小区域在第 j 回合的底层执行单元的总个数；g_j^* 为符合条件的 n_{bp_in} 个小区域在第 j 回合的总产出；$l_{bp\_j}^*$ 为符合条件的 n_{in} 个小区域在第 j 回合产生的最大极值的总数量；a_{bp_j}、b_{bp_j}、c_{bp_j} 为调节参数，用来调节三个子项的权重，它们的和为 1，随着迭代的进行，新产生极值点数量的影响权重 c_{bp_j} 越来越大；a_{ini}、b_{ini}、a_{end}、b_{end} 分别为 a_{bp_j}、b_{bp_j} 的初始和终止系数大小。

同样需要注意的是，每个新易流失单元的流入都会改变区域的底层执行数量，从而需要重新计算流入不同区域的概率。

顶层调度还负责跳出迭代。为了保证当没有危险场景生成时及时停止迭代以节省计算效率，本方法设定的迭代停止条件为不存在活跃极值点，且一定迭代次数内没有产生新的极值点。

2. 中层管理单元

中层管理单元的任务是保证区域内部的底层执行单元前往较为危险的参数位置，从而确保小区域内危险具体场景强化生成，工作示意如图 6-28 所示。为了扩大前期探索自由度，本书引入了汇聚区域的概念，汇聚区域是指小区域内输出超过阈值的参数点位置（极值点）可以影响的周围其他参数的范围，如图 6-28 中的蓝色椭圆区域所示。中层管理单元的管理原则如下：汇聚区域内的底层执行单元会根据极值点的位置和自身最大输出位置进行移动，而汇聚区域外的底层执行单元仅会根据自身的最大输出位置进行移动，如图 6-28 中的棕色箭头和蓝色箭头所示。同时，中层管理单元会记录区域内的易流失单元，如图 6-28 中的亮蓝色圆圈所示。

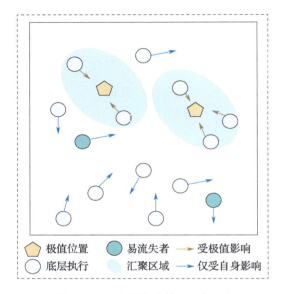

图6-28 中层管理单元工作示意

对中层管理单元工作过程中的易流失单元标记通过条件判断的方式进行确定,此处对底层执行单元调度进行详细说明。

为了满足区域内参数并行的需求,本书参考粒子群优化算法计算小区域内底层执行单元的下一次试验参数。同时,为了保证试验前期有较强的随机搜索能力,本书引入了汇聚区域的概念。满足式(6-20)的 s_{bp} 点即表示其位于汇聚区域内,所有符合条件的 s_{bp} 点即构成了汇聚区域空间。汇聚区域代表区域内极值(危险场景)影响的区域,其随着迭代次数不断扩大。

$$\sum_{u=1}^{k_{bp}} \frac{s_{bp\_u}^2}{r_{bp\_u}^2} < 1 \qquad (6-20)$$

$$\boldsymbol{r}_{bp\_j+1} = (2 - T_{bp})\boldsymbol{r}_{bp\_j} \qquad (6-21)$$

$$\boldsymbol{r}_{bp\_1} = \frac{\boldsymbol{y}_{bp} - \boldsymbol{e}_{bp}}{M_{bp}} \qquad (6-22)$$

式中,s_{bp_u} 为参数点 s_{bp} 距离最近的活跃极值点在第 u 维度的距离,u 为参数空间的不同维度;k_{bp} 为参数空间所有的维度;r_{bp_u} 为在第 u 维度的汇聚区域轴长;$\boldsymbol{r}_{bp\_j}$ 为第 j 轮迭代的汇聚区域轴长;$\boldsymbol{r}_{bp\_1}$ 为初始的汇聚区域轴长;$\boldsymbol{y}_{bp}$ 为参数空间不同维度的参数最大值;$\boldsymbol{e}_{bp}$ 为参数空间不同维度的参数最小值;M_{bp} 为所有底层执行的数量。

底层执行单元下一回合移动的速度为

$$v_{bp\_i,j+1} = \begin{cases} v^*_{bp\_i,j+1}, & \sum_{u=1}^{k} \dfrac{d_{bp\_ij}^2}{r_{bp\_u}^2} < 1 \\ v^{**}_{bp\_i,j+1}, & 其他 \end{cases} \quad (6-23)$$

$$v^*_{bp\_i,j+1} = \phi[\omega_{bp\_j} v_{bp\_ij} + \varphi_1(d_{bp\_ij} - x_{bp\_ij}) + \varphi_2(h_{bp\_ij} - x_{bp\_ij}) - \varphi_3(z_{bp\_ij} - x_{bp\_ij})] \quad (6-24)$$

$$v^{**}_{bp\_i,j+1} = \phi_{bp}[\omega_{bp\_j} v_{bp\_ij} + \varphi_2(h_{bp\_ij} - x_{bp\_ij}) - \varphi_4(c_{bp\_ij} - x_{bp\_ij})] \quad (6-25)$$

$$\omega_{bp\_j} = (\omega_{ini} - \omega_{end})(K_{bp} - j)/K_{bp} + \omega_{end} \quad (6-26)$$

$$v_{bp\_i0} = \mathrm{rand}(0, \max v_{bp\_i}) \quad (6-27)$$

式中，$v_{bp\_i,j+1}$ 为第 $j+1$ 轮迭代中底层执行单元的移动速度；$v^*_{bp\_i,j+1}$ 为该点位于汇聚区域之内的移动速度；$v^{**}_{bp\_i,j+1}$ 为该点位于汇聚区域之外的移动速度；ϕ_{bp} 为压缩系数；φ_1、φ_2、φ_3、φ_4 为学习系数；d_{bp_ij} 为距离当前最近的危险点位置；h_{bp_ij} 为测试轨迹上的最大产出位置；z_{bp_ij} 为汇聚区域内的最小产出位置；c_{bp_ij} 为测试轨迹上的最小产出位置；ω_{ini} 为初始权重系数；ω_{end} 为终止权重系数；v_{bp_i0} 为初始移动速度。

下一次参数的位置为

$$x_{bp\_i,j+1} = x_{bp\_i,j} + v_{bp\_i,j+1} \quad (6-28)$$

式中，$x_{bp\_i,j+1}$ 为第 $j+1$ 轮迭代中底层执行单元的移动位置。

由于参数空间一般经过离散处理，计算得到的点可能不会正好落在离散得到的参数位置，此时在未试验的参数点中找到距离计算得到结果最近的参数作为下一次试验参数。

对于极值位置处的底层执行单元，中层管理单元会在未试验过的参数点中寻找距离其当前位置最近的参数点作为其下一步试验参数。本书规定当这一最近距离大于最初离散步长欧氏距离 2 倍时，中层管理单元将其剔除出活跃极值集合。

对于新流入的底层执行单元，中层管理单元会随机选择一个活跃极值，并将其最近的未试验过的位置作为下一次试验参数。

中层管理单元还负责标记区域内的易流失单元。区域中第 i 个底层执行单元成为易流失单元的概率 f_{bp_i} 如下：

$$f_{bp\_i} = \begin{cases} \min\left[\max\left(A_{bp} \dfrac{\overline{g}_i' - g_i'}{\overline{g}_i'} + B_{bp} \dfrac{\hat{g}_i' - g_i'}{\hat{g}_i'}, 0\right) + w_{bp\_ij}, 1\right], & l_{bp\_i} = 0 \\ 0, & 其他 \end{cases}$$

$$(6-29)$$

式中，A_{bp}、B_{bp} 为调节参数，其和为 1；$\bar{g_i}'$ 为第 i 个底层执行单元在该小区域内 5 轮迭代次数内的平均产出；$\hat{g_i}'$ 为该区域内 5 轮迭代次数内底层执行单元的平均产出；l_{bp_i} 为极值标记，若该点在第 j 回合为最大极值，则该值为 0；w_{bp_ij} 为小区域内第 i 个底层执行单元在第 j 轮迭代时的拥挤系数，若其在上一回合的计算得到的点与未试验最近点的距离大于最初离散步长欧氏距离的 2 倍，即计算点周围的离散参数点全部被试验，则该点处的 w_{bp} 为 1，否则 w_{bp} 为 0。

为了防止易流失单元在不同区域间发生频繁流动，规定一个底层执行单元在当前区域迭代次数少于 5 时不会被标记为易流失单元。

3. 底层执行模型

底层执行层是在试验过程中负责执行具体仿真试验的多个计算单元构成的集合。为了保证仿真测试的精度，本书选择 MATLAB、PreScan、CarSim 联合仿真作为底层执行单元，MATLAB 作为顶层调度单元和中层管理单元的算法承载平台，如图 6-29 所示。MATLAB 在承载算法的同时，其中的 UDP 模块负责顶层管理层、中层管理层与底层执行层之间的数据通信；PreScan 的场景模块负责搭建仿真场景，CLI 模块负责仿真测试的自动化进行；CarSim 负责提供高精度车辆动力学模型。

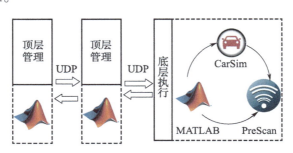

图 6-29　底层执行层软件及通信情况

6.3.2　基于 Ackley 函数的并行搜索方法验证

本书选择 Ackley 函数对所提出的并行加速测试方法性能进行初步验证。Ackley 函数是指数函数叠加适度放大的余弦而得到的连续型试验函数，其特征是一个几乎平坦的区域由余弦波调制形成一个个孔或峰，从而使曲面起伏不平。由于该函数存在多个突起的峰值，其常被用于测试优化算法的搜索性能。计算方法见式（6-30），相对应的原始函数图像如图 6-30 所示。

$$f(x) = \sum_{i=1}^{n_{\text{ack}}-1} \left[3\cos(2x_i) + \sin(2x_{i+1}) + \exp(-0.2)\sqrt{x_i^2 + x_{i+1}^2} \right] \quad (6-30)$$

从图 6-30 可以看出，Ackley 函数中有许多峰值区域（红色部分），为了更好地反映并行加速测试方法在区域间的流动，本书对 Ackley 函数的一些区域进行了人工增减，有效地减小了峰区的范围，从而更好地验证了本书提出的分区测试方法。经过分区修改后的 Ackley 图像如图 6-31 所示。

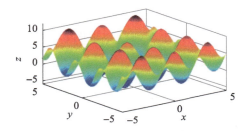
图 6-30 Ackley 原始函数图像

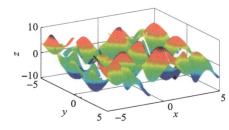
图 6-31 经过分区修改的 Ackley 图像

由于在自动车辆试验过程中不存在极值的概念，满足某些条件时即可认为驾驶情况存在危险。因此在本书的初步验证过程中，将 Ackley 函数中大于 7 的部分视为有害情况，修改后 Ackley 函数危险位置区域如图 6-32 所示。从图 6-32 中可以看出，红色危险部分数量较多且其整体分布较为分散，可以测试算法摆脱局部最优的能力及充分搜索危险区域的能力。

在实际测试过程中，本书将人工调整后的 Ackley 函数中搜索空间划分为 25 个小区域，在横向及纵向的区域边长分别为 1。选择 250 个底层执行单元，最初分配给每个小区域的底层执行单元数量为 10，最大迭代次数 K 设置为 100，顶层执行调节参数 T 设置为 15。图 6-33 所示显示了使用本书提出的方法获得的

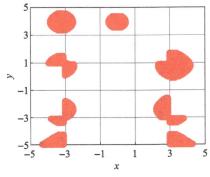
图 6-32 修改后 Ackley 函数危险位置区域

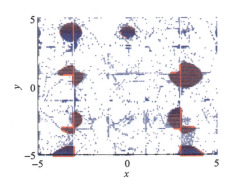
图 6-33 危险位置搜索结果

最终搜索结果。在经过 51 次迭代后，算法找到了所有危险参数位置并跳出迭代。从该结果可以看出，将参数空间进行分区搜索，可以很好地解决参数空间中危险区域分散的难题，并且搜索过程较为高效，仅通过较少的迭代次数就发现了完整的危险参数区域，从而极大程度缩短测试时长。

为进一步观察搜索过程中底层执行单元的运算流程，本书选择第 10、20、30 和 40 次迭代的特定搜索状态进行进一步观察，相应的状态结果如图 6-34 所示。图 6-34 中的蓝色点表示已测试的参数，红色点表示当前迭代期间探索的参数位置，数字表示相应小区域中包含的底层执行单元数量。从图 6-34 可以看出，在算法执行的早期阶段，底层执行单元的随机搜索能力占据主导地位。在图 6-34a 中，尽管某些区域注定不会产生较多的测试价值，但每个区域仍保留一定数量的底层执行单元。在每个小区域内，底层执行单元的分布也是随机的，虽然一些底层执行单元已经搜索到了危险参数位置，但由于此时危险参数的影响区域较小，大部分底层执行单元仍处于自由运动的阶段。随着试验的进行，底层执行单元的流动变得愈发明显。图 6-34b~d 中，低价值测试区域的底层执行单元数量迅速减少，它们迅速流入具有高价值的区域。在第 30 次迭代

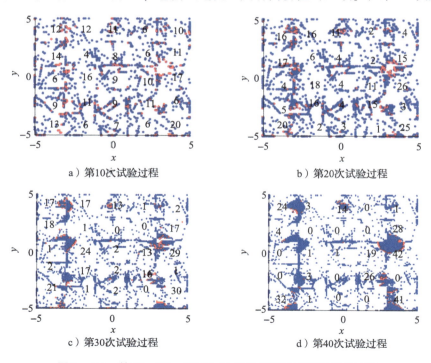

图 6-34 第 10、20、30 和 40 次迭代的特定搜索状态结果

中，某些区域内的底层执行数量已经降低为 0，其已被顶层管理层关闭。输出较多的小区域中的底层执行单元数量最多达到 30 个，这是最初分配给每个小区域的底层执行单元数量的 3 倍。在不同的小区域内，底层执行单元也倾向于探索危险区域。在第 40 次迭代左右，几乎所有底层执行单元都已进入具有高探索价值的区域，此时所有危险区域均已被发现。

上述结果表明，本书提出的分区并行加速测试方法在存在多危险区域的参数空间中具有较好的搜索效果。在没有测试价值的区域，算法可以及时调整底层执行单元的个数，同时区域之间和区域内的底层执行单元流动表现良好，从而最终完成对危险区域的有效搜索。

6.3.3　并行强化生成测试结果

使用并行强化生成方法对被测算法在前车制动场景、前车左侧切入场景、前车右侧切入场景的性能进行测试。

1. 测试平台搭建

并行虚拟仿真测试的软件部分与串行虚拟仿真测试所用软件相同，均为 MATLAB、PresSan、CarSim，其与串行测试主要差异体现在硬件部分与多计算单元之间的连接。试验共使用 26 个计算节点，其中 1 台计算机作为顶层调度单元和中层管理单元的试验参数生成，由人工进行参数设置等操作，剩余 25 个节点作为底层执行单元自动执行具体测试，由于硬件成本限制，并行测试所用硬件与串行测试不同，其每个节点所使用的硬件见表 6 – 11。

表 6 – 11　并行测试硬件

硬件名称	CPU	GPU	内存
型号	i5 6500	GTX 1060	16GB

并行虚拟仿真测试不同节点间的数据交互如图 6 – 35 所示。

2. 测试场景描述

本书试验中关于前车制动场景描述如下：在同向三车道上，两车在同一车道前后行驶，在某一时刻，前车（红色车辆）产生制动操作，观察此时本车（被测试车辆、蓝色车辆）的行为。前车制动场景的初始状态如图 6 – 36 所示，本场景试验过程选择前车制动时的前后车距离、本车速度与前车速度作为场景要素示例。

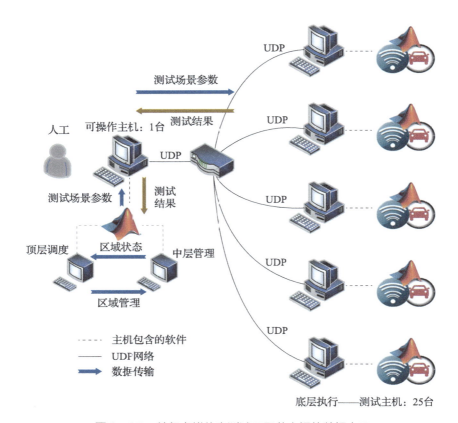

图6-35　并行虚拟仿真测试不同节点间的数据交互

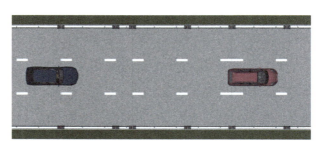

图6-36　前车制动场景的初始状态

以95%置信区间为标准，考虑到仿真平台精度，对于前车制动时的前后车距离（单位为m）、本车速度与前车速度（单位为m/s）3类场景要素，其参数空间分别设定为[10, 110]、[15, 48]、[15, 48]。考虑测试场景数量，本书针对制动时前后车距离选择的离散步长为10m，针对制动时的前后车速度选择的离散步长为3m/s。基于上述逻辑场景参数空间及离散步长的定义，可得到前车制动场景待测具体场景集合,共包括 1584 个具体场景。

本书定义的前车左侧切入场景描述如下:在同向三车道上,本车(被测试车辆、蓝色车辆)左前方存在一同向行驶车辆,在某一时刻,左前车(红色车辆)因某些原因突然切入至本车所在车道前方位置,观察此时本车的行为。前车左侧切入场景的初始状态如图 6 – 37 所示,选择左前车切入后的前后车距离、本车速度与前车速度作为场景要素示例。参照前车制动场景的参数空间定义方法,前车左侧切入场景的 3 类参数的参数空间分别设定为 [5,55](单位为 m)、[14、38](单位为 m/s)、[20,44](单位为 m/s),选择的切入后的前后车距离离散步长为 5m,切入后的前后车速度离散步长为 3m/s。基于上述逻辑场景参数空间及离散步长的定义,可得到前车左侧切入场景待测具体场景集合,共计 891 个具体场景。

本书定义的前车右侧切入场景与前车左侧切入场景的场景描述基本相同,唯一不同在于比场景中前车为从右侧切入本车前方,其场景初始状态如图 6 – 38 所示,选择右前车切入后的前后车距离、本车速度与前车速度作为场景要素示例。相比前车左侧切入场景而言,自然状态下的右侧切入场景切入后的前车与本车的速度差更小,更容易发生危险。前车右侧切入场景的 3 类参数的参数空间分别设定为 [5,65](单位为 m)、[14、44](单位为 m/s)、[12、42](单位为 m/s),选择的切入后的前后车距离离散步长为 5m,切入后的前后车速度离散步长为 3m/s。基于上述逻辑场景参数空间及离散步长的定义,可得到前车右侧切入场景待测具体场景集合,共计 1573 个具体场景。

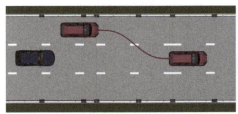 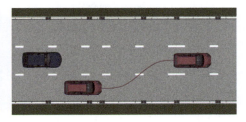

图 6 -37　前车左侧切入场景的初始状态　　图 6 -38　前车右侧切入场景的初始状态

3. 测试结果统计分析

本书选择 2 种测试方法对 2 种黑盒自动驾驶算法在上述 3 种场景中进行测试。2 种测试方法分别为遍历测试方法、并行加速测试方法。被测算法 A 为 PreScan 中自带的行驶安全算法,其算法模块完全黑盒;被测算法 B 为基于强化学习的自动驾驶算法,可实现纵侧向同步控制。

以 TTC^{-1} 作为搜索目标，遍历测试方法、并行加速测试方法均发现了 2 种算法在 3 种逻辑场景参数空间中的所有危险测试用例。A、B 2 种被测算法在 3 个逻辑场景中的危险具体场景位置如图 6-39 所示，图中黄色圆圈代表 A 算法危险具体场景，红色圆圈代表 B 算法危险具体场景。

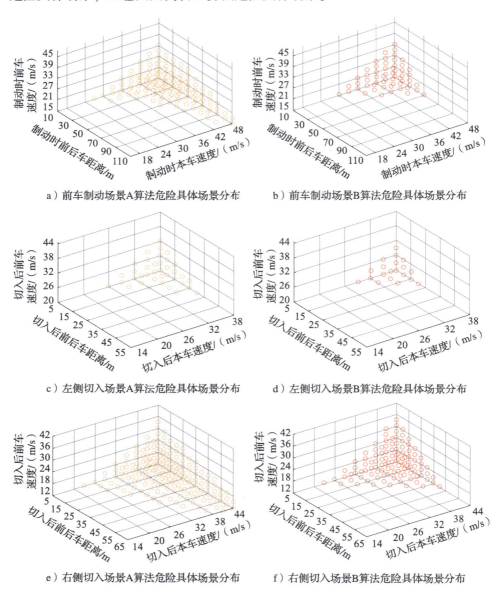

图 6-39　2 种被测算法在 3 个逻辑场景中的危险具体场景位置

为了进一步分析加速测试方法试验过程变化,对 A、B 2 种算法测试过程的 TTC^{-1} 变化进行整理,其结果如图 6-40 所示。并行加速测试方法每轮迭代 25 个底层执行单元的试验数量,因此同一轮次中危险场景测试结果位置存在重叠,图中仅使用单个红色 * 号进行表示。

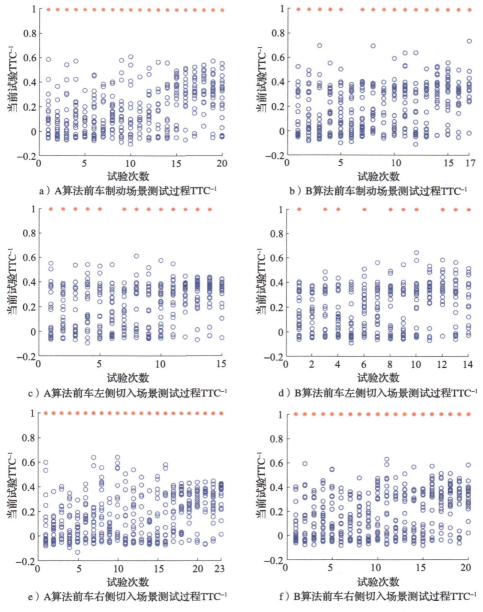

图 6-40 2 种被测算法在 3 个逻辑场景中的并行加速过程 TTC^{-1} 信息

A、B 2 种被测算法使用的测试过程统计信息（测试次数/测试时长）见表 6–12 和表 6–13。表中数据可以看出，并行加速测试方法相比传统的遍历测试在发现所有危险具体场景参数的前提下可有效减少测试次数，从而降低测试成本。根据表 6–12 和表 6–13 的相关信息进行计算，并行加速测试方法大约可减少 97.7% 的测试耗时。

表 6–12　A 算法测试过程统计信息

场景	危险具体场景数目	遍历测试总次数	并行加速测试方法轮次（时长）
前车制动场景	155	1584	20 轮（0.72h）
前车左侧切入场景	38	891	15 轮（0.58h）
前车右侧切入场景	190	1573	23 轮（0.89h）

表 6–13　B 算法测试过程统计信息

场景	危险具体场景数目	遍历测试总次数	并行加速测试方法轮次（时长）
前车制动场景	58	1584	17 轮（0.66h）
前车左侧切入场景	20	891	14 轮（0.54h）
前车右侧切入场景	108	1573	20 轮（0.74h）

在表 6–12 和表 6–13 的数据中，并行测试方法耗时并没有完全与串行方法形成底层执行数量间的倍数关系，这主要由两方面原因导致：当前并行测试主机配置相比单线程测试较低；并行测试方法不同主机间的通信延迟以及单轮测试过程中不同测试单元间的互相等待。

对于第二点原因来说，当发生碰撞时，串行试验可直接结束当前轮次的试验；而并行试验即使某一主机因碰撞结束了其所需测试的场景，但其仍需等待中层管理单元根据所有底层执行单元测试结果下达下一步测试指令，即当轮测试需等待所有底层执行单元均完成其试验，这在一定程度上降低了并行加速测试方法的测试效率。不过根据测试结果不难看出，虽然并行测试使用的主机配置较弱，但并行加速测试方法仍可充分利用多计算单元并行优势，相比串行加速测试方法可进一步加速自动驾驶仿真测试流程。

第 7 章 智能汽车逻辑场景层级评价

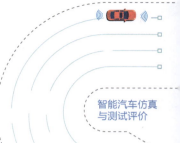

智能汽车仿真与测试评价

评价方法应与测试过程紧密结合，在基于场景的智能汽车测试体系中，具体场景虽用于实际测试，但因采样过程的差异，不同试验过程无法匹配完全一致的具体场景，逻辑场景是目前场景库中存储的主要层级；除此之外，以具体场景为主的评价方法难以量化智能汽车在同类场景中的综合表现，因此，智能汽车的评价应面向逻辑场景层级进行研究。由于智能汽车行驶过程中将面临多种场景类型，智能汽车的评价方法还应能综合表现其在不同场景中的综合评价，考虑到智能汽车测试还应对其不同维度进行评价，本章建立智能汽车多场景、多维度的性能评价方法。安全性是车辆落地的基础，本章首先建立基于危险具体场景参数聚类特征、自然驾驶数据、碰撞损失的智能汽车逻辑场景层级安全性评价方法；随后提出逻辑场景分区评价理论，增加拟人性指标并完成智能汽车逻辑场景层级多维度评价；最后提出一种基于逻辑场景自身特征及仿真过程属性的场景权重分析方法，将多个逻辑场景中的评价结果联立，获取智能汽车多场景性能综合评价。

7.1 逻辑场景层级安全性评价

智能汽车逻辑场景层级的安全性可从不同角度进行分析，本节从危险具体场景参数聚类特征、自然驾驶数据及碰撞损失不同视角出发，建立不同角度下的智能汽车安全性评价方法。

7.1.1 基于危险具体场景参数聚类特征的安全性评价

当无须考虑人类驾驶过程的参数概率时（例如在封闭区域内行驶），此时可根据被测自动驾驶系统在逻辑场景参数空间内的危险具体场景参数分布对其安全性进行判断。由此，本书提出了一种基于危险具体场景参数聚类特征的智能汽车安全性评价方法。该方法将被测自动驾驶系统在逻辑场景参数空间中危险具体场景参数进行聚类，通过提取聚类结果，表征被测自动驾驶系统在对应逻辑场景中的安全性。整个过程分为危险具体场景参数预处理、安全性评价指标构建两部分，前者聚类危险具体场景参数并得到聚类特征，后者基于聚类特征建立安全性评价指标体系。

1. 参数预处理

在得到被测系统在逻辑场景中的危险具体场景参数后，需对其进行参数的预处理过程，该过程包含对称化及标准化两部分。

由于给定逻辑场景参数空间边界的限制，危险具体场景参数集可能不是一个完整的高斯分布范围。因此需要将危险参数集在给定参数空间的危险边界按照不同的参数维度坐标轴进行对称化处理。这样既可以将危险参数集构建成一个完整的高斯分布，还可以保证后续标准化处理后的数据均值落在最危险参数点位置。参数对称化处理流程见式（7-1）。

$$x'_{ij} = 2x_i^* - x_{ij\_o} \quad (7-1)$$

式中，x'_{ij} 为对称处理后第 i 类要素在 j 点处的对称值；x_{ij_o} 为原始数据中第 i 类要素在 j 点处的值；x_i^* 为第 i 类要素的危险边界（参数边界的上界或下界，以前车制动场景为例，前车制动时本车速度的最大值即该类要素的危险边界）。

由于逻辑场景参数类型不同，参数数值范围差异较大，因此需要对参数进行标准化处理。由于数据用于后续基于高斯模型的聚类过程，因此本书采用 Z-score 标准化方法对危险参数进行标准化处理，见式（7-2）。

$$x_i = \frac{x'_i - x'_{i\_mean}}{x_{i\_std}}, \quad i = 1, 2\cdots, d \quad (7-2)$$

式中，x_i 为标准化后危险参数集 X 的第 i 维危险参数列向量；x'_i 为对称处理后的危险参数列向量；x'_{i_mean} 为对称处理后危险参数的均值；x_{i_std} 为对称处理后危险参数的标准差；下标 i 为逻辑场景的第 i 个维度；d 为逻辑场景的变量维度总数。

由此，可得预处理之后的逻辑场景危险参数集 X，见式（7-3）。X 中的每一列向量 $x_i(i=1, 2, \cdots, d)$ 为每个危险测试用例所对应的参数向量。

$$X = [x_1, x_2, \cdots, x_d] \quad (7-3)$$

2. 参数聚类

参数聚类使用基于高斯混合模型的方式。

确定聚类中心数量,采用组内残差平方和的方式来进行计算。组内残差平方和 Y 是指所有聚类中每个类内的要素距离其聚类中心的误差平方总和,见式(7-4)。

$$Y = \sum_{1}^{m_{\text{eva}}} (x - x_c)^2 \tag{7-4}$$

式中,m_{eva} 为所有危险点的数量;x_c 为参数点 x 所在聚类的中心位置。

当组内残差平方和变化速度变慢时,即认为增大聚类数目也不能使聚类结果有效提高,该速度变化的拐点数即聚类中心数目。

当聚类中心数量为 1 时,可以直接对危险参数进行单高斯模型聚类。

当聚类中心数量大于 1 时,应用期望最大化(EM)算法对危险参数进行高斯混合模型聚类,即将危险参数分解为多个高斯概率密度函数组成的模型:

$$G(x|\boldsymbol{\theta}) = \sum_{k=1}^{K_{\text{eva}}} \alpha_k \phi(x|\boldsymbol{\theta}_k) \tag{7-5}$$

式中,$G(x|\boldsymbol{\theta})$ 为高斯混合模型概率密度函数,$\boldsymbol{\theta}$ 为高斯混合模型的参数,包括第 k 个单高斯模型的权重 α_k 和模型参数 $\boldsymbol{\theta}_k$,$\boldsymbol{\theta}_k$ 包括均值 $\boldsymbol{\mu}_k$ 和标准差 $\boldsymbol{\sigma}_k$;K_{eva} 为单个高斯模型的个数。

通过极大似然法可以对 $\boldsymbol{\theta}$ 进行估计:

$$\boldsymbol{\theta}^* = \arg\max L(\boldsymbol{\theta}) \tag{7-6}$$

$$L(\boldsymbol{\theta}) = \lg G(x|\boldsymbol{\theta}) = \sum_{j=1}^{m_{\text{eva}}} \left\{ \lg \left[\sum_{k=1}^{K_{\text{eva}}} \alpha_k \phi(x_j|\boldsymbol{\theta}_k) \right] \right\} \tag{7-7}$$

应用 EM 迭代算法对上式进行求解。EM 算法的 E-step 为计算 Q 函数,Q 函数代表给定第 p 轮迭代的参数 $\boldsymbol{\theta}^p$ 之后高斯混合模型 $G(x|\boldsymbol{\theta}^p)$ 与给定数据之间的相似程度。

$$Q(\boldsymbol{\theta}, \boldsymbol{\theta}^p) = \sum_{k=1}^{K_{\text{eva}}} \left\{ \sum_{j=1}^{m_{\text{eva}}} \left[\hat{\gamma}_{jk} \lg \alpha_k + \sum_{j=1}^{m_{\text{eva}}} (\hat{\gamma}_{jk}) \left[\lg\left(\frac{1}{\sqrt{2\pi}}\right) - \lg(\sigma_k) - \left(\frac{1}{2\sigma_k^2}\right)(x_j - \boldsymbol{\mu}_k)^2 \right] \right] \right\} \tag{7-8}$$

式中,$\hat{\gamma}_{jk}$ 为后概率事件,即表示第 j 个观测数据来自第 k 个高斯密度函数的概率:

$$\hat{\gamma}_{jk} = \frac{\alpha_k \phi(x|\boldsymbol{\theta}_k)}{\sum_{k=1}^{K_{\text{eva}}} \alpha_k \phi(x|\boldsymbol{\theta}_k)} \tag{7-9}$$

EM 算法中的 M-step 为最大化 Q 函数。当计算第 $(p+1)$ 步的参数 $\boldsymbol{\theta}^{p+1}$

时，只需要对第 p 步的 α_k、$\boldsymbol{\mu}_k$、$\boldsymbol{\sigma}_k$ 求偏导并使其等于 0，就可以使得 Q 函数极大化。

重复进行 EM 算法的 E-step 和 M-step，直至模型收敛，即可得到高斯混合模型 $G(\boldsymbol{x}|\boldsymbol{\theta})$。

通过上述单高斯模型或高斯混合模型，可以得到模型参数，即均值和标准差。利用这些聚类参数建立自动驾驶安全性评价指标。

同时，由于危险参数预处理时进行的对称处理会导致数据扩大，因此需要对这部分多余的聚类数据进行删除。坐标原点位置处数据分布在对称处理之后不会增加高斯分布的数量，而其他位置的分布在对称处理之后会导致高斯分布数量增加，因此在整个聚类完成之后需要删除该类分布，该类数据的特点为均值存在对称性，标准差等同。

坐标轴处的数据由于对称化处理而范围变大，从而扩大高斯分布范围，需要对其标准差进行修正，获得修正标准差。修正过程见式（7-10）。

$$\boldsymbol{\sigma}_{c\_k} = \frac{\boldsymbol{\sigma}_k}{\sqrt{d}} \qquad (7-10)$$

式中，$\boldsymbol{\sigma}_k$ 为修正前的标准差，$\boldsymbol{\sigma}_{c\_k}$ 为修正后的标准差。

3. 聚类评价指标

（1）危险域离散度　针对同一逻辑场景，被测自动驾驶系统产生的危险参数分布越分散，意味着算法的安全性越差，使用独立场景对其进行通过性测试时，发现危险场景的难度也越大。因此，定义危险参数的连续分布为危险域，提出危险域离散度指标对自动驾驶安全性进行评价。

显然，危险域离散度应包括两部分：一是不同危险域相对于逻辑场景中最危险边界点的距离；二是不同危险域之间的相对距离。

经过对称及标准化处理后的危险参数集，其最危险边界点即坐标原点，因此，不同聚类中心相对于坐标原点的欧氏距离 d_b 即不同危险域相对于最危险边界点的距离，见式（7-11）；其他不同危险域之间的相对距离可以用类间距离 d_s 表示，见式（7-12）。

$$d_{b\_k} = \begin{cases} 0, k=1 \\ |\boldsymbol{\mu}_k|, k=2,3,\cdots,K_{eva} \end{cases} \qquad (7-11)$$

$$d_{s\_k} = \begin{cases} 0, \ k=1 \\ |\boldsymbol{\mu}_k - \boldsymbol{\mu}_{mean}|, \ k=2,3,\cdots,K \end{cases} \qquad (7-12)$$

式中，$\boldsymbol{\mu}_k$ 为聚类中心的位置，即高斯分布的均值；$\boldsymbol{\mu}_{\text{mean}}$ 为除原点外的聚类中心的均值；下标 k 为不同的聚类。

第 k 个危险域的危险域离散度 d_{h_k} 为

$$d_{h\_k} = a d_{b\_k} + c d_{s\_k} \quad (7-13)$$

式中，a、c 为权重系数。

（2）危险域范围　针对同一多维度逻辑场景，被测自动驾驶系统产生的危险参数覆盖范围越大，也意味着算法的安全性越差，因此，提出危险域范围作为自动驾驶安全性另一个评价指标。

危险域范围 B_k 应该综合考虑危险参数的危险程度及其分布范围，可以采用高斯分布标准差表达，第 k 个危险域的危险域范围 B_k 为

$$B_k = \sum_{f=1}^{d} \omega_f \sigma_{kf}^2 \quad (7-14)$$

式中，ω 为不同维度危险参数的重要程度系数，可以采用层次分析法确定；σ_k 为高斯分布的标准差。

（3）场景危险率　为了综合评价被测自动驾驶算法在某一多维度逻辑场景下的安全性，将危险域离散度和危险域范围两个指标进行耦合，建立可量化的聚类评价指标——场景危险率。

场景危险率 R_d 见式（7-15）。

$$R_d = \exp\left[\frac{B_1}{B_{\min}} + \sum_{k=2}^{K}\left(\frac{B_k}{B_{\min}} d_{h\_k}\right) - 1\right] \quad (7-15)$$

式中，B_1 为坐标原点处的危险域范围；$B_{\min}$ 为基准算法危险域范围，即在给定场景下，通过预先设定的基准算法进行操作计算得到的危险域范围，值得注意的是，为保证数据的可比性，计算该值时，参数标准化过程应将理想危险参数映射到测试危险参数域进行标准化。

由式（7-15）可知，场景危险率值越小，则表示所测试的自动驾驶算法在给定的多维度逻辑场景下安全性越好，其下限值为 0.3679（完全无碰撞发生）。

为了便于直观展示，可将场景危险率转化为百分制打分。将基准算法的打分结果定为 85，全碰撞情况下的打分定为 0，全无碰撞情况下的打分定为 100。

对于测试结果优于基准算法的自动驾驶系统而言，其打分为

$$\text{sore} = 85 + \log_{0.9355} R_d \quad (7-16)$$

式中，0.9355 的取值依据为将下限值 0.3679 定为 100 分，从而将分差 15 分代入获得。

对于测试结果差于基准算法的自动驾驶系统而言，其打分为

$$\text{sore} = 85 - \log_{\text{base}}(R_\text{d}) + 1 \quad (7-17)$$

$$\text{base} = \sqrt[86]{R_\text{d\_collision} - 1} \quad (7-18)$$

式中，86 的取值依据为将全碰撞结果代入并定义为 0 分后计算得到。

7.1.2 基于自然驾驶数据的安全性评价

当道路交通参与者仍以人类驾驶的传统车辆为主时，智能汽车行驶过程中所遭遇的各种场景应充分考虑驾驶人的驾驶特性。由此，本小节提出了一种基于自然驾驶数据概率分布的自动驾驶安全性评价方法。虽然现有一些方法通过蒙特卡罗采样、重要性采样等方式也可以获取自然驾驶数据条件下安全性的无偏估计，但其测试过程需要经历长时间重复测试，本书提出的方法可与前面的加速测试方法相结合，对于同参数场景仅需要进行一次测试，且无须测试所有的参数情况。

基于自然驾驶数据的自动驾驶安全性指标为场景风险指数，见式（7-19），该指标可以对智能汽车在一类逻辑场景下的安全性进行量化评价，指标值越小，代表被测自动驾驶系统在该逻辑场景中越安全。考虑人类驾驶过程的事故情况及场景的平均长度，被测自动驾驶系统在逻辑场景中的场景风险指数的数量级应该在 10^{-5} 及以下。

$$R = \int_{\Omega} P V_{\text{collision}} \quad (7-19)$$

式中，R 为被测自动驾驶算法在某类逻辑场景中的场景风险指数；Ω 为逻辑场景参数空间；P 为该逻辑场景的参数概率分布，通过第 4 章中的相关方法获得；$V_{\text{collision}}$ 为被测自动驾驶系统在该类逻辑场景中的危险区域分布，可由下面描述的两种方法获得。

1. 仅考虑碰撞结果的危险区域分布

当仅考虑碰撞结果时，可基于 7.1.1 小节中获取的聚类结果进行分析。需要注意的是，式（7-10）对标准差进行了修正，但是这种修正是为了避免逻辑场景参数空间存在多个分布时，坐标轴处的分布因对称造成空间扩大而对危险域范围的计算产生影响。而在基于自然驾驶数据的安全性计算时，由于仅对逻辑场景参数空间内的危险具体场景参数积分，因此对称处理操作不会影响参数空间内的分布，此时需要将式（7-10）中的标准差恢复，即使用 σ_k 代替修

正后的 σ_{c_k}。

由于标准化处理改变了参数坐标系，在进行后续计算时需要将拟合得到的高斯混合模型映射回原始坐标系维度，均值和标准差的映射过程见式（7-20）~式（7-21），映射之后的第 k 个高斯模型见式（7-22）。

$$\sigma'_{k\_i} = \sigma_{k\_i} x'_{i\_std} \tag{7-20}$$

$$\mu'_{k\_i} = u_{k\_i} x'_{i\_std} + x'_{i\_mean} \tag{7-21}$$

$$G'_k(\cdot) \sim N(\boldsymbol{\mu}'_k, \boldsymbol{\sigma}'_k) \tag{7-22}$$

式中，σ'_{k_i} 为映射到原始坐标系中第 k 个拟合高斯模型第 i 维的标准差；σ_{k_i} 为修正后标准化坐标系中第 k 个拟合高斯模型第 i 维的标准差；μ'_{k_i} 为映射到原始坐标系中第 k 个拟合高斯模型第 i 维的均值；u_{k_i} 为标准化坐标系中第 k 个拟合高斯模型第 i 维的均值；x'_{i_std} 为前期标准化处理过程中的第 i 类要素的标准差；$G_k'(\cdot)$ 为映射到原始坐标系的第 k 个拟合高斯模型。

对逻辑场景参数空间中的危险测试用例参数进行高斯拟合之后，即可根据参数点所处的位置确定其风险等级，本书将位于任意一个拟合得到的高斯模型的 $\boldsymbol{\mu} \pm 3\boldsymbol{\sigma}$ 范围内的参数点风险值定为 1，危险区域分布 $V_{\text{collision}}$ 的表示见式（7-23）。

$$V_{\text{codision}} = \begin{cases} 1, & \exists\, G'_k(x_1, x_2, \cdots, x_d) > G'_k(\mu'_{k\_1} + 3\sigma'_{k\_1}, \mu'_{k\_2} + \\ & 3\sigma'_{k\_2}, \cdots, \mu'_{k\_d} + 3\sigma'_{k\_d}),\ k=1, 2, \cdots, m_{\text{eva}} \\ 0, & \text{其他} \end{cases} \tag{7-23}$$

式中，$G_k'(x_1, x_2, \cdots, x_d)$ 为参数点 $[x_1, x_2, \cdots, x_d]$ 在第 k 个高斯概率分布中的概率，d 为逻辑场景参数维度。对于参数空间内任意参数点 $[x_1, x_2, \cdots, x_d] \in \Omega$，若其位于任意一个拟合得到高斯模型的 $\boldsymbol{\mu} \pm 3\boldsymbol{\sigma}$ 范围内，则该参数点处的风险值为 1。

2. 考虑碰撞替代性指标的危险区域分布

某些情况下，逻辑场景参数空间可能设置较为宽松，被测自动驾驶系统在其中可能不会发生碰撞危险，此时可参考安全性替代评估模型（Surrogate Safety Assessment Model，SSAM）建立碰撞风险替代指数。本书选择 TTC 作为碰撞风险替代指数，引入势场法中场的概念，将具体场景参数位置处的测试结果扩散至周围区域。在场的扩散过程中，需考虑到不同场景要素的信息权重。前面对于不同场景要素的系数使用了层次分析的主观判断方法，实际上当存在试验结果数据时，还可使用熵权法这一客观分析方法对不同场景要素的权重进行计算，本书此处使用熵权法来确定具体场景参数点在每个维度中的扩散距离系数，以期对比不同方法在确定同类场景要素权重系数过程中的差异。

将行驶过程中最小 TTC 小于 2s 或发生碰撞的具体场景参数进行提取，将各个场景要素的取值使用 min – max 方法进行标准化处理，见式（7 – 24）。

$$x'_{ij\_o} = \frac{x_{ij\_o} - x_{ij\_o\_min}}{x_{ij\_o\_max} - x_{ij\_o\_min}} \quad (7-24)$$

式中，x'_{ij_o} 为 min – max 标准化之后的要素参数；x_{ij_o} 是标准化之前的要素参数；$x_{ij\_o\_max}$ 是标准化之前要素参数的最大值；$x_{ij\_o\_min}$ 是标准化之前要素参数的最小值；

计算不同场景要素的信息熵，信息熵越小，表明该指标的变异程度越大，提供的信息量越多，权重也越大，见式（7 – 25）。

$$h_i = -\frac{1}{\ln m} \sum_{j=1}^{m} p_{ij} \ln p_{ij} \quad (7-25)$$

$$p_{ij} = \frac{x'_{ij\_o}}{\sum_{j=1}^{m} x'_{ij\_o}} \quad (7-26)$$

式中，h_i 为第 i 维场景要素的信息熵；p_{ij} 是为第 j 个具体场景第 i 维要素取值的重要程度；m 为所有危险具体场景数量。

根据不同场景要素的权重信息熵，可计算不同场景要素的权重，见式（7 – 27）。

$$w_{e\_i} = \frac{1 - h_i}{\sum_{i=1}^{d} (1 - h_i)} \quad (7-27)$$

式中，w_{e_i} 为基于信息熵得到的第 i 维场景要素的权重；d 为场景要素的总数。

基于得到的场景要素权重，结合势场法中场的扩散得到距离函数 $d(\boldsymbol{x}, \boldsymbol{x}_{\text{danger}})$，用于评估不同参数点处的危险结果。

$$d(\boldsymbol{x}_o, \boldsymbol{x}_{\text{danger\_o}}) = \sqrt{\sum_{i=1}^{d} w_{e\_i} (\boldsymbol{x}_{\text{danger\_i\_o}} - \boldsymbol{x}_{i\_o})^2} \quad (7-28)$$

式中，$\boldsymbol{x}_{\text{danger\_i\_o}}$ 为危险具体场景第 i 维的大小；$\boldsymbol{x}_{i\_o}$ 为待评估具体场景第 i 维的大小。

基于得到的距离函数，可得到第 t 个危险具体场景参数在待评估具体场景处的危险扩散：

$$V_{\text{collision}\_t} = \begin{cases} \frac{1}{2}\eta \left(\frac{1}{d(\boldsymbol{x}_o, \boldsymbol{x}_{\text{danger\_o\_t}})} - \frac{1}{d^*} \right)^2, & d(\boldsymbol{x}_o, \boldsymbol{x}_{\text{danger\_o\_t}}) \leq d^* \\ 0, & d(\boldsymbol{x}_o, \boldsymbol{x}_{\text{danger\_o\_t}}) > d^* \end{cases} \quad (7-29)$$

式中，$V_{\text{collision}\_t}$ 为第 t 个危险具体场景在待评估位置处的危险扩散；η 为引力增益；d^* 为危险扩散距离阈值，大于此距离的场景危险点不会产生引力。

将引力增益 η 根据安全性替代指标进行修正，可得到考虑不同情况下的替代危险性。

将作用于该点的所有场的扩散进行相加，得到该点处的危险性，但需要注意，扩散得到的危险性不会大于其距离范围内的最大的危险性。

$$V_{\text{collision}} = \min\left[\sum V_{\text{collision}\_t}, \max(V_{\text{collision}\_t})\right] \quad (7-30)$$

7.1.3 基于碰撞损失的安全性评价

基于碰撞损失的安全性计算需考虑两点：第一为该场景本身发生危险的不确定性；第二为自动驾驶系统能否按照设计需求，尽可能避免碰撞或减少碰撞发生的损失。

对于第一点而言，参数空间中具体场景参数与危险边界点距离越近，则表明该处位置越容易发生碰撞事故，碰撞事故的不确定性越低；对于第二点而言，避免碰撞的能力越高，被测自动驾驶系统能力越强。考虑到碰撞损失及碰撞不确定度，本节提出了碰撞损失安全度 C。

首先定义碰撞损失的概念。当碰撞发生时，不同的加速度大小会对车辆和驾驶人造成不同程度的损伤。在碰撞不可避免的情况下，自动驾驶系统通过一系列操作降低碰撞过程中的峰值加速度，可以有效降低碰撞损害，从而提高车辆运行安全性。本书中，碰撞造成的损坏引入碰撞损失进行量化，其与车辆和障碍物碰撞过程中的最大减速度正相关。由于碰撞过程过于复杂，目前商用自动驾驶模拟测试软件（例如 PreScan、VTD）难以准确模拟碰撞后的车辆变化状态，虽然可通过外联有限元分析软件（ANSYS）实现碰撞过程的自动分析，但该过程过于烦琐，难以与大规模场景测试相契合。现有研究表明，碰撞过程中的损坏主要与碰撞时的车辆相对速度、相对角度、保险杠使用率等有关，因此为了便于计算，本书初步定义了式（7-31）的碰撞损失估计方法。

$$L_j = \begin{cases} 1., & 15 < U_j \\ 0.7., & 8 < U_j \leq 15 \\ 0.4., & 0 < U_j \leq 8 \\ 0.1, & \text{其他} \end{cases} \quad (7-31)$$

$$U_j = \frac{1}{u} \cdot \| \boldsymbol{v}_e - \boldsymbol{v}_o \| \qquad (7-32)$$

式中，L_j 是第 j 个发生碰撞的场景中的碰撞损失；u 为碰撞时被测车辆与障碍物的保险杠重叠率，最小值取 0.5；$\boldsymbol{v}_e$ 和 $\boldsymbol{v}_o$ 是被测智能汽车和障碍物在碰撞发生时的速度情况。

此外，还需计算发生碰撞具体场景的权重系数，见式（7-33）。

$$r_j = \min\left(\frac{\|\boldsymbol{r}_j^*\|}{\|\boldsymbol{r}_j^{**}\|}, \ 1 \right) \qquad (7-33)$$

式中，r_j 是危险区中第 j 个具体场景的权重；$\boldsymbol{r}_j^*$ 是从危险区最危险边界点到第 j 个具体场景的向量，当存在多个危险区且距离第 j 个具体场景最近的危险区域不是参数空间边界点处的危险区时，最近危险区的中心指向该具体场景参数处的向量组成 $\boldsymbol{r}_j^*$；$\boldsymbol{r}_j^{**}$ 是场景危险不确定基准向量，其起点与 $\boldsymbol{r}_j^*$ 相同，但终点是 $\boldsymbol{r}_j^*$ 向量所在的直线与安全区、危险区边界最近交点，该边界将在后面具体描述。

根据上述内容，得到的碰撞损失安全度见式（7-34），该值越大代表被测自动驾驶系统的安全性越好。

$$C = \frac{\sum_{j=1}^{m_{co}} \left(r_j \dfrac{E_{gj}}{E_j} \right)}{\sum_{j=1}^{m_{co}} r_j} \qquad (7-34)$$

式中，m_{co} 为被测自动驾驶系统发生碰撞的场景数量；E_{gj} 为第 j 个具体场景中基准车辆运动的碰撞损失。

本节中提到的基准车辆运动为只考虑车辆动力学限制，将障碍物信息等其他因素均视为已知信息，即感知系统、决策系统和执行系统的性能均最佳。以前车制动场景为例，一旦前车发生制动操作，基准车辆的传感系统可瞬时感知前车状态变化并将结果输入至后续决策系统，决策系统对该车辆运动进行制动或转向控制，执行系统根据理想的压力建立曲线对车辆进行制动或按照换道轨迹操纵转向盘进行平稳换道。

7.2 逻辑场景层级多维度评价

为充分评估智能汽车在逻辑场景全参数空间内的综合表现，针对逻辑场景参数空间内不同测试位置的侧重点，本节提出逻辑场景分区测试理论，参照驾驶人驾驶过程危险程度，将逻辑场景参数空间分为安全区域和危险区域。安全区域指具体场景参数较为安全，车辆发生危险概率较低的具体场景组成的集合；危险区域则相反，指车辆较容易发生危险的具体场景参数集合。针对安全区域本节提出了拟人性指标，引入图灵测试理论，量化智能汽车与驾驶人行驶过程的相似性；危险区域使用前面提到的安全性评价指标进行评价。

7.2.1 逻辑场景分区评价流程

根据分析，本书定义的逻辑场景分区评价流程如图 7-1 所示。

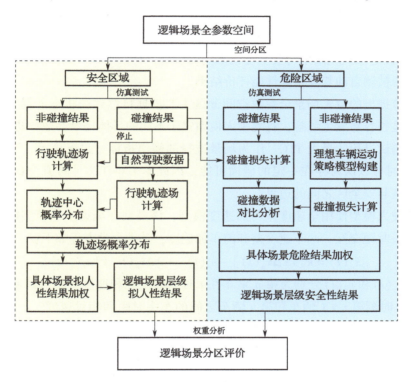

图 7-1 自动驾驶系统逻辑场景分区评价流程

分区评价流程中的关键步骤如下：

1) 根据自然驾驶数据情况分析具体场景参数危险程度，将逻辑场景全参数空间划分为安全区域和危险区域。

2) 获取第 4 章中的具体场景加速测试结果，基于该结果使用神经网络拟合未测试的场景数据。

3) 计算安全区域内被测自动驾驶系统的拟人性评价结果，当安全区域内发生碰撞时，表明被测自动驾驶系统在该逻辑场景的安全性存在缺陷，此时无须计算其拟人性结果，执行后续步骤5）而非步骤4）。

4）基于自然驾驶数据或其他方式收集得到的驾驶人驾驶数据，计算安全具体场景中驾驶人的驾驶轨迹场，得到轨迹纵向位置处的中心轨迹概率分布及轨迹分散情况，与被测自动驾驶系统结果对比并结合具体场景发生概率得到拟人性评价结果。

5）将具体场景中的碰撞数据输入到碰撞损失函数中，与基准车辆运动状态得到的碰撞损失结果进行对比，基于当前具体场景参数与最危险具体场景参数之间的距离，计算各个具体场景碰撞结果权重并对其加权，获取逻辑场景层级的安全性评价结果。

6）确定拟人化结果与安全性结果间的权重，将其加权得到逻辑场景全参数空间下的被测自动驾驶系统性能评价结果。

本节提出的逻辑场景全参数空间分区主要依据自然驾驶状态下驾驶人在该参数下是否容易发生危险，将驾驶人模型置于不同的具体场景参数中进行测试，并选择测试过程的最大 TTC^{-1} 作为场景选择的阈值指标。数据显示，当 TTC 小于 1.5s 时可以认为存在一定的碰撞可能，因此本书将 TTC^{-1} 阈值为 $0.67s^{-1}$ 作为危险区与安全区之间的边界。

驾驶人模型使用全速度差与加速度模型，该模型在全速度差模型的基础上考虑车头时距交互、两车速度差和前车加速度，其动力学方程如下：

$$\ddot{x}_n(t) = \kappa \cdot V[\Delta x_n(t)] - v_n(t)\} + \lambda \Delta v_n(t) + k a_{n+1}(t) \quad (7-35)$$

式中，$x_n(t)$ 和 $v_n(t)$ 分别为第 n 辆车在 t 时刻的位置和速度；$\Delta x_n(t)$ 和 $\Delta v_n(t)$ 分别为 t 时刻第 $n+1$ 辆车和第 n 辆车之间的车头时距和相对速度；κ 为驾驶人敏感系数；$V[\ ]$ 为最优速度函数；λ 为驾驶人对速度差的敏感系数；$a_{n+1}(t)$ 为 t 时刻第 $n+1$ 辆车的加速度；k 为与前车加速度相关的敏感系数。

式（7-35）中最优速度函数 $V[\ ]$ 选择 Helbing 提出的函数形式：

$$V[\Delta x_n(t)] = V_1 + V_2 \tanh\{C_1[\Delta x_n(t) - l_c] - C_2\} \quad (7-36)$$

式中，V_1、V_2、l_c、C_1、C_2 均为调节参数。

7.2.2 拟人性指标

拟人性评价过程引入图灵测试理论。图灵测试是评估机器智能水平最常用的方法，即评估机器是否可以通过适当的行为欺骗人类观察者让其无法分辨其身份。对于智能汽车而言，其目标为通过适当的车辆操作使得其行驶轨迹与人类驾驶轨迹之间存在较高的相似性,相似度越高,则表明智能汽车的拟人化程度越高,这与图灵测试的原则相一致。

当前部分学者对智能汽车的拟人性进行了一定的量化,其选择一些特定的参数,例如操作类型相似度、TTC 变化相似度等,然而这些特例性参数难以在不同场景中泛化,并且难以描述整个驾驶过程。还有一些学者通过评估轨迹相似性来评估拟人性,但这些方法缺乏考虑轨迹对应位置的速度状态,缺乏引入驾驶状态信息。为了定量描述整个驾驶过程的一致性,本书提出了行驶轨迹场的概念,并通过概率分析来评估自动驾驶系统与驾驶人行驶过程的相似性。

行驶轨迹场的定义为:将车辆视为车辆中心位置处的质点,车辆运动对周围时空影响形成的瞬时场在整个行驶过程中的累积,其与车辆的行驶轨迹、相应位置的速度、对周围时空影响的时间及车辆本身的物理参数有关。对于仿真测试过程中的不同自动驾驶系统而言,通常假设其搭载在具有相同动力学的车辆模型上,因此在计算轨迹场时无须考虑车辆的物理特性。轨迹场的数学描述见式(7-37)。在计算特定时间点车辆对周围空间的影响即瞬时场 s 时,定义 s 计算的间隔为 0.1s,参考现有风险场计算方法,见式(7-38)。

$$S = \sum s \tag{7-37}$$

$$s = \frac{\boldsymbol{y}_{ij}}{|\boldsymbol{y}_{ij}|^{k_1}|\boldsymbol{y}_{ij}|}\exp[k_2 v_i \cos(\theta_i)] \tag{7-38}$$

式中,S 为车辆整个行驶过程的轨迹场;s 为车辆运动对周围空间影响的瞬时场;$\boldsymbol{y}_{ij}$ 为待计算点与车辆中心点之间形成的矢量;v_i 为车辆在当前时间的速度;θ_i 为待计算点和车辆质点形成的矢量与车辆速度 v_i 之间的夹角;k_1 和 k_2 为预设的常数因子。由于 s 随着 $\boldsymbol{y}_{ij}$ 的减少而增大甚至可能产生无穷大的情况,本书定义 $\boldsymbol{y}_{ij}$ 的起始距离为 1m,车辆质点周围直径 1m 内 s 与 1m 处的值相同。

当获得驾驶人的轨迹数据时,确定不同位置的轨迹场分布。由于不同驾驶人之间的驾驶行为具有差异化分布特征,使用高斯模型描述人类行驶轨迹差异,并作为智能汽车与驾驶人行驶过程相似性的判断基础。需要注意的是,不同驾驶人因驾驶技能的差异可能采取不同的驾驶策略,例如减速、换道等,因此需要对不同驾驶策略进行选择,选择该类场景中具有较高操作水平的行为,提取所有同类行为的驾驶人行驶轨迹并将其作为后续评价的基础。

然而,仅考虑轨迹场数值大小不足以对两种行驶状态相似性进行完整判断。因为轨迹场以车辆轨迹为中心,按照速度大小向外散射,在某些情况下,不同速度和行驶角度可能导致同一位置处相同的轨迹场结果,从而导致识别错误。

因此，除了需要计算轨迹场数值相似度之外，还需要引入轨迹场峰值位置的判断，即车辆行驶中心轨迹。考虑上述两方面，本书提出基于轨迹场的单具体场景内自动驾驶系统拟人性评价指标 D_i，见式（7-39）。

$$D_i = \frac{1}{n_m} \frac{k_3 L}{L_{mean}} \frac{k_4 n_h}{n_A} \sum_{r=0}^{\min(L, L_{man})} \left[\min\left(1, \frac{p_{t\_r}}{p_{t\_2\sigma\_r}}\right) \sum_{j=1}^{n_s} \min\left(1, \frac{p_{v\_j}}{p_{v\_2\sigma\_j}}\right) \right] \quad (7-39)$$

式中，L 为被测自动驾驶系统在该场景中行驶的距离，若自动驾驶系统未完整通过场景全部路程，L 为自动驾驶系统从起点至停止位置沿道路方向的距离，否则 L 为测试场景的道路长度；L_{mean} 为驾驶人在该场景中行驶的平均距离，单个驾驶人行驶距离的计算方式与 L 相同；n_h 为被测自动驾驶系统执行的车辆操作次数，定义当转向盘角度大于 15°（车轮转角大于 1°）并回正至转向盘中心，或车辆加速度的绝对值大于 0.5m/s^2 的同时加速/制动踏板回退至初始位置视为 1 次操作；n_A 为该场景中人类驾驶执行的平均操作次数，每个驾驶人的操作次数与 n_h 计算方式相同；r 为沿道路方向切片采样的位置，本书定义的采样间隔为 0.5m，当采样点与终点长度间的距离小于 0.5m 时，直接采样终点位置，不考虑 0.5m 的采样间隔；p_{t_r} 为自动驾驶系统轨迹场中心在驾驶人轨迹中心高斯模型中的概率；$p_{t\_2\sigma\_r}$ 为驾驶人驾驶轨迹中心高斯模型偏离 2 倍标准差位置处的概率；p_{v_j} 为自动驾驶系统在该处产生的轨迹场在驾驶人轨迹场高斯模型中的概率；$p_{v\_2\sigma\_j}$ 为驾驶人在该处轨迹场数值高斯模型偏离 2 倍标准差的概率；n_s 为一个道路切片中采样点的数量；n_m 为采样点的数量；k_3 和 k_4 分别为操作次数和行驶距离校正系数，其值均为 1，当被测自动驾驶系统执行效果更好（操作次数更少、距离更长）时，将 k_3 和 k_4 按照对应的比例关系修正为 1。

考虑到驾驶人驾驶技术、自动驾驶系统设计等差异性，自动驾驶系统可能不会按照驾驶人均值情况进行行驶，因此式（7-39）中选择 2 倍标准差处的相应概率作为对比标准。关于式（7-39）中轨迹场中心概率及轨迹场数值概率的计算过程如图 7-2 所示。在确定道路采样切片后，首先明确自动驾驶轨迹中心纵向位置在驾驶人行驶轨迹中心所形成的分布中的对应概率，随后在该切片上选取一定量的采样点，计算自动驾驶在该位置的轨迹场值在人类驾驶情况下对应位置处的轨迹场值形成高斯分布中的概率。

当沿着道路切片进行轨迹场位置点采样时，距离轨迹中心较远位置处的轨迹场值对相比整个相似性的计算过程影响较小，因此无须考虑较远位置处的轨迹场值。本书以被测自动驾驶系统轨迹中心为基础，采样区间选择 [-1.5, 1.5]（单位为 m），选取 0.5m 的采样间隔，即在道路切片共选取 7 个轨迹场值采样点（0，±0.5m，±1m，±1.5m），n_s 的值取 7。如果车辆距离道路边界过近导致采样点超出道路，则根据车辆中心与道路边界的距离按三等分距离进行采样，仍保持 7 个采样点。

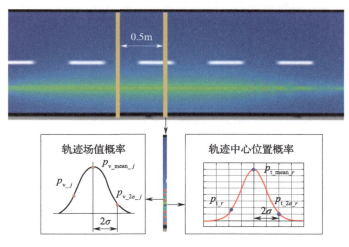

图 7-2 轨迹场及相关概率计算

式（7-39）的详细解释如下：首先，沿着道路方向进行切片采样，获取切片后，以被测自动驾驶系统轨迹中心为基础，上下选取 7 个采样点；其次，计算人类驾驶情况下轨迹场中心处于该位置的概率，同时计算 7 个采样点处对应轨迹场值的概率；然后，完成一个切片中轨迹场相似度对比之后，以 0.5m 为间隔继续向前切片，直到完成整个道路上的采样；最后，根据车辆操作次数和行驶距离因素对拟人性评价结果进行修正。

在某些情况下，自动驾驶系统可能会采取过度操纵，但其行为仍在人类驾驶行为可变余量范围内，轨迹场相似性仍有较好的结果，但实际与人类驾驶差异性较大，如图 7-3 所示。

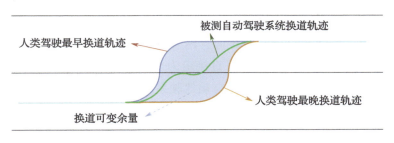

图 7-3 自动驾驶系统过度操作示意

以换道操作为例，由于驾驶人行为特征，不同驾驶人之间的差异形成了换道可变余量（图7-3蓝色区域），图7-3中红色和黄色曲线分别为保守和激进驾驶人的行为边界。当被测自动驾驶系统采取图7-3中绿色换道轨迹时，由于全部行为均在操作可变余量内，仅依靠轨迹场数值进行计算将导致拟人性结果计算差异。因此，式（7-39）中添加了操作因子修正系数来对这种情况进行校正。

逻辑场景安全区内的综合拟人化结果见式（7-40）。D越大，表明安全区域内被测自动驾驶系统的拟人化水平越高，与驾驶人驾驶过程越具备一致性。其中，p_i为自然驾驶状态下第i个具体场景发生的概率，可通过第4章内容获得。由于拟人化指标主要考虑车辆乘客在大多数情况下的生理和心理感受，而自然驾驶概率可以侧面反映该具体场景在真实道路上发生的时间，因此，式（7-40）基于p_i表示每个具体场景的相对权重。

$$D = \sum_{i=1}^{n} \frac{p_i D_i}{\sum_{i=1}^{n} p_i} \qquad (7-40)$$

式中，n为所有待计算的安全具体场景总数目。

7.2.3 多维度性能评价

在获得拟人性和安全性指标后，可基于两者建立自动驾驶系统逻辑场景层级多维度性能评价指标S，见式（7-41）。需要注意的是，对于在安全区域内发生碰撞的自动驾驶系统，如图7-1中的流程所示，其仅输出安全性计算结果，而不计算拟人性指标，即式（7-41）中前一项值为0。

$$S = \varphi k_5 S_{\text{safety}} + \gamma k_6 D \qquad (7-41)$$

式中，S_{safety}为被测自动驾驶系统安全性评价结果，可由7.1节任意方式获取；φ和γ分别为安全性和拟人性评价指标的相对权重，其可根据测试目的、测试场景类型等通过主、客观综合评价等方式确定（例如：层次分析法、熵权法、隶属度函数等），当选择百分制系统时，两者的和为100；k_5和k_6为校正因子，当评估样本较少时，两者的值均可直接定为1，当被测自动驾驶系统数量较多时，可根据测试统计结果，如被测自动驾驶系统得分中值或平均值，倒推拟人性和安全性结果权重，从而通过调整k_5和k_6值的大小弥补主、客观权重分析所造成的误差。

7.3 多逻辑场景性能综合评价

将上述得到的单逻辑场景中的被测自动驾驶系统性能评价结果与逻辑场景权重相结合，即可得到被测自动驾驶系统在多个逻辑场景中的综合评价：

$$S_{\text{all}} = \sum w_i S_i \tag{7-42}$$

式中，S_{all} 为被测自动驾驶系统在多个逻辑场景中的综合评价结果；w_i 为第 i 个逻辑场景的相对权重；S_i 为被测自动驾驶系统在单个逻辑场景中的评价结果，S_i 可通过上述任意一种方式获取。

由于已通过本章前面内容获取了对应的 S_i，因此本节主要针对逻辑场景的相对权重 w_i 进行分析。在仿真测试过程中，不同逻辑场景的相对权重可由两方面进行确定：逻辑场景自身特征权重及仿真测试过程属性，前者为场景权重的分析内因，其决定该类场景需要进行测试的必要性，后者为由仿真测试过程影响的外因，其影响测试结果的准确性。通过分析场景自身特征信息及仿真过程属性的各项影响因素，本书定义了图 7-4 所示的仿真测试逻辑场景权重分析框架。

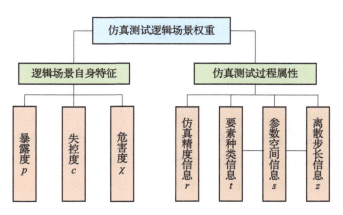

图 7-4 仿真测试逻辑场景权重分析框架

图 7-4 中各项具体定义将在后面进行详细描述，基于该框架得到的仿真测试逻辑场景的场景信息见式（7-43），由场景信息 I_i 得到的第 i 个逻辑场景的相对权重 w_{lo_i} 见式（7-44）。

$$I_i = p_i c_i \chi_i \sum_{j=1}^{m} r_{i\_j} t_{i\_j} s_{i\_j} z_{i\_j} \tag{7-43}$$

$$w_{lo\_i} = I_i / \sum I_i \tag{7-44}$$

式中，I_i 为第 i 个仿真测试逻辑场景的场景信息；下标 i 为第 i 个逻辑场景；下标 j 为第 j 个场景要素；下标 i_j 为第 i 个逻辑场景的第 j 个场景要素；其他参数符号均在图 7-4 进行说明。

7.3.1 逻辑场景自身特征权重

对应 ISO 26262 中关于汽车安全完整性等级（Automotive Safety Integrity Level，ASIL）定义：暴露率、可控性和危害度，本书定义第 i 个逻辑场景自身特征信息 f_i 包括暴露度 p_i、失控度 c_i、危害度 d_i。

1. 暴露度

暴露度指该类场景在自然驾驶状况下出现的概率。此处暴露度 p_i 定义如下：自动驾驶汽车低渗透条件下，该值为自然驾驶情况下的发生概率，即第 i 个逻辑场景发生频次 n_i 与多逻辑场景发生总频次的比值，见式（7-45）；自动驾驶高渗透条件时，不考虑人类驾驶概率分布对场景发生概率的影响，不同逻辑场景的暴露度 p_i 均取值为 1。

$$p_i = \frac{n_i}{\sum n_i} \tag{7-45}$$

2. 失控度

ASIL 中，可控性指车辆部件发生故障而违反行驶安全目标时，车辆驾驶人可以控制车辆的程度。但针对自动驾驶汽车而言，由于驾驶人角色缺失，可控性操作的主体只能为自动驾驶系统，针对传统车辆安全的可控性无法迁移至自动驾驶汽车相关评价过程。因此，本书提出失控度的概念以将 ASIL 中的可控性迁移至自动驾驶汽车性能评价。参考 7.2.3 小节中基准车辆运动状态，对某一具体场景而言，将基准车辆运动视为具有基准控制状态，若此时无法保证车辆行驶安全，则可认为该具体场景超出了车辆操作边界。基准车辆运动状态在该逻辑场景中发生事故的具体场景数目越多，则可认为车辆在该逻辑场景中的可控性越差。至此，本书提出针对逻辑场景的失控度 c_i 的计算方式为：在第 i 个逻辑场景参数空间中进行充分均匀采样，将基准算法发生事故的具体场景数目 m_{c_i} 与采样总数目 m_{a_i} 的比值作为第 i 个逻辑场景的失控度 c_i 量化值，见式（7-46）。

$$c_i = m_{c\_i} / m_{a\_i} \tag{7-46}$$

3. 危害度

ASIL 中关于危害度的定义为违反安全目标而对人员（乘客和道路使用者）生命或财产造成损害的严重性。从场景为主体的角度出发，危害度可转化为该场景对被测自动驾驶系统造成损害的严重性。基于这一理念，本书提出针对逻辑场景的危害度 d_i 的计算方式为：在所有逻辑场景参数空间中均匀采样相同比例数目的具体场景，第 i 个逻辑场景的危害度 χ_i 为基准车辆运动在所有具体场景中所造成的碰撞损失的总和，见式 (7-47)，式中下标 i 代表第 i 个逻辑场景，下标 j 代表第 i 个逻辑场景中采样的第 j 个具体场景。碰撞损失 L_{i_j} 相关定义可参考 7.1.3 小节式 (7-31)。式 (7-47) 中不选择在危险区域采样的原因在于，ASIL 中危害度描述的主体为事故，而本书关于危害度描述的主体为整个逻辑场景，针对对象的不同导致此处危害性考虑整个逻辑场景参数空间而不单单是发生事故的区域。

$$\chi_i = \sum L_{i\_j}/\vartheta_i \qquad (7-47)$$

式中，ϑ_i 为第 i 个逻辑场景采样的具体场景数目。

7.3.2 逻辑场景仿真测试过程属性权重

仿真场景作为真实场景的抽象表达，需要考虑仿真场景要素的真实性，仿真过程越贴近于真实测试环境，则其测试结果可信度越高，在本节描述过程中，假设测试平台所提供的测试场景要素均已满足仿真精度需求，所有场景要素的仿真精度信息均为 1。在场景要素选择方面，由于测试软件性能限制、测试速度等原因，仿真场景在场景要素选取过程中可能并不会将真实环境的所有场景要素全部重现，这些场景要素缺失将导致场景要素信息丢失。在明确了场景要素后，其对应参数空间的选择亦会影响测试过程的真实程度，理论情况下，该类场景要素参数空间覆盖范围越广，其可提供该类要素的测试信息越多，极端情况下，若某要素在连续分布下仅选择一个确定参数进行测试，则在数学统计角度分析该要素的测试信息含量为 0。在明确了参数空间信息后，还需考虑基于该参数空间离散（采样）具体场景过程中的步长信息，不同离散（采样）步长将直接影响被测系统性能边界拟合准确度，步长越小，则通过测试结果推断得到的被测系统性能边界越精确，测试过程可获得的信息量越多。

1. 要素种类信息

对于不同场景要素而言，其可为测试过程提供的测试信息是不同的，因此需要对场景要素自身的信息含量进行分析。本书使用 PEGASUS 提出的六层场景模型进行分析，其包含道路、交通基础设施、道路及设施临时变化、动态交通参与者、天气环境、数字信息。根据测试场景及六层场景模型，利用专家经验建立场景可能的要素层次结构，根据层次分析法依照层级从上至下依次判断每个要素重要性权重。以直路前车制动场景为例，被测系统传感器仅包含毫米波雷达，其基于专家经验可建立的场景要素层次结构如图 7-5 所示。

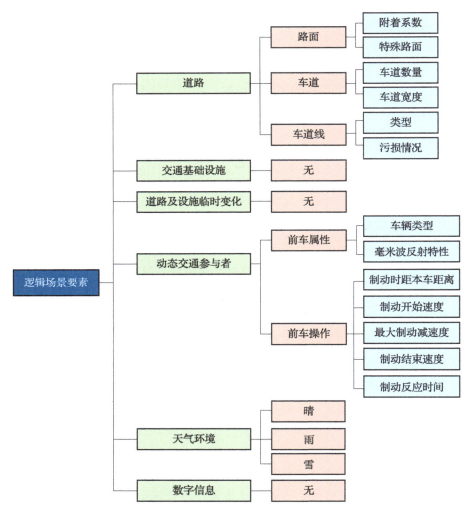

图 7-5　前车制动场景要素层次结构

可基于层次分析法确定第一层六层场景要素权重，对于后续无具体要素的场景要素类别而言，其权重直接定为 0，例如图 7-5 中交通基础设施、道路及设施临时变化、数字信息，这三类要素可认为对该场景测试过程无影响。在确定了父节点要素的权重后，将父节点要素的权重作为权重总量，根据层次分析法进行进一步分配，最终得到所有叶节点的场景要素权重，所有叶节点的权重和为 1。同时，叶节点的要素权重之和等于父节点的要素权重。将叶节点场景要素对应的权重作为该类要素种类信息 t_i。

2. 参数空间信息

对于参数空间信息的计算而言，基于场景要素类型可分为连续型及离散型两种方式。对于连续型场景要素的参数空间计算方式而言，其主要考虑参数空间与前面获取的逻辑场景参数空间之间的对比，由车辆测试结果或自然驾驶数据确定；对于离散型场景要素的参数空间计算方式而言，其主要考虑各个离散型参数的权重，其可基于实车行驶数据进行分析。

（1）连续型参数　对于连续型参数而言，可从两个角度对该情况进行分析。

1）当测试目的为发现被测自动驾驶系统在参数空间中的性能边界时，此时若所选参数空间可覆盖被测自动驾驶系统的边界描述，则表明当前逻辑场景该场景要素的选择可以完整体现测试信息。将性能完全在参数空间中的被测自动驾驶系统与所有被测自动驾驶的比值 s'_{i_j} 作为可表现的信息。为了防止被测系统数量较少的偶然误差，使用 softmax 函数进行调节，见式（7-48）。参数空间权重随着被测系统的增加而实时发生改变。

$$s_{i\_j} = 0.95\left(1 - \frac{1}{1+e^{-x}}\right) + s'_{i\_j}\frac{1}{1+e^{-x}} \qquad (7-48)$$

式（7-48）中，0.95 的含义在于，由于逻辑场景参数空间蕴含了一定的专家经验，其可默认具有 95% 的置信度，随着被测自动驾驶系统数量的增多，该场景要素参数空间的选择将逐渐回归到测试结果。

2）当测试目的不是发现性能边界而是得到车辆的舒适性、拟人性等非安全指标时，此时可将其与对应场景要素在自然驾驶数据中的概率累计分布进行分析，或通过专家经验打分等权重分析方法确定。需要注意的是，若此时场景要素参数空间范围超过了自然驾驶状态，可认为其要素参数空间是对该场景自身进行挑战，而不会增加参数空间所描述的信息量。

（2）离散型参数　对于离散型参数而言，其相对信息可通过分析自动驾驶汽车对应事故/脱离的边缘分布或主客观分析的方式进行权重判断，主客观分析方法包括前面的层次分析法或熵权法，在此处不再进行赘述。此处详细描述基于自动驾驶汽车道路行驶数据边缘分布的情况。

当前《Report of Traffic Collision Involving an Autonomous Vehicle》及《北京市自动驾驶车辆道路测试报告》均包含车辆行驶过程中的场景要素描述，随着数据资源进一步丰富，相关场景要素描述将更加完整。基于上述两者数据，本书可得到离散型数据及对应脱离/事故统计。当前可获得的数据包括：第一层道路情况（干、湿、冰雪、滑）、第二层交通基础设施类型（锥桶、施工牌、隔离护栏、防撞桶、隔离墩）、第三层道路及设施临时变化（无、坑、路面材料缺失、施工区域、路面宽度减小、洪水、其他）、第四层动态交通参与者（小型客车、中大型货车、特种车辆、行人、三轮车、公交车、二轮车、中大型客车、小型货车）、第五层天气环境（晴、阴、雨、雪、雾、其他、强风）和光线情况（白天、黄昏/破晓、夜晚有路灯、夜晚无路灯、夜晚路灯不工作）。上述数据中，交通设施类型及交通参与者类型数据为通过北京自动驾驶道路测试报告提取，其他数据均通过人工统计的方式分析2018～2021年美国加利福尼亚州交通管理局（DMV）自动驾驶碰撞报告获得。相对应的场景要素参数及自动驾驶道路测试时的事故/脱离事故概率分布情况见表7-1～表7-6。

表7-1 自动驾驶脱离情况交通设施类型

要素类型	锥桶	施工牌	隔离护栏	防撞桶	隔离墩
脱离相关概率(%)	66	14	11	7	2

表7-2 自动驾驶脱离情况交通参与者类型

要素类型	小型客车	中大型货车	特种车辆	行人	三轮车	公交车	二轮车	中大型客车	小型货车
脱离概率(%)	58	12	10	5	4	4	3	2	2

表7-3 自动驾驶事故情况天气情况

要素类型	晴	阴	雨	雾	雪	其他	强风
事故相关概率(%)	96	2.5	1	0.5	0	0	0

表7-4 自动驾驶事故情况光线情况

要素类型	白天	夜晚有路灯	黄昏/破晓	夜晚无路灯	夜晚路灯不工作
事故相关概率(%)	73.3	23.6	3.1	0	0

表7-5 自动驾驶事故情况路面情况

要素类型	干	湿	冰雪	滑
事故相关概率(%)	94.4	3.6	0	0

表 7-6　自动驾驶事故情况道路临时变更

要素类型	无	路上有障碍物	路面宽度减小	坑	施工区域	路面材料缺失	洪水	其他
事故相关概率(%)	99	0.5	0.5	0	0	0	0	0

当逻辑场景要素选择所有离散数据时，则该参数可覆盖该维度所有信息，当某一场景要素仅使用部分参数进行描述时，且其他剩余参数对该逻辑场景测试结果具有明显影响时，则该逻辑场景要素的信息率需对所选参数信息权重加权。以测试过程中前方交通参与者类型为例，当其可选参数为｛小型客车、中大型货车｝时，则可认为选择的场景参数可描述 70%（小型客车脱离事故概率 58% + 中大型货车脱离事故概率 12%）的场景要素信息；当该测试场景要素描述为前方车辆类型时，测试要素可选参数同样选择｛小型客车、中大型货车｝，则此时可认为选择的场景参数可描述 73.7%[(58% + 12%)/(1 - 5%)]的场景要素信息（此处 5% 指行人脱离事故概率），此时行人对整个场景要素描述无影响，需将剩余要素进行归一处理。

3. 测试步长信息

对于逻辑场景测试步长而言，其离散生成具体场景方式分为：预先设定各维度固定离散步长获取具体场景的定步长方法；根据经验或预估场景危险度设定各维度梯度离散步长获取具体场景的半定步长方法；根据测试过程实时调节临界场景参数步长并不限制步长阈值以精确发现系统性能边界的变步长方法；根据测试过程实时调节临界场景参数步长且限制步长阈值的半变步长方法。由于变步长方法理论上可通过无限缩短离散步长的方式逼近真实的被测自动驾驶系统性能边界，因此采用变步长方式进行测试时无须考虑场景离散步长的影响，即将式（7-43）中的 z_{i_j} 视为 1。在本节的讨论中需进行如下假设，即无论采用何种步长离散方法，被测自动驾驶系统的性能缺陷在测试过程中已全部发现，不存在因测试不足而导致的缺陷未识别的情况。

对于逻辑场景定步长、半定步长、半变步长生成具体场景的过程中，危险 - 安全临界场景参数间的间隔越小，得到的性能边界的误差范围越低。同时，测试步长信息还与性能边界的分布范围有关，性能边界分布范围越广，则在同样精度要求下其对测试步长的接受范围越大。基于上述分析，本书定义的测试步长信息计算过程如下。

1）寻找缺陷区域在不同坐标轴方向的平均长度 d_{i_mean}，见式（7-49）。

$$d_{i\_mean} = \frac{\sum_{j=1}^{\varepsilon} d_{i\_j\_max}}{\varepsilon} \qquad (7-49)$$

式中，d_{i_mean}为i方向的缺陷平均长度；$d_{i\_j\_max}$为第j个被测自动驾驶系统在i方向的最大缺陷长度；ε为被测自动驾驶系统数量；下标i为第i个场景维度；下标j为第j个被测自动驾驶系统。当被测自动驾驶系统j在逻辑场景中存在多个缺陷区域时，分别找到不同区域在i方向的最大值和最小值，相减得到多个缺陷区域在i方向的缺陷长度，选取缺陷长度中的最大值作为$d_{i\_j\_max}$。

2) 寻找边界在各方向的拟合裕度。对于逻辑场景定步长离散方法而言，一般情况默认安全-危险临界参数的中心为性能边界，以此为基准，实际性能边界与该基准的距离将不大于二分之一步长，因此将各方向的离散步长的一半作为拟合边界在各方向的拟合裕度；对于半定步长而言，可假设其专家经验足够丰富，实际被测系统的性能边界恰好位于预设的离散步长最小值分布区域，因此将各方向的最小离散步长的一半作为拟合裕度；对于半变步长离散方法而言，可假设被测自动驾驶系统性能足够优秀，选择各方向的离散步长下限的一半作为拟合裕度。通过上述方法，可得到性能边界在各方向的拟合裕度m_i。

3) 基于得到的各方向缺陷平均长度d_{i_mean}和拟合裕度m_i，计算逻辑场景在不同维度的性能边界不确定率作为步长信息，见式（7-50）。极限情况下，以二维参数定步长离散为例，若参数步长选择过长，则仅在坐标轴上有测试的具体场景参数，而在坐标轴外无测试的场景参数，此时拟合得到的参数边界恰好位于各坐标轴步长中间，缺陷平均长度d_{i_mean}和拟合裕度m_i均为二分之一步长，此时可认为得到的性能边界精度极低，此时根据式（7-50）得到的步长信息为0。需要注意的是，当所有被测自动驾驶系统在逻辑场景中均未发生碰撞事故，即d_{i_mean}为0时，z_{m_i}设定为0。

$$z_{m\_i} = \begin{cases} \log_2\left[\min\left(\frac{m_i}{d_{i\_mean}}, 1\right)\right] / \log_2\left(\frac{m_{\min}}{d_{i\_mean}}\right), & d_{i\_mean} \neq 0 \\ 0, & d_{i\_mean} = 0 \end{cases} \qquad (7-50)$$

式中，z_{m_i}为第m个逻辑场景第i个场景要素的性能边界不确定率；$m_{\min}$为仿真场景可模拟的场景要素最小单位；下标i为逻辑场景不同维度。式中第一项log部分取min的原因在于避免某些极为特殊场景导致缺陷平均长度d_{i_mean}小于拟合裕度m_i，此时可认为拟合精度极差，z_{m_i}仍取0。

综上，可以获得逻辑场景层级自动驾驶汽车不同维度的评价指标，同时基于多逻辑场景权重分析可以获取自动驾驶汽车在多个逻辑场景中的综合表现。

7.4 评价方法应用实例

此处基于 6.3 小节中的场景及测试结果对本书提出的评价方法实际应用情况进行说明。

7.4.1 场景参数空间

由于本书所提出的评价方法部分内容需要基于场景参数空间内的概率分布,因此此处对 6.3 小节中的三个场景对应的参数空间概率分布进行说明。

前车制动场景所选择的场景要素为制动时前后车距离、制动时本车速度、制动时前车速度,三种场景要素参数空间概率分布如图 7-6 ~ 图 7-8 所示。

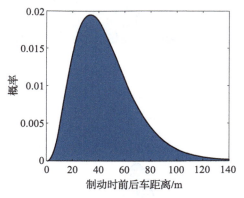

图 7-6　前车制动场景制动时前后车距离概率分布

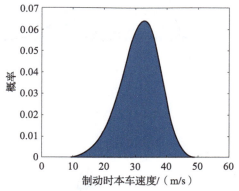

图 7-7　前车制动场景制动时本车速度概率分布

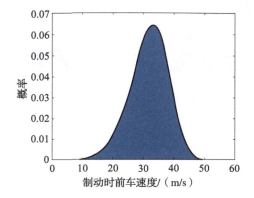

图 7-8　前车制动场景制动时前车速度概率分布

前车左侧切入场景所选择的场景要素为切入后前后车距离、切入后本车速度、切入后前车速度，三种场景要素参数空间概率分布如图 7-9～图 7-11 所示。

前车右侧切入场景所选择的场景要素与左侧切入场景相同，其对应的场景要素概率分布如图 7-12～图 7-14 所示。

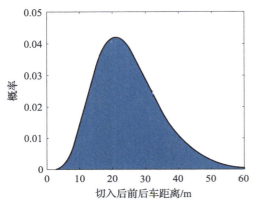

图 7-9　前车左侧切入场景切入后前后车距离概率分布

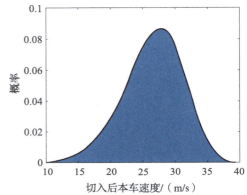

图 7-10　前车左侧切入场景切入后本车速度概率分布

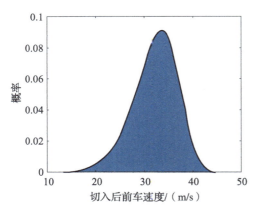

图 7-11　前车左侧切入场景切入后前车速度概率分布

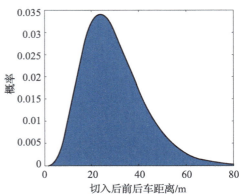

图 7-12　前车右侧切入场景切入后前后车距离概率分布

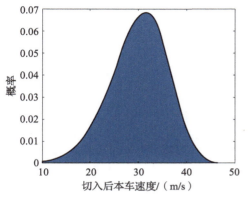

图 7-13　前车右侧切入场景切入后本车速度概率分布

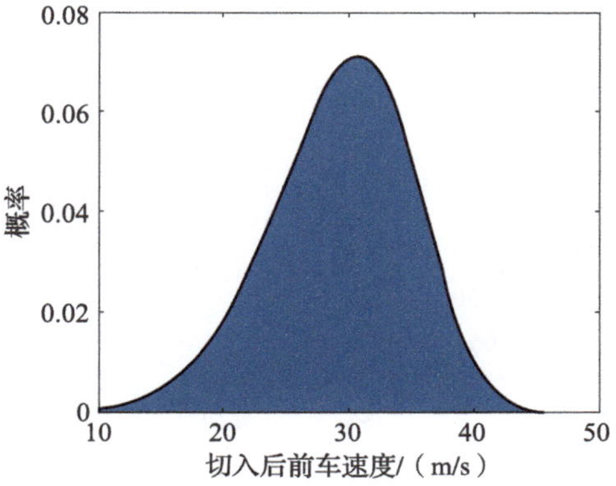

图 7-14　前车右侧切入场景切入后前车速度概率分布

7.4.2　单逻辑场景性能评价结果与分析

1. 安全性评价

（1）基于危险具体场景参数聚类特征的安全性　在进行被测自动驾驶系统基于危险具体场景参数聚类特征的安全性评价时，需要明确该场景下的基准算法测试情况，本书假定车辆采用紧急制动操作以避免危险情况发生，在针对不同场景时可灵活制定基准运动策略。本书定义的基准算法制动过程制动压力变化曲线如图 7-15 所示，其过程分为三个阶段，第一阶段 t_1 为滞后阶段，车辆无制动；第二阶段 t_2 为建压阶段，制动减速度匀速增加；第三阶段 t_3 为匀减速阶段，匀减速直至停车。

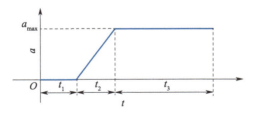

图 7-15　基准算法制动过程制动压力变化曲线

将基准算法制动过程代入 6.3 小节中提到的前车制动场景、前车左侧切入场景、前车右侧切入场景进行试验，并将试验结果使用本章提到的对称化、标准化进行处理，试验结果与预处理后的数据如图 7-16 和图 7-17 所示。

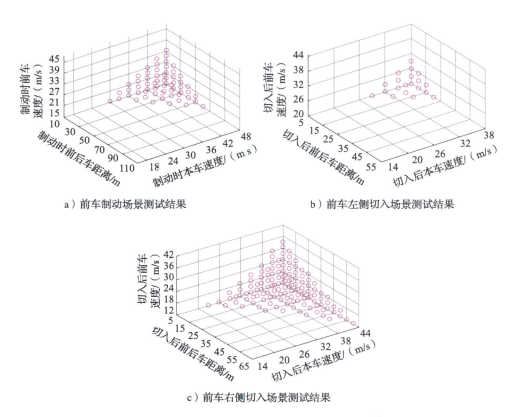

图 7-16 基准算法在 3 个逻辑场景中的危险具体场景信息

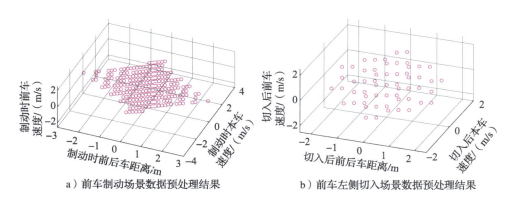

图 7-17 基准算法在 3 个逻辑场景中测试数据预处理结果

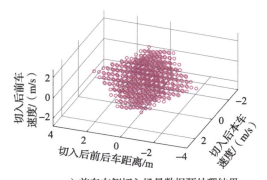

c）前车右侧切入场景数据预处理结果

图 7-17 基准算法在 3 个逻辑场景中测试数据预处理结果（续）

将 A 算法、B 算法的测试结果进行同样的对称化、标准化预处理，其结果如图 7-18 和图 7-19 所示。

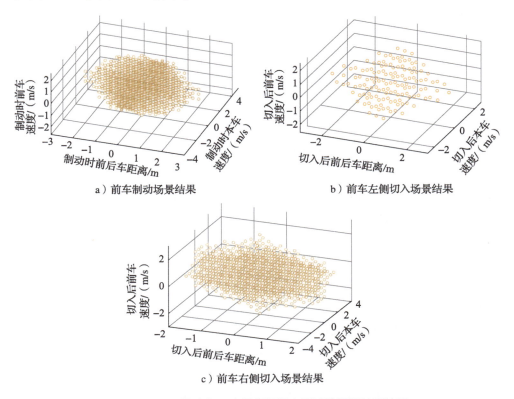

图 7-18 A 算法在 3 个逻辑场景中测试数据预处理结果

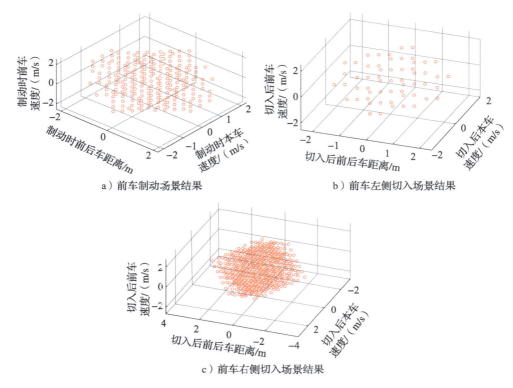

图 7-19 B 算法在 3 个逻辑场景中测试数据预处理结果

经过组内残差平方和计算得到测试结果在 3 种场景中的聚类中心均为 1，可直接对预处理后的危险具体场景参数进行单高斯模型聚类，由于经过标准化处理，高斯模型在所有维度的标准差都为 1，均值都为 0。对基准算法高斯分布标准差进行修正，并将 A、B 两种算法的标准差结果映射至基准算法坐标系中，映射过程见式（7-51）。

$$\sigma^* = \frac{S_{k\_v}}{S_{k\_t}} \tag{7-51}$$

式中，s_{k_v} 为被测自动驾驶系统标准化过程中使用的标准差参数；s_{k_t} 为基准算法试验结果在标准化过程中使用的标准差参数。

将 A、B 算法预处理后得到的标准差进行修正，并将其映射至基准算法坐标系中，其最终结果见表 7-7。

对 3 种场景的不同维度要素重要程度系数进行计算，为了简化计算流程，此处将 3 个逻辑场景中的距离量与速度量视为同类场景要素，构造的前后车距离、本车速度、前车速度判别矩阵见式（7-52）。

$$A = \begin{bmatrix} 1 & 2 & 3 \\ 1/2 & 1 & 2 \\ 1/3 & 1/2 & 1 \end{bmatrix} \quad (7-52)$$

针对式（7-52），可计算得到该矩阵的最大特征值为 3.0092，对应的加权向量为 [0.5396, 0.2969, 0.1634]。

对上述参数进行一致性检验，CI、RI 和 CR 的值分别为 0.0046、0.58、0.008，显然，CR 小于 0.1，通过一致性检验，参数的重要程度系数为 [0.5396, 0.2969, 0.1634]。

将参数的重要程度系数及表 7-7 中的相关数据代入评价指标计算公式。需要注意的是，由于所选基准算法采取紧急制动操作，而自动驾驶算法可选的操作行为难以预估，某些情况下被测自动驾驶系统可能优于基准算法。A、B 两种算法在 3 种逻辑场景中的安全性评价结果见表 7-8 和表 7-9。

表 7-7 3 种算法的聚类标准差

场景	基准算法测试结果修正标准差	A 算法测试结果映射标准差	B 算法测试结果映射标准差	全碰撞结果映射标准差
前车制动场景	[0.577, 0.577, 0.577]	[1.3345, 0.5947, 0.6650]	[0.4847, 0.5927, 0.5927]	[2.0667, 1.9119, 1.9119]
前车左侧切入场景	[0.577, 0.577, 0.577]	[0.8991, 0.7061, 0.7061]	[0.577, 0.577, 0.577]	[3.0019, 2.4287, 2.4287]
前车右侧切入场景	[0.577, 0.577, 0.577]	[0.8122, 0.5746, 0.5588]	[0.3922, 0.6004, 0.6139]	[1.1335, 1.6281, 1.5907]

表 7-8 A、B 算法场景危险率

场景	基准算法场景危险率	A 算法场景危险率	B 算法场景危险率	全碰撞场景危险率	无碰撞场景危险率
前车制动场景	1	11.2362	0.8751	5.85×10^4	0.3679
前车左侧切入场景	1	2.7174	1	2.83×10^9	0.3679
前车右侧切入场景	1	1.6770	0.7833	108.7029	0.3679

表 7-9 A、B 算法百分制打分结果

场景	基准算法	A 算法	B 算法	全碰撞	无碰撞
前车制动场景	85	67.0414	87.0010	0	100
前车左侧切入场景	85	82.0501	85.0000	0	100
前车右侧切入场景	85	76.5116	88.6632	0	100

(2) 基于自然驾驶数据的安全性评价　由于前面已经得到了危险区域的高斯分布，此处基于危险区域高斯分布来进行 $V_{\text{collision}}$ 的计算。根据第 6 章中的两种算法的测试结果统计信息，计算得到基准算法、A 算法、B 算法在 3 种场景中的高斯分布标准差见表 7-10。由于均值为参数空间边界，此处不再赘述。

表 7-10　3 种算法的危险区域高斯分布标准差

场景	基准算法结果分布	A 算法结果分布	B 算法结果分布
前车制动场景	[16.906, 6.006, 6.006]	[39.101, 6.191, 6.922]	[14.202, 6.169, 6.169]
前车左侧切入场景	[5.820, 3.492, 3.492]	[9.069, 4.273, 4.273]	[5.820, 3.492, 3.492]
前车右侧切入场景	[18.355, 6.438, 6.590]	[25.838, 6.412, 6.382]	[12.476, 6.699, 7.011]

将表 7-10 中的高斯分布数据与对应的自然驾驶概率分布相结合（图 7-6 ~ 图 7-14），基于前面的相关计算过程，可以得到 3 种算法的对应事故率结果，见表 7-11。

表 7-11　3 种算法的场景风险指数

场景	基准算法结果	A 算法结果	B 算法结果
前车制动场景	0.1982	0.3659	0.1152
前车左侧切入场景	0.0221	0.2611	0.0221
前车右侧切入场景	0.6605	0.6633	0.6022

从表 7-11 数据可以看出，计算得到的结果相比第 6 章中的测试结果图像结果偏大，这是由于在使用高斯分布描述被测自动驾驶系统危险具体场景分布时，高斯分布会呈现外凸的特性而非直观测试结果中较为平缓的边界面，这种外凸导致计算结果偏大。但在进行数据的横向对比过程中，由于不同算法均使用高斯分布进行描述，这种外凸特性得到了一定程度的抵消，因此计算得到的结果仍可用于不同算法安全性优劣的比较。在横向性能对比方面，表 7-10 中性能对比的高低与图 6-31、图 7-16 相一致。

除了使用前面提到的高斯分布计算 $V_{\text{collision}}$ 的方式外，本章还提到了使用势场法来拟合危险区域分布的方式。某些情况下，被测自动驾驶系统在逻辑场景参数空间中的碰撞点位置较少，此时可能采用替代风险指标的方式进行测试过程危险程度量化，使用势场法相比前面的高斯分布可以更好地描述这种危险程度量化差异。由于本次测试过程 3 种危险场景的碰撞点位置较多，本书此处仅使用碰撞这一种引力增益。

基于危险扩散过程，此处计算危险具体场景参数点在不同维度的扩散强弱。

该处使用熵权法来进行一种要素权重客观分析,可与层次分析的主观分析方式进行对比。经过计算,前车制动场景中制动时前后车距离、本车速度、前车速度的权重为 [0.5257, 0.0303, 0.444],前车左侧切入场景中切入后前后车距离、本车速度、前车速度的权重为 [0.4094, 0.0443, 0.5463],前车右侧切入场景中切入后前后车距离、本车速度、前车速度的权重为 [0.4245, 0.0451, 0.5304],将上述数据代入 $V_{\text{collision}}$ 计算过程中,最终得到的 3 种算法的场景风险指数见表 7 – 12。

表 7 – 12　3 种算法的场景风险指数

场景	基准算法结果	A 算法结果	B 算法结果
前车制动场景	3.01×10^{-4}	1.07×10^{-2}	2.70×10^{-4}
前车左侧切入场景	4.78×10^{-5}	3.01×10^{-4}	4.78×10^{-5}
前车右侧切入场景	2.51×10^{-3}	1.76×10^{-2}	1.62×10^{-3}

相比表 7 – 11 中的结果数据,表 7 – 12 中的计算结果更贴近于图 6 – 31、图 7 – 16 中的危险具体场景位置及对应的概率分布,这是由于高斯分布更注重于整体分布状态,而势场法可根据每个具体场景参数位置对边界进行细腻化处理。二者相比较而言:高斯分布可直接沿用于前面基于参数聚类特征安全性的计算过程,所耗费的计算量较低,并且可以满足算法性能横向比较的需求;而基于势场法的计算方式需计算每个参数位置处的势场分布并拟合边界,并且无法直接沿用之前得到的高斯分布,需耗费更高的计算量,但其精度更高,更贴近于真实驾驶状态。在实际应用过程中,可根据评价需求灵活选择 $V_{\text{collision}}$ 计算方式。

(3) 基于碰撞损失的安全性评价　基于 6.3.3 小节中的测试结果,可得到 3 种算法在 3 种逻辑场景中基于碰撞损失的安全性评价结果。3 种算法在 3 种逻辑场景中的碰撞损失安全性结果见表 7 – 13。

表 7 – 13　3 种算法在 3 种逻辑场景中的碰撞损失安全性结果

场景	基准算法得分	A 算法得分	B 算法得分
前车制动场景	1	0.67	1.04
前车左侧切入场景	1	0.84	1
前车右侧切入场景	1	0.71	1.12

2. 多维性能评价

下面继续对7.2小节多维度评价方法进行实际应用。

首先对逻辑场景参数空间进行分区,3种逻辑场景参数空间分区结果如图7-20所示。图7-20中,曲面下方为危险区域,曲面上方为安全区域。

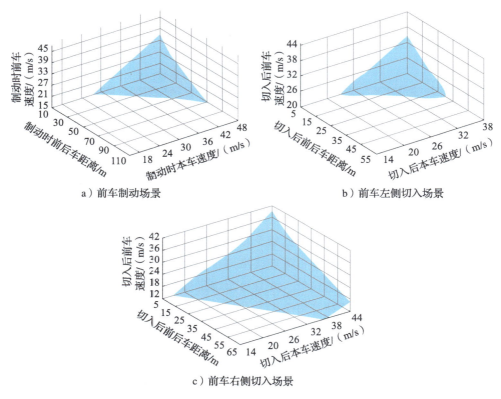

图7-20 3种逻辑场景参数空间分区结果

3种算法在3种逻辑场景中的拟人性评价结果见表7-14。由于A算法在前车制动场景中危险区域超出了危险区域边界,因此其无须进行拟人性评价的相关计算。前车制动、前车左侧切入、前车右侧切入选择统计的驾驶人行为分别为换道、制动、制动。从结果可以看出,B算法相比其他算法具有更好的拟人性结果。

表7-14中,A算法的拟人性评价结果也优于基准算法,这是由制动减速度差异及制动策略引起的。由于基准算法以安全性为第一目标,因此其总倾向于使用最大减速度对车辆进行制动,这在紧急情况时可以最大程度避免危险,但其在安全场景时却会引起驾驶人的不适。

表7-14 3种算法在3种逻辑场景中的拟人性评价结果

场景	基准算法得分	A算法得分	B算法得分
前车制动场景	0.3493	0	0.8941
前车左侧切入场景	0.6725	0.8026	0.9217
前车右侧切入场景	0.7027	0.8202	0.9324

以前车制动场景为例，某具体场景下基准算法轨迹场、A算法轨迹场、B算法轨迹场如图7-21a~c所示。由于多个驾驶人行驶轨迹场叠加后难以直观表达其概率分布，因此此处仅挑选某一驾驶人行驶轨迹场，如图7-21d所示。从图7-21中可以看出，B算法更贴近具有较高驾驶技能的驾驶人。

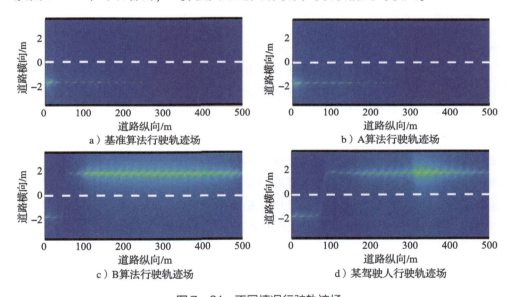

a）基准算法行驶轨迹场　　　　b）A算法行驶轨迹场
c）B算法行驶轨迹场　　　　d）某驾驶人行驶轨迹场

图7-21 不同情况行驶轨迹场

本书此处使用碰撞损失安全性结果（表7-13）和拟人性评价结果（表7-14）进行3种被测自动驾驶系统在3种逻辑场景中的综合打分，将式（7-41）中的φ和γ均设定为50，其多维度综合打分结果见表7-15。

表7-15 3种被测自动驾驶系统在3种逻辑场景中的多维度评价结果

场景	基准算法得分	A算法得分	B算法得分
前车制动场景	67.465	33.5	96.705
前车左侧切入场景	83.625	82.13	96.085
前车右侧切入场景	85.135	76.51	102.62

7.4.3 多逻辑场景性能评价结果与分析

在取得单逻辑场景评价结果的基础上，通过计算逻辑场景权重可获取被测自动驾驶汽车在多个逻辑场景中的综合表现。

基于第 4 章中获取的场景信息及前面的仿真结果，3 种逻辑场景的自身信息特征权重见表 7-16。

表 7-16 3 种逻辑场景的自身信息特征权重

场景	暴露率	失控度	危害度
前车制动场景	0.930	0.27	0.316
前车左侧切入场景	0.052	0.15	0.298
前车右侧切入场景	0.018	0.58	0.386

在仿真过程属性逻辑场景权重分析方面，首先建立场景要素模型及其对应的层次分析权重，由于 3 种逻辑场景仿真试验过程仅使用了车辆运动类信息，此处仅对场景中的动态交通参与者信息进行展开，且认定 3 种逻辑场景中动态交通参与者要素层在六层模型中占据相同的权重比例，因此此处只需分析 3 种逻辑场景中测试的场景要素在动态交通参与者要素层中的重要程度。3 种逻辑场景的动态交通参与者场景要素可展开如图 7-22 与图 7-23 所示。其中，左侧切入和右侧切入的场景要素展开情况相同，仅使用图 7-23 进行表示。本车速度信息单独设定其权重为 0.2，动态交通参与者总体信息设定为 0.8。

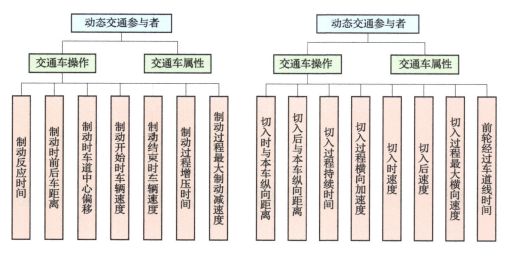

图 7-22 制动场景动态交通参与者要素　　图 7-23 切入场景动态交通参与者要素

基于层次分析过程对试验所使用的场景要素进行分析，得到 3 种逻辑场景对应要素种类信息系数见表 7-17。

表 7-17　3 种逻辑场景对应要素种类信息系数

场景	制动时/切入后 前后车距离	制动时/切入后 本车速度	制动时/切入后 前车速度
前车制动场景	0.3398	0.2	0.1530
前车左侧切入场景	0.1470	0.2	0.1470
前车右侧切入场景	0.1470	0.2	0.1470

其次计算 3 种逻辑场景的参数空间信息系数，由于参数类型属于连续型参数且试验目的主要是发现被测自动驾驶系统性能边界，通过 7.3.2 小节中的相关计算方式，可得到 3 种逻辑场景对应要素参数空间信息系数见表 7-18。

表 7-18　3 种逻辑场景对应要素参数空间信息系数

场景	制动时/切入后 前后车距离	制动时/切入后 本车速度	制动时/切入后 前车速度
前车制动场景	0.2884	0.4231	0.4231
前车左侧切入场景	0.4231	0.4231	0.4231
前车右侧切入场景	0.2884	0.4231	0.4231

然后计算 3 种逻辑场景不同场景要素的离散步长测试信息系数，当前仿真试验均采用定步长的测试方法，设定各维度最小步长为 0.01，结合本章前面设定的离散步长，可得到 3 种逻辑场景对应要素离散步长信息系数见表 7-19。

表 7-19　3 种逻辑场景对应要素离散步长信息系数

场景	制动时/切入后 前后车距离	制动时/切入后 本车速度	制动时/切入后 前车速度
前车制动场景	0.2109	0.2409	0.3303
前车左侧切入场景	0.1768	0.1743	0.2544
前车右侧切入场景	0.1709	0.1743	0.2544

将计算得到的逻辑场景自身信息权重及仿真过程属性权重进行综合，可得到 3 种逻辑场景的权重见表 7-20。将其与被测自动驾驶系统在各个逻辑场景中的评价结果（表 7-15）进行加权，最终可得到被测自动驾驶系统在前车制动、前车左侧切入、前车右侧切入 3 个逻辑场景中的综合打分，见表 7-21。

表7-20　3种逻辑场景的权重计算结果

场景	前车制动场景	前车左侧切入场景	前车右侧切入场景
权重	0.952	0.019	0.029

表7-21　3种被测算法的多场景多维度评价结果

算法	基准算法	A算法	B算法
多场景多维度评价	68.28447	35.67126	96.864755

综合上述评价结果可以发现，本书提出的方法可以对被测自动驾驶汽车的安全性、多维度性能进行科学的量化评价，安全性评价结果与测试产生的危险具体场景数量、分布均具有较高一致性，多维度评价结果可同时综合安全性与拟人性进行评价。同时，本书提出的场景权重分析可将自动驾驶汽车在不同逻辑场景中性能结果进行综合，获取自动驾驶汽车多场景、多维度综合评价。

参考文献

[1] 任露泉，梁云虹. 仿生学导论 [M]. 北京：科学出版社, 2016.
[2] 朱冰，张素民，何睿，等. 智能汽车技术 [M]. 北京：科学出版社, 2021.
[3] 张培兴. 基于场景的自动驾驶汽车虚拟仿真加速测试与评价方法研究 [D]. 长春：吉林大学, 2023.
[4] 孙宇航. 基于自然驾驶数据库的智能汽车危险测试场景加速生成方法研究 [D]. 长春：吉林大学, 2023.
[5] 李雅欣. 激光雷达建模与基于激光雷达的汽车行驶环境危险评估方法研究 [D]. 长春：吉林大学, 2018.
[6] 雷鹏. 基于信道模拟的车联网通信系统在环测试方法研究 [D]. 长春：吉林大学, 2021.
[7] 赵文博. 智能汽车行人避撞系统相机在环测试方法研究 [D]. 长春：吉林大学, 2021.
[8] 申静峰. 自动驾驶汽车车辆在环测试方法研究 [D]. 长春：吉林大学, 2021.
[9] 李波. 自动泊车系统超声波雷达在环测试方法研究 [D]. 长春：吉林大学, 2023.
[10] 吕恬. 考虑功能安全的自动驾驶汽车冗余转向系统故障诊断与容错策略研究 [D]. 长春：吉林大学, 2023.
[11] 孔德成. 智能汽车自动泊车策略设计与测试研究 [D]. 长春：吉林大学, 2023.
[12] 卜纯研. 面向路径跟踪控制功能安全的智能汽车多传感器冗余定位策略 [D]. 长春：吉林大学, 2022.
[13] 张学思. 集成式制动系统压力控制策略研究 [D]. 长春：吉林大学, 2023.
[14] 朱冰，张培兴，赵健，等. 基于场景的智能汽车虚拟测试研究进展 [J]. 中国公路学报, 2019, 32 (6)：1-19.
[15] 朱冰，贾晓峰，王御，等. 基于双 dSPACE 的汽车动力学集成控制快速原型试验 [J]. 吉林大学学报（工学版）, 2016, 1：8-14.
[16] 朱冰，孙宇航，赵健，等. 智能汽车测试场景基元自动提取方法 [J]. 汽车工程, 2022, 44 (11)：1647-1655.
[17] 朱冰，范天昕，赵健，等. 基于危险边界搜索的自动驾驶系统加速测试方法 [J]. 吉林大学学报（工学版）, 2023, 53 (3)：704-712.
[18] 张培兴，邱彬，朱冰，等. 自动驾驶系统并行加速测试方法研究 [J]. 汽车工程, 2022, 44 (2)：208-214.

[19] 朱冰,张培兴,刘斌,等.基于自然驾驶数据的自动驾驶汽车安全性评价方法[J].中国公路学报,2022,35(7):283-291.

[20] 朱冰,张培兴,赵健.面向多维度逻辑场景的自动驾驶安全性聚类评价方法[J].汽车工程,2020,42(11):1458-1463+1505.

[21] 朱冰,范天昕,张培兴,等.智能网联汽车标准化建设进程综述[J].汽车技术,2023,7:1-16.

[22] ZHU B, SUN Y H, ZHAO J, et al. Millimeter-wave radar in-the-loop testing for intelligent vehicles [J]. IEEE Transactions on Intelligent Transportation Systems, 2022, 23 (8): 7321-7331.

[23] ZHU B, ZHANG P X, ZHAO J, et al. Hazardous scenario enhanced generation for automated vehicle testing based on optimization searching method [J]. IEEE Transactions on Intelligent Transportation Systems, 2022, 23 (7): 11126-11136.

[24] ZHANG P X, ZHU B, ZHAO J, et al. Safety evaluation method in multi-logical scenarios for automated vehicles based on naturalistic driving trajectory [J]. Accident Analysis and Prevention, 2023, 180: 106926.

[25] ZHANG P X, ZHU B, ZHAO J, et al. Performance evaluation method for automated driving system in logical scenario [J]. Automotive Innovation, 2022, 5 (3): 299-310.

[26] 郭孔辉.驾驶员-汽车闭环系统操纵运动的预瞄最优曲率模型[J].汽车工程,1984,3:1-16.

[27] 计寻.暴雨天气下城市道路动态交通特征及交通流分配方法研究[D].北京:北京交通大学,2021.

[28] 邓伟文,李江坤,任秉韬,等.面向自动驾驶的仿真场景自动生成方法综述[J].中国公路学报,2022,35(1):316-333.

[29] 张煜东,吴乐南,王水花.专家系统发展综述[J].计算机工程与应用,2010,46(19):43-47.

[30] 李江坤,邓伟文,任秉韬,等.基于场景动力学和强化学习的自动驾驶边缘测试场景生成方法[J].汽车工程,2022,44(7):976-986.

[31] 徐向阳,胡文浩,董红磊,等.智能汽车测试场景构建关键技术综述[J].汽车工程,2021,43(4):610-619.

[32] 曹铭聪.无人驾驶电动汽车边角场景安全算法研究[D].南京:东南大学,2021.

[33] 马依宁,姜为,吴靖宇,等.基于不同风格行驶模型的自动驾驶仿真测试自演绎场景研究[J].中国公路学报,2023,36(2):216-228.

[34] 王进.基于自然驾驶数据的汽车智能驾驶系统测试与评价方法研究[D].厦门:厦门大学,2019.

[35] MENZEL T, BAGSCHIK G, MAURER M. Scenarios for development, test and validation of automated vehicles [EB/OL]. (2018-04-16) [2023-03-05]. https://arxiv.org/abs/1801.08598.

[36] International Organization for Standardization. Road vehicles — Safety of the intended functionality: ISO 21448: 2022 [S]. Genève: ISO, 2022.

[37] International Organization for Standardization. Road vehicles — Test scenarios for automated driving systems — Vocabulary: ISO 34501: 2022 [S]. Genève: ISO, 2022.

[38] HOU G Y, CHEN S R. Study of work zone traffic safety under adverse driving conditions with a microscopic traffic simulation approach [J]. Accident Analysis and Prevention, 2020, 145: 105698.

[39] LIU F L, WU Y, YANG X N, et al. Identification of winter road friction coefficient based on multi-task distillation attention network [J]. Pattern Analysis and Applications, 2022, 25 (2): 1-10.

[40] CHENG G, WANG Z Y, ZHENG J Y. Modeling weather and illuminations in driving views based on big-video mining [J]. IEEE Transactions on Intelligent Vehicles, 2018, 3 (4): 522-533.

[41] HANG P, CHEN X B. Towards autonomous driving: Review and perspectives on configuration and control of four-wheel independent drive/steering electric vehicles [J]. Actuators, 2021, 10 (8): 184.

[42] MACADAM C C. Application of an optimal preview control for simulation of closed-loop automobile driving [J]. IEEE Transactions on SMC, 1981, 11 (6): 393-399.

[43] COLE D J. A path-following driver—vehicle model with neuromuscular dynamics, including measured and simulated responses to a step in steering angle overlay [J]. Vehicle System Dynamics, 2012, 50 (4): 573-596.

[44] ZONG C F, GUO K H, LI B. Theoretical prediction and comprehensive evaluation for vehicle handing stability [J]. Automotive Engineering, 2001, 23 (1): 1-10.

[45] KORAYEM A H, KHAJEPOUR A, FIDAN B. A review on vehicle-trailer state and parameter estimation [J]. IEEE Transactions on Intelligent Transportation Systems, 2022, 23 (7): 5993-6010.

[46] DETER D, WANG C, COOK A, et al. Simulating the autonomous future: A look at virtual vehicle environments and how to validate simulation using public data sets [J]. IEEE Signal Processing Magazine, 2021, 38 (1): 111-121.

[47] WANG W, ZHAO D. Extracting traffic primitives directly from naturalistically logged data for self-driving applications [J]. IEEE Robotics and Automation Letters, 2018, 3 (2): 1223-1229.